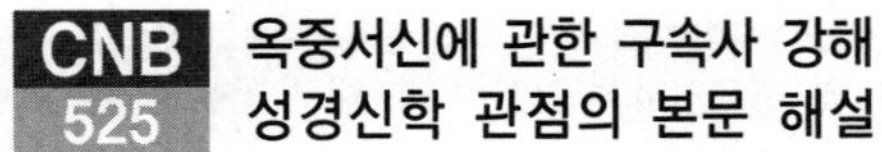

옥중서신

에베소서 빌립보서 골로새서 빌레몬서

이광호

2014년

교회와성경

지은이 | 이광호

영남대학교와 경북대학교대학원에서 법학과 서양사학을 공부했으며, 고려신학대학원(M.Div.)과 ACTS(Th.M.)에서 신학일반 및 조직신학을 공부한 후 대구 가톨릭대학교(Ph.D.)에서 선교학을 위한 비교종교학을 연구하였다.
'홍은개혁신학연구원' 에서 성경신학 담당교수를 비롯해 고신대학교, 고려신학대학원, 영남신학대학교, 브니엘신학교, 대구가톨릭대학교, 숭실대학교 등에서 학생들을 가르쳤으며, 이슬람 전문선교단체인 국제 WIN선교회 한국대표를 지냈다.
현재는 실로암교회에서 담임목회를 하며 조에성경신학연구원, 부경신학연구원 등에서 강의하며, 달구벌기독학술연구회 회장으로 봉사하고 있다.

저서
- 성경에 나타난 성도의 사회참여(1990)
- 갈라디아서 강해(1990)
- 더불어 나누는 즐거움(1995)
- 기독교관점에서 본 세계문화사(1998)
- 세계 선교의 새로운 과제들(1998)
- 이슬람과 한국의 민간신앙(1998)
- 아빠, 교회 그만하고 슈퍼하자요(1995)
- 교회와 신앙(2002)
- 한국교회 무엇을 개혁할 것인가(2004)
- CNB 501 에세이 산상수훈(2005)
- CNB 502 예수님 생애 마지막 7일(2006)
- CNB 503 구약신학의 구속사적 이해(2006)
- CNB 504 신약신학의 구속사적 이해(2006)
- CNB 505 창세기(2007)
- CNB 506 바울의 생애와 바울서신(2007)
- CNB 507 손에 잡히는 신앙생활(2007)
- CNB 508 아름다운 신앙생활(2007)
- CNB 509 열매 맺는 신앙생활(2007)
- CNB 510 웨스트민스터 신앙고백(2008)
- CNB 511 사무엘서(2010)
- CNB 512 요한복음(2009)
- CNB 513 요한계시록(2009)
- CNB 514 로마서(2010)
- CNB 515 야고보서(2010)
- CNB 516 다니엘서(2011)
- CNB 517 열왕기상하(2011)
- CNB 518 고린도전후서(2012)
- CNB 519 개혁조직신학(2012)
- CNB 520 마태복음(2013)
- CNB 521 히브리서(2013)
- CNB 522 출애굽기(2013)
- CNB 523 목회서신(2014)
- CNB 524 사사기, 룻기(2014)
- CNB 525 옥중서신(2014)

역서
- 모슬렘 세계에 예수 그리스도를 심자(Charles R. Marsh, 1985년, CLC)
- 예수님의 수제자들(F. F. Bruce, 1988년, CLC)
- 치유함을 받으라(Colin Urquhart, 1988년, CLC)

홈페이지 http://siloam-church.org

옥중서신

CNB 525

옥중서신

A Study on the Letters from Prison
by Kwangho Lee

Published by the Church & Bible Publishing House

초판 인쇄 | 2014년 8월 11일
초판 발행 | 2014년 8월 15일

발행처 | 교회와성경
주소 | 평택시 특구로 43번길 90 (서정동)
전화 | 031-662-4742
등록번호 | 제2012-03호
등록일자 | 2012년 7월 12일

발행인 | 문민규
지은이 | 이광호
편집주간 | 송영찬
편집 | 신명기
디자인 | 조혜진

총판 | (주) 비전북출판유통
주소 | 경기도 고양시 일산구 장항동 568-17호 (우) 411-834
전화 | 031-907-3927(대) 팩스 031-905-3927

값은 표지에 있습니다.
파손된 책은 구입처나 출판사에서 교환해 드립니다.
ISBN 978-89-98322-08-3 93230

Printed in Seoul of Korea

CNB 시리즈
서 문

CNB The Church and The Bible 시리즈는 개혁신앙의 교회관과 성경신학적 구속사 해석에 근거한 신 · 구약 성경 연구 시리즈이다.

이 시리즈는 보다 정확한 성경 본문 해석을 바탕으로 역사적 개혁 교회의 면모를 조명하고 우리 시대의 교회가 마땅히 추구해야 할 방향을 제시함으로써 교회의 삶과 문화를 창달하는 것을 그 목적으로 하고 있다.

따라서 이 시리즈는 진지하게 성경을 연구하며 본문이 제시하는 메시지에 충실하고 있다. 그렇다고 이 시리즈가 다분히 학문적이거나 또는 적용이라는 의미에 국한되지 않는다. 학구적인 자세는 변함 없지만 궁극적으로 하나님의 나라를 지향함에 있어 개혁주의 교회관을 분명히 하기 위해 보다 더 관심을 가진다는 의미이다.

본 시리즈의 집필자들은 이미 신 · 구약 계시로써 말씀하셨던 하나님께서 지금도 말씀하고 계시며, 몸된 교회의 머리이자 영원한 왕이신 그리스도께서 지금도 통치하시며, 태초부터 모든 성도들을 부르시어 복음으로 성장하게 하시는 성령께서 지금도 구원 사역을 성취하심으로써 창세로부터 종말에 이르기까지 거룩한 나라로서 교회가 여전히 존재하고 있음을 그 무엇보다도 중요하게 여기고 있다.

아무쪼록 이 시리즈를 통해 계시에 근거한 바른 교회관과 성경관을 가지고 이 땅에 진정한 그리스도인의 삶과 문화가 확장되기를 바라는 바이다.

시리즈 편집인

김영철 목사, 미문(美聞)교회 목사, Th.M.
송영찬 목사, 기독교개혁신보 편집국장, M.Div.
오광만 목사, 대한신학대학원대학교 교수, Ph.D.
이광호 목사, 실로암교회 목사, Ph.D.

옥중서신

A Study on the Letters from Prison

2014년

교회와성경

머리말

신약성경에서 옥중서신이라 함은 사도 바울이 쓴 에베소서, 빌립보서, 골로새서, 빌레몬서를 일컫는다. 바울은 그리스도 예수와 그의 복음사역으로 인해 여러 차례 감옥에 갇혀 심한 고생을 했다. 그것은 보통 사람들이 겪을 수 없는 매우 특별한 일이었다.

바울의 감옥생활 가운데는 심한 육체적 고통을 동반한 경우가 많았다. 그가 빌립보 감옥에 갇혔을 때는 손발에 수갑과 차꼬가 채워진 채 어두운 지하 감방에 있어야만 했다. 에베소 감옥에서도 그에 준하는 고생을 했던 것으로 보인다. 그때는 육체적으로 견디기 힘든 수감생활을 했을 것이 틀림없다.

한편 유대지역 해변도시인 가이사랴 감옥에 구금되어 있을 때는 자유를 박탈당한 상태였지만 로마 시민권을 소유한 자로서 미결수의 대접을 받았다. 따라서 매우 힘들기는 했으나 판결이 확정된 기결수와는 다른 대우를 받았을 것이 분명하다. 물론 그때도 상당한 어려움을 겪어야만 했다. 아마도 그가 가이사랴 감옥에 갇혀 있는 동안 하나님의 계시를 받아 빌립보서를 기록한 것으로 보인다.[1)]

---

1) <편집자 주> 전통적으로 빌립보서는 바울의 로마 옥중 기간(AD 60-62년)에 기록된 것으로 알려져 있지만 가이사랴, 에베소, 고린도, 빌립보 등지에서 기록되었다는 주장들이 강하게 등장했다. 그 이론들을 뒷받침할 증거들도 결코 무시할 수 없는 상당한 근거를 가지고 있다는 점에서 논란이 계속되고 있다. 가이사랴 가설, 에베소 가설, 고린도 가설 및 빌립보 가설 등에 대한 자세한 내용은 Donald Guthrie, 『신약 서론』, p.494-502와 Gerald F. Hawthorne, 『빌립보서』, p.44-54에 언급되어 있다. Donald Guthrie는 로마 저작설을, Gerald F. Hawthorne는 가이사랴 저작설을 각각 지지한다. 반면에 William Handriksen은 4권의 옥중 서신과의 관계를 통해 로마 저작설을 강하게 지지하고 있다(William Handriksen, 『빌립보서』, p.31-43).

바울은 가이사랴에서 최종 재판을 받기를 원하지 않고 로마로 가서 황제의 법정에서 재판받기를 원했다. 그것은 바울이 로마 시민권자였기 때문에 가능한 일이었다. 그가 로마에 있는 가이사 법정에서 재판받기를 원했던 까닭은 유다지역의 로마 총독부가 예루살렘에 있던 산헤드린 공회와 유대교를 추종하는 열성 종교인들로 인해 자기에게 불리한 판결을 내릴 가능성이 있는 것으로 생각했기 때문이다.

결국 바울은 자기의 요청에 따라 선박을 이용해 군사들의 지휘아래 로마로 호송되어 갔다. 그때 몇몇 동료들이 그와 함께 배를 타고 갔는데 바다여행 도중 심한 파도를 만나 죽을 고생을 하기도 했다. 몇개월에 걸친 여행 끝에 그가 로마에 도착했을 때는 그곳 교회에 속한 여러 성도들이 기다리고 있었다.

바울은 로마에 도착한 후 두 해 동안 셋집에 머물면서 가택연금 상태에 처해졌다. 우리는 그가 언제 어떤 식으로 재판을 받았는지에 대해서는 잘 알 수 없다. 그는 미결수로서 집 밖으로 나가 자유롭게 행동하지는 못했지만 집 안에서는 어느 정도 자유로운 생활을 할 수 있었다. 따라서 많은 사람들이 그가 거주하는 장소에 찾아와 서로간 교제하며 하나님의 말씀을 나눌 수 있었다. 그들 가운데는 골로새 지역에서 탈출한 노예였던 오네시모가 있어서 바울은 저에게 하나님의 복음을 전하기도 했다.

아마도 로마의 셋집에 머무는 동안 바울은 에베소서와 골로새서 및 빌레몬서를 기록했던 것으로 보인다. 물론 그것은 하나님의 계시에 의한 것이었다. 바울은 그후 로마 법정의 최종 재판에서 무죄 석방되었을 가능성이 크다. 물론 그가 짧은 기간의 실형을 받고 형기를 마친 후 석방되었을 가능성이 전혀 없는 것은 아니다. 하지만 전체적인 정황상 무죄로 인정받아 석방된 것으로 보는 것이 자연스럽다.

본서에서는 에베소서, 빌립보서, 골로새서, 빌레몬서에 대한 주해를 하고 있다. 우리는 하나님께서 특별히 기록하게 하신 바울의 옥중서신을 통해 참된 진리를 볼 수 있다. 우리가 여기서 주의를 기울여야 할 바는, 바울이 감옥에 갇힌 것은 세상과 격리된 상태가 되었다는 사실을 의미한다는 점이다. 나아가 사도로서 바울이 당시 교회에 대한 어느 정도 대표성을 지니고 있는 것으로 이해한다면 로마제국이 바울을 감옥에 가둔 것은 개인에게만 국한되는 것이 아니라 지상 교회를 감옥에 가둔 것과 다르지 않다.

우리는 전체적으로 보아 그와 같은 관점을 가지고 바울의 옥중서신을 이해할 필요가 있다. 본서의 내용 가운데는, 필자가 목회하는 실로암교회와 부경성경신학연구원에서 가르치고 강의한 내용들이 포함되어 있다. 부족하지만 여러 독자들이 이 책을 통해 하나님의 말씀을 더욱 분명히 깨달을 수 있게 되기를 바란다.

이 기회를 통해 실로암교회 모든 성도들과 부경성경신학연구원에서 하나님의 말씀을 탐구하는 여러 믿음의 형제들에게 사랑의 마음을 전한다.

Soli Deo Gloria !!

2014. 여름
실로암교회 서재에서
이광호 목사

〈표〉 바울의 생애

제1기 사역 _ 회심과 예루살렘 방문	
32/33년	바울의 회심
33-35년	시내산 방문 (예수님으로부터 계시를 받은 곳으로 보임) 다메섹과 아라비아 사역
35/36년	회심 후 첫 번째 예루살렘 방문
36-45년	길리기아, 수리아 사역 삼층천 경험 (42년경)
45년	바나바의 초청으로 수리아 안디옥 사역
46년	두 번째 예루살렘 방문 (기근을 위한 안디옥 교회 연보 전달)
제2기 사역 _ 제1차 전도여행과 예루살렘 공의회	
46-48년	제1차 전도여행 ① **갈라디아서** (48/49년, 안디옥에서 예루살렘으로 가는 도중)
49년	세 번째 예루살렘 방문 예루살렘 공의회
제3기 사역 _ 제2, 3차 전도여행과 예루살렘 성전 소요 사건	
50년	제2차 전도여행 (50-52년)
51-52년	고린도 사역 ② **데살로니가전서** (51년 초, 고린도) ③ **데살로니가후서** (51년, 고린도)
52년 여름	네 번째 예루살렘 방문
52년	제3차 전도여행 (52-57년)
52-55년	에베소 사역 ④ **고린도전서** (55년 봄, 에베소)
55-57년	마게도냐, 일루리곤, 아가야 사역 ⑤ **고린도후서** (56년초, 마게도냐) ⑥ **로마서** (57년 봄, 고린도)
57년 5월	다섯 번째 예루살렘 방문과 유대인 소요 사건
제4기 사역 _ 가이사랴와 로마의 옥중 생활	
57-59년	가이사랴 옥중 생활 ⑦ ? **빌립보서** (로마 저작설도 유력함)
59년 9월	로마로 항해
60년 2월	로마에 도착
60-62년	로마 가택 연금 ⑧ or ⑦ **골로새서** ⑨ or ⑧ **빌레몬서** ⑩ or ⑨ **에베소서** ⑩ ? **빌립보서** (가이사랴 저작설도 유력함)
제5기 사역 _ 로마 구금 이후 전도 활동과 순교	
62-64년	로마 감옥에서 풀려난 후 계속적인 전도 활동 (서바나?, 에베소, 그레데, 마게도냐, 드로아, 밀레도, 고린도, 니고볼리, 로마 등에서 사역) ⑪ **디모데전서** (62/63년, 마게도냐) ⑫ **디도서** (63년, 마게도냐 혹은 니고볼리로 향하던 도중)
64/65년?	바울의 체포와 두 번째 투옥 ⑬ **히브리서** (64년 혹은 65년?, 로마?〈히 13:23〉) ⑭ **디모데후서** (64년 혹은 67년?, 로마)
64(68?)년	바울의 순교

〈지도〉 로마시대의 지도

브리타니아
론디니움
게르마니아
골로그나
라인 강
마인쯔
비스돌라 강
대 서 양
로이레 강
갈리아
리옹
다누베 강
사 르 마 티 아
드니에퍼 강
볼가 강
일루리곤
다키아
포 강
이달리아
아 드 리 아 해
흑 해
카스피해
코카서스 산맥
모에시아
마게도냐
드라게
비잔티움
비두니아와 본도
코르시카
로마
데살로니가
빌립보
보디올
사르디니아
티 리 엔 해
타구스 강
스파니아
무시아
브루기아
갈라디아
갑바도기아
아르메니아
세루스 강
아가야
버가모
에 게 해
고린도
아덴
에베소
시실리
카르타고
수라구사
더베
길리기아
에뎃사
다소
안디옥
유브라데 강
시리아
유대
메소보다미아
티그리스 강
파르티아
아프리카
마우레타니아
그레데
구브로
지 중 해
시돈
두로
다메섹
두라-유로포스
벨라
구레네
예루살렘
알렉산드리아
멤피스
나바티아
구레네
애굽
나일 강
안티노에
홍 해
바 사 만
6,000
5,000
4,000
3,000
2,000
1,000
0-해수면(m)
-500
율리우스 카이사르 시대의 로마 제국(주전 44년)
아우구스투스 카이사르에 의해 추가된 영토(주후 14년)
트라얀에 의해 추가된 영토(주후 117년)
로마에 의해 임시로 병합된 영토
© 2005 Zondervan
Maps created by Mosaic Graphics

차 례

에베소서

차 례

〈에베소서〉

21

〈서론〉

바울과 에베소

에베소서를 쓸 당시 바울은 로마 감옥에 구금되어 있었다. 그곳은 로마 제국의 심장부로서 정치, 군사, 경제, 사회, 문화 등 모든 것의 중심지 역할을 했다. 사도 바울은 로마 시민권을 가진 자로서 피의자 신분으로 로마로 이송되어 왔다.

그는 정식 재판을 받아 형이 확정될 때까지는 로마 당국의 감시를 받으며 가택연금 상태에 있어야만 했다. 로마에 머무는 동안 바울은 그곳에 살거나 로마에 여행 온 많은 사람들을 만났다. 예수 그리스도를 믿는 그 지역의 성도들이 바울을 찾아와 그로부터 진리의 말씀을 듣고자 했다. 그리고 로마에 살고 있던 유대교도들 또한 그를 찾아와 저의 신앙에 대하여 구체적으로 들어보고자 했다.

바울은 죄수의 몸으로 로마로 이송되기 오래 전 고린도에 머물고 있을 동안 하나님의 계시를 받아 로마에 있는 교회에 편지를 쓴 적이 있었다. 그것이 우리가 가지고 있는 '로마서' 이다. 로마서의 맨 마지막 부분에는 바울과 친분을 가지고 있던 많은 성도들의 이름이 나타난다. 아마도 그 사람들은 바울이 로마에 온 것을 알고 그를 방문했을 것이 틀림없다.

또한 유대교를 신봉하던 많은 열성 종교인들 역시 바울의 이름을 익히 들어왔을 것이 분명하다. 그들은 대개 부정적인 소문을 들었을 것으로 보인다. 바울은 원래 가말리엘의 문하생으로서 유대교에 속에 있다가 예수 그리스도를 따르는 제자가 되어 저들과 대항하는 자리에 서 있었기 때문이다.

사도 바울은 로마에 머물고 있으면서 다양한 소식을 접할 수 있었을 것이 분명하다. 그는 변화하는 로마제국의 상황을 보며 당시 세계에 흩어져 있던 교회들을 기억하지 않을 수 없었을 것이다. 하나님의 교회가 험난한 세상 가운데 굳건히 세워져 올바르게 성장해 가지 않으면 안 되었다. 그와 같은 마음으로 힘겨운 생활을 하고 있던 바울에게 하나님께서 말씀을 계시하셨던 것이다.

바울은 이미 오래 전부터 에베소 지역에 대해 특별한 관심을 가지고 있었다. 그가 두 번째 전도여행 중 에게해 북단을 건너 지금의 유럽 땅으로 가기 전 그는 그곳으로 가고자 했던 것이 아니라, 에베소가 있는 아시아 지역으로 가기를 원했었다(행 16:6). 당시 하나님께서 특별한 목적을 가지고 바울을 마게도니아 지역으로 인도하셨기 때문에 에베소를 방문하지 못했던 것이다.

바울은 그 두 번째 여행을 마칠 때 즈음 고린도 지역에서 수리아에 있는 안디옥 교회로 돌아가는 길에 브리스길라와 아굴라 부부를 데리고 에베소를 방문했다. 그때 그는 저들을 그곳에 머물게 했다(행 18:18,19). 그들로 하여금 에베소에 있으면서 하나님의 말씀을 가르치도록 했던 것이다. 그후 바울은 안디옥이 있는 수리아 지역을 비롯한 여러 지역을 방문한 후 세 번째 전도여행을 하면서 다시금 에베소를 찾았다(행 19:1이하, 참조).

그때 바울은 그곳에서 삼 년동안 머물면서 '두란노'(Tyrannus)에서 하나님의 말씀을 강설하며 교회를 굳건히 세우기 위해 최선을 다했다(행 20:31). 그 기간 동안 사도 바울은 심한 고통을 당했다. 그는 거기서 맹수와 더불어 싸웠다는 표현을 하며 당시 겪었던 어려움을 토로하고 있다(고전 15:32). 그 후 그는 다시금 마게도니아와 고린도 지역을 방문하게 되었다. 그리스 지역에서 복음전파 사역을 마친 바울은 예루살렘으로 돌아가면서 에베소 부근을 지날 때 밀레도에서 에베소 교회 장로들을 불러 특별한 교훈을 주기도 했다(행 20:17-38).

이처럼 에베소는 바울에게 있어서 매우 특별한 도시였다. 그러므로 그는 때에 따라 신뢰할 만한 교사들을 그 지역으로 보내며 깊은 관심을 보였다(딤전 1:3; 딤후 4:12). 이는 에베소 교회의 성도들이 항상 바울의 마음속에 자리잡고 있었음을 말해 준다.

이와 같은 각별한 마음을 가진 바울이 죄수의 몸으로 로마에 가택연금 상태에 있으면서 하나님의 계시를 받아 에베소 교회에 편지하게 되었다. 이는 하나님께서 계시하신 진리의 말씀이면서 동시에 저들에 대한 사랑이 넘치는 바울의 마음이 가득 담겨 있었다. 에베소서에 다양한 내용들이 들어있지만 그 가운데는 성도들의 정체성과 교회에 연관된 교훈들이 많이 담겨 있다.

하나님의 자녀로서, 창세전에 선택하신 자기 자녀들을 언약 가운데 사랑하시는 하나님을 올바르게 아는 것은 절대로 중요하다. 진리에 대한 올바른 깨달음과 더불어 지상 교회를 굳건히 세워갈 수 있다면 더 이상 감사한 일이 없다. 그것을 통해 하나님의 복음이 온 세상에 선포되어 갈 것이기 때문이다.

제1장

하나님의 영광을 위한 창세전 예정
(엡 1:1-12)

1. 사도의 정체성과 교회에 대한 문안(엡 1:1,2)

사도 바울은 에베소 교회에 편지하면서 자신의 정체성을 분명히 밝히고 있다. 그는 우선 자기가 그리스도 예수의 사도라는 신분에 관해 언급했다. 그가 사도로 인정받게 된 것은 개인적인 선택이나 능력에 따른 것이 아니었으며 의도하고 노력했기 때문에 그 직분을 받게 된 것이 아니라는 사실을 밝혔다.

이는 그가 사도가 되기 위해 종교적으로 강도 높은 훈련을 많이 받았거나 성실한 자세로 공부를 열심히 한 것도 아니었음을 의미한다. 그것은 오직 하나님의 뜻으로 말미암아 그렇게 되었을 따름이다. 하나님께서 자신의 고유한 의도에 따라 그를 복음사역을 위한 특별한 사도로 부르셨다는 것이다.[2)]

바울의 이 말은 하나님의 구속사역을 위해서는 인간들의 탁월한 재능을 근간으로 하지 않는다는 사실을 시사해 주고 있다. 모든 것은 오직 하나님에 의해 주도되고 이루어지게 된다. 사도 바울은 자신이 사도가 된 것은 하

---

2) 원리적인 측면에서 볼 때 목사, 장로, 집사 등 보편교회 시대의 직분자들도 이와 동일한 관점에서 이해해야 한다. 각 직분은 개인의 소원이나 자원에 의해 쟁취되는 것이 아닐 뿐더러 특정인이 임명해서도 안 된다. 직분자들은 교회의 공적인 의사에 따라 선출되어야 하며 그 과정을 통해 하나님의 뜻을 알아가게 된다.

나님의 고유한 뜻에 의한 것이므로 이제부터 기록하게 되는 모든 내용은 하나님으로부터 계시받은 것이라는 사실을 선언하고 있는 것과 마찬가지였다.

하나님으로부터 사도로 세움을 받은 바울은 에베소에 있는 성도들과 예수 그리스도 안에 있는 신실한 자들에게 이 편지를 쓴다고 했다. 이는 수신자에 대한 언급으로서 교회의 소수 지도자나 특정 부류의 사람들에게 쓰는 편지가 아니라는 사실을 말해 준다. 또한 하나님을 진정으로 경외하는 성도들이 아닌 신실하지 않은 자들은 이 편지를 받을 대상이 아님을 말해 주고 있다.

이는 곧 에베소서가 참된 교회를 향해 주어진 하나님의 계시라는 사실을 증거해 준다. 즉 이 진리의 말씀을 자신의 것으로 소유하기 위해서는 반드시 교회에 속한 신실한 성도가 되어야만 한다. 형식상 기독교 내부에서 활동하고 있다고 할지라도 하나님의 참된 백성이 아니라면 저들에게는 그 말씀이 아무런 상관이 없다는 것이다.

사도 바울은 그런 온전한 신앙을 소유한 성도들을 향해 성부 하나님과 성자이신 주 예수 그리스도로부터 은혜와 평강이 임하기를 기원했다. 여기에는 삼위일체 하나님의 사역에 관한 의미가 드러나고 있다. 그리고 타락한 세상에는 진정한 은혜와 평강이 존재하지 않으며 오직 하나님에 의해 그것들이 지상 교회와 성도들에게 주어지게 된다는 사실을 말해 주고 있다. 이를 통해 우리는 지상 교회가 하나님으로부터 허락된 은혜와 평강을 소유한 공동체로서 두드러진 특징을 지니고 있다는 사실을 알게 된다.

2. '그리스도 안에서 약속된 창세전 예정' 과 '하늘에 속한 신령한 복' (엡 1:3-6)

사도 바울은 여기서 천상에 계시는 하나님께 찬송을 돌리고 있다. 이는 단순한 언어적인 표현에 그치는 것이 아니라 그리스도 안에서 인간들을 구원하신 하나님의 은혜에 감사하는 심령의 반영으로서의 찬송이다. 하나님께서 허락하신 영원한 구원사역에 대한 비밀을 깨달아 알게 된다면 그를 진정으로 찬송하지 않을 수 없는 것이다.

하나님은 우주만물을 창조하시기 전부터 삼위일체로 존재하셨다. 그 삼위 하나님께서 죄에 빠진 인간들을 구원하시기 위해 경륜 가운데 역사 하셨다. 성부, 성자, 성령 하나님은 창세전에 세워진 언약에 따라 구속사역을 진행시키셨던 것이다.

조물주이신 하나님은 인간들의 지혜와 지능으로 가늠되거나 해석되어야 할 하등의 이유가 없는 분이다. 그 하나님께서 자기의 형상을 닮은 인간들에게 영원하고 참된 복을 제공하시는 원천적인 근원이 되신다. 그 복은 타락한 이땅에는 존재하지 않는 성질의 것이며 또한 인간들에게서 발생하는 현상이 아니다. 모든 신령한 복은 오직 천상의 나라에 속한 것으로서 택한 백성들에게만 주어진다.

하지만 그 복은 정당한 법적 절차 없이 아무렇게나 그냥 주어지는 것이 아니다. 그것은 하나님의 섭리와 경륜 가운데 예수 그리스도 안에서 주어지게 된다. 즉 단순히 그것이 존재하던 위치나 장소를 이동하는 것과 같은 이양移讓 현상이 아니라는 것이다. 이는 반드시 예수 그리스도의 십자가 사역을 거쳐야 할 내용으로서 인간들이 일반적으로 생각하는 그런 복과는 성질이 전혀 다르다.

이에 대한 의미를 분명히 이해하기 위해서는 하나님께서 창조 초기에 자신의 형상대로 지으신 인간들에게 '복'을 주신 사실을 올바르게 이해해야 할 필요가 있다. 하나님께서는 아담이 사탄의 유혹을 받아 범죄에 빠지기 전에 인간들에게 '복'을 주셨다. 창세기에는 그에 관한 기록이 분명하게 나타난다.

> "하나님이 자기 형상 곧 하나님의 형상대로 사람을 창조하시되 남자와 여자를 창조하시고 하나님이 그들에게 복을 주시며 그들에게 이르시되 생육하고 번성하여 땅에 충만하라, 땅을 정복하라, 바다의 고기와 공중의 새와 땅에 움직이는 모든 생물을 다스리라 하시니라" (창 1:27,28)

우리는 이 말씀 가운데서 하나님의 형상대로 지음받은 아담과 하와가 하나님으로부터 원천적인 복을 받게 된 사실을 알 수 있다. 그 복은 인간들이 스스로 생성해내는 것이 아니라 창세전 언약에 기초하여 하나님의 전적인 은혜로 주어지는 것이다. 그리하여 생육하고 번성하게 되어 하나님께서 창조하신 모든 피조물들을 다스리는 권세를 인간들에게 주시게 되었다.

우리가 여기서 반드시 기억해야 할 바는 그 복을 인간들이 일반적으로 생각하는 복과 동일한 관점에서 이해하지 말아야 한다는 사실이다. 이는 인간들이 범죄하기 전에 하나님께서 주신 고유한 복 자체를 의미하고 있다. 그 복은 저주에 대한 상대적인 개념에서 이해하려고 해서 될 성질의 것이 아니다. 즉 인간들이 타락한 후 겪게 되는 저주와 불행으로부터 발생하는 모든 악한 것들이 존재하기 전에 주어진 복인 것이다.

그러므로 에베소서에서 말하는 복은 창세전 선택과 연관된 것으로 이해하는 것이 자연스럽다(엡 1:3, 참조). 하나님께서는 창세전에 주의 자녀들을 택하시게 되는데 그냥 마음 내키는 대로 임기응변적인 결단을 하신 것이 아니라 언약과 더불어 그리스도 안에서 특별히 선택하셨다. 이는 성자 하나님께서 인간의 몸을 입으시기 전에 이미 완료된 관계로서 그리스도 안에서 선택받은 사실을 말해 주고 있다.

우리는 하나님의 창세전 선택에 대해 명확한 깨달음을 가져야 할 필요가 있다. 우선 하나님의 자기 자녀들에 대한 선택의 시기에 관한 문제이다. 학자들 가운데는 인간이 타락한 후 하나님께서 선택했다는 주장을 하는 자들이 있지만 그것은 올바른 견해라 할 수 없다.[3] 하나님은 인간들이 범죄하기 전에 이미 자기 자녀들을 선택해 두셨음을 성경이 증거하고 있기 때문이다(엡 1:4).

우리가 또한 여기서 주의깊게 생각해야 할 점은 창세전에 선택과 유기가 동시에 예정된 것으로 보아서는 안 된다는 사실이다.[4] 하나님께서는 자기 자녀들에 대해서는 그리스도 안에서 선택하셨지만 나머지 인간들을 의도적으로 유기하신 것이 아니었다. 단지 하나님과 상관이 없는 자들은 선택의 범위 밖에 존재했을 따름이었던 것이다.

하나님께서 창세전에 자기 자녀들을 예정하신 것은 전적으로 하나님 자신의 기쁘신 뜻 가운데 이루어진 것이었다. 거기에는 인간들의 요구나 판단이 개입될 소지가 전혀 없었다. 그러므로 타락한 인간들의 지극히 제한된 사고와 지능으로 그에 대한 비밀에 함부로 접근하려 해서는 안 된다.

또한 하나님께서 자기 자녀들을 선택하신 데는 분명한 목적이 있었다. 그것은 하나님 자신을 위한 것으로서 저들로 하여금 거룩하고 흠이 전혀 없는 상태에서 영원토록 하나님과 거룩한 교제를 나누게 하시기 위해서였다. 사도 베드로 역시 서신을 통해 그와 연관된 중요한 교훈을 남기고 있다.

> "오직 너희를 부르신 거룩한 자처럼 너희도 모든 행실에 거룩한 자가 되라 기록하였으되 내가 거룩하니 너희도 거룩할찌어다 하셨느니라 ... 너희가 알거니와 너희 조상의 유전한 망령된 행실에서 구속된 것은 은이나 금 같이 없어질 것으로 한 것이 아니요 오직 흠 없고 점 없는 어린양 같은 그리스

---

3) 성경은 인간이 타락하기 전, 즉 창세전에 하나님께서 구원받을 자들을 선택하셨음을 기록하고 있다. 그러나 타락 후 하나님이 일부를 선택했다는 주장은 인간들의 논리에 따른 판단에 의한 것이다.

4) 이광호, "창세전 선택과 하나님의 형상에 관한 소고", 『구약신학의 구속사적 이해』, 서울: 도서출판 깔뱅, 2006, pp.40-71, 참조.

도의 보배로운 피로 한 것이니라" (벧전 1:15-19)

이 말씀은 에베소서의 기록과 더불어, 하나님과 영원토록 교제하게 될 거룩한 자들을 미리 예정해 두고 저들을 통해 경배받고자 하는 하나님의 뜻을 보여준다. 우리는 여기서 거룩한 하나님은 오직 거룩하게 된 자들에 의해서만 경배를 받으신다는 사실을 기억하지 않으면 안 된다. 즉 거룩한 하나님께서는 타락한 인간들의 원상태로부터는 아무런 경배를 받을 수 없는 분이시다. 물론 인간들은 오직 예수 그리스도의 보혈로 말미암아 창세전 하나님의 영원한 뜻에 따라 온전히 회복될 수 있다.

하나님께서는 그리스도 안에서 자기 자녀들을 사랑 가운데 예정하심으로써 저들로부터 영광을 받으시고자 했다. 그것을 위해 죄에 빠진 택한 백성들을 예수 그리스도의 사역으로 말미암아 자기 아들의 자리를 회복하도록 해 주셨다. 이는 천지창조가 이루어지기 전 원초부터 하나님과 자기 자녀들 사이에는 불변하는 특별한 언약의 관계가 존재했다는 사실을 말해주고 있다.[5] 즉 창세전에 이미 장차 존재하게 될 선택받은 성도들은 하나님의 자녀가 되어 있었던 것이다.

그것을 통해 교회에 속한 성도들은 성자 하나님이신 예수 그리스도 안에서 거저 주시는 은혜로 말미암아 하나님의 영광을 찬송하게 된다. 이 말은 아담의 타락으로 인해 죄에 빠진 인간들이 용서받음으로써 얻게 되는 영원한 구원의 은혜를 의미한다. 그러므로 우리는 예수 그리스도 안에서 그의 풍성한 은혜를 따라 그의 거룩한 피로 말미암아 죄 사함의 속량을 받게 된 것이다.

---

5) 우리는 '불변하는 하나님' 에 대한 고백을 하고 있다. 이는 창세전 선택하신 백성들에 대한 하나님의 구원에 연관된 의미를 담고 있다. 즉 그 말을 일반적인 관점에서 이해하려 해서는 안 된다. 하나님은 진노를 돌이켜 은혜를 베푸시는가 하면, 어떤 경우에는 불순종하는 자들에게 다시금 무서운 진노를 쏟아 부으시기도 하기 때문이다.

3. 하나님의 경륜과 예정(엡 1:7-12)

창세전 예정은 예수 그리스도의 십자가 사역을 통한 은혜의 사역에 직접 연관되어 있다. 하나님의 아들이신 성자 하나님께서 십자가에 달려 공개적으로 고난을 받으신 것은 창세전에 선택받은 자기 자녀들을 위한 공적인 대속의 사역이다. 즉 죄에 빠진 죄인이 심판을 받아 죽어야 할 당연한 형편 가운데서 예수님께서 대신 죽음으로써 자기 자녀들의 모든 죄를 자신에게 전가轉嫁시키게 되었다.

하나님의 자녀들은 이를 통해 의로운 자로 인정받게 되었다. 이는 타락한 인간들의 더러운 죄가 단순히 사라졌다는 의미가 아니라 십자가에 달리신 예수 그리스도께 전가되었다는 사실을 말해 준다. 즉 창세전에 선택을 받은 자들이라 할지라도 아담으로 인해 죄인이 되었지만 죄 없는 그리스도께서 십자가에 달려 대신 죽게 됨으로써 저의 의가 전가되고 인간들의 죄는 소멸된 것이다. 이리하여 그들은 하나님에 의해 의롭다고 칭함을 받게 된 것이다.

우리가 기억해야 할 바는 인격적인 하나님은 결코 무계획한 분이 아니며 모든 것을 임기응변적으로 처리하는 분이 아니라는 사실이다. 그는 인간들의 상상을 초월한 상태에서 존재하며 완벽한 계획과 작정 가운데 모든 것을 이루어 가신다. 인간이 죄에 빠져 죽음을 맞게 된 후에도 언약에 신실하신 하나님께서는 여전히 변함없는 거룩한 의도에 따라 자신의 구속사를 진행시켜 가셨다.

이에 대해서는 이성과 경험에 익숙한 인간들의 지능으로 쉽게 범접할 수 있는 영역이 아니다. 하나님으로 말미암은 구속사적인 사건들이 역사 가운데 엄연히 발생하고 있을 때조차도 인간들은 그에 대한 인식을 전혀 하지 못하고 있었다. 단지 하나님의 자녀들은 그가 말씀을 통해 계시해 주신 만큼 깨달아 알 수 있었을 따름이다.

사도 바울은 에베소 교회를 포함한 모든 성도들에게 하나님께서 참된 지혜와 총명을 넘치도록 해 주셨다는 사실을 언급하고 있다. 이는 각 사람들에게 개별적으로 그렇게 하셨다는 의미를 넘어 교회 공동체 가운데 공적으로 그것을 허락하셨다는 의미를 지니고 있다.[6] 따라서 하나님의 은혜를 입은 모든 성도들은 하나님의 지혜와 총명을 소유한 거룩한 집단 속으로 들어가게 된 것이다.

교회를 떠난 상태에서 개별 인간들이 소유한 지혜와 총명은 결코 온전한 것이라 말할 수 없다. 그것들은 인간의 이성과 경험을 기초로 하여 생성된 것들에 지나지 않는다. 이 말은 하나님께서 허락하시는 지혜와 총명이 보통 인간들의 머릿속에 번득이는 깨달음이나 일시적인 재치가 아니라는 사실을 말해 주고 있다. 하나님으로 말미암은 모든 것들은 계시된 말씀과 성령 하나님을 통해 허락되는 참된 진리와 직접 연관되어 있다.

하나님께서 교회와 성도들에게 모든 지혜와 총명을 넘치게 해 주신 근본적인 까닭은 예수 그리스도의 십자가 사역이 가지는 비밀을 알려 주시기 위해서였다. 이는 그것이 소유한 명백한 비밀이 존재하고 있음에도 불구하고 어리석은 인간들은 그에 대해 아무런 인식조차 할 수 없다는 사실을 말해 준다. 하나님의 은혜가 없이는 그것을 깨달을 수 있는 방도가 없는 것이다.

우리는 여기서 '비밀의 속성' 에 대해 잘 이해해야 할 필요가 있다. 비밀의 기본적인 속성가운데 하나는 그 사실에 대한 온전한 지식이 아무에게나 개방되지 않는다는 점이다. 즉 그 비밀을 소유한 무리는 하나의 특별한 집단을 형성하게 되는가 하면 그렇지 않은 자들은 그 영역 밖에 존재하는 외인이 될 따름이다.

---

6) 나이가 어린 아기들이나 지적인 능력이 떨어지는 성도들 역시 성경이 말하는 '지혜와 총명' 에 연관된 것으로 이해해야 한다. 그런 성도들은 지혜와 총명을 직접 소유하지 못하는 것처럼 보일지라도 그것들을 소유한 교회에 속함으로써 그것을 공동으로 소유하는 특권을 누리게 되는 것이다.

나아가 그 비밀에 해당되는 내용은 매우 중요하기 때문에 아무렇게나 외부에 공개되지 말아야 하는 성격을 지니고 있다. 그것이 경계 없이 무제한적으로 바깥으로 퍼져나가게 된다면 더 이상 비밀이라 말할 수 없다. 그렇게 되면 비밀을 소유한 자들과 그렇지 않은 자들 사이의 경계가 완전히 무너지게 되어 아무런 의미가 없게 된다.

따라서 우리는 지상의 교회가 예수 그리스도 안에서 하나님의 놀라운 비밀을 소유한 특별한 공동체라는 사실을 기억하지 않으면 안 된다. 하나님께서 인간의 몸을 입은 성자이신 예수 그리스도를 통해 자기 백성들을 구원하시고자한 원천적인 의미가 그의 십자가 사역으로 말미암아 세상에 드러나게 되었다. 즉 예수님의 십자가 사역은 역사적 상황 가운데서 갑작스럽게 발생한 사건이 아니라 창세전에 이미 하나님으로부터 예정된 내용이 때가 찬 경륜에 따라 하나님과 인간 사이의 놀라운 중보사역으로 드러나게 된 것이다.

이 사건은 역사 가운데서 발생하기는 했지만 지역적이거나 제한적인 것이 아니었다. 즉 예수님의 십자가 사역은 이천 년 전 오랜 옛날에 유대 땅에서 일어난 것으로 국한되지 않는다. 그 사건은 인간 역사 전체를 통괄하는 의미를 지니고 있다. 즉 아담으로부터 마지막 주님께서 재림하시게 되는 날에 이르기까지 전 역사에 연관되어 있다. 뿐만 아니라 그것은 하늘과 땅을 포함한 우주적인 사건이었다. 이는 십자가 사역을 통해 그리스도 안에서 모든 것이 통일되게 하고자 하는 하나님의 뜻에 따른 것이었다.

이에 관한 모든 것들은 전적으로 하나님의 뜻과 섭리에 따라 진행되었다. 즉 그것을 위해서는 인간들의 어떠한 동의와 협력도 필요로 하지 않았다. 나아가 인간들의 종교적인 판단이나 행위에 의해 역사적으로 전개된 것이 아니라, 우주만물을 비롯하여 인간들이 조성되기 전에 이미 예정된 바였다.

이는 창세전에 이미 그리스도 안에서 모든 것이 예정되어 있었음을 말해 준다. 즉 하나님께서는 아직 우주만물과 인간들이 존재하기 전에 자기 자녀들을 예정해 두고 그리스도 안에서 자기의 소유된 기업이 완성되도록 확정하셨던 것이다. 이는 인간들이 생각하는 운명론이나 숙명론 혹은 결정론과는 아무런 상관이 없는 개념이다.

우리는 이에 관한 이해를 돕기 위해 현대 건축설계와 건축을 예로 들어 생각해 볼 수 있다. 사람들은 땅위에 건물을 짓고자 할 때 먼저 그에 대한 구상을 하게 된다. 어디에 어떤 용도에 따라 적절한 형태의 건물을 지을지 궁리하는 것이다. 그후에는 건축설계사가 건축주의 구상을 기초로 하여 설계 도면을 그리게 된다.

설계도면에는 필요한 모든 구비조건들이 기록된다. 건축할 땅뿐 아니라 각종 자재에 대한 내용과 건물의 형태까지도 다 그려진다. 그 가운데는 내부시설을 비롯하여 눈에 보이지 않는 수도관이나 전기시설 등이 모두 포함된다.

그 설계도면이 완성되면 시공자는 그에 따라 구체적인 공사를 하게 된다. 모든 공사는 도면에 명시된 대로 진행해야 한다. 감리사들은 건축과정이 설계도면에 따라 진행되는지 감독을 한다. 이렇게 하여 건물이 완성되면 당국으로부터 준공검사를 받아 사람들이 용도에 맞게 사용하게 된다.

하나님께서 우주만물과 인간을 창조하신 것도 이와 유사한 배경을 지니고 있는 것으로 이해할 수 있다. 물론 하나님께서는 홀로 창조에 연관된 모든 것들을 작정하시고 완성하셨다. 우리는 여기서 하나님께서 생각나는 대로 임기응변적으로 창조사역을 시작하신 것이 아니란 사실을 기억하지 않으면 안 된다.

아직 아무것도 존재하지 않았을 때 하나님은 사전에 이미 완벽한 구상을 하셨으며 그것을 기초로 한 완전한 설계도면을 작성하셨다. 그 가운데 자신의 형상을 닮은 자녀들을 조성하실 것이 포함되어 있었다. 하나님께서 엿새 동안 날마다 하나씩 창조하셨다는 것은 하나님의 치밀한 계획과

더불어 그에 대한 사실을 증거해 주고 있다.[7]

그 모든 것들이 아직 창조되기 전부터 선택받은 자들은 성자이신 그리스도 안에서 하나님의 자녀가 될 것이 확실하게 예정되어 있었다. 하나님께서 그렇게 하신 것은 일차적으로 인간들이 아니라 하나님 자신을 위한 것이었다. 사탄이 아담과 하와를 유혹하여 범죄에 빠뜨렸을 때도 하나님께서 창세전에 작정하신 그 내용을 파기하지 않으신 것은 그와 밀접하게 연관되어 있다. 그것은 거룩하신 자기 이름으로 말미암은 것이기 때문에 결단코 파기될 수 없는 성질을 지니고 있었다.

그러므로 사도 바울은 그에 대한 의미를 분명히 드러내 보여주고 있다. 하나님께서 창세전의 예정에 따라 예수 그리스도를 통해 자기 자녀들을 구원하신 것은 하나님 자신의 영광의 찬송이 되게 하기 위해서였다. 따라서 하나님의 자녀들이 하나님의 영광의 대상이 된 것은 나중의 인간적인 의로운 행위나 순종 때문이 아니라 창세전부터 하나님에 의해 작정된 것에 기초를 두고 있다.

우리가 여기서 주의깊게 생각해 보아야 할 점은 하나님은 스스로 영화롭고 영광을 받으시는 분으로서 인간들이 그에게 영광을 돌리기 때문에 그가 영광을 받는 것이 아니라는 사실이다.[8] 즉 타락한 인간들 자신에게서는 결코 하나님을 영화롭게 할 만한 것들이 생성될 수 없다. 다시 말해 인간들이 하나님께 영광을 돌리기 위해 먼저 그에게 다가갈 수 있는 것이 아니었다. 우리는 도리어 하나님께서 기꺼이 인간들을 자신의 영광에 참여시키신 것으로 이해해야 한다.

---

7) 이광호, 『창세기』, 서울: 도서출판 깔뱅, 2007, pp.25-28.

8) 하나님은 스스로 영광을 받으시는 분이시다. 이는 그가 영광의 상태로 존재하고 계신다는 의미와는 다르다. 성부, 성자, 성령 삼위께서 끊임없이 상호 영광을 돌리고 있는 것이다. 즉 성부는 성자와 성령을 찬양하며, 성자는 성부와 성령을, 그리고 성령은 성부와 성자를 영속적으로 찬양하고 있다(요 8:54; 17:5, 참조). 삼위 하나님의 상호 교류에 연관된 유기적인 관계를 묘사하는 '페리코레시스' (perichoresis)는 그에 관한 의미를 내포하고 있다; 이광호, 『개혁조직신학』, 서울: 칼빈 아카데미, 2012, pp.79,81, 참조.

사도 바울은 본문 가운데서 창세전부터 하나님께서 먼저 자기 자녀들을 영광의 대상으로 삼으셨다는 사실을 언급하고 있다. 이것이 지상 교회에 속한 성도들이 깨달아야 할 은혜의 근원이 되며 하나님의 자녀인 우리가 깨달아야 할 가장 존귀한 개념이다. 하나님의 구원의 은혜를 안다는 것은 그 구원이 현재적으로 혹은 개별적인 종교적 결단의 결과가 아니라 창세전에 이미 하나님으로부터 작정된 것이라는 사실을 분명하게 깨닫는 것은 여간 중요하지 않다.

제2장

성령의 인침과 지상 교회
(엡 1:13-23)

1. 창세전의 언약이 성령으로 인침을 받음(엡 1:13,14)

우리가 하나님을 알고 믿는 것은 과거와 연결되지 않은 채 현재적인 형편 가운데서 독단적으로 형성된 종교적인 신앙이 아니다. 그것은 우주만물과 인간이 창조되기 전에 이미 하나님으로부터 예정된 것에 대한 인침의 결과이다. 즉 인간들에게는 그에 대한 아무런 인식조차 있지 않을 때 그것이 예정되어 있었던 것이다.

더군다나 타락한 인간들에게 허락된 성령 하나님의 인침은 절대적인 의미를 지니고 있다. 그것은 하나님의 놀라운 사랑과 은혜의 결과가 아닐 수 없다. 이는 예수 그리스도의 보배로운 피로 값 주고 사신 지상 교회가 성령으로 인침을 받은 성도들의 모임이라는 사실에 직접 연관되어 있다.

여기서 우리는 하나님의 예정을 확증짓는 매우 중요한 사실을 깨닫지 않으면 안 된다. '인을 친다' 는 것은 도장을 찍어 날인하는 것(seal) 곧 싸인(sign)을 한다는 의미를 지니고 있다. 그것은 약속에 대한 법적인 확인을 동반하게 된다. 또한 그것은 현재와 미래를 향한 효력을 발생하게 되지만 과거로부터 있어왔던 일에 대한 확증을 의미한다.

이 가운데는 우리가 반드시 이해하지 않으면 안 될 중요한 내용이 담겨 있다. 성경은 예수 그리스도를 태초부터 존재했던 말씀(the Word)이라 칭한다(요 1:1). 왜 하나님께서는 성자 하나님이신 예수 그리스도를 굳이 '말' 이라 표현하고 있을까? 인간들이 일반적으로 사용하는 '말' 이란 단순한 생각이나 상상이 아니라 외부로 드러나는 구체적인 책임을 동반한다. 따라서 우리는 예수 그리스도가 태초부터 존재한 구체적인 '말' 로서 하나님으로부터 발생한 '언약' 에 연관되어 있다는 사실을 알게 된다.

지상 교회에 속한 성도들은 태초부터 계신 성자 하나님이 '그 말씀' 이라는 사실을 주의깊게 받아들여야 한다. 하나님의 실체적인 언약에 연관된 '그 말씀 안에' 나중에 창조될 모든 것들이 이미 존재하고 있었기 때문이다. 그러므로 성경은 하나님께서 말씀으로 우주만물을 창조한 것으로 묘사하고 있다.

> "믿음으로 모든 세계가 하나님의 말씀으로 지어진 줄을 우리가 아나니 보이는 것은 나타난 것으로 말미암아 된 것이 아니니라" (히 11:3)

히브리서 기자가 계시받아 기록한 내용은, 하나님께서 자신의 입으로 나온 말씀 즉 구술을 방편으로 삼아 세계를 창조하셨다는 의미를 넘어서는 개념을 지니고 있다. 그것은 영원 전부터 계신 성자 하나님의 언약과 직접 연관되어 있기 때문이다. 즉 창세전에 그리스도 안에서 확증된 언약은 처음부터 미래에 존재하게 될 실체적인 현실이 되어 있다.[9] 이는

---

9) 우리는 이 의미를 더욱 분명히 이해하기 위하여 몇가지 예를 들어 설명할 수 있다. 우선 상속자로 지명된 사람이라면 장차 소유하게 될 내용은 '미래적인 현실' 로 받아들이게 된다. 이는 '계약' 안에 실체가 들어 있는 것과도 같다. 이와 더불어 또 하나의 현실적인 예를 들 수 있다. 현대인들은 교환의 수단으로 수표를 사용하는데 그것 자체로서는 현금이 아니지만 현금과 동일한 효력을 지니고 있다. 이처럼 창세전에 그리스도 안에서 선택된 하나님의 백성들에게 참 생명이 약속되어 있었다면 아직 존재하지 않은 때라 할지라도 이미 존재하고 있는 것과 마찬가지인 것이다.

앞장에서 예를 들어 설명한 건축 설계도면에 연관된 실재적인 내용과도 같다.

창세전에 예정하신 하나님의 언약은 태초부터 있었던 성자 하나님이신 예수 그리스도의 십자가 사역과 연관되어 있다. 그에 대한 인치는 사역을 성령 하나님께서 친히 주관하시게 된다. 즉 선택받은 하나님의 자녀가 구원의 세계 내부로 들어오게 되는 것은 인간들의 개별적인 지혜와 결단에 의존하지 않는다.

나아가 하나님과 인간들 사이에서 발생하는 상호 협력을 통해 그것이 이루어지는 것도 아니다. 조물주인 하나님은 피조물인 인간의 협력을 요구하지 않는다. 그것은 전적으로 하나님의 언약으로 말미암는 것이며 하나님 홀로 실행하시는 거룩한 사역이다. 사도 바울은 본문 가운데서 그에 대한 명확한 설명을 하고 있다.

하나님으로 말미암아 그의 거룩한 교회에 속하게 된 성도들은 진리의 말씀 곧 구원의 복음을 들음으로써 그리스도 안에서 그 사실을 받아들여 믿게 된다. 그것은 우연히 혹은 우발적으로 일어나게 된 것이 아니라 창세전에 하나님께서 미리 예정하신 것으로서 그때 이미 영원한 삶은 우리에게 약속되어 있었다. 하나님께서는 그것을 기초로 하여 특별한 섭리와 경륜 가운데서 자기 자녀들 가운데 친히 관여해 오신 것이다.

하나님의 자녀들이 그 구원의 복음을 듣고 믿게 되는 동시에 약속하신 성령께서 그에 대한 인을 치심으로써 구원에 연관된 모든 사실이 분명하게 드러나게 된다. 그렇게 함으로써 우리가 하나님의 영원한 상속을 소유하게 되는 보증을 받게 되었다. 그것을 통해 우리의 모든 죄를 용서받아 하나님께서 창세전에 확증해 주신 그의 자녀의 자리를 회복할 수 있다. 그러므로 구원의 은혜를 소유한 모든 성도들은 하나님을 찬송하는 영화로운 자리에 앉게 된 것이다.

2. 교회를 향한 바울의 사랑(엡 1:15-19)

사도 바울은 여기서 각 성도들이 구체적으로 속한 개체 교회를 넘어선 보편교회에 연관된 언급을 하고 있다. 그것은 지상에 존재하는 모든 교회들이 하나로 연결된 단일성과 관련된다. 하나님의 영광을 찬송하는 참된 성도들의 믿음은 고귀하며, 저들의 사랑은 보편교회의 모든 성도들을 향하고 있다. 이는 개인이 소속된 지교회뿐 아니라 지상에 존재하는 모든 참된 교회가 성도들의 사랑의 대상이 된다는 의미이다.

이에 대해서는 현대를 살아가는 성도들 역시 마음속 깊이 새겨 두어야 할 소중한 원리로 이해해야 한다. 특히 개교회주의에 빠진 우리 시대에는 더욱 그렇다. 하나님의 자녀들은 창세전에 선택받아 예수 그리스도의 십자가 사역을 통해 구원받은 모든 성도들을 동일한 형제로 받아들여야 하는 것이다.

사도 바울은 에베소 교회의 성도들이 지닌 그와 같은 신앙자세를 칭찬했다. 그러므로 그는 기도하는 가운데 저들을 기억하게 되었으며 저들의 온전한 신앙으로 인해 감사한 마음을 가질 수 있었다. 이와 같은 자세는 에베소 교회 성도들 역시 마찬가지였다. 사도는 에베소 교인들이 소유한 모든 참된 것들은 하나님께서 저들에게 공급하신 것들이라는 사실을 강조하고 있다.

바울은 교회와 성도들의 주인이 되시는 예수 그리스도의 하나님, 곧 성자 하나님의 성부되시는 영광의 하나님께서 저들에게 지혜와 계시의 영을 주셔서 하나님을 알게 하셨음을 강조하여 언급했다. 하나님으로부터 허락된 참된 지혜와 그가 보내신 성령의 도우심을 받지 않고는 결코 하나님을 올바르게 알아갈 수 없다.

성령 하나님께서는 아담의 범죄로 말미암아 눈이 완전히 멀게 된 성도들의 마음의 눈을 밝혀주셨다. 그것으로 말미암아 저들은 비로소 비밀에 감추어진 하나님의 영원한 진리를 볼 수 있게 되었다. 그 은혜를 통해 지상 교회가, 하나님께서 허락하신 소망의 진정한 의미에 대해 분명히 알게 되었으며, 성도들 가운데 존재하는 하나님의 상속에 대한 풍성한 영광을 깨달아 알게 된 것이다.

성도들에게 베풀어진 그와 같은 놀라운 변화는 성령 하나님의 권능의 위력이 역사하게 된 결과로 받아들여야 한다. 즉 그것은 전적인 하나님의 권능과 은혜로 말미암아 이룩된 것이다. 그 모든 진리를 깨달아 알게 된 것은 결코 인간들의 두뇌나 개인적인 능력 때문이 아니었다.

도리어 타락한 인간들은 하나님의 역사를 강력하게 거부하고자 하는 속성을 지니고 있다. 사악한 죄성은 인간으로 하여금 하나님께 저항하도록 만들게 되는 것이다. 그럼에도 불구하고 하나님께서는 창세전에 선택받은 백성들을 위해 자신의 강권적이며 불가항력적인 권능을 행사하셨다. 이는 그 모든 것이 하나님의 전적인 은혜로서 하나님의 영원한 사랑에 기초한다는 사실을 말해 주고 있다.

사도 바울은, 그렇게 하신 하나님의 역사하심을 지상 교회에 속한 성도들이 온전히 깨닫지 않으면 안 된다는 점을 강조해 말했다. 하나님의 자녀들은 교회와 성도들에게 베푸신 하나님의 권능이 얼마나 크고 놀라운 것인지 분명히 인식해야만 한다. 바울은 교회의 모든 성도들이 그 사실을 올바르게 깨달을 수 있도록 하나님께 간구한다고 했다.

3. 교회의 권능(엡 1:20-23)

바울은 하나님께서 죽은 자를 살리는 권능을 소유하고 계신다는 사실을 강조했다. 이것이 가지는 의미는 한 존재에서 다른 존재로의 일반적인 변환을 의미하지 않는다. 즉 죽음과 생명 사이에는 아무런 연결고리가 존재하지 않는다. 이는 물론 일차적으로 예수 그리스도께 적용되어야 할 말씀이다.

그러므로 분명히 깨달아야 할 바는 생명이 없는 자들에게 영원한 생명을 공급하는 것은 무無에서 유有를 창조하는 것과 동일한 이치라는 사실이다. 이는 오직 조물주 하나님만 하실 수 있는 기적의 능력이 아닐 수 없다. 인간들의 욕망은 결단코 그와 같은 놀라운 사건을 만들어내지 못한다.

사탄의 유혹을 이기지 못해 참 생명을 상실하게 된 인간에 대한 원천적인 회복은 예수 그리스도를 죽은 자들 가운데서 살리신 하나님의 사역으로부터 시작되었다. 하나님은 십자가에 달려 돌아가신 예수 그리스도를 살리실 때 친히 '그의 안에서' 역사하셨다. 이는 물론 인간들의 일반적인 지혜나 지식으로 접근할 수 있는 내용이 아니다.

이 말은 그리스도 밖에서 단순한 언어적 표현으로 죽은 자를 살려내신 것과는 구별되어야 할 개념이다. 즉 선언적인 방법을 통한 것이 아니라 '그리스도 안에서' 하나님의 실존적 행위가 동반된 것이다. 그리하여 하나님께서는 예수 그리스도 안에서 친히 영원한 생명을 회복하시게 된 것이었다. 다시 말해 이는 인간의 몸을 입고 인간들에 의해 죽음에 빠진 그리스도를 살리기 위해 성부 하나님께서 그 성자 하나님 안에서 친히 역사 하시게 된 사실을 말해 준다.

이 말은 성부와 성자 하나님의 신령한 합일合一을 의미하고 있다. 그러므로 하나님께서는 죽음을 이기고 영원한 승리를 쟁취하신 성자이신 예수 그리스도를 천상의 나라로 불러 올리셔서 자기 우편에 앉히셨다. 인간의 몸을 입고 궁극적인 승리를 거두신 주님께서 언약 가운데 원래의 자리에 앉게 된 것이다. 구약시대의 시편기자도 이에 관련하여 예언적인 노래를 하고 있다.

> "여호와께서 내 주에게 말씀하시기를 내가 네 원수로 네 발등상 되게 하기까지 너는 내 우편에 앉으라 하셨도다"(시 110:1)

시편 기자는 본문 가운데서 그리스도의 공격적인 사역에 대한 의미를 시사하고 있다. 하나님이신 그가 인간의 몸을 입고 세상에 오시게 되면 자기 자녀들을 구원하시는 과정에서 원수들과 맞서 심한 싸움을 싸우게 되리라는 사실을 노래하고 있는 것이다. 결국은 하나님께서 그리스도를 통해 최종적인 승리를 거두시게 되며, 이는 지상에 세워지는 교회와 밀접하게 연관되어 있다.

그리하여 예수 그리스도께서는 우주만물 가운데 존재하는 모든 통치와 권세와 능력과 그것들을 주관하는 왕의 지위에 앉으셨다. 이는 이 세상에서 뿐 아니라 장차 오게 될 영원한 세상에서도 그대로 유지된다. 이로 말미암아 그는 우주만물의 모든 세력에 대한 통치자로서 모든 이름들 위에 뛰어나게 되신다.

따라서 예수 그리스도께서는 우주만물을 자신의 발아래 복종시키셨다. 이 말은 그가 사탄과 그의 세력을 짓밟고 우주만물 위에 우뚝 선 왕으로 군림하게 되었다는 사실을 입증해 주고 있다. 이는 물론 그가 자기 백성들을 완전히 구원함으로써 만물을 회복하신 것에 연관된다. 사도 바울은 이와 더불어 하나님께서 그를 만물 위에 교회의 머리로 삼으셨음을 말하고 있는 것이다.

이 사실은 우리에게 매우 중요한 의미를 드러내 보여주고 있다. 바울이 본문 가운데서 언급한 내용은 지상의 교회가 우주만물들 위에 군림하여 존재한다는 사실을 말해 주기 때문이다(엡 1:22). 즉 지상에 존재하는 교회는 세상과 병행竝行 관계에 놓여 있지 않다. 세상과 교회는 영적인 지위상 상호 혼재하거나 나란히 병존하지 않는다. 도리어 절대적인 개념의 상하 계층 관계에 놓여 있다. 바울은 골로새 교회에 편지하면서도 그에 연관된 내용을 시사하고 있다.

"그는 몸인 교회의 머리시라 그가 근본이시요 죽은 자들 가운데서 먼저 나

신 이시니 이는 친히 만물의 으뜸이 되려 하심이요"(골 1:18)

이 말씀 가운데 언급된, 예수 그리스도가 교회의 머리라는 것은 단순한 존재적인 개념에 그치는 것이 아니다. 이는 세상 가운데 작용하는 역동적인 세력과 연관된 개념으로 이해해야 한다. 즉 이 말은 하나님의 통치력 회복과 실행에 직접 연관되어 있다. 교회 공동체의 머리가 되신 예수님께서는 단순히 언어적인 지시만 하시는 것이 아니라 저항하는 원수들과 직접 맞서 싸우신다.

우리는 지상에 존재하는 교회를 하나님께 불순종하는 악한 세력과 맞서 싸우는 전투하는 공동체로 이해하고 있다. 즉 교회에 속한 참된 성도들은 피 흘리기를 두려워하지 않고 죽음을 무릅쓰고 선한 싸움을 싸워야 한다. 성경에는 그에 관한 내용과 교훈이 전체적으로 나타나고 있다.

예수님께서는 제자들에게 그에 관한 분명한 교훈을 주셨다. 그리고 가이사랴 빌립보 지역을 방문하셨을 때, 제자들에게 자신의 교회를 세우게 될 것을 말씀하시면서 그에 연관된 중요한 내용을 언급하셨다. 그것은 자신이 세우게 될 지상의 교회가 마냥 평화를 누리게 될 것은 아니라는 것이었다. 이는 하나님을 배반한 사탄의 세력이 교회를 마주하여 대치하고 있음에 대한 말씀이다. 즉 그는 교회가 대항해 싸워야 할 악한 세력의 존재에 대해 언급하셨던 것이다.

"내가 세상에 화평을 주러 온 줄로 생각지 말라 화평이 아니요 검을 주러 왔노라"(마 10:34); "또 내가 네게 이르노니 너는 베드로라 내가 이 반석 위에 내 교회를 세우리니 음부의 권세가 이기지 못하리라"(마 16:18)

예수님의 이 말씀 가운데는 교회가 사탄의 지배를 받는 세상의 사악한 권세에 강력하게 대항해 싸우게 된다는 사실이 시사되고 있다. 동시에 예수님께서 장차 십자가에 달려 죽게 되면 자신의 몸에 붙은 지체로서 지상 교회가 세워질 때 원수들이 강력하게 저항하리라는 것에 대한 예언적인 의미를 드러내 보여주고 있다. 이는 물론 하나님의 엄중한 심판에 연관되어 있으며 사탄의 지배아래 들어간 우주만물을 회복하기 위하여 취해야 할 전투하는 교회의 기본적인 자세에 관한 언급이다.

그러므로 예수 그리스도의 몸체가 되는 지상 교회는 하나님으로부터 주어진 특별한 사명을 소유하고 있다. 사탄에 의해 파괴된 피조세계는 때가 이르면 반드시 회복되어야 할 대상이다. 그 모든 것은 성자 하나님이신 예수 그리스도 안에서 이루어지게 되어 있었다. 그것은 곧 그의 몸인 지상 교회 안에서 모든 것들이 완벽하게 성취된다는 사실을 말해 주고 있는 것이다.

제3장

하나님의 형상을 닮은 인간

(엡 2:1-10)

1. 허물과 죄로 죽었던 우리(엡 2:1)

하나님께서는 '자기의 형상' 에 따라 인간을 창조하셨다. 이는 인간은 다른 모든 피조물들과 본질적인 차이가 난다는 사실을 말해 준다. 즉 생명이 없는 무생물이나 인격이 없는 동물과 식물은 하나님께 순종하거나 저항하지 못한다.

그에 반해 하나님과 인격적인 교제를 나누는 인간들은 하나님께서 은혜로 허락하신 '자유의지' 와 연관하여 스스로 판단을 할 수 있는 존재이다. 그러므로 사탄이 아담을 유혹했을 때 그는 자신의 판단에 따라 행동하게 되었다. 결국 인간들은 그로 말미암아 멸망에 처하는 불행에 빠졌다. 아담이 죄와 허물에 빠진 것은 그가 사탄과 불의한 인격적인 관계를 맺었기 때문이다.

우리는 여기서 아담이 어떤 과정을 통해 무슨 죄를 지었는지 분명한 깨달음을 가져야만 한다. 그것은 아담의 자손으로 태어나는 모든 인간들에게 직접적인 영향을 끼친 것과 연관된다. 즉 이 세상의 모든 인간들은 하나님 앞에서 더럽고 추한 죄인이 될 수밖에 없다. 사도 바울은 로마에 있는 교회에 편지하면서 그에 대한 분명한 언급을 하고 있다.

> "모든 사람이 죄를 범하였으매 하나님의 영광에 이르지 못하더니 그리스도 예수 안에 있는 구속으로 말미암아 하나님의 은혜로 값없이 의롭다 하심을 얻은 자 되었느니라"(롬 3:23,24)

하나님께서는 범죄한 아담을 더 이상 의로운 자로 인정하지 않으셨다. 그것은 하나님의 영광으로부터 격리된 상태를 의미하며 참 생명을 박탈당하는 죽음을 시사하고 있다. 죄에 갇힌 인간은 육신적으로는 살아 있는 상태인 것처럼 보이지만 실제로는 죽은 존재와 같다. 인간이 죽음에 빠진 것은 모든 인간의 조상이 되는 아담이 사탄의 유혹에 빠져 하나님을 배반했기 때문이다.

이 세상에 살아가는 인간들은 아담의 범죄와 자기를 분리할 수 없다. 즉 아담이 하나님을 배반한 것과 자기와는 아무런 상관이 없다는 주장을 하지 못한다.[10] 모든 인간은 예외없이 더럽고 추악한 측면에서 한 통속이다. 그것은 인간들이 피할 수 없는 죽음을 의미하고 있다.

죄로 말미암아 사망에 빠진 인간들에게는 스스로 그것을 극복하고 살아날 수 있는 방법이 없다. 그것은 저주 아래 완전히 갇히게 되었음을 의미한다. 그런 상태에서는 삶과 죽음에 대한 진정한 깨달음을 가질 수 없으며 설령 그에 대한 어느 정도의 인식을 하고 있다 할지라도 자력구원自力救援이 불가능하다.

이와 같은 처참한 상황에서, 하나님께서는 죄에 빠진 자기 백성들을 살리셨다. 이는 전적으로 언약에 신실하신 하나님의 본성에 근거하고 있다. 그것은 물론 하나님의 형상을 소유한 자들로서 창세전에 선택받은 하나님

---

10) 하나님을 알지 못하는 불신자들은 사탄의 유혹에 빠진 아담과 자신 사이의 관계를 모른다는 특색을 지니고 있다. 아담으로 말미암아 자기가 무서운 죄에 빠지게 된 사실을 깨닫는 자들이 두 번째 아담인 예수 그리스도의 존재 의미를 알게 되는 것이다.

의 자녀들에게 제한된다. 이 말은 모든 인간들에 대한 보편 구원을 거부하는 선언적인 의미를 지닌다.

2. 사탄의 통치 아래 넘어간 우주만물(엡 2:2,3)

하나님께서는 자기의 형상에 따라 창조된 아담을 신뢰하셨다. 이는 아담이 먼저 자기를 창조한 하나님을 신뢰한 것이 아니라 하나님이 먼저 피조물인 아담을 신뢰하신 사실에 연관된 언급이다. 초창기 아담에게는 하나님을 신뢰한다는 개념이 존재하지 않았던 것으로 이해해야 한다. 아담이 그와 같은 신뢰의 개념이나 구체적인 대응자세를 가질 필요가 없었던 것이다.

그에 반해 하나님께서는 아담을 신뢰하셨다. 그는 아담에 대한 신뢰의 마음을 표시하셨을 뿐 아니라 구체적으로 자신의 고귀한 일을 맡기셨다. 하나님은 아담으로 하여금 자기가 창조하신 우주만물을 관리하도록 위임하셨다. 삼위일체 하나님께서 천지만물을 창조하신 후 아담을 창조하시고자 의도하신 것은 그와 직접적인 연관이 있었다.

> "하나님이 가라사대 우리의 형상을 따라 우리의 모양대로 우리가 사람을 만들고 그로 바다의 고기와 공중의 새와 육축과 온 땅과 땅에 기는 모든 것을 다스리게 하자 하시고 하나님이 자기 형상 곧 하나님의 형상대로 사람을 창조하시되 남자와 여자를 창조하시고" (창 1:26,27)

우리는 이 말씀을 결코 소홀히 여겨서는 안 된다. 하나님께서 '자기 자신을 위해' 창조하신 우주만물을 자신의 형상을 닮은 아담의 손에 맡겨 관리하도록 위임하신 것은 그를 자신의 대리자로 세운 것과 마찬가지다. 이렇게 하여 위 본문에 언급된 물고기와 공중의 새와 육축뿐 아니라 모든 피조세계 전체가 그에게 맡겨져 다스림을 받게 되었다.

그러나 아담이 명심해야 할 바는 자기가 우주만물의 주인이 아니라 하나님을 위한 관리자라는 사실이었다. 그는 우주만물을 다스릴 때 자기의 의도와 판단대로가 아니라 하나님의 뜻에 따라 그 임무를 수행해야만 했다. 만일 그가 주인행세를 하게 되면 주인인 하나님을 배반하는 자리에 앉게 된다.

따라서 아담은 항상 주인이신 하나님의 뜻을 기억하는 가운데 만물을 다스려야만 했다. 아담과 하와는 에덴동산의 선악과나무를 보며 그에 대한 하나님의 뜻을 되새기게 되었다. 이처럼 하나님께서 에덴동산 중앙에 선악과나무를 심어두신 것은 이와 연관된 매우 중요한 의미를 지니고 있었다. 즉 동산 중앙에 특별한 나무를 두고 아담과 하와에게 그 열매를 따먹지 말도록 요구하신 것은 전체 우주를 관리하면서 자기 마음대로 해서는 안 된다는 사실을 기억하도록 하신 하나님의 특별한 은혜의 방편이었다.

그러므로 우리는 선악과나무를 두시고 그 열매를 따먹지 말도록 금하신 것은 아담을 보호하고자 하는 하나님의 사랑에 기인한다는 사실을 기억할 필요가 있다. 하지만 사탄은 하나님과 인간 사이에 맺어진 관계를 와해시키고자 했다. 사탄은 하나님의 사역을 방해하는 사악한 존재였던 것이다.

그리하여 사탄은 아담으로 하여금 동산 중앙에 심겨진 선악과나무의 열매를 따먹고 하나님의 뜻을 저버리도록 유혹했다. 즉 아담이 그 열매를 따먹고 하나님의 신의를 저버림으로써 서로 원수가 되도록 하고자 했던 것이다. 사탄이 하와를 유혹해 선악과열매를 따먹게 한 것은 그런 의미를 지니고 있었다.

따라서 사탄의 행위는 아담을 넘어 하나님을 향한 직접적인 저항행위였다. 그가 아담을 유혹했던 것은 아담에게 머물지 않고 창조주 하나님을 겨냥하고 있었다. 어리석은 인간은 선악과열매를 따먹으면 하나님처럼 될 수 있다는 사탄의 달콤한 말을 듣고 그에 속아 넘어가게 되었던 것이다.

우리는 아담을 유혹하여 범죄에 빠지게 하는 것만이 사탄의 주된 목적이 아니었다는 사실을 기억해야 한다. 그것은 하나님에 대한 직접적인 저항행위이자 사탄 자신의 욕망을 위한 것이었다. 물론 우주만물에 대한 하나님의 관리자로 위임된 인간은 그로 말미암아 처참한 파멸에 빠질 수밖에 없다. 그럼에도 불구하고 어리석은 인간들은 그 위태로운 사실을 전혀 인식하지 못했다.

그러므로 하와는 먼저 사탄의 미혹을 받아 선악과를 따먹고 자기 남편에게도 그 열매를 나눠주어 먹게 했다. 하와는 그와 같은 행동을 하면서 그것이 마치 남편과 자기 자신을 위하는 것인 양 오해했다. 죄에 빠진 인간들의 그런 행동은 아담 시대뿐 아니라 지금도 여전히 일어나고 있는 현상이다.

우리 시대에도, 아내가 남편을 위해서 사랑을 핑계대며 무엇인가를 하는 것 같지만 실상은 하나님을 떠나 함께 죽는 길을 택하는 경우가 많이 있다. 이는 물론 남편이 아내를 대하면서도 마찬가지로 일어난다. 배도에 빠진 인간들은 그와 같은 속성을 버리지 못하고 있는 것이다.

이는 사탄의 유혹에 빠져 어리석은 판단을 하게 된 인간은 결국 사탄의 노예가 되는 길에 들어서게 되었음을 의미한다. 아담과 하와는 동산 중앙의 선악과열매를 따먹음으로써 혼자서만 범죄한 상태에 빠진 것이 아니었다. 인간은 하나님께서 저에게 관리를 맡기신 모든 피조세계를 끌어안고 사탄에게로 넘어갔다. 이는 하나님의 피조세계인 우주만물을 사탄의 소유로 넘겨주었음을 의미하는 것이다.

아담과 하와는 사탄의 유혹에 넘어가 에덴동산의 선악과를 따먹고 언약을 파기함으로써 하나님의 소유인 우주만물을 사악한 사탄에게 갖다 바친 꼴이 되어버렸다. 그 피조세계는 하나님께서 자신의 형상을 닮은 인간을 신뢰하여 저에게 관리를 맡기신 소중한 대상이었다. 이렇게 하여 아담은 타락하게 되어 처참한 죽음에 빠지게 되었으며 모든 피조세계는 더럽게 오염되어버렸다.

죄로 말미암아 비참한 지경에 빠지게 된 것은 비록 인간뿐 아니라 모든 피조세계가 마찬가지였다. 이로 말미암아 죄에 물든 세상에는 진정한 생명이 존재하지 않게 되었으며 모든 것들은 죽음에 갇힌 존재가 되어버렸다.[11] 따라서 우주만물은 더 이상 거룩한 하나님께서 기뻐하시는 사랑의 대상이 될 수 없었다.

이렇게 하여 우주만물은 사탄의 관할 아래로 넘어가게 되었다. 그로 인해 사탄은 공중 권세를 잡고 거짓 주인행세를 하며 만물을 유린했다. 뿐만 아니라 하나님의 형상을 닮은 인간조차도 자신의 노예로 부렸다. 따라서 사탄의 휘하에 있는 타락한 천사인 더러운 귀신들은 세상을 장악하고 활개를 쳤다.

그와 같은 세상은 더 이상 사랑할 만한 대상이 될 수 없다. 하나님을 떠나 타락하고 오염된 세상은 거룩한 하나님과 정반대편에 놓여 있기 때문이다. 그러므로 요한은 그의 서신에서 세상을 사랑하지 말라고 강조하고 있다.

> "이 세상이나 세상에 있는 것들을 사랑치 말라 누구든지 세상을 사랑하면 아버지의 사랑이 그 속에 있지 아니하니 이는 세상에 있는 모든 것이 육신의 정욕과 안목의 정욕과 이생의 자랑이니 다 아버지께로 좇아 온 것이 아니요 세상으로 좇아 온 것이라" (요일 2:15,16)

창세전에 선택받은 성도들도 하나님을 온전히 알기 전에는 세상의 정욕

---

11) 타락한 세상에는 진정한 생명이 존재하지 않는다. 세상에 살아있는 것들은 현상적 생명체일 뿐 영구하지 않다. 즉 이 세상에 살아있어 보이는 모든 것들은 죽음에 뒤엉켜 있으므로 언젠가는 죽을 수밖에 없는 운명에 처해 있다. 따라서 오염된 세상 가운데는 죽음이 존재할 뿐 진정한 생명이 없는 것이다.

과 자랑거리를 탐닉하는 가운데 살아가면서 행동했었다. 죄 가운데서 출생한 인간들은 타락한 세상의 모든 가치를 추구의 대상으로 여기며 그 습성을 익혀갈 수밖에 없었다. 그것은 처참한 상황이 아닐 수 없다. 따라서 사도 바울은, 하나님을 알지 못하는 아담의 자손인 모든 인간들은 예외 없이 육체의 욕심과 욕망에 따라 살아가는 본질상 진노의 자녀라는 사실을 언급했다.

여기서 우리가 하나님의 백성들도 그 전에는 본질상 진노의 자녀였다는 사실을 기억하는 것은 매우 중요하다. 이는 모든 인간들의 조상 아담이 선악과를 따먹고 사탄에게 넘어가게 된 사건과 직접 연관되어 있다. 거기에서 완전히 해방되기 위해서는 반드시 그 문제를 법적으로 해결할 수 있는 중보자가 있어야만 한다. 하나님으로 말미암은 그 과정을 거치지 않고는 어느 누구도 그 무서운 진노를 벗어날 수 없다.

3. 그리스도와 더불어 '천상의 나라' 에 속하게 된 구원받은 성도들(엡 2:4-7)

하나님의 자녀들은 예수 그리스도의 십자가 사역을 통해 그 전과는 전혀 다른 새로운 삶을 공급받게 되었다. 그것은 교회에 속한 성도들에게 베풀어진 하나님의 풍성한 긍휼의 결과였다. 이는 물론 창세전에 특별히 선택하신 하나님의 거룩한 뜻에 연관되어 있다.

성자 하나님이신 예수 그리스도께서 십자가에 달려 돌아가신 이유는 사탄의 유혹에 의해 사망에 처한 우리를 구원하시기 위해서였다. 죄악의 굴레에 빠진 약속의 자녀들 역시 죽을 수밖에 없는 존재가 되어 있었다. 하나님께서 그에 대한 특별한 대처를 하지 않으면 다시 살아날 가망이 전혀 없었던 것이다.

이와 더불어 우리가 분명히 깨달아야 할 점은 죄가 없는 거룩하신 하나님의 아들은 죽어야 할 하등의 이유가 없었다는 사실이다. 그리고 사탄에게는 죄가 없이 거룩한 그를 영원히 죽일 수 있는 능력이 존재하지 않는다. 죽음은 사탄에 연관된 악한 속성을 소유하고 있을 때만 발생할 수 있는 성질을 지니고 있는 것이다.

그럼에도 불구하고 예수님께서는 죄가 없는 상태에서 스스로 고난과 죽음을 선택하셨다. 그가 십자가에 달려 돌아가신 이유는 자신의 유익을 위해서가 아니라 하나님께서 창세전에 택하신 자녀들 때문이었다. 그리고 그 사역이 시행되었던 것은 창세전에 이루어졌던 하나님의 언약에 근거한 것이었다.

결국 그리스도 안에서 창세전에 선택받은 하나님의 자녀들은 그리스도의 십자가 사역을 통해 그와 함께 살아나게 되었다. 죄 없는 예수 그리스도께서 죄악에 가득 찬 성도들을 위해 대신 죽게 됨으로써 이제는 저들이 영원한 사망에 얽매일 필요가 없게 된 것이다. 이로써 모든 성도들은 죽음을 이기고 부활하신 주님과 더불어 영원한 생명을 공급받아 되살아나는 기적을 누렸다.

그로 말미암아 하나님의 자녀들은 예수 그리스도 안에서 천상에 존재하는 영광의 나라에 앉게 되었다. 하나님께서 그리스도의 십자가 사역으로 말미암아 거룩하게 된 자기 백성들을 천상의 나라로 불러 앉히신 것이다. 이는 지상 교회가 천상에 연결되어 존재하는 실상을 그대로 보여주고 있다.

이 놀라운 사실은 역사 가운데 지속적으로 진행되어 가는 성격을 지닌다. 주님의 재림과 더불어 세상의 마지막 날이 이르기까지 하나님의 자녀들은 이 세상에 태어나 일정기간 살아가게 된다. 인간 역사상 흩어져 존재하는 각 세대에 속한 모든 성도들은 그리스도 안에서 나타난 지극히 풍성한 은혜를 누리게 되는 것이다.

4. 하나님과 그의 형상을 닮은 인간(엡 2:8-10)

(1) 구원의 절대적인 근원자 되시는 하나님(엡 2:8)

인간의 구원은 오직 하나님의 고유한 뜻에 달려 있다. 그것은 인간들의 태도나 행동 여하와는 아무런 상관이 없는 전적인 하나님의 소관이다. 죄에 빠진 인간들은 구원을 위한 어떠한 선행이나 공로를 이룰 수 없는 존재이다.

그러므로 구원받은 인간들은 여호와 하나님 앞에서 어떤 사실도 자랑할 수 없게 되었다. 그 구원은 전적으로 하나님의 은혜로 말미암는 것이기 때문이다. 하나님의 자녀들이 드러내 보일 수 있는 유일한 자세는 구원을 베푸신 하나님에 대한 감사와 찬송을 이어가는 것일 뿐이다.

사도 바울은 하나님의 은혜에 근거하여 오직 믿음으로 말미암아 성도들에게 구원이 베풀어졌음을 강조하고 있다. 여기서 주의해야 할 점은 그 믿음이 인간들의 종교적인 결단을 의미하는 것이 아니라는 사실이다. 즉 인간들이 믿기로 결단함으로써 저들에게 구원이 하락된 것이 아니었다.

그 믿음은 순전히 하나님으로부터 주어진 선물이다. 인간이 하나님을 믿기로 결심한 결과로써 구원이 주어진 것이라 말할 수 없다. 하나님께서는 창세전에 선택된 백성들에게 먼저 '믿음'을 선물로 주셨다. 그것은 종교적인 정신작용이나 현상을 의미하는 것이 아니라 눈에 보이지 않는 실체적인 성격을 지니고 있다.

> "복음에는 하나님의 의가 나타나서 믿음으로 믿음에 이르게 하나니 기록된 바 오직 의인은 믿음으로 말미암아 살리라 함과 같으니라"(롬 1:17); "For therein is the righteousness of God revealed from faith to faith: as it is written, The just shall live by faith"(Rom. 1:17, KJV)

이 말은 하나님께서 선물로 주신 그 '믿음'으로부터 우리의 고백에 연관된 믿음에 이르게 된다는 의미를 지니고 있다. 하나님의 선물인 그 믿음은 인간의 인식여부를 넘어서는 것으로 이해해야 한다. 설령 인간들이 그것을 소유하고 있다는 사실을 전혀 인식하지 못하고 있을 때조차도 그 믿음은 성도들 가운데 존재한다.

인간들에게서 발생하지 않은 그 믿음이 미리 예정된 하나님의 자녀들을 영원한 구원의 자리로 불러내었다. 이는 애초부터 인간들의 공로나 노력과는 아무런 상관이 없는 성질의 것이었다. 그 믿음은 전적인 하나님의 선물이기 때문에 인간들이 자랑할 만한 것이 되지 못했던 것이다.

(2) 인간의 선행과 하나님의 구원(엡 2:9)

인간의 선행과 하나님의 구원 사이에는 아무런 연결고리가 존재하지 않는다. 그 구원은 창세전에 선언된 하나님의 언약에 직접 연결되어 있을 따름이다. 이는 우리의 신앙과 본질적인 연관성을 지닌다. 따라서 인간의 행위에 의해 구원이 발생한다는 것은 매우 잘못된 주장이라 하지 않을 수 없다.

우리시대에는 소위 행위구원에 연관된 이단사상을 주장하는 자들이 상당수 있다. 그들은 인간이 하나님으로부터 구원을 받기 위해서는 적절한 선행을 해야만 한다고 생각한다. 이는 인간의 선행이 구원의 조건이 된다고 주장하는 것과 같다. 그러나 인간으로부터 영원한 구원이 발생한다는 사상은 전혀 성경적이지 않다.

그런데 근래에 들어와 아주 교묘한 방법으로 인간의 행위를 구원과 연관짓는 자들이 생겨나기 시작했다. 그와 같은 사조는 소위 '바울의 새 관점' (New Perspective on Paul)을 주장하는 자들에 의해 퍼져나가고 있다.[12] 그들은 율법을 순종하는 인간들의 행위가 구원을 가져오는 것은 아니지만 복음을 듣고 회심한 자들이 자신의 구원을 유지하기 위해서는 선행을 해

---

12) E.P.Sanders, James D.G.Dunn, N.T.Wright 등이 그와 같은 주장을 하고 있다.

야만 한다고 주장한다.

이는 참된 교인들이라 해도 율법적인 선행이 담보되지 않은 상태라면 하나님의 궁극적인 구원을 보장받지 못한다는 의미를 지니고 있다. 이 말은 여간 심각한 문제를 야기하지 않을 수 없다. 이런 사상은 성경에 근거한 칼빈주의 사상에 대해 정면으로 반하는 것으로서 역사 가운데 교회를 어지럽혔던 반 펠라기우스주의(semi-Pelagianism)나 알미니안주의(Arminianism)와 유사한 성격을 지니고 있다.

사도 바울은 그에 대하여 분명한 교훈을 주고 있다. 타락한 인간이 죄를 용서받아 의롭게 되기 위해서는 오직 하나님 자신의 사역에 의존할 수밖에 없다는 것이다. 이는 예수 그리스도의 십자가 사역으로 말미암아 베풀어지는 하나님의 은혜에 연관되는 것으로서 율법의 행위와는 전혀 무관하다. 사도 바울은 로마에 있는 교회에 편지하면서 그점을 명확하게 밝히고 있다.

> "그런즉 자랑할 데가 어디뇨 있을 수가 없느니라 무슨 법으로냐 행위로냐 아니라 오직 믿음의 법으로니라 그러므로 사람이 의롭다 하심을 얻는 것은 율법의 행위에 있지 않고 믿음으로 되는줄 우리가 인정하노라" (롬 3:27,28)

우리는 이에 대해 올바르게 이해하지 않으면 안 된다. 인간들은 개인적인 행위로 구원을 받을 수 없다. 그것은 전혀 말이 되지 않는다. 그런 논리를 펴게 되면 율법에 대한 순종이나 선행 자체가 불가능한 태중에 있는 아기들이나 아직 하나님의 율법에 따른 순종을 할 수 없는 어린아이들의 구원은 어떻게 되는지 해명할 수 없기 때문이다.

그러므로 사도는 그에 대한 명확한 입장을 취하면서 하나님의 교훈을 베풀고 있다. 영원한 구원은 결코 인간들의 특정한 행위에서 발생하지 않는다. 율법에 순종하는 행위뿐 아니라 일반적인 선행이 구원의 조건이 될 수 없다. 따라서 타락한 인간들에게는 하나님 앞에서의 어떤 자랑도 존재할 수 없게 된 것이다.

(3) 인간의 존재 이유와 목적(엡 2:10)

인간들은 하나님의 특별한 피조물이다. 이는 하나님께서 인간을 창조하실 때 그에 대한 분명한 의도와 목적이 있었다는 사실을 말해 준다. 만일 인간이 그 뜻을 잊어버리거나 거스르게 되면 하나님께 저항하는 악행이 된다.

하나님에 의해 창조된 인간은 그리스도 안에서 하나님께서 원하시는 선한 일을 수행하도록 지음을 받은 존재이다. 그것은 하나님께서 만물을 창조하시기 전부터 미리 계획하신 일이었다. 그 원인관계를 기초로 하여 하나님의 자녀들로 하여금 참된 선을 행하도록 하셨던 것이다.

우리가 여기서 명확하게 기억해야 할 바는 범죄한 아담의 후손인 우리 시대의 자연인은 결코 선하지 않으며 선을 행할 수 없다는 사실이다. 타락한 인간들은 참된 선에 대해 전적으로 무지하며 자신의 이성과 경험에 의해 주관적인 판단을 할 따름이다. 우리는 성경 말씀에서 어떤 유대인 관원이 예수님께 '선한 선생님이여' 라고 부를 때 예수님이 답변하셨던 내용을 기억한다.

> "어떤 관원이 물어 가로되 선한 선생님이여 내가 무엇을 하여야 영생을 얻으리이까 예수께서 이르시되 네가 어찌하여 나를 선하다 일컫느냐 하나님 한분 외에는 선한 이가 없느니라" (눅 18:18,19)

예수님 앞에 선 그 유대인 관원은 자기 기준에서 예수님을 '선한 선생님' 이라 불렀을 뿐 진정한 '선' 에 대해서는 전혀 알지 못했다. 즉 그는 자신의 이성과 종교적인 경험에 따른 '선' 을 최고의 '선' 으로 인식하고 있었던 것이다. 그러나 인간들이 생각하는 '선' 은 지극히 제한된 개념으로서 참된 선이 될 수 없었다.

그러므로 예수님께서는 자신을 '선한 선생님' 이라고 표현한 그 관원을 칭찬하시기는커녕 강하게 책망하셨다. 이는 자기가 선하지 않다는 의미가 아니라 그가 생각하는 방식으로서의 선한 인물이 아니라는 말이었다. 따라서 여호와 하나님 한 분 이외에는 선한 존재가 없다는 사실을 언급하시면서 자기가 곧 그 하나님이라는 사실을 시사하셨던 것이다.

이를 통해서 우리가 알게 되는 점은 예수 그리스도 안에서 모든 삶을 살아감으로써 진정한 선을 행할 수 있게 된다는 사실이다. 그를 떠나서 발생하는 그 어떤 그럴듯한 사고나 행동이라 할지라도 그것은 참된 선이 될 수 없다. 예수 그리스도에 의해 구원을 받게 된 성도들은 이에 대한 명확한 깨달음을 가지지 않으면 안 된다. 그래야만 예수 그리스도를 통한 참된 선에 관심을 기울일 수 있게 될 것이기 때문이다.

제4장

창세전 언약을 이루기 위한 하나님의 특별한 사역

(엡 2:11-22)

1. 하나님의 심판 의도와 이스라엘 민족 조성

하나님께 저항하고자 작정한 사탄은 창조가 완성된 직후 하나님의 형상을 닮은 아담을 유혹의 대상으로 삼았다. 감히 하나님을 직접 대적할 수 없었던 그는 하나님의 형상을 닮은 인간을 통해 자신의 욕망을 달성하고자 했다. 사악한 그 영물은 피조물인 아담을 유혹함으로써 하나님을 욕되게 하려고 했던 것이다.

따라서 하나님의 피조세계를 갈취하여 사탄이 지배하는 왕국을 형성한 악한 세력은 반드시 심판을 받아야만 한다. 하나님께서는 필연적인 그 일을 감당하기 위해 특별한 언약의 왕국을 세우고자 하셨다. 즉 사탄의 왕국과 통치체제를 응징하시기 위해서 자신의 고유한 왕국을 세울 필요가 있었다. 그 왕국을 통해 사탄의 세력을 심판하고 그의 손아귀에 빠져들게 된 자기 백성들을 구원해 내야만 했던 것이다.

이처럼 타락한 인간 역사의 중심에는 사탄이 존재하고 있으며, 그에 대한 심판과 더불어 창세전에 예정하신 자기 자녀들을 악으로부터 구원하시는 것이 하나님의 주된 목적이었다. 아담이 범죄했을 때 하나님께서 사탄을 응징하는 '여자의 후손'을 보내시리라고 예언하신 것은 그것과 직접 연관되어 있다. 그러므로 인간이 타락한 즉시 사탄을 향한 그 예언의 말씀이 주어졌던 것이다.

> "내가 너로 여자와 원수가 되게 하고 너의 후손도 여자의 후손과 원수가 되게 하리니 여자의 후손은 네 머리를 상하게 할 것이요 너는 그의 발꿈치를 상하게 할 것이니라" (창 3:15)

사탄을 향해 선포된 진노에 찬 하나님의 말씀 가운데서 우리가 볼 수 있는 것은 세상에서는 처음부터 전쟁의 역사가 전개될 것이 예고되고 있었다는 사실이다. 이는 세상에서 끊임없이 발생하고 있는 일반적인 전쟁을 의미하지 않는다. 타락한 세상에는 인간들의 욕망에 의해 다양한 전쟁들이 되풀이 되어오고 있지만 위의 본문에 언급된 내용은 그와 같은 전쟁을 두고 말하는 것이 아니다.

성경이 처음부터 언급한 전쟁은 하나님께서 주도하시는 '거룩한 전쟁'(the Holy War)이다. 이 세상 사람들은 자기편에서 객관성이 결여된 주장을 내세울 수 있을지 모르지만 일반적인 경우에는 의로운 의미를 부여할 만한 전쟁이 존재하지 않는다. 이에 반해 하나님께서 주도하시는 모든 전쟁은 거룩한 성격을 지니게 되며 그에게 속한 백성들은 마땅히 그에 순종하며 전쟁에 참여하게 된다. 그렇게 되면 사탄의 통치 아래 있는 무리들은 자신의 영역을 고수하기 위해 발악을 하게 될 것이 틀림없다.

하나님께서는 그 전쟁을 위한 구체적이며 필연적인 과정으로써 갈대아 우르에 살고 있던 아브라함을 불러내셨다. 그것은 즉흥적으로 이루어진 것이 아니라 하나님의 작정 아래서 진행된 일이었다. 하나님께서 그를 부르시기 전에는 왕국 설립에 연관된 하나님의 뜻은 존재했으나 아직 구체적인 실행이 시작되지 않았다. 창세기에는 그에 관한 초기의 약속이 기록으로 나타나고 있다.

> "여호와께서 아브람에게 이르시되 너는 너의 본토 친척 아비 집을 떠나 내가 네게 지시할 땅으로 가라 내가 너로 큰 민족을 이루고 네게 복을 주어 네 이름을 창 대케 하리니 너는 복의 근원이 될찌라" (창 12:1,2)

아브라함이 하나님으로부터 특별한 부르심을 받게 된 가장 중요한 목적은 사탄의 세력을 응징하기 위한 왕국을 세우는 일과 연관되어 있었다. 하나님께서는 아브라함에게 그전에 저가 전혀 알지 못하던 땅과 아내 사라의 불임으로 인해 존재하지도 않은 자식을 약속하심으로써 큰 민족을 이루어 주시리라고 말씀하셨다. 하나님께서 그에게 땅과 자손을 약속하신 것은 저로 하여금 부유하고 만족스런 삶을 살도록 하기 위해서가 아니었다. 도리어 그 약속을 받은 아브라함은 한 평생 고생하는 삶을 살아가게 되었을 따름이다.

아브라함에게 주어진 하나님의 약속은 그를 통해 언약의 왕국을 세우시겠다는 사실에 초점이 맞추어져 있었다. 즉 하나님께서 주시게 될 약속의 땅과 장차 조성하시게 될 큰 민족으로 말미암아 하나님의 특별한 왕국이 세워지게 된다는 것이다. 그것을 위해 하나님은 아브라함의 손자이자 이삭의 아들인 야곱의 집안을 애굽 땅으로 인도해 그곳에서 큰 민족을 조성하셨다.

하나님께서는 때가 되어 애굽에서 종살이하던 아브라함의 자손들을 약속의 땅 가나안으로 불러들이시기 위해 먼저 삭막한 시내광야로 인도하셨다. 그것은 인간들이 전혀 예측할 수 없었던 하나님의 경륜적인 사역이었다. 사막은 인간들이 편안하게 살 만한 지역이 될 수 없었다. 따라서 하나님은 자기가 택한 백성들을 위해 날마다 만나와 메추라기를 식량으로 제공하셨으며, 낮과 밤에는 구름기둥과 불기둥을 통해 하나님 자신을 계시하시는 가운데 그 백성들을 보호하셨다.

이스라엘 백성은 사십 년 동안 시내 광야에서 유리하며 과거에 애굽에서 익혀왔던 모든 세속적인 가치들과 찌꺼기들을 완전히 제거해야만 했다. 그대신 저들에게는 하나님으로부터 거룩한 율법이 주어졌으며 이제는 그 법에 순종하며 살아가야 했다. 이제 이스라엘 자손들은 세상 왕국의 법령이 아니라 하나님의 율법에 의해 살아가는 것이 당연한 의무가 되었던 것이다.

하나님은 나중 새롭게 된 그 백성을 시내 광야로부터 가나안 땅으로 인도해 들여 다윗 왕을 통해 언약의 왕국을 세우셨다. 나라를 건립할 수 있는 땅과 거기서 살게 될 백성과 저들이 지켜야 할 율법이 주어짐으로써 국가를 위한 완벽한 배경을 갖추게 된 것이다. 그렇게 하여 하나님은 약속의 땅 가나안에 이스라엘 왕국을 세우시고 사탄의 왕국을 심판하는 형식상의 발판을 마련하셨다. 이와 같이 이스라엘 민족은 하나님의 특별한 부르심을 받은 백성으로서 다른 이방 민족과는 확연히 구별되었다.

2. 유대인과 이방인(엡 2:11,12)

이와 같은 전후 사정을 인식하고 있던 이스라엘 백성들은 상당한 자부심을 가지고 있었다. 하나님으로 말미암은 자기들은 부정한 이방인들과 근본적으로 다르다는 것이었다. 물론 그들 가운데 상당수는 겉으로 드러나는 형식만 취하여 자랑거리로 삼았을 뿐 실제로 중요한 본질적인 내용은 버리고 있었다.

이와 연관하여 사도교회 당시 이방인 출신으로서 하나님의 복음을 알게 된 자들 가운데는 여전히 다소간 열등감을 가진 자들이 있었다. 정통 유대인 출신 기독교인들에 비해 뭔가 부족하다는 생각을 하는 자들이 있었던 것이다. 그러나 그것은 결코 올바른 신앙적 사고라 말할 수 없다.

그러므로 사도 바울은 에베소 교회에 속한 이방인 출신 성도들을 격려하며 소중한 교훈을 주고 있다. 그 사람들은 하나님을 올바르게 알기 전 육체적인 이방인으로서 유대인들로부터 심한 괄시를 받던 때를 기억하고 있었다. 당시에는 할례를 받은 사실 자체로 인해 상당한 자부심을 가지고 있던 유대인들로부터 무할례자로서 차별대우를 받았던 것이다.

이방인의 신분을 소유하고 하나님을 전혀 알지 못하던 상황에서 그와 같은 대우를 받은 것은 전혀 이상하지 않다. 그때는 저들이 언약의 왕국인 이스라엘 바깥에서 살아가고 있었기 때문에 그리스도 밖에 존재하는 자일 수밖에 없었다. 즉 당시 그들은 하나님의 약속인 언약과 아무런 상관이 없는 외인이었을 뿐 아니라 생명에 대한 진정한 소망과 하나님을 마음에 두지 않는 불신자들이었던 것이다.

우리는 구약시대에 유대인과 이방인 사이에 본질적으로 차별된 개념이 존재하고 있었다는 분명한 사실을 기억하고 있다. 그것을 통해 전체 역사 가운데서 이루어지는 하나님의 섭리와 사역에 대한 구속사적인 진행과정을 확실하게 알 수 있게 된다. 성도들은 그에 연관된 하나님의 섭리와 경륜을 깨달아가면서 영원한 진리에 더욱 분명히 참여하게 되는 것이다.

3. 언약의 민족과 이방족속 사이의 담이 허물어짐(엡 2:13-18)

십자가에 달리신 예수 그리스도의 피로 말미암아 구원을 받게 된 성도라면 유대인 배경을 가진 자들과 이방인 배경을 가진 자들 사이에 더 이상 아무런 차별이 존재하지 않는다. 도리어 하나님을 잘못 알고 있던 유대인들은 배도의 자리에 머물게 됨으로써 하나님의 무서운 진노를 살 수밖에 없게 된다. 즉 유대인의 민족적인 혈통 자체는 이제 아무런 소용이 없게 되었다.

하나님께서 구약시대에 아브라함을 불러 이스라엘 민족을 조성하시고 언약의 왕국을 세우시고자 한 목적은 구원으로 초대받은 유대인들뿐 아니라 선택된 이방인들을 위한 것이었다. 즉 혈통적인 유대인들을 위해서만 구약성경에 기록된 내용들이 주어지지 않았다. 따라서 예수 그리스도가 이땅에 강림하신 후에는 유대인과 이방인 사이에 구별이 존재할 하등의 이유가 없게 된 것이다.

이방인들은 처음부터 언약의 백성에 속한 것이 아니었지만 십자가 위에서 흘리신 예수 그리스도의 피로 말미암아 그 안에서 하나님 앞으로 나아오게 되었다. 바울은 에베소 교회를 향해 '이제는 전에 멀리 있던 너희가 그리스도 예수 안에서 그리스도의 피로 가까워졌다' (엡 2:13)는 사실을 분명히 선포했다. 이 말은 유대인과 이방인 사이의 담이 완전히 허물어졌음을 의미하고 있다.

하나님께서는 자신의 고유한 목적을 달성하시기 위해 이스라엘 민족을 특별히 조성하시면서 그 바깥에 존재하는 이방인들과 대립관계에 놓으셨다. 그 양쪽은 구조적으로 정반대편에 존재하게 됨으로써 서로간 원수가 되었다. 하나님의 율법을 따라야 할 자들과 사탄의 법 가운데 살아가는 사람들은 전혀 다른 가치를 소유하고 있었던 것이다.

그런 긴장된 상황 가운데 하나님께서는 예수 그리스도의 십자가 사건을 통해 그 담을 완전히 허물어 버리셨다. 화해를 이루기 위하여 이땅에 오신 예수님께서 십자가에 달리신 자신의 육체와 거기서 흘리신 보혈로써 양쪽 사이에 존재하는 담을 무너뜨리게 되신 것이다. 이는 구약성경에 기록된 율법과 직접 연관되어 있다.

사도 바울은 본문 가운데서 예수님의 십자가 사역을 통해 하나님께서 구약의 법조문으로 존재하는 계명의 율법을 폐하시게 되었다고 말했다. 이는 구약의 율법이 완전히 폐기되어 신약시대에는 더 이상 아무런 의미가 없다는 것으로 이해해서는 안 된다. 그것은 도리어 예수 그리스도의 십자가 사역을 통해 구약의 모든 율법이 성취되었음을 의미한다. 이에 대해서는 예수님께서 친히 제자들에게 말씀하신 바 있다.

> "내가 율법이나 선지자나 폐하러 온 줄로 생각지 말라 폐하러 온 것이 아니요 완전케 하려 함이로라"(마 5:17)

자기를 따르던 제자들을 향해 선포하신 예수님의 이 말씀은 구약의 모든 예언이 자기를 통해 성취된다는 사실을 드러내 보여주고 있다. 이는 예수님의 지상 사역으로 말미암아 구약의 율법이 완전한 무용지물無用之物로서 폐기된 것이 아님을 말해 준다. 즉 구약의 모든 율법들은 예수님의 십자가 사역을 통해 완성되었으며 그 의미는 오늘날에도 여전히 생명력을 지니고 있는 것이다.

사도 바울은 에베소서에서 하나님께서는 그리스도의 십자가 사건으로 말미암아 유대인과 이방인 그 둘로 하여금 자기 안에서 '한 새 사람'(one new man)이 되어 '한 몸'(one body)을 이루게 한 사실을 기록하고 있다. 그렇게 함으로써 진정한 화평을 허락하고자 하신 하나님의 뜻을 보여 주었다. 그리고 예수님의 십자가 사역을 통해 그 둘을 한 몸이 되게 하여 하나님과 화목하게 하신다는 점을 기록하고 있다.

> "그는 우리의 화평이신지라 둘로 하나를 만드사 중간에 막힌 담을 허시고 원수 된 것 곧 의문에 속한 계명의 율법을 자기 육체로 폐하셨으니 이는 이 둘로 자기의 안에서 '한 새 사람'을 지어 화평하게 하시고 또 십자가로 이 둘을 '한 몸'으로 하나님과 화목하게 하려 하심이라"(엡 2:13-16)

우리는 위의 본문 가운데 묘사되고 있는 대로 예수 그리스도가 우리의 '화평'이란 사실과 그로 말미암아 유대인과 이방인이 그리스도 안에서 '한 새 사람'과 '한 몸'이 되었다고 기록한 사실을 특별히 눈여겨보아야 한다. 이는 지상에 세워지는 교회와 직접 연관된 교훈이기 때문이다. 교회가 예수 그리스도의 거룩한 신부로서 단일한 인격체로 인정받고, 유대인들과 이방인들이 차별과 구별 없이 통일된 무리를 이룬 보편교회가 신랑이신 예수 그리스도께서 사랑하시는 한 몸인 신부가 되어 있다는 것이다.

여기서 우리는 이 말이 '한 새 사람' 과 '한 몸' 으로 묘사되고 있는 지상의 교회가 정치적이며 행정적인 기구를 통한 전반적인 연합을 도모해야 한다는 것과는 다르다는 사실을 기억할 필요가 있다. 인간들의 종교적인 노력으로써는 결코 그 놀라운 일이 이루어지지 않는다. 하나님으로부터 의롭다고 인정받았으나 여전히 죄성을 지니고 있는 인간들이 충분히 누리지 못하고 있을 뿐 '참된 교회' 는 예수 그리스도 안에서 이미 하나가 되어 존재한다.

이는 또한 보편교회적인 성격을 지니는 동시에 지상에 흩어져 존재하는 성도들의 조직화된 지교회적인 성격을 포함하고 있다. 즉 그것은 이미 그렇게 되어 있다는 사실을 교회에 속한 모든 성도들이 그에 대한 올바른 깨달음을 가져야 한다는 사실과 연관된다. 이 말은 단순한 관념이나 상징이 아니라 현실이며 실제적인 상황이어야 한다.

유대인과 이방인들 사이에 가로 막혀있던 담이 허물어짐으로써 양자 사이에는 그동안 존재해 온 계층적 계념이나 구별된 개념이 완전히 사라졌다. 뿐만 아니라 하나님과 그의 자녀들 사이에도 하나님께 바쳐진 완벽한 화목제물이신 예수 그리스도로 말미암아 이제는 원래의 관계를 온전히 회복하게 되었다.

그러므로 창세전의 예정에 따라 부르심을 받은 성도들은 예수 그리스도의 십자가 사역을 힘입어 거룩하신 하나님을 감히 '아버지' 라 부를 수 있게 되었다. 하나님 역시 저들을 기꺼이 자신의 자녀로 받아들이셨다. 사도 바울은 갈라디아 교회에 편지하면서 그에 관한 중요한 기록을 남기고 있다.

"너희가 아들인고로 하나님이 그 아들의 영을 우리 마음 가운데 보내사 아바 아버지(Abba Father)라 부르게 하셨느니라" (갈 4:6)

이 말씀은 하나님과 그 자녀들 사이에 존재하던 원수로서의 개념이 십자가 사역을 통해 완전히 소멸되었다는 사실을 증거해 주고 있다. 이는 하나님의 진노가 완전히 누그러뜨려졌음을 의미한다. 하나님께서는 자신의 섭리와 경륜에 따라 구약의 언약을 소유한 유대인들과 그로부터 멀리 떨어져 있던 이방인들에게도 하나님의 평화를 제공하셨다. 그로 말미암아 유대인과 이방인에 상관치 않고 '한 성령 하나님 안에서' 거룩한 교회를 이루어 둘이 함께 하나님께로 나아갈 수 있게 된 것이다.

4. 하나로 연결된 하나님의 거룩한 성전으로서의 교회(엡 2:19-22)

바울은 에베소 교회 성도들에게 이제는 저들이 외인도 아니며 나그네도 아닌 여러 성도들과 동일한 천국시민이자 하나님의 집에 속한 가족이라 말하고 있다. 특히 이 가운데 천국시민이 되었다는 말은 매우 중요한 의미를 내포하고 있다. 저들이 언약의 왕국 시민이 되었다는 사실은 이제부터 하나님의 편에서 원수들과 대항해 싸워야 한다는 의미를 지니고 있기 때문이다.

이방인으로서 여호와 하나님을 알기 전 그들은 하나님의 나라에 맞서 대적하는 자들이었다. 그들은 원수들과 같은 편에 있으면서 하나님의 세력과 대치하고 있었던 것이다. 그러나 이제 그들은 과거와는 전혀 다른 새로운 신분을 획득하게 되었다. 이는 이방인의 신분을 가지고 있던 저들이 불의한 세상과 단절하고 거룩한 하나님 나라의 백성이 된 사실을 의미하고 있다.

그 모든 것들은 물론 십자가 위에서 행해진 예수 그리스도의 특별한 사역을 통해 이루어지게 되었다. 바울은 그로 말미암아 이땅에 하나님을 위한 신앙 공동체로서 새로운 집이 세워진 사실을 언급했다. 그것은 사람들의 손으로 짓거나 눈으로 볼 수 있는 일반 건축물이 아니라 영적인 지상 교회를 의미하고 있다.

하나님의 아들로서 인간의 몸을 입고 이땅에 오셔서 십자가를 지신 예수님께서는 친히 그 거룩한 집을 위한 모퉁이 돌이 되셨다. 그 돌이 존재하지 않는다면 그 건축물 자체가 세워질 수 없었다. 일반적인 돌과는 근본적으로 성격이 다른 산돌(living stone)이신 그가 가장 기초적인 머릿돌이 되지 않으면 안 되었기 때문이다. 사도 베드로는 자신의 서신에서 그점을 밝히고 있다.

> "사람에게는 버린 바가 되었으나 하나님께는 택하심을 입은 보배로운 산 돌이신 예수에게 나아와 너희도 산 돌 같이 신령한 집으로 세워지고 예수 그리스도로 말미암아 하나님이 기쁘게 받으실 신령한 제사를 드릴 거룩한 제사장이 될지니라" (벧전 2:4,5)

지상의 교회는 건축가들조차도 무용한 것으로 판정내릴 정도로(시 118:22; 막 12:10; 행 4:11; 벧전 2:7) 인간들의 눈에는 보잘것없이 비쳐지지만 실상은 보배로운 산돌로서 모퉁이 돌이 되는 예수 그리스도를 기초로 하여 사도들과 선지자들의 모든 사역 위에 온전히 세워지게 되었다. 하나님께서는 자신을 위해 신령한 제사장 역할을 감당하게 되는 그 교회로 말미암아 영광을 받으시게 된다. 그 영적인 건물은 사람과 사람 곧 모든 성도들의 상호 연결을 통해 하나의 거룩한 건축물을 이루어 간다.

다시 말하자면, 예수님이 모퉁이 돌이 되시고 사도들과 선지자들이 서로 연결되어 건물의 기초 기반이 되는 역할을 하게 된다. 그 굳건한 터 위에 지상의 모든 성도들이, 제각각 살아가게 되는 역사와 지역에 따라 질서

정연하게 연결되어 가게 된 것이다. 이는 전체적으로 하나의 교회를 이루어 가게 된다.

그 영적인 건물에 속한 모든 성도들은 우주적인 보편교회에 속하게 되어 있다. 그리고 동시에 그들은 각 지교회에 속해 있음으로써 하나님의 자녀로서 맡겨진 소명을 감당해야만 한다. 지상에 있는 모든 성도들은 교회의 유기적인 지체를 이루는 가운데 매주일 언약에 따라 하나님을 경배하며 삶을 나누게 되는 것이다.

예수 그리스도의 신부인 교회는 이 세상의 지혜로 조성된 것이 아니라 하나님께서 직접 세우시고 기거하시는 거룩한 성전이 된다. 물론 그것은 하나님에 의해 그리스도 안에서 순차적으로 진행되어 간다. 그리하여 성령의 도우심에 따라 창세전에 선택받은 성도들은 거룩한 성전의 구성원으로 참여하는 영광을 누리게 되는 것이다.

이 거룩한 성전은 세상에 존재하지만 실상은 영원한 천상의 나라에 바로 연결되어 있다. 그리고 이땅의 모든 참된 지교회들은 상호 연결되어 하나의 유기체를 이루어 가게 된다. 천상에 연결되지 않은 교회는 참된 교회라 말할 수 없다. 그리고 지상에 흩어져 있는 참된 교회들과 서로간 연결되지 않은 교회 역시 참된 교회가 아니다. 따라서 모든 성도들은 하나님의 몸된 교회에 온전히 속해 있음으로써 창세전부터 약속된 거룩한 영광을 누릴 수 있게 되는 것이다.

제5장

하나님의 구원과 구속사적 경륜

(엡 3:1-21)

1. 이방인을 향한 하나님의 뜻 (엡 3:1-4)

사도 바울은 본문 가운데서 특히 이방인으로서 하나님의 복음을 알게 된 성도들의 가치에 대해 언급하고 있다. 정통 유대인 출신 배경을 지닌 그가 이방인들에게 특별한 가치를 부여하는 것은 매우 중요한 의미를 지니지 않을 수 없었다. 당시에도 하나님을 올바르게 알지 못하는 유대인들 가운데는 여전히 이방인들이라면 무조건 멸시하는 자들이 많이 있었기 때문이다.

그러나 예수 그리스도의 사도가 된 바울은 유대인들이 멸시하는 이방인들을 위해 자기가 감옥에 갇히게 되었다는 말을 했다. 이는 그들을 위해서가 아니라면 굳이 감옥에서 고생할 이유가 없다는 사실을 언급하고 있는 것과도 같다. 즉 그는 자신의 평온한 삶보다 이방인들을 중요하게 생각하며 나아가 저들을 위해 자신의 목숨까지도 기꺼이 바칠 수 있음을 시사하고 있는 것이다.

이처럼 하나님께서는 구약시대 언약을 소유한 유대인들을 선택해 자신을 위한 구속사적인 도구로 사용하기를 좋아하셨다. 그것은 이땅에 오신 예수 그리스도의 사역과 직접 연관된 일이었다. 구약성경을 기록한 성도들은 대개 아브라함의 자손인 유대인들이었다. 신약성경을 기록한 자들 역시 마찬가지다. 바울도 그 일을 위해 하나님으로부터 부르심을 받은 여러 선지자들과 사도들 가운데 한 사람이었다.

이제 구약시대에 유대인과 이방인 사이에 가로막혀 있던 담이 예수 그리스도의 십자가 사역으로 말미암아 완전히 허물어졌다. 그 사실이 사도들의 입술을 통해 만방에 선포되었다. 이로써 그의 사랑이 보편교회 가운데 지속적으로 상속되어 갔다.

사도 바울은 에베소 교회의 성도들에게 자기를 통해 계시된 하나님의 말씀을 그전에 이미 전한 바 있다는 사실을 언급했다. 이는 아마도 그가 과거 에베소 지역에 머물면서 교회에서 선포했던 말씀과 두란노에서 성경을 가르쳤던 내용, 그리고 자신이 계시 받아 기록한 말씀을 전반적으로 포함하고 있는 것으로 보인다. 모든 하나님의 자녀들은 하나님께서 지명하신 사도들의 교훈을 귀담아 듣지 않으면 안 되었다.

당시 에베소 교회 성도들은 여러 사도들에 의해 기록된 몇권의 신약성경책을 이미 소유하고 있었을 것이다. 그 가운데는 바울이 쓴 서신들도 포함되어 있었으리라 짐작된다. 즉 바울이 그전에 하나님의 계시를 받아 기록했던 갈라디아서, 데살로니가전후서, 고린도전후서 가운데 일부를 저들이 가지고 있었던 것으로 보이는 것이다.

바울은 그에 연관된 언급을 하면서 그 가운데는 하나님의 놀라운 비밀이 담겨 있다는 사실을 말했다. 거기에는 하나님의 놀라운 은혜의 경륜이 들어 있다. 교회와 그에 속한 모든 성도들은 그 사실을 분명히 알고 있지 않으면 안 되었다. 하나님께서는 바울에게 자신의 비밀을 계시하시면서 온 교회로 하여금 그 내용을 깨달아 알게 하고자 하셨던 것이다.

그러므로 에베소 교회 성도들은 바울이 하나님으로부터 계시받아 쓴 편지들을 읽고 깊이 묵상해야만 했다. 그렇게 함으로써 지상의 모든 참된 교회와 그에 속한 성도들은 사도들이 계시받은 내용을 통해 하나님의 영원한 진리를 알아가게 되는 것이다. 바울은 여기서 지상에 존재하는 교회가 예수 그리스도의 비밀을 분명히 깨닫지 않으면 안 된다는 사실을 강조해 말하고 있다.

2. 사도들과 선지자들을 통해 드러난 비밀의 경륜(엡 3:5-9)

하나님께서는 역사 가운데 작정하신 때가 이르러 성령의 능력으로 먼저 사도들과 선지자들에게 자신을 드러내셨다. 그러나 그 이전의 다른 세대에는 인간의 몸을 입은 존재로서 그리스도가 알려지지 않았다. 때가 되어 이방인들이 하나님의 복음의 능력을 소유할 수 있게 됨으로써 그리스도 예수 안에서 유대인들과 함께 상속자가 되고 거룩한 교회의 지체가 되었던 것이다. 그리하여 이방인들도 하나님의 약속에 참여하는 자리에 앉게 되었다.

이 일은 인간들의 종교적인 의도에 의해서가 아니라 하나님의 경륜 가운데 일어난 사건이다. 나아가 우연히 혹은 우발적으로 발생한 사건이 아니었다. 예수 그리스도에 대한 모든 것들은 분명한 목적과 더불어 하나님의 면밀한 계획 가운데 진행되었다. 사도 바울은 갈라디아 교회에 편지하면서 그에 관한 언급을 하고 있다.

> "때가 차매 하나님이 그 아들을 보내사 여자에게서 나게 하시고 율법 아래 나게 하신 것은 율법 아래 있는 자들을 속량하시고 우리로 아들의 명분을 얻게 하려 하심이라" (갈 4:4,5)

하나님께서 자기 아들을 인간의 모습으로 이땅에 보내신 것은 창세전에 자신이 계획하신 경륜의 때가 찼기 때문이다. 이는 절대적인 언약에 근거한 것으로써 마치 태중에 아기를 잉태한 여인이 때가 차게 되면 분만하게 되는 것과도 같다. 아담이 범죄한 후 '여자의 후손' 을 보내기로 약속하신 하나님께서 드디어 인간의 몸을 입은 하나님의 아들로 하여금 '여자의 몸' 을 통해 율법 아래 태어나게 하셨다. 그렇게 함으로써 죄에 빠져 율법 아래서 신음하는 자기 자녀들에게 아들의 명분을 얻게 하셨던 것이다.

하나님께서는 그 복음을 선포하고 실행시키기 위해 특별한 일꾼들을 선택하여 세우셨다. 이는 전적으로 하나님의 능력과 계획에 의해 시행된 것이었다. 바울 또한 은혜의 선물에 따라 그의 사도가 되었다. 바울이 하나님의 특별한 사명을 지닌 일꾼으로 세워진 것은 그에게 그럴 만한 탁월한 능력이나 선한 요소가 있었기 때문이 아니었다.

바울은 에베소서 본문 가운데서 자신이 모든 성도들 가운데 '지극히 작은 자보다 더욱 작은 자' 라는 사실을 고백하고 있다(엡 3:8). 바울의 이러한 자세는 복음을 깨달은 후 그의 전 생애 가운데 나타난다. 그는 사랑하는 제자 디모데에게 편지하면서 자신을 '죄인 중에 괴수' 라는 표현을 하고 있다.

> "미쁘다 모든 사람이 받을 만한 이 말이여 그리스도 예수께서 죄인을 구원하시려고 세상에 임하셨다 하였도다 죄인 중에 내가 괴수니라" (딤전 1:15)

이는 결코 바울이 자신의 겸손을 말하고자 하는 것이 아니었다. 우리는 바울의 고백 가운데서 그의 겸손한 태도를 보는 것이 일차적인 시도가 되어서는 안 된다는 사실을 깨달아야 한다. 그는 자신의 고백을 통해 자기에게는 다른 성도들보다 훌륭한 것이 하나도 없다는 사실을 분명히 밝히고 있는 것이다.

교활한 인간들은 다른 사람들 앞에 자신의 겸손한 모습을 적절하게 보여주면서 실상은 그것을 빌미로 더욱 높아지고자 하는 속성을 지니고 있다. 그러나 바울은 그런 식으로 약삭빠른 인물이 아니었다. 그는 실제로 자기가 얼마나 못나고 부족한 인물인가 하는 점을 잘 알고 있었다.

그는 과거 하나님을 알지 못할 때 교회를 잔인하게 박해했던 악한 사람이었다. 뿐만 아니라 무고한 많은 성도들을 무참히 죽이기까지 했다. 사도행전에 나오는 스데반은 그의 지휘아래 사형에 처해지게 되었다(행 7:57-60, 참조).

바울의 그와 같은 잘못된 종교적인 열정은 당시 배도에 빠진 산헤드린 공회로부터 훌륭한 민족주의자로 인정받기에 충분했다. 그러나 그것은 여호와 하나님을 대적하며 욕되게 하는 일에 지나지 않았다. 이는 그가 어리석은 유대인들과 함께 사탄의 사주를 받고 있었다는 사실을 증거하여 주고 있다.

그와 같은 바울의 행동은 결코 하나님의 백성들에게 자랑거리가 되지 못했다. 즉 하나님께서 그런 모든 과정을 통해 자신을 더욱 큰 인물로 사용하셨다는 식으로 말할 수 없었다. 다시 말해 하나님께서 그를 크게 들어 쓰시기 위해 끔찍한 악행을 경험하도록 한 것이 아니었다. 그것은 도리어 자기의 입술로 다른 사람들에게 말하기조차도 부끄러운 일이었을 따름이다. 입에 담기조차 어려운 과거를 지닌 바울이 모든 성도들보다 작은 자라고 말한 것은 겸손의 표시가 아니라 지극히 당연한 고백으로 볼 수 있다.

하나님께서는 그와 같은 부끄러운 과거를 가진 바울을 자신의 거룩한 사역을 위해 특별히 부르셨다. 그것은 전적으로 하나님의 경륜과 은혜로 말미암아 된 일이었다. 이는 바울 자신의 인생을 위해서가 아니라 십자가에 달려 돌아가신 예수 그리스도의 측량할 수 없는 풍성한 사랑을 이방인에게 전하도록 하기 위해서였다. 바울이 특별히 이방인의 사도로 택정을 받은 것은 그가 유대 지역이 아니라 이방 지역인 길리기아 다소(Tarsus) 출신이었기 때문인 것으로 보인다.

하나님은 그를 통해 영원 전부터 우주만물을 창조하신 하나님과 그 속에 감추어진 놀라운 비밀의 경륜을 드러내고자 하셨다. 그것은 하나님 자신과 창조사역에 관한 내용뿐 아니라 창세전에 예정하신 자기 자녀에 연관된 모든 내용들을 포함하고 있다. 바울은 자기가 그 일을 위해 특별히 부르심을 받았다는 사실을 잘 깨닫고 있었던 것이다.

3. 교회를 통한 '지혜' 의 선포(엡 3:10-13)

하나님께서 자신의 경륜에 따라 그동안 감추어져 있던 비밀을 세상 가운데 드러내신 것은 지상에 존재하는 교회를 위한 것이었다. 교회와 그에 속한 성도들은 그로 말미암아 하늘에 있는 통치자들과 권세자들에게 하나님의 각종 지혜를 알려야만 했다(엡 3:10). 이는 단순히 지식을 전달하는 수준 이상의 의미를 지니는 것으로서 저들을 향해 하나님의 지혜를 선포하는 의미를 지니고 있다.

본문 가운데 묘사된 '하늘의 통치자들과 권세자들' 이란 사탄의 세력 아래 활동하고 있는 악한 자들을 가리킨다. 즉 공중 권세를 잡은 사탄의 지휘 아래 놓여 있는 영적인 세력들을 총체적으로 지칭하고 있는 것이다. 그 모든 세력은 사탄이 아담을 유혹한 이래 우주만물을 불법으로 장악함으로써 하나님께 저항하고 있었던 것이다.

하나님께서는 지상 교회 가운데 감추어져 있던 자신의 '비밀' 을 드러냄으로써 저들을 향한 자신의 심판이 구체적으로 시작되었음을 알리시게 되었다. 그것은 일시적으로 발생한 일이 아니었을 뿐더러 우발적인 사건이 아니었다. 그 모든 것들은 하나님께서 영원 전부터 성자 하나님이신 예수 그리스도 안에서 예정하셨던 내용이다.

지상에 존재하는 참된 교회에 속한 모든 성도들은 이에 연관하여 하나님의 놀라운 은택을 입은 자들이다. 그러므로 우리는 십자가에 달려 인간들의 죄를 지고 돌아가신 예수 그리스도 안에서 그를 믿음으로써 담대함과 확신을 가지고 하나님께 나아갈 수 있게 되었다. 이는 그가 중재자가 됨으로써 하나님과 인간 사이에 화목이 이루어지고 소통이 재개된 것을 증거한다.

이 말은 타락한 자연인의 상태로는 감히 여호와 하나님 앞으로 나아갈 수 없음을 말해 주고 있다. 죄를 소유한 상태로서 하나님께 접근해 간다는 것은 그 자리에서 곧바로 죽게 된다는 사실을 의미한다. 더러운 것으로 가득 찬 죄인이 거룩한 하나님을 직접 대한다는 것은 불가능한 일이다.

하나님께서는 결코 죄 있는 인간들이 자기 앞에 나아오는 것을 용납하지 않으신다. 우리는 출애굽하여 시내광야에 머물고 있던 이스라엘 백성이 시내산 위에 계시는 여호와 하나님 앞에 나아갈 수 없었다는 사실을 기억하고 있다. 하나님께서는 모세를 통해 그점을 분명히 선포하셨다.

> "나 여호와가 온 백성의 목전에서 시내 산에 강림할 것임이니 너는 백성을 위하여 주위에 경계를 정하고 이르기를 너희는 삼가 산에 오르거나 그 경계를 침범하지 말지니 산을 침범하는 자는 반드시 죽임을 당할 것이라"(출 19:11,12)

모세는 이 말씀을 통해 죄에 빠진 인간들이 개인의 종교적인 의도에 근거하여 여호와 하나님 앞으로 나아갈 수 없다는 사실을 선포하고 있다. 이는 하나님께서 정하신 법적인 허용의 과정 없이 함부로 그에게 나아가는 것은 심판과 죽음을 자초하는 행동에 지나지 않는다는 사실을 의미한다. 거룩한 하나님은 더러운 죄에 물든 인간들을 그리스도의 사역을 통한 정화가 이루어지지 않은 상태에서는 결코 용납하실 수 없기 때문이다.

이에 대해서는 구약시대뿐 아니라 신약시대에도 동일하게 적용된다. 죄에 빠진 인간들은 절대로 개인적인 취향과 판단에 따라 거룩하신 하나님께 나아가려 해서는 안 된다. 하나님 앞으로 나아가기 위해서는 반드시 그

동안 비밀로 감추어져 있던 예수 그리스도를 통해 그에게 나아갈 수 있게 된다. 그것은 그리스도가 인간들이 하나님께 나아갈 수 있는 유일한 방편이라는 사실을 말해 주고 있다. 예수님께서는 제자들에게 자신에 연관하여 그에 관한 분명한 교훈을 주셨다.

> "예수께서 가라사대 내가 곧 길이요 진리요 생명이니 나로 말미암지 않고는 아버지께로 올 자가 없느니라" (요 14:6)

하나님께서는 예수 그리스도의 십자가 사역을 통해 죄에 물든 자기 자녀들을 영광의 자리로 불러 용납하셨다. 죄 없는 그가 대속의 죽음을 택함으로써 택하신 자들을 의로운 자로 인정하셨기 때문이다. 이는 모든 인간들은 오직 예수 그리스도로 말미암아 하나님 앞으로 나아갈 수 있게 된 사실을 말해 주고 있다.

우리는 또한 교회와 성도들이 공중 권세 잡은 자의 세력을 향해 하나님의 진리를 선포할 때 저들이 결코 가만있지 않을 것이란 사실을 기억하지 않으면 안 된다. 그 악한 세력은 하나님과 그의 일꾼들에게 강력한 저항을 하게 될 것이다. 하지만 하나님의 자녀들은 그로 말미암아 위축되지 말아야 하며 하나님에 대한 확신을 가지고 주어진 사명을 감당할 수 있어야 한다.

사도 바울은 자기가 로마의 옥중에 갇혀 있는 것도 그와 직접 연관된다는 사실을 언급하고 있다. 즉 그와 같은 일은 악한 세력과 맞서 싸우는 과정에서 자연스럽게 발생하게 된다는 것이었다. 따라서 에베소 교회 성도들은 사도 바울이 당하는 여러 형태의 환난으로 인해 낙심할 필요가 없다. 신앙이 어린 교인들은 전지전능하신 하나님께서 왜 자신의 사도를 지켜주지 않느냐는 생각을 하기도 한다. 그러나 바울은 자신이 당하는 여러 가지 고통과 그에 대한 궁극적인 승리가 성도들의 영광이 된다는 사실을 언급했다.

이 말은 성도들이 이 세상에서 당하는 고통 자체가 저들의 영광이 된다는 의미가 아니다. 그것은 하나님의 세력이 사탄의 세력을 응징하는 과정을 깨닫게 되면 그것으로써 저들에게 영광으로 드러나게 된다는 사실을 말해 주고 있다. 즉 사탄에게 속한 악한 자들이 하나님의 성도들을 핍박하는 것을 보며 하나님의 궁극적인 사역을 더욱 분명하게 깨달을 수 있게 된다. 따라서 우리는 역사 가운데 진행되는 모든 과정을 통해 하나님의 섭리와 그의 놀라운 경륜을 보게 되는 것이다.

4. 교회 가운데서 역사하시는 하나님(엡 3:14-19)

사도 바울은 에베소 교회에 속한 성도들에게 저들의 속사람이 강건하게 되기를 간구한다는 언급을 했다. 그는 또한 우주만물의 주인이시며 동시에 지상에 존재하는 여러 족속들을 있게 하신 전지전능하신 하나님 앞에서 무릎을 꿇고 빈다는 사실을 말했다. 그와 같은 바울의 자세를 통해 드러나는 진지함은 교회를 위한 사랑의 최고조를 이룬다.

우리는, 속사람이 강건해지기 위해서는 결코 인간들의 종교에 연관된 노력으로 되지 않는다는 사실을 기억해야만 한다. 그와 같은 행위는 도리어 겉사람의 이기적인 종교활동에 해당될 따름일 뿐 더 이상의 의미를 지니지 않는다. 속사람이 전적으로 하나님으로 말미암아 형성되는 것이라면 겉사람이란 자연적인 인간들의 생각과 행위로 말미암는 것이다. 따라서 사도 바울은 고린도 교회에 보내는 두 번째 편지에서 그에 연관된 고백적인 교훈을 주고 있다.

> "우리가 낙심하지 아니하노니 우리의 겉사람은 낡아지나 우리의 속사람은 날로 새로워지도다" (고후 4:16)

타락한 세상에 살아가는 성도들은 날마다 속사람이 새로워져야 한다.

그대로 방치해 두게 되면 부패해질 수밖에 없다. 이는 겉사람은 결코 온전치 못하며 점차적으로 낡아져가는 속성을 지니고 있음을 말해 준다. 그 속사람이 진정으로 강건해지기 위해서는 살아있는 하나님의 말씀인 성경 자체의 사역과 더불어 오직 하나님의 풍성한 영광을 위해 사역하시는 성령 하나님으로 말미암아 이루어질 수 있게 된다.

그렇게 됨으로써 교회와 그에 속한 성도들의 삶 가운데 예수 그리스도께서 거하게 되신다. 그것은 하나님께서 저들에게 허락하신 믿음으로 말미암은 것이다. 하나님의 자녀들 속에 예수 그리스도가 거하실 때 비로소 참된 사랑이 그 안에 뿌리가 내리고 터가 굳건해지게 된다.

이는 지상에 존재하는 참된 교회와 직접 연관된 의미를 지니고 있다. 모든 성도들은 개별적으로 따로 분리된 상태로 존재하는 것이 아니라 공동으로 존재하게 되며 그 가운데서 그리스도의 무한한 사랑을 깨달아 알게 된다. 그러므로 사도 바울은 에베소 교회 성도들이 십자가에 달리신 예수 그리스도의 사랑에 대한 넓이와 길이와 높이와 깊이의 규모를 깨달아 그에 버금가는 하나님의 모든 충만하신 것이 저들에게 가득 채워지기를 간절히 빌었다. 그 사랑은 타락한 인간으로서는 감히 측량할 수 없을 만큼 크고 놀랍다. 그것이 곧 지상 교회의 기반이 되어 있어야만 한다.

우리가 여기서 반드시 기억해야 할 바는, 우리에게 하나님의 것으로 충만하게 채우기 위해서는 우리를 비워야 한다는 사실이다. 그것은 자신을 부인하는 것에 밀접하게 연관되어 있다(마 16:24). 이 세상의 모든 것을 포기하고 자기를 온전히 비우지 않고는 하나님의 것으로 충만하게 채울 수 없을 것이기 때문이다.

5. 교회 안에 존재하는 하나님의 영광(엡 3:20,21)

하나님께서는 항상 자기 백성들 가운데서 사역하고 계신다. 따라서 교회에 속한 모든 성도들은 하나님께서 허락하시는 능력에 따라 그에 온전히 순종하지 않으면 안 된다. 하나님은 성도들이 간구하거나 소원하는 것들보다 훨씬 더 풍성하게 베풀어 주시는 분이다. 예수 그리스도의 피로 값을 치르고 사신 바 된 교회를 통해 바로 그 하나님께 무궁한 영광이 돌려져야만 한다.

그러므로 지상 교회 가운데는 항상 하나님의 영광이 가득 차 존재해야 하는 것이 원칙이다. 참된 교회와 거짓 교회를 논할 때는 그점이 분명히 언급되지 않으면 안 된다. 즉 참된 교회 안에는 항상 하나님의 영광이 넘치게 존재하고 있지만 거짓 교회 가운데는 하나님의 영광이 아예 존재하지 않는다. 오히려 거짓 교회 위에는 저들의 종교적인 열정과는 달리 하나님의 무서운 진노가 임하고 있을 따름이다.

우리는 교회 가운데 존재하는 하나님의 영광이 일종의 현상으로만 임하는 것이 아니라는 사실을 깨달아야 한다. 그것은 매우 실존적인 의미를 지니고 있다. 다시 말하자면 하나님의 몸된 교회에는 하나님의 영광이 교회의 주인이신 예수 그리스도 안에 존재하므로 그와 연관된 교회에 하나님의 영광이 실재하게 되는 것이다.

하나님의 영광은 교회 가운데 순간순간 존재하기를 되풀이하는 것이 아니라 교회를 통해 역사 가운데 지속적으로 상속되어 간다. 이는 외부적으로 드러나는 현상적인 상태와는 구별되어야 할 개념이다. 이 말은 하나님께서 자기의 거룩한 피로 값주고 사신 교회 가운데는 하나님의 영광이 풍성하게 존재하며 그리스도의 정결한 신부가 되는 그 교회가 주님의 재림 때까지 중단 없이 상속되어 가게 된다는 사실을 말해 준다.

제6장

하나님의 교회와 은사

(엡 4:1-16)

1. 한 하나님께 속한 하나의 교회(엡 4:1-6)

지구상에 있는 교회들은 여러 곳에 흩어져 존재한다. 그것은 지리적으로 상이한 위치에 처한 상황과 더불어 역사적인 배경에 연관되어 있다. 하지만 모든 참된 교회는 하나의 끈으로 엮어져 있다. 그럼에도 불구하고 현실적으로는 많은 교회들이 개교회주의를 벗어나지 못하고 있다. 나아가 신앙이 어린 교인들 가운데는 동일한 지교회에 속해 있으면서도 하나의 지체로서 자신을 파악하지 못하는 경우가 많다.

그러므로 사도 바울은 에베소 교회 성도들에게 그점을 교훈하고 있다. 그는 그 중요성을 강조하기 위해 현재 감옥에 갇힌 몸으로 고통 가운데서 저들을 간절히 권면하고 있다는 사실을 언급했다. 자기는 가장 힘들고 열악한 형편에 처해 있으면서도 교회의 하나됨에 대한 소망을 가지고 있는데 반해 일상적인 자유로운 삶을 누리면서도 그리하지 못하는 자들을 어느 정도 다그치듯이 말하고 있다.

교회에 속한 모든 성도들은 하나님의 부르심에 합당한 삶을 살아야 한다. 구원의 은혜를 입은 자라면 그렇게 할 수밖에 없다. 따라서 우리는 하나님께서 자신을 부르신 이유와 목적을 분명하게 기억하지 않으면 안 된다.

사도 바울은, 하나님의 부르심을 받은 성도들이라면 겸손과 온유한 자세로 오래 참고 인내함으로써 사랑 가운데 서로간에 용납할 수 있어야 한다는 사실을 말했다. 하나님의 자녀로서 그와 같은 자세를 유지하는 것은 지극히 당연한 일이다. 그것은 하나님께서 자기 자녀들에게 바라며 요구하시는 바이기 때문이다.

물론 그렇게 할 수 있는 근원적인 힘은 성령 하나님의 적극적인 도우심으로 말미암아 생성된다. 즉 인간들의 판단에 따른 인위적인 노력이나 형식상의 합의로써 그것을 성취할 수는 없다. 그러므로 바울은 '화평의 끈'(the band of peace)으로 성령이 하나 되게 하신 것을 힘써 지키라는 요구를 하고 있는 것이다.

이 말은 근본이 그렇지 못한 상태에서 그렇게 하도록 애쓰라는 의미와 다르다. 하나님께 속한 모든 참된 교회는 원래 그와 같은 끈에 의해 하나로 엮어져 있다. 하지만 죄의 속성을 버리지 못한 어리석은 자들이 개인적인 욕망으로 인해 그것을 허물고 있다. 즉 인간들의 사악한 이기적인 본성이 원래의 상태를 벗어나고 있는 것이다.

사도 바울은 예수 그리스도의 몸이 하나이며 성령도 한 분이라는 사실을 언급하고 있다. 그는 이를 통해 모든 성도들이 동일한 하나의 소망 안에서 하나님의 부르심을 받았다는 사실을 강조했다. 즉 참된 교인이라면 서로 다른 목적을 위해 하나님으로부터 부름을 받지 않았다는 것이다.

주님도 한 분이시며 믿음도 하나이며 성도들이 받게 되는 세례도 하나이다. 그리고 한 분이신 하나님은 만유의 근본이 되신 분으로서 만유 위에 계시고 만유를 통일하고자 하시며 만유 가운데 존재하고 계신다. 이는 한 하나님께 속한 교회와 성도들은 결코 찢어지거나 분리될 수 없음을 말해주고 있다.

이에 대해서는 예수님께서 지상에 계실 때 직접 성부 하나님께 기도하며 말씀하셨다. 요한복음에는 십자가 사역을 앞두고 기도하는 가운데 지상에 존재하게 될 교회에 관한 예수님의 간구 내용이 기록되어 있다. 그것은 성부 하나님과 성자 하나님이 하나이듯이 지상에 존재하는 교회도 그러해야 한다는 것이다.

> "아버지께서 내 안에, 내가 아버지 안에 있는 것 같이 저희도 다 하나가 되어 우리 안에 있게 하사 세상으로 아버지께서 나를 보내신 것을 믿게 하옵소서 내게 주신 영광을 내가 저희에게 주었사오니 이는 우리가 하나가 된 것 같이 저희도 하나가 되게 하려 함이니이다" (요 17:21,22)

예수님의 기도 가운데 나타나는 이 말씀은 하나님과 교회가 소유한 동일 본질에 연관되어 있다. 성부와 성자 하나님께서 상호 분리되지 않고 하나 되는 관계에 놓여있는 것처럼 교회와 그에 속한 성도들 역시 그와 같아야 한다. 그러므로 예수님께서는 성부로부터 이땅에 보내심을 받은 자신을 믿는 성도들에게 자기의 모든 영광을 주셨다고 말씀하셨다. 그렇게 함으로써 성부와 성자 하나님이 하나이듯이 지상의 모든 교회와 성도들은 그리스도 안에서 하나가 되어야 한다.

2. 하나님으로부터 주어진 은사와 직분(엡 4:7-12)

하나님께서는 지상에 자신의 교회를 세우고자 하셨다. 하지만 타락한 세상은 그것을 용납하지 않기 위해 최선을 다할 것이 틀림없다. 따라서 지상의 교회를 유지하시기 위한 방편으로서 다양한 은사들과 직분들을 주셨다. 그것은 하나님의 통치 방법으로서 인간들의 요구에 의해 허락된 것이 아니라 전적인 하나님의 선물이다. 즉 교회를 올바르게 잘 세우기 위하여 인간들이 짜낸 지혜로부터 그와 같은 은사나 직분들이 나오지 않았다.

바울은 하나님께서 성도들에게 다양한 은사들을 주신 목적이 지상 교회를 위한 것일 뿐 아니라 그 이상의 의미가 있음을 말했다. 즉 그것은 만물을 충만케 하기 위해서라는 사실을 언급하고 있다. 이는 악한 사탄을 심판하고 만물을 회복하시고자 하는 하나님의 궁극적인 승리에 연관되어 있다. 우리는 이를 통해 우주만물의 중심에는 하나님의 교회가 존재한다는 사실을 알게 된다.

성도들에게 주어진 은사는 한 가지가 아니라 매우 다양하다. 하지만 그것은 다양성을 추구하기 때문이 아니라 그와는 정반대로 통일성을 추구하고 있기 때문이다. 이는 사람의 몸에 다양한 지체들이 존재하며 각각의 지체들이 상이한 기능을 하고 있는 것과도 같다. 한 몸에 속한 여러 지체들의 상이한 기능은 다양성을 추구하기 위한 것이 아니라 하나의 몸을 유지하기 위해서이다. 즉 한 사람의 몸을 지탱하기 위해 다양한 지체들이 존재하는 것이지 몸에 붙은 여러 지체들을 위해 몸이 존재하는 것은 아니다.

사도 바울은 지상 교회에 허락된 여러 은사들과 직분도 그와 같다는 사실을 언급하고 있다. 교회 안에 존재하는 다양한 은사들은 하나의 교회를 위한 것이며, 그것들이 각 성도들 개개인을 위한 것은 아니다. 우리는 모든 은사들과 직분들이 그것들을 허락하신 하나님과 지상 교회를 위한 것이란 사실을 명확하게 기억하지 않으면 안 된다. 바울은 고린도 교회에 편지하면서 그에 연관된 언급을 하고 있다.

> "은사는 여러 가지나 성령은 같고 직임은 여러 가지나 주는 같으며 또 역사는 여러 가지나 모든 것을 모든 사람 가운데서 역사하시는 하나님은 같으니 각 사람에게 성령의 나타남을 주심은 유익하게 하려 하심이라 어떤이에게는 성령으로 말미암아 지혜의 말씀을, 어떤이에게는 같은 성령을 따라 지식의 말씀을, 다른이에게는 같은 성령으로 믿음을, 어떤이에게는 한 성령으로 병 고치는 은사를, 어떤이에게는 능력 행함을, 어떤이에게는 예언

함을, 어떤이에게는 영들 분별함을, 다른이에게는 각종 방언 말함을, 어떤 이에게는 방언들 통역함을 주시나니 이 모든 일은 같은 한 성령이 행하사 그 뜻대로 각 사람에게 나눠 주시느니라 몸은 하나인데 많은 지체가 있고 몸의 지체가 많으나 한 몸임과 같이 그리스도도 그러하니라" (고전 12:4-12)

위의 성경 본문 가운데서도 언급된 것처럼 교회에 존재하는 모든 은사들의 출처는 오직 하나님이시다. 성령 하나님께서는 그에 관련된 모든 것들을 친히 관장하고 계신다. 하나님은 각 성도들에게 획일적인 동일한 은사를 주시는 것이 아니라 각각 상이한 은사들을 나눠 주신다. 그 모든 것들은 교회와 성도들에게 참된 유익을 주시고자 하는 신령한 목적을 지니고 있다.

고린도전서에 기록된 위의 말씀에 비추어 볼 때 모든 성도들은 나름대로의 은사들을 소유하게 된다. 그것들은 직분과 직접 연관될 수도 있으며 직분과는 달리 하나님의 은사로서 교회적인 삶 가운데 드러날 수도 있다. 하나님께서 특정한 성도들에게 허락하시는 말씀의 은사가 있는가 하면 믿음의 은사가 존재하기도 한다. 또한 병고치는 은사, 능력을 행하는 은사, 방언과 통역의 은사도 있다.

이 모든 것들은 인간들의 사사로운 판단에 의해 시행되거나 이루어지는 것이 아니라 성령 하나님께서 행하시는 일들이다. 어떤 은사라 할지라도 그것을 받은 자의 자랑거리가 되지 못한다. 하나님께서 교회에 속한 모든 성도들에게 그와 같은 다양한 은사들을 나눠주신 목적은 개개인 성도들을 위해서라기보다 하나님과 그의 몸된 교회를 위한 것이기 때문이다. 즉 전체 교회를 위해 각 성도들에게 적절한 은사들이 맡겨진 것이다.

바울은 여기서 사람의 몸에 다양한 여러 지체들이 있지만 몸은 하나이듯이, 예수 그리스도 역시 한 분이라는 사실과 그에게 붙은 다양한 지체들이 하나님의 교회를 이룬다는 사실을 언급하고 있다. 성경은 부활하신 예수 그리스도께서 승천하실 때 지상에 남은 성도들에게 선물을 전해 주셨음을 기록하고 있다(엡 4:8). 그가 천상의 나라로 올라가시면서 지상에 내려 주신 것은 은사와 연관되는 내용으로서, 그로 말미암아 세상에 존재하는 만물을 회복하여 충만케 하시고자 하는 의도와 연관되어 있는 것이다.

그것을 위해 하나님께서는 이땅에 자신의 교회를 세우시고 성도들에게 다양한 은사와 직분들을 주셨다. 바울은 전체적인 보편교회와 연관하여 이에 대한 기술을 하고 있다. 즉 하나님께서 사도교회 시대부터 있었던 직분들인 사도, 선지자, 복음 선포자, 목사와 교사 등 다양한 직분들을 허락하신 것은 각 성도들의 직분적인 봉사를 통해 자신의 교회를 온전하게 세우기 위해서였다. 이는 하나님의 고유한 방법을 통해 그리스도의 몸인 지상 교회가 온전히 세워져 가게 됨을 의미하고 있다.

물론 사도교회 시대의 다양한 은사들과 직분들은 시대적인 특성을 지니고 있다. 사도들이 생존해 있던 시대는 그 이후 따라오는 보편교회 시대와 구별되는 개념을 지니고 있다. 즉 아직 하나님의 기록계시가 완성되지 않고 예루살렘 성전의 언약적인 기능이 남아 있을 때의 성경에 나타난 다양한 직분들과 은사들은 구속사적 특별한 역할을 감당하게 되었다.

그러나 로마제국에 의한 예루살렘 성전 파괴와 더불어 그와 같은 특수한 은사들은 끝이 났다. 즉 사도시대가 끝이 나면서 그것들을 통한 특별 계시들도 종료되었다. 그대신 보편교회 시대에는, 신구약성경 66권으로 완성된 성경과 성령 하나님의 도우심이 주님의 교회를 인도하게 된 것이다.

우리는 여기서 또한 교회 안에 존재하는 다양한 은사들과 교회 밖에서도 볼 수 있는 일반적인 재능을 구분하여 이해해야 할 필요가 있다. 각별히 유념해야 할 바는 교회에서 성도들이 소유하게 되는 은사와 재능의 차이에 대한 것이다. 은사는 하나님께서 지상 교회를 위해 성도들에게 허락하신 것으로서 교회 안에만 존재한다. 따라서 그 은사들은 교회 밖에는 아예 존재하지 않는다. 이와는 달리 재능은 하나님의 자녀들뿐 아니라 불신자들에게서도 동일하게 나타날 수 있다.

구체적인 예를 들어 설명하자면, 성도들 가운데 피아노를 연주하거나 성악을 잘하는 것은 은사가 아니라 일반적인 재능에 속한다. 불신자들 가운데도 그와 같은 음악가들은 많이 있다. 따라서 그런 성도들은 교회에서 그것들을 통해 자신의 은사를 드러내는 것이 아니라 자신이 소유한 재능으로써 교회를 위해 봉사하게 되는 것이다. 물론 그것마저도 일반은총적인 관점에서 하나님으로부터 허락된 것이란 사실은 두말할 나위 없다.

3. 성장하여 성숙해져 가야 할 교회(엡 4:13-16)

지상에 존재하는 모든 교회는 하나님의 뜻에 따라 건강하게 자라가야 한다. 그것은 겉으로 드러나는 규모나 형식에 연관된 것이 아니라 계시된 말씀을 통한 내면적인 성장에 연관되어 있다. 사탄이 지배하는 세상은 항상 교회가 올바르게 성장하지 못하도록 방해공작을 쉬지 않는다. 간교한 사탄은 교회의 정상적인 성장을 방해하기 위해 세상적인 것을 동원함으로써 어리석은 자들을 미혹하는 것이다.

앞에서도 언급한 것처럼 사도 바울은 교회가 인간의 몸과도 같다는 사실을 언급하고 있다. 사람의 몸은 정상적으로 자라가야 한다. 그래야만 건강한 상태를 유지할 수 있게 된다. 이는 몸에 붙은 각 지체들이 올바르게 제 기능을 해야 하는 것과 연관되어 있다. 바울은 로마 교회에 편지하면서도 몸과 지체의 관계를 설명하고 있다.

> "우리가 한 몸에 많은 지체를 가졌으나 모든 지체가 같은 직분을 가진 것이 아니니 이와 같이 우리 많은 사람이 그리스도 안에서 한 몸이 되어 서로 지체가 되었느니라" (롬 12:4,5)

사람의 몸에 속해 있는 다양한 지체들이 각 지체가 아니라 몸을 위해 존재한다는 것은 자연스런 이치이다. 그리스도의 몸된 교회 역시 그와 마찬가지다. 모든 교회와 성도들은 한 분 예수 그리스도의 몸에 붙어 있는 지체들로서 나름대로 맡겨진 기능이 있다. 따라서 모든 성도들은 개별적인 자기 자신을 위해 존재하는 것이 아니라 하나이신 예수 그리스도와 그의 몸된 교회를 위해 존재하며 저들에게 맡겨진 소중한 직분을 감당해야만 한다.

우리는 지상에 존재하는 교회가 유기적인 공동체라는 사실을 기억하지 않으면 안 된다. 유기적인 공동체란 곧 살아있어 내적으로 활동함으로써 결코 분리될 수 없는 하나의 몸(Body)이란 의미를 지니고 있다. 즉 교회는 정지되어 굳은 조직이 아니라 항상 살아 움직이며 주어진 역할을 감당하는 생명공동체인 것이다.

그러므로 지상 교회에 속한 모든 성도들은 하나님의 아들을 믿는 것과 아는 일에 하나가 되어 온전한 인격체를 이루어가야 한다. 그렇게 함으로써 교회가 점차 자라가게 된다. 즉 교회의 모든 성도들은 그리스도께서 맡기신 분량대로 활동함에 따라 장성해 가는 것이다. 따라서 영적인 성장이 중단된 상태라면 살아있는 공동체라 말할 수 없다.

이처럼 사도 바울은 본문 가운데서 사람이 태어나면 점차 자라나 장성하게 된다는 사실을 빗대어 교회의 성장을 설명하고 있다. 어린아이일 때는 아직 미성숙한 상태이기 때문에 옳고 그름이나 안전하고 위태로운 상황에 대해 사리분별을 하지 못한다. 그래서 주변의 것들에 감각적으로 반응할 수밖에 없다. 그러나 장성하게 되면 모든 것을 분별할 수 있는 능력을 갖추게 된다.

이와 같이 지상 교회에 속한 모든 성도들은 어린아이에서 시작하여 점차 자라나 성인이 됨으로써 세상의 속임수와 간사한 유혹에 강력하게 대처할 수 있어야 한다. 사탄에 속한 악한 세력은 할 수 있는 대로 세상의 잘못된 풍조와 교훈을 도구로 삼아 성도들을 미혹하려고 애쓴다. 하지만 성숙한 교회와 성도들이라면 하나님께서 주신 다양한 은사와 직분들을 통해 능히 그것을 방어해내지 않으면 안 된다.

그러므로 세상에 존재하는 교회는 하나님의 사랑 안에서 참된 것을 추구하며 그리스도에게까지 자라가야 한다. 사람의 몸이 마디마디로 연결되고 결합되어 있듯이, 하나님께서는 직분과 은사들을 통해 모든 교회와 성도들의 각 지체가 소유한 분량에 따라 역사하시게 된다. 교회의 머리이신 예수 그리스도께서는 그것을 통해 자신의 몸인 교회를 자라나게 하며 사랑 안에서 세워나가신다. 이는 교회의 참된 성장은 인간들의 지혜와 노력에 의해 이루어져 가는 것이 아니라 하나님에 의해 그렇게 된다는 사실을 말해 주고 있다.

제7장

지상 교회에 속한 성도의 삶

(엡 4:17-32)

1. 이방인과 '옛 사람' (엡 4:17-19)

이방인이란 이스라엘 민족 바깥에 존재함으로써 하나님의 언약과 아무런 상관이 없는 타락한 아담의 자손들을 일컫는다. 그에 비해 '옛 사람' 이란 주님의 교회에 속하여 구원의 반열에 서게 된 성도들의 그전에 가지고 있던 본래의 속성과 연관되어 있다. 즉 이방인은 옛 사람이 아니라 그 자체로서 하나님과 상관이 없다. 그러나 옛 사람이란 예수 그리스도로 말미암아 거듭난 새 사람과 대비되는 성격을 지니고 있다.

하나님을 전혀 알지 못하는 이방인들은 오로지 자신의 마음속에 있는 허망한 욕망을 좇아 살아가게 될 따름이다. 그와 같은 삶은 인간들에게 일시적인 만족을 제공할지 모르지만 얼마 가지 못해 고갈될 수밖에 없다. 그 욕망으로부터 돌아서지 않은 상태에서는 새로운 삶을 보장받지 못한다.

따라서 죄를 가진 자연인의 상태가 죽어야만 과거와 단절되어 새로운 생명을 소유할 수 있게 된다. 하나님의 자녀들은 예수 그리스도가 십자가에 달려 돌아가실 때 그와 함께 십자가에 못박혀 죽었다. 그것은 전적인 하나님의 은혜로 말미암아 초월적으로 이룩된 것이다. 사도 바울은 로마 교회에 편지하면서 우리의 옛 사람이 십자가에 달려 죽게 되었다는 사실을 언급하고 있다.

> "우리가 알거니와 우리의 옛 사람이 예수와 함께 십자가에 못박힌 것은 죄의 몸이 죽어 다시는 우리가 죄에게 종노릇 하지 아니하려 함이니 이는 죽은 자가 죄에서 벗어나 의롭다 하심을 얻었음이라" (롬 6:6,7)

창세전 그리스도 안에서 하나님의 예정 가운데 존재하던 성도들은 반드시 예수 그리스도와 함께 죽어야 한다. 그것은 하나님의 자녀들에게는 필연적인 과정이다. 그것을 통해 옛 사람이 죽게 되고 저들에게 하나님으로부터 나오는 영원한 새 생명이 공급된다. 이는 악한 사탄의 올무에서 벗어난 사실을 의미하고 있다. 따라서 죄의 종노릇하던 처참한 상황에서 해방되는 것이다.

그러나 하나님을 알지 못하는 자들에게는 그에 대한 인식이 전혀 없다. 그들은 원래부터 하나님을 배반한 사탄의 지배를 받고 있는 죄의 종들이다. 따라서 타락한 세상에서의 일시적인 욕망을 추구하며 살아가면서 그것을 최상의 가치라 여기게 되는 것이다.

사도 바울은 그에 연관된 모든 진리를 잘 깨달아 알고 있었다. 그러므로 에베소 교회 성도들에게 과거 저들이 가졌던 이방인들의 어리석은 사고와 행위를 버리도록 요구했다. 하나님을 알지 못하는 자들은 본성적으로 어둔하고 미련한 자들이기 때문에 하나님과 진리에 대해 아무것도 알지 못할 뿐더러 그에 대한 관심조차 없다. 저들에게는 오로지 타락한 세상이 제공하는 즐거움과 쾌락이 관심의 대상이 될 따름이다.

비록 교회에 정기적으로 출입하는 자들이라 할지라도 이방인들의 타락한 사고를 버리지 않으면 심령이 굳어져 영적인 감각이 무디어지게 된다. 설령 겉보기에 열성적인 종교인의 모습을 띠고 있다고 할지라도 영적인 내면은 심각하게 굳어져 있다. 그와 같은 상태에 빠져 방탕한 삶에 익숙해지게 되면 더러운 욕망에 사로잡혀 살아갈 수밖에 없다.

그것은 결국 하나님으로부터 허락되는 참 생명을 멀리하게 된다는 사실을 말해 준다. 따라서 하나님을 진정으로 알게 된 성도들은 그전에 가졌던 세상의 모든 습성을 완전히 버리지 않으면 안 된다. 하나님을 따르는 성도로서 그렇게 하는 것은 지극히 당연하다.

우리는 옛 습성을 버린다는 말이 단순히 윤리적인 것을 의미하지 않는다는 사실을 깨달아야 한다. 하나님의 자녀들은 세상에서 형성된 윤리에 절대적인 가치를 두고 그것을 따를 것이 아니라 하나님의 진리 안에 거해야만 한다. 그러므로 사도 바울은 에베소 교회의 성도들에게, 저들이 그리스도를 통해 허락된 참된 진리를 배웠다는 사실을 언급하고 있다. 예수 그리스도 안에 진정한 진리가 있으며 그것을 소유한 사도로부터 진리에 대해 듣고 그 안에서 가르침을 받았다는 것이다.

2. '새 사람' (엡 4:20-24)

하나님의 자녀가 된다는 것은 신앙이 없던 과거의 관행으로부터 완전히 돌아섰음을 의미한다. 이방인으로서 여호와 하나님을 알게 된 성도들은 그전에 익힌 이방인의 습성들을 포기하지 않으면 안 된다. 세상에서 익혀온 과거의 모든 습성을 지닌 채 하나님을 올바르게 섬기며 살아간다는 것은 불가능한 일이다.

그러므로 교회에 속한 성도들은 세상의 모든 유혹으로부터 오는 헛된 욕망을 따라 살아가는 것을 강력하게 거부해야 한다. 하나님을 모르는 어리석은 자들의 썩어져 가는 옛 습성을 따라 살아가는 자들은 사망의 세계를 추구하는 것과도 같다. 사탄의 세력은 온갖 방법을 동원해 성도들로 하여금 그렇게 살도록 유혹하고 있다. 하지만 성숙한 자들은 그것을 물리침으로써 위태로운 상황을 피할 수 있어야 한다.

사도 바울이 복음을 받은 성도들에게 옛 사람을 벗어버리라고 요구하는 것은 그와 같은 이유 때문이다. 따라서 하나님의 자녀들은 심령을 새롭게 하여 새 사람을 입어야만 한다. 그처럼 새로운 모습을 소유하게 된 사람은 하나님을 따라 의와 진리와 거룩함으로 재창조된 인간이다.

그러므로 우리는, 예수 그리스도로 말미암아 구속받은 참된 성도들은 옛 사람이 죽고 새 사람으로 다시 태어난 자들이란 사실을 항상 기억하고 있어야 한다. 그들은 예수 그리스도와 함께 십자가 위에서 죽는 죽음을 통해 영원한 생명을 공급받게 되었다. 사도 바울은 로마서에서 그에 연관된 언급을 하고 있다.

> "만일 우리가 그리스도와 함께 죽었으면 또한 그와 함께 살 줄을 믿노니 ... 이와 같이 너희도 너희 자신을 죄에 대하여는 죽은 자요 그리스도 예수 안에서 하나님께 대하여는 살아 있는 자로 여길지어다" (롬 6:8-11)

바울은 위의 본문에서 하나님의 자녀들은 오래전에 이미 예수님과 함께 십자가에 못박혀 죽은 사실과 그로 말미암아 은혜로 얻게 된 새로운 생명에 관해 증거하고 있다. 그것은 결코 상징적인 의미에 국한되지 않는다. 나아가 성도들로 하여금 그것을 관념적으로 인식하고 있으라는 것도 아니다.

예수 그리스도와 함께 십자가 위에서 우리가 죽은 사건은 과거와 현재의 초월적인 상태에서 실체적으로 일어난 사건이다. 즉 하나님을 믿는 성도들이 가졌던 옛 사람의 본성은 예수님과 함께 십자가 위에서 완전히 죽었다. 그대신 예수 그리스도의 부활과 더불어 새 사람으로 다시 살아나게 되었다. 그것은 그와 같은 종교적인 의미를 지니고 있다는 관념에 머무는 것이 아니라 시공時空을 초월하는 실제이다.

하나님의 자녀로서 옛 사람이 죽게 되는 것은 참 생명을 얻기 위해 반드시 거쳐야만 하는 과정이다. 그로 말미암아 죄에 빠진 몸은 완전히 죽게 되었다. 그리하여 성도들은 죄의 멍에를 벗어버림으로써 다시는 죄에게 종노릇할 필요가 없게 된 것이다. 이 말은 예수 그리스도께서 십자가에 못박히실 때 그가 자기 자녀들을 데리고 함께 죽게 된 사실을 증거해 준다. 이는 그것을 통해 성도들이 죄로부터 완전히 해방되어 의로운 존재로 인정되었다는 의미를 지니고 있다.

그것은 물론 타락한 세상에 살아가는 교인들 자체가 의롭게 되었다는 뜻이 아니다. 즉 하나님께서 자기 자녀들에게 자신의 의를 물리적으로 주입시켜 줌으로써 그후부터 완벽한 의를 행하게 되었다는 의미가 아닌 것이다. 그것은 도리어 예수 그리스도의 십자가 사건으로 말미암아 그가 소유한 의가 선택받은 하나님의 자녀들에게 전가됨으로써 의인으로 인정받게 된 사실을 말해 준다.

그러므로 하나님의 자녀들은 실제로 저들의 죄가 소멸되었음에도 불구하고 여전히 연약한 육체를 지닌 채 타락한 세상에서 힘겹게 살아가고 있다. 하지만 예수 그리스도께 연결된 의로운 성도로 살아가게 된다. 하나님으로부터 허락된 그 의를 힘입어 모든 성도들이 주님의 거룩한 교회를 이루게 되었다. 따라서 지상에 존재하는 참된 교회들은 타락한 세상과는 전혀 다른 본질을 소유하게 됨으로써 거룩한 하나님의 편에 서게 된 것이다.

3. 악을 버리고 세상을 견제해야 할 성도의 삶(엡 4:25-27)

사도 바울은 하나님의 자녀들이 타락한 세상에 살아가면서 취해야 할 삶의 기본적인 원리와 자세에 관한 내용을 기술하고 있다. 그것은 하나님을 모르던 때 자신의 욕망을 추구하며 살아가던 것과 달리 하나님의 자녀답게 신실하게 살아가야 한다는 것이다. 따라서 성도들은 우선 세상에 난

무한 모든 거짓되고 악한 것들을 버려야만 한다. 사도 베드로 역시 그에 관한 교훈을 주고 있다.

> "마지막으로 말하노니 너희가 다 마음을 같이 하여 체휼하며 형제를 사랑하며 불쌍히 여기며 겸손하며 악을 악으로, 욕을 욕으로 갚지 말고 도리어 복을 빌라 이를 위하여 너희가 부르심을 입었으니 이는 복을 유업으로 받게 하려 하심이라 그러므로 생명을 사랑하고 좋은 날 보기를 원하는 자는 혀를 금하여 악한 말을 그치며 그 입술로 궤휼을 말하지 말고 악에서 떠나 선을 행하고 화평을 구하여 이를 좇으라" (벧전 3:8-11)

모든 성도들에게는 세상을 살아가면서 하나님의 자녀답게 살아가야 할 의무가 존재한다. 따라서 주님께 속한 형제를 진정으로 사랑하며 겸손한 자세로 이웃을 대해야만 한다. 그것은 성도들의 삶 가운데 드러나는 중요한 증거로서 나타난다. 그로 인해 교회에 속한 성도들은 천상으로부터 제공된 참된 복음을 상속받게 된다.

한편 진리에 반하는 악한 거짓은 인간의 더러운 욕망으로부터 생겨나게 된다. 따라서 새로운 피조물로 거듭 태어나게 된 하나님의 자녀들은 항상 주변의 이웃과 더불어 참된 것을 말할 수 있어야 한다. 여기서 언급된 이웃이란 지상 교회에 속한 믿음의 형제들뿐 아니라 주변 사람들을 포함하고 있다.

그리고 신앙이 성숙한 성도라면 분노하는 경우가 있다고 할지라도 그것으로 인해 죄를 짓지 않도록 해야 한다. 이는 성도는 정당한 의분이 아니라면 함부로 분노하지 말아야 한다는 사실에 연관되어 있다. 즉 분노할지라도 말씀을 근거로 한 그 내용과 대상에 대한 의로운 기준이 있어야만 하는 것이다.

또한 특별한 경우 누군가에게 화를 낸다 해도 너무 오랫동안 분을 품고 있지 말고 가능한 빨리 그 분을 풀어야만 한다. 이는 자칫 잘못하면 그것으로 말미암아 사탄에게 공략할 틈을 내어줄 수 있기 때문이다. 따라서 하나님의 자녀들은 사탄에게 공격할 수 있는 틈을 주지 않기 위해 항상 만반의 태세를 갖추고 있지 않으면 안 된다. 그것은 모든 성도들이 갖추고 있어야 할 기본적인 신앙이다.

4. 이웃을 위해 유익을 끼치는 하나님의 자녀들(엡 4:28,29)

그러므로 교회에 속한 성도들은 항상 이땅에서 변화된 삶을 살아가도록 힘써야 한다. 과거에 도둑질을 하던 자가 있다면 또다시 도둑질을 해서는 안 된다. 그대신 자신의 손으로 수고하며 선한 노동을 함으로써 적절한 수익을 얻어 가난한 이웃을 돌아보며 구제할 수 있어야 한다.

우리가 여기서 주의깊게 기억해야 할 바는 하나님께서 허락하신 건강과 재능과 기회로 말미암아 얻게 된 것들을 오로지 자기 자신만을 위해 사용한다면 그것이 곧 하나님의 것을 가로채는 행위가 된다는 사실이다. 하나님께서 우리 각자에게 다양한 것들을 허락하신 이유는 우리 자신뿐 아니라 교회와 어려운 이웃을 위해서이다.

이에 대한 이해를 돕기 위해서 가정을 염두에 두고 생각해 볼 수 있다. 가족 중에 노동할 수 있는 능력을 갖춘 어른들이 때에 따라 성실하게 일하는 것은 자신들만을 위한 것이라 말해서는 안 된다. 그것은 자신뿐 아니라 아직 능력이 없거나 연약한 다른 식구들을 위해 일하는 것이므로 모든 수익을 자연스럽게 함께 나누는 것이다.

이와 같은 성도의 삶의 원리는 교회 가운데서도 그대로 적용되어야 한다. 따라서 본문에 기록된 교훈은 자기에게 허락된 삶을 교회와 이웃을 기억하는 가운데 최선의 노력을 기울여 살아가야 한다는 사실을 말해 주고 있다. 이는 물론 윤리적인 교훈을 넘어 하나님의 진리와 연관된 의미를 지닌다. 이로 말미암아 자신뿐 아니라 이웃을 위해 살아가는 신자와 이기적인 삶에 익숙한 불신자 사이에 본성적인 차이가 드러난다. 따라서 시편기자는 그에 대한 경고의 말씀을 노래하고 있다.

> "악에서 떠나 선을 행하라 그리하면 영원히 살리니 여호와께서 정의를 사랑하시고 그의 성도를 버리지 아니하심이로다 그들은 영원히 보호를 받으나 악인의 자손은 끊어지리로다" (시 37:27,28)

예수 그리스도의 십자가 사역으로 인해 구원의 은혜를 입은 모든 성도들은 하나님 안에서 거룩하게 된 자들이다. 하나님의 의를 덧입게 된 자들은 타락한 세상 가운데서 하나님의 도우심을 힘입어 승리를 노래하며 살아가야 한다. 정의를 사랑하시는 하나님께서 선을 행하는 자기 자녀들을 버리지 않고 영원히 보호하실 것이기 때문이다.

나아가 교회에 속한 순결한 성도들은 거룩한 하나님과 어울리지 않는 더러운 말을 입 밖에 내어서는 안 된다. 앞서 인용한 베드로전서 3장 10, 11절에 언급된 것처럼, 교회는 성도들에게 모름지기 혀를 다스려 악한 말을 하지 못하도록 금지시켜야 한다. 그렇게 함으로써 악을 멀리하고 선한 일을 하며 진정한 화평을 추구하게 된다.

우리 시대에는 특히 성적인 내용을 농담삼아 말하는 자들을 쉽게 볼 수 있다. 그러나 성숙한 성도들은 그와 같은 사조가 거룩한 교회 안에 들어오지 못하도록 엄하게 감시해야 한다. 그와 같은 성적인 담론을 자유롭게 하도록 방치하게 되면, 점차 일반화 되어 갈 것이며, 결국 무디어져 성적인 방탕에 빠질 우려가 따를 것이기 때문이다.

그러므로 하나님을 진정으로 경외하는 성도들이라면 반드시 선하고 순결한 삶을 살아가도록 애써야 한다. 그와 더불어 교회적 삶 가운데 하나님의 요구에 따라 선한 말로써 참된 '화평을 도모하는 자' (peace-maker)가 되어야 한다. 이는 단순히 좋은 분위기를 만들기 위해 애쓰는 자를 의미하지 않는다. 오히려 성도들 개개인을 통해 교회와 가정을 비롯한 삶의 터전에서 하나님께서 허락하시고 요구하신 화평이 이루어지도록 해야 하는 사명에 연관되어 있다.

따라서 모든 성도들은 자기로 말미암아 다른 사람들 사이에 불화가 일어나게 하는 일이 없도록 해야 한다. 그것은 하나님께서 원하는 바가 아닐 뿐더러 교회와 가정을 해치는 무서운 악행이 될 수 있기 때문이다. 우리는, 사탄이 하나님의 백성들을 악한 방향으로 나아가도록 부채질하고 있다는 사실을 결코 잊어서는 안 된다.

이는 또한 성도들은 하나님의 뜻을 벗어난 악한 것들을 마음속에 담아두지 말아야 한다는 것을 의미하고 있다. 그대신 참된 덕을 세우기 위해 필요한 선한 말들을 가려서 함으로써 그 말을 듣는 이웃에게 유익을 끼칠 수 있어야 한다. 그렇게 하는 것은 모든 성도들에게 맡겨진 마땅한 신앙의 도리이자 사명이며 형편에 따라 선택할 수 있는 사항이 아니다.

5. 성령 안에서 살아가야 하는 성도들(엡 4:30-32)

지상 교회에 속한 성도들은 하나님의 성령을 근심하게 해서는 안 된다. 성령을 근심하게 한다는 것은 하나님의 자녀라 하면서 그의 뜻을 버리고 타락한 세상의 가치를 추구하며 이기적인 태도로 살아가는 것을 의미한다. 그러므로 모든 성도들은 계시된 말씀을 통해 하나님의 뜻을 기억하며 그에 온전히 순종해야만 한다.

성경은 하나님의 자녀들이 소유하게 되는 성령의 열매에 관한 기록을 하고 있다. 하나님을 진정으로 경외하는 성도들이라면 그와 같은 영적인 열매들을 자연스럽게 맺게 된다. 이는 거짓 세력과 맞서 싸우는 가운데 이 땅에 하나님의 나라를 세우는 일에 연관되어 있다. 사도 바울은 갈라디아 교회에 편지하면서 그에 관한 내용들을 구체적으로 열거했다.

> "오직 성령의 열매는 사랑과 희락과 화평과 오래 참음과 자비와 양선과 충성과 온유와 절제니 이같은 것을 금지할 법이 없느니라 그리스도 예수의 사람들은 육체와 함께 그 정욕과 탐심을 십자가에 못박았느니라"(갈 5:22,23)

하나님의 성령 안에서 그의 지배를 받으며 살아가는 성도들은 당연히 성령의 열매들을 맺게 된다. 이는 성도들에게 필수적으로 주어지는 것이지만 성령의 적극적인 사역 없이는 결코 그와 같은 열매들이 맺혀질 수 없다. 따라서 위에 언급된 성령의 다양한 열매들은 우리가 세상에 살아가면서 경험적으로 알게 된 일반적인 속성들과는 상당한 차이가 난다. 비록 단어적인 일반 의미는 동일하거나 유사할지라도 그 본질적인 의미와 용도는 상당히 다른 것으로 이해해야 하는 것이다.

세상에 살아가는 성도들은, 성령 하나님 안에서 최종 심판이 이루어지는 마지막 구원의 날까지 그 신분에 대한 인치심을 받고 있다. 교회에 속한 참된 성도들은 정욕과 탐심을 자신의 육체와 함께 이미 십자가에 못박은 상태이다. 따라서 하나님을 믿는 백성들은 악독과 화를 내며 분노하는 일뿐 아니라 자기의 유익을 위해 불필요하게 떠들면서 남을 부당하게 비방하는 행위들을 모든 악의와 함께 버려야만 한다.

그대신 성도들 상호간에는 예수 그리스도의 사랑 안에서 참된 화평을 추구하는 가운데 친절하게 대해야 하며 여러 가지 형편으로 인해 어려운 처지에 놓인 자들에 대해 불쌍한 마음을 가지지 않으면 안 된다. 그리고 서로간 용서하기를 하나님께서 그리스도 안에서 자기 백성들을 용서하신 것처럼 해야 한다. 이는 참된 하나님의 자녀들 사이에 용서하지 못할 내용은 아무것도 없다는 의미를 지니고 있다.

다시 말하자면 하나님을 향해 범죄한 인간은 도저히 용서받지 못할 심각한 상태에 놓여 있었다. 인간의 이성에 익숙한 어린 교인들은 자기가 하나님으로부터 용서받은 사실이 얼마나 대단한 일인지 감지하지 못한다. 하지만 모든 인간들은 도저히 용서받지 못할 악한 존재였으나 긍휼이 많으신 하나님의 언약에 따라 용서받게 된 것이다.

우리도 하나님의 용서를 바라보며 그것을 기억하는 가운데 다른 성도들을 대할 수 있어야 한다. 그렇다고 해서 이 말이 앞뒤를 살피지 않고 사람의 모든 악행을 무조건 용서해 주라는 의미로 받아들여져서는 안 된다. 도리어 지상 교회의 순결을 유지하기 위해서는 반드시 계시된 말씀에 따른 정당한 권징이 이루어져야 한다. 그것이 이웃에 대한 진정한 사랑이기 때문이다.

따라서 성숙한 성도들은 권징사역과 더불어 용서해야 할 바를 찾아 용서해 주어야만 한다는 사실을 기억하지 않으면 안 된다. 그렇게 함으로써 이땅에 존재하는 교회를 순결하게 세워가며 보존할 수 있기 때문이다. 그것을 위해서는 모든 성도들이 상호간 참된 신앙인의 본을 보이며 경건한 삶을 살아가는 것이 중요하다.

제8장

성도들에게 요구되는 철저한 신앙

(엡 5:1-14)

1. 절대적인 본이 되시는 하나님과 바울의 신앙(엡 5:1)

에베소 교회 성도들에게 '하나님을 본받는 자' 가 되라는 요구를 하고 있는 바울은, 고린도 교회에 보내는 첫 번째 편지 가운데서도 '사도인 자기의 신앙을 본받으라' 는 말을 했다. 우리는 여기서, 자기가 먼저 예수 그리스도 안에서 혼신을 다해 신앙생활을 영위함으로써 모든 성도들의 본이 되고자 하는 바울의 비장한 각오를 보게 된다. 그것은 결코 쉬운 일이 아니었음에도 불구하고 바울은 그와 같이 천명했다.

> "내가 그리스도를 본받는 자 된 것 같이 너희는 나를 본받는 자 되라" (고전 11:1); "그리스도 안에서 일만 스승이 있으되 아비는 많지 아니하니 그리스도 예수 안에서 복음으로써 내가 너희를 낳았음이라 그러므로 내가 너희에게 권하노니 너희는 나를 본받는 자 되라" (고전 4:15,16)

위의 본문에서 바울은 자기가 먼저 예수 그리스도의 본을 받는 자가 되었다는 사실을 공언하고 있다. 그러므로 성도들에게 그리스도를 본받아 살아가는 자기를 본받으라는 말을 할 수 있었다. 이 말은 예수 그리스도로 말미암아 직접 계시를 받은 사도들을 통한 복음전승에 연관된 의미를 내포하고 있다.

바울은 또한 교회 내부에 다른 성도들을 가르치는 선생들이 많이 있지만 아버지는 많지 않다는 사실을 언급하고 있다. 이는 지식으로써 성도들을 가르치는 일에 열심을 다하는 사람들은 많지만, 자신의 신앙을 본받는 신앙인을 낳아 양육하는 지도자들이 많지 않다는 사실을 의미한다. 하지만 바울 자신은 예수 그리스도 안에서 성도들을 낳았다는 말을 하고 있다. 여기에는 복합적인 의미가 들어있는 것으로 이해된다.

바울이 고백적으로 언급한 내용 가운데는 자기를 닮은 온전한 신앙인들을 양육하기 위해 스스로 엄청난 고통을 감내했다는 의미를 담고 있다. 또한 바울은 그 말을 통해 사도의 직분을 맡은 자로서 자신의 신앙이 예수 그리스도를 본받은 온당한 것이라는 점을 강조하고 있다. 따라서 그는 모든 성도들에게 아버지가 된 자기를 본받는 자가 되라는 권면을 당당하게 할 수 있었던 것이다.

이에 대해서는 오늘날 우리도 바울처럼 말할 수 있어야 한다. 특히 교회의 교사인 목사들에게 있어서는 더욱 그렇다. 실제로 그렇게 하는 것이 쉽지 않을지라도 원리적인 측면에서 볼 때 그와 같이 해야 하는 것이 당연하다. 우리는 주님의 교회를 상속해가는 역사적인 과정에 존재하는 교회의 성도로서 다음 세대에 물려 줄 온전한 신앙을 소유하고 확신에 찬 자세를 유지하는 것이 매우 중요하다는 사실을 가슴속 깊이 새기지 않으면 안 된다.

2. '사랑' 가운데 거해야 하는 이유(엡 5:2)

사도 바울은 또한 에베소 교회 성도들에게, 그리스도께서 저들을 사랑하신 것 같이 그 사랑 가운데서 행하라는 요구를 하고 있다. 우리는 이 말을 매우 주의깊게 살펴 이해해야 한다. 이는 그 사랑은 세상 가운데 살아가는 사람들이 일반적으로 사용하는 의미와 동일한 것이 아니기 때문이다.

사람들은 자신이 느끼는 사랑의 감정을 곧 사랑이라 착각한다. 그러므로 다른 사람을 사랑할 때도 자기가 원하는 바대로 사고하며 행동하고자 하게 된다. 그와 같은 사랑은 대개 자기만족을 추구하는 이기적인 감정에 기반하고 있다.

하지만 진정한 사랑은 그와는 상이한 본질을 지니고 있는 것으로 이해해야 한다. 그 사랑은 죄에 빠진 인간들이 추구하며 경험하는 것들과는 전혀 다르다. 그래서 사도 바울은 성도들에게 사랑 가운데서 행하라는 요구를 하면서 일반적인 사랑을 베풀라고 요구하는 대신 그리스도께서 저들을 사랑하신 것처럼 사랑 가운데 행하라는 말을 했다. 우리는 거기에 매우 중요한 본질적인 특성이 존재한다는 사실을 알게 된다.

그렇다면 예수 그리스도의 독특한 사랑은 과연 어떤 성격을 지니고 있는가? 그것은 창세전에 택하신 하나님의 백성들을 위해 언약에 따라 자신의 몸을 온전히 버린 사랑이다. 이는 일차적으로 자기 자신의 유익을 위해서가 아니라 약속의 자녀들을 위한 것이었다. 그것은 인간들이 느끼는 감성적인 달콤한 사랑이 아니라 고통스런 과정을 거쳐야만 하는 숭고한 사랑이다.

예수님께서는 자신의 몸을 단순히 포기하신 것이 아니라 향기로운 제물과 희생제물로 여호와 하나님께 바쳤다. 이는 그가 자신을 죽음에 내어줌으로써 하나님께서 기뻐하시는 신령한 제물로 드리게 되었음을 의미한다. 그것은 범죄한 인간들에 대한 하나님의 진노를 잠재우고, 그 제사행위를 통해 하나님과 인간들 사이를 화목하게 했다.

사도 바울은 성도들이 사랑을 실천할 때 예수 그리스도의 숭고한 사랑을 본받아 행하라고 말했다. 이 말은 타락한 세상 가운데서 산발적으로 생성되는 이기적인 사랑이나 감정적인 사랑이 아니라 하나님을 위해 자기를 포기하는 진정한 사랑을 의미하고 있다. 그리스도 안에서 행해지는 그 사랑을 통해 주님의 몸된 교회가 이 세상 가운데 굳건히 세워져 가게 되는 것이다.

3. 음행과 추행과 탐욕(엡 5:3-5)

(1) 음행의 문제

타락한 인간들이 가진 가장 더럽고 악한 속성 가운데 하나는 음란에 관한 문제이다. 정상적인 부부간의 관계를 벗어난 상태에서 이루어지는 성적인 관계는 하나님 보시기에 무서운 죄악이 아닐 수 없다. 악한 자들은 그것이 인간들의 본능이기 때문에, 누구나 가진 성향을 죄로 간주할 필요가 없는 것처럼 주장한다.

그러나 성경은 음행이 죄라는 사실을 분명히 지적하고 있다. 언약의 백성들에게 선포된 십계명에는 '간음하지 말라'(출 20:14)는 내용을 담고 있다. 누구든지 그 율법을 어기게 되면 하나님 앞에 죄악을 범하는 행동이 될 수밖에 없다.

어리석은 인간들은 구체적인 성행위가 있어야만 음행이라 생각하는 경향이 있다. 하지만 예수님께서는 여자를 보고 음욕을 품는 자는 이미 간음한 것과 마찬가지라는 사실을 말씀하셨다(마 5:28). 이는 물론 인간은 하나님의 율법을 완전히 지킬 수 없으므로 하나님의 도우심을 받을 수밖에 없다는 사실에 연관되어 있다.

우리는 이를 통해 간음이 하나님께서 정죄하시는 무서운 심판 아래 놓여 있다는 사실을 알게 된다. 따라서 바울은 성도들에게 교회 가운데 음행과 온갖 더러운 것들이 들어오지 못하도록 항상 경계하라는 요구를 했다. 나아가 그런 악한 말들은 입술에 떠올리는 것조차도 금하고 있다. 그와 같은 것들은 거룩한 하나님을 섬기는 성도들에게 어울리는 언어가 되지 못한다는 것이다.

우리가 여기서 기억해야 할 바는 간음행위가 하나님 앞에서 악한 범죄일 뿐 아니라 사람들에게도 매우 무서운 파괴적인 역할을 하게 된다는 사실이다. 성적인 간음은 때로 살인보다 더 무서운 죄가 된다. 살인은 한 개인의 생명을 박탈하는 행위이지만 간음은 두 가정을 파괴하는 악행이 될 수 있기 때문이다.

우리 시대는 더러운 간음이 보편적으로 허용되는 매우 악한 시대가 되어 있다. 세속국가는 혼인관계 이외에 발생하는 간음을 폭넓게 허용하고 있다. 즉 그것을 악한 범죄행위로 간주하지 않는 것이 대체적인 경향이다. 그러므로 혼인관계를 벗어나 남녀간에 간음이 이루어져도 아무런 법적인 제재를 가하지 않는다.[13] 타락한 세상은 오히려 간음을 미화시키기까지 한다.

영화나 연극, 텔레비전 연속극, 소설 등에서 간음이나 불륜이 긍정적으로 소개되는 것은 우리 시대에 전혀 새롭지 않다. 어리석은 자들은 그 악한 내용들을 접하며 감격스러워하고 그로부터 심각한 영향을 받게 된다. 그와 같은 환경 가운데 장기간 노출되어 있다가 보면 자기도 모르는 사이 양심에 화인맞은 듯 둔감하게 되어가는 것이다. 따라서 교회는 이에 대해 눈을 부릅뜨고 민감하게 대처하지 않으면 안 된다.

(2) 추행의 문제

하나님의 자녀들은 세상의 모든 더럽고 추한 것들을 버려야 한다. 따라

---

13) 결혼 전의 청년 남녀가 성적인 교제를 나누는 것은 무서운 죄악이다. 그렇지만 세속국가는 그것을 죄로 다루지 않는다. 그와 같은 악한 풍조에 물들어 교회마저도 그에 미온적인 태도를 보이고 있다. 나아가 동성애나 동성 결혼 등은 그것 자체로서 혐오스런 죄악이지만 국가는 그것을 죄가 되지 않는 것으로 해석하고자 한다. 뿐만 아니라 세속화되어 하나님을 떠난 타락한 기독교인들 가운데도 그것을 더러운 범죄로 보지 않으려는 자들이 많이 있다.

서 하나님의 자녀가 된 성도들은 거룩한 삶을 추구해야 하며 추잡한 말과 어리석은 말과 상스러운 농담을 해서는 안 된다. 교회는 신앙이 어린 교인들이 그런 말과 행동을 하지 못하도록 항상 경계하며 교육해야 한다.

지상 교회를 어지럽히며 무너뜨리고자 하는 자들은 그와 같은 추잡한 말과 행동을 하는 것을 대수롭잖게 여기며 세속화를 조장한다. 그러나 그것은 결국 올무가 되어 전체를 혼란스럽게 만들어 가게 될 것이 틀림없다. 따라서 교회의 성숙한 성도들은 그와 같은 말과 행동이 성도들 가운데 아예 자리잡지 못하도록 해야 한다. 특히 교회를 감독해야 하는 장로 직분을 맡은 형제들은 항상 성도들을 살펴 경건의 모습을 떠나지 않도록 맡겨진 직무를 소홀히 하지 말아야 한다.

그대신 구원받은 백성들은 항상 하나님께 감사의 노래를 불러야 한다. 그와 같은 삶의 모습이 교회 가운데 드러나게 됨으로써 성도들을 정결한 삶으로 인도하게 된다. 예수 그리스도께서 십자가 위에서 흘리신 보혈로 값주고 사신 지상 교회가 순결한 신부의 자세를 유지 보존하는 것은 절대적으로 중요한 것이다.

(3) 탐욕의 문제

타락한 세상에 대해 죽은 성도들은 세상으로부터 발생한 모든 탐심을 버리지 않으면 안 된다. 그럼에도 불구하고 어린 교인들은 세상의 것들을 추구하며 더 많이 얻고자 애쓴다. 자칫 잘못하면 버려야 만 할 세상의 무가치한 것들을 많이 소유하게 되는 것이 마치 하나님의 복인 양 간주할 우려마저 있다.

신앙이 어린 교인들은 하나님께 기도하면서 세상의 것들을 탐하여 그것을 풍족하게 달라고 조르기도 한다. 하나님께서 버리도록 요구하신 것을 오히려 소유하여 누리기 위해 자기에게 채워주시도록 기도하는 것이다. 그러나 그와 같은 태도는 어리석기 그지없는 행동이다. 하나님은 결코 그런 것들을 기쁨으로 주실리 없다. 모세를 통해 주어진 십계명에는 남의 것을 탐내는 것을 엄히 금하고 있다.

> "네 이웃의 집을 탐내지 말찌니라 네 이웃의 아내나 그의 남종이나 그의 여종이나 그의 소나 그의 나귀나 무릇 네 이웃의 소유를 탐내지 말찌니라"(출 20:17)

하나님의 언약 가운데 살아가는 성도로서 이웃의 것을 탐내는 것은 하나님의 율법을 어기는 행위이다. 그것이 사람이든 동물이든 물건이든 마찬가지다. 각 사람은 자신과 타인의 것을 비교함으로써 이웃의 것들을 탐해서는 안 된다. 성실하게 살아가는 가운데 자연스럽게 주어진다면 그것으로 족하게 여겨야만 한다.

하지만 우리시대에는 탐심이나 탐욕을 부추기는 것이 일반화되어 있다. 어리석은 자들은 그것을 '비전'(vision)이라는 말로 치장하기도 한다. 그것이 지나치게 되면 열심을 다해 노력하는 것도 결국은 다른 사람들보다 더 많이 소유하기 위한 방편으로 사용될 따름이다. 그러나 성경은 탐심을 버리라고 요구하고 있다.

우리가 분명히 깨달아야 할 바는 음행과 추행과 탐욕은 인간들의 타락한 본성에서 생겨난 욕망의 찌꺼기로서 하나님 보시기에 악한 것이라는 사실이다. 따라서 음행하는 자나 추행하는 자, 그리고 탐욕하는 자는 하나님을 멀리하는 사악한 우상숭배자들이다. 그들이 겉보기에 아무리 열성적인 종교 활동을 한다고 할지라도 자기의 욕망을 추구하는 것에 지나지 않는다.

그러므로 그와 같은 자들은 예수 그리스도와 하나님의 나라를 영원한 기업으로 상속받지 못한다. 그들은 타락한 세상의 것들을 누리기를 원하고 그것을 추구하며 살아가기 때문에 영원한 나라와 상관이 없는 것이다.

하나님의 자녀들은 이에 대한 분명한 이해를 하지 않으면 안 된다.

4. "속지 말라" (엡 5:6,7)

우리가 살고 있는 이 세상은 공중 권세를 잡은 악한 사탄이 지배하고 있는 영역이다. 사탄의 졸개인 귀신들은 인간들의 눈에 띄지 않지만 이 세상 곳곳에서 득실대며 활동하고 있다. 그 영물들은 실제로 사람들의 삶의 모든 영역에서 사악한 활동을 하고 있으며, 인간들을 미혹하기 위해 다양한 기적들을 일으키기도 한다.

또한 귀신들은 사탄에게 속한 자들을 이용해 하나님의 자녀들을 유혹하고 있다. 그것들은 어리석은 교인들을 미혹하기 위해 다양한 방법들을 사용하게 된다. 교묘한 술책을 동원해 성도들을 유혹하고 지상 교회를 허물고자 하는 것이다.

우리가 명심해야 할 바는 귀신들의 일차적인 유혹 대상은 보통 인간들이 아니라 하나님의 자녀들이라는 사실이다. 귀신들은 이미 자기편에 있는 자들을 또다시 미혹할 필요가 없다. 그 악한 영물은 불신자들을 이용하여 간접적인 공격을 가하기도 한다. 따라서 성숙한 성도들은 귀신들의 역할과 술책을 올바르게 간파하고 있어야 한다. 그래야만 저들의 유혹을 경계하며 거뜬히 물리칠 수 있게 된다.

바울은 또한 에베소 교회의 성도들에게 누구든지 헛된 말로 하나님의 자녀들을 속이지 못하게 하라는 말을 하고 있다. 따라서 교회는 성도들에게 무엇이 헛된 말인지 참된 말인지 분별할 수 있는 능력을 배양해야만 한다. 그것을 온전히 구별하지 못하면 사탄으로 말미암은 헛된 말에 속아 넘어갈 수밖에 없다.

귀신의 이용물이 되어 하나님의 백성들을 미혹해 속이는 자들에게는 하나님의 진노가 임하게 된다. 불순종의 자식들이 무서운 진노 아래 놓이게 되는 것은 지극히 당연한 일이다. 따라서 하나님께 속한 성도들은 항상 사악한 자들을 경계해야 하며 저들과 함께하지 말아야 한다.

하나님의 자녀가 되었다고 할지라도 타락한 본성을 지닌 인간들은 부패한 세상의 것들을 쉽게 받아들이고자 한다. 그러므로 사도 바울은 이방인들로부터 온 사상을 견제하지 않으면 안 된다는 사실을 강조했다. 그는 고린도 교회에 보내는 편지 가운데서 그에 연관된 내용을 강한 어조로 언급하고 있다.

> "너희는 믿지 않는 자와 멍에를 같이 하지 말라 의와 불법이 어찌 함께하며 빛과 어두움이 어찌 사귀며 그리스도와 벨리알이 어찌 조화되며 믿는 자와 믿지 않는 자가 어찌 상관하며 하나님의 성전과 우상이 어찌 일치가 되리요" (고후 6:14-16)

하나님의 자녀들은 믿지 않는 자들과 아무렇게나 뒤섞이지 말아야 한다. 따라서 세상에 속한 불신자들로부터 나오는 잘못된 가치관을 견제하지 않으면 안 된다. 사탄은 주변의 불신자들과 모든 상황을 동원해 진리와 비진리 사이의 벽을 허물고자 한다. 그렇게 함으로써 성도들을 혼란에 빠뜨리고자 하는 것이다.

그러므로 우리는 정신을 바짝 차려 그에 대응해야만 한다. 악한 자들의 감언이설甘言利說에 속아 넘어가지 않으려면 항상 깨어있을 필요가 있다. 물론 그것은 인간의 의지만으로 되는 것이 아니다. 오직 하나님의 말씀에 온전히 순종함으로써 세상의 모든 유혹을 능히 이겨낼 수 있게 된다.

5. 빛의 자녀들(엡 5:8,9)

성경은 하나님을 알지 못하는 자들에 대해 어둠의 자식들이라는 직접적인 묘사를 함으로서 저들의 신분을 확증하고 있다. 그들에게는 영원하고 참된 빛이 전혀 존재하지 않는다. 즉 저들에게 지극히 작은 빛이 있다는 것이 아니라 빛이라고는 아예 없다는 것이다. 따라서 그들은 하나님의 진리에 대해 아무것도 알지 못한다. 인간들은 어두움 가운데서 자신의 손끝으로 더듬어 진리를 파악할 수 없으며 생각으로 미루어 짐작할 수도 없다.

그렇지만 하나님의 자녀들은 어둠을 이기고 빛 가운데 거하게 된 자들이다. 그들은 이제 영원하고 참된 빛을 소유하게 된 것이다. 그 빛은 예수 그리스도 안에 존재하는 것이며 단순한 현상으로의 빛이 아니다. 즉 그리스도가 없는 상태에서는 진정한 빛이 존재할 수 없는 것이다.

하나님과 상관 없는 어둠의 자녀들은 자기 자신뿐 아니라 서로간 아무것도 알지 못한다. 이에 반해 교회에 속한 성도들에게는 빛으로 말미암아 모든 것이 환하게 드러나게 된다. 적극적인 측면에서 보아 그들은 참 빛을 통해 진리에 대해 알 수 있으며 성도들 상호간에 모든 것을 알아볼 수 있다.

이와 동시에 소극적인 측면에서 본다면 빛 가운데서는 아무것도 숨기지 못하고 저들 가운데 존재하는 모든 거짓들이 만천하에 그대로 드러나게 된다. 인간들은 결코 하나님 앞에서 자기의 악한 행위들을 숨겨둘 수 없다. 따라서 바울은, 하나님의 자녀들은 이제 예수 그리스도와 그의 십자가 사역으로 인해 빛의 자녀들이 되었기 때문에 그 신분을 소유한 자로서 행동하라는 말을 하고 있는 것이다.

6. 성도들이 맺게 될 빛의 열매(엡 5:10-14)

하나님의 자녀가 된 성도들은 하나님을 영화롭게 해야 할 의무가 있다. 그런데 무엇으로 어떻게 하나님을 기쁘시게 할 수 있는가? 인간들의 개별 의지에 따른 행동이 하나님을 영화롭게 하지는 못한다. 하나님의 말씀에 온전히 순종함으로써 맺게 되는 열매들이 그것을 위한 소중한 방편이 될 수 있다.

우리가 명심해야 할 바는, 창세전에 선택받아 그리스도의 십자가 사역을 통해 영원한 구원을 받게 된 하나님의 자녀들은 어둠을 떠나 빛 가운데 살아가야 한다는 사실이다. 그로 말미암아 삶 가운데 예수 그리스도께서 허락하시는 선한 열매들을 맺을 수 있다. 그것을 통해 하나님의 자녀라는 증거가 외부로 드러나게 된다.

하나님으로 말미암아 맺혀지게 되는 그 열매들은 모든 선함과 의로움과 진실함을 동반한다. 그것들은 천상으로부터 온 은혜의 결과로서 어둠의 영역인 이 세상에는 존재하지 않는다. 거듭난 성도들은 참 빛이신 예수 그리스도로 인해 허락된 본성적인 열매들을 통해 비로소 하나님을 기쁘시게 할 수 있다. 즉 그리스도를 떠나서는 하나님을 기쁘게 하는 일이 가능하지 않은 것이다.[14)]

그러므로 사도 바울은 하나님을 경외하는 성도들에게 열매 없는 어둠의 일에 참여하지 말도록 요구했다. 만일 교회에 속해 있다고 주장하면서 과거의 어두움 가운데 살아가는 자가 있다면 하나님의 말씀으로 엄하게 책망해야만 한다. 어둠 가운데 아무도 모르게 무언가 은밀히 행하는 것들은 입술에 올리기에 부끄러운 내용들일 수밖에 없다.

그렇지만 교회로부터 엄한 책망을 받음으로써 세상의 더러운 것들을 버리게 된다면 빛으로 말미암아 거룩한 열매들을 맺을 수 있게 된다. 그 열매들은 어두운 세상이 아니라 참된 빛에 속한 것들이다. 따라서 성경은, "잠자는 자여 깨어서 죽은 자들 가운데서 일어나라 그리스도께서 너에게 비추이시리라" 고 기록하고 있다(엡 5:14; 사 52:1; 60:1, 참조). 이는 성도들은 세상 가운데서 머뭇거리지 말아야 한다는 사실에 연관되어 있으며, 우리는 그에 대한 분명한 깨달음을 가지지 않으면 안 된다.

---

14) 어리석은 인간들은 춤이나 노래를 통해 하나님을 기쁘게 할 수 있다고 생각하는가 하면, 사회봉사나 종교적인 노력을 통해 하나님을 영화롭게 할 수 있는 것처럼 여긴다. 그러나 예수 그리스도를 통하지 않고서는 결코 하나님을 기쁘시게 할 수 없다.

제9장

하나님을 경배하는 지혜로운 성도의 삶

(엡 5:15-21)

1. 지혜로운 성도(엡 5:15)

하나님의 자녀들은 부패한 인간의 이성이나 타락한 세상에서 익힌 경험을 바탕으로 하여 살아가지 않는다. 그와 같은 것들은 세상을 살아가기에 편리할지 모르나 실상은 분명한 성경적인 해석을 필요로 한다. 교회에 속한 성도들은 그점을 기억하는 가운데 하나님으로 말미암는 참된 지혜로 살아가지 않으면 안 된다.

그러므로 사도 바울은 에베소 교회 성도들을 향해 무엇을 하든지 어떻게 행할지 자세한 주의를 기울이라는 당부를 하고 있다. 이 말은 그냥 일반적인 주의를 하라는 것에 그치지 않는다. 그것은 하나님을 경외하는 자로서 신중한 자세로 주의를 기울이도록 당부함으로써 지혜로운 삶을 살아가도록 요구하고 있다.

교회에 속한 사람이라 할지라도 자칫 잘못하면 세상을 따라 살아가기 쉽다. 여전히 죄성을 버리지 못한 인간들에게는 세상의 욕망을 추구하고자 하는 속성이 존재하기 때문이다. 따라서 바울은 지혜 없는 사람들 같이 하지 말고 오직 지혜 있는 자가 되라고 했다. 이 말은 오염된 세상에서 발생한 지혜는 참된 지혜가 아니라 이기적인 약삭빠름에 연관되어 있으며 오히려 어리석은 것에 지나지 않는다는 사실을 시사하고 있다.

우리는 진정한 지혜는 오직 하나님으로부터 말미암는다는 것을 잘 알고 있다. 하나님께서 주신 지혜가 아니면 참된 지혜라 말할 수 없다. 바울은 고린도 교회에 편지하면서 그점을 구체적으로 가록하고 있다(고전 1:17-31, 참조).

따라서 성숙한 성도라면 세상으로부터 배우고 익힌 모든 지혜를 멀리해야 한다. 그대신 천상으로부터 허락된 참된 지혜를 갈망하며 추구할 수 있어야 한다. 야고보 선생은 그의 서신에서 성도들이 마땅히 소유해야 할 천상의 나라로부터 온 지혜의 열매들에 연관된 교훈을 주고 있다.

> "오직 위로부터 난 지혜는 첫째 성결하고 다음에 화평하고 관용하고 양순하며 긍휼과 선한 열매가 가득하고 편벽과 거짓이 없나니 화평케 하는 자들은 화평으로 심어 의의 열매를 거두느니라" (약 3:17,18)

야고보서에 기록된 말씀 가운데는 하나님으로 말미암은 참된 지혜와 이 세상에서 발생한 일반적인 지혜가 동일하지 않다는 사실을 언급하고 있다. 성도들이 소유해야 할 위로부터 난 지혜의 결과는 성결하고 평온하다. 그리고 이웃에 대하여 관용할 줄 알며 양순할 뿐 아니라 긍휼과 선한 열매가 가득히 맺히게 된다. 거기에는 편벽과 거짓이 뒤섞여 있지 않다. 따라서 하나님과 이웃 가운데서 화평을 도모하는 자들은 참된 화평으로 말미암아 의의 열매를 거두게 된다.

우리가 여기서 각별히 주의해야 할 점은 위에 언급된 다양한 용어들 속에 내포된 의미조차 사람들이 일반적으로 생각하는 것들과는 다른 성격을 지니고 있다는 사실이다. 즉 타락한 세상에는 그와 같은 순전한 것들이 존재하지 않는다. 교회에 속한 모든 성도들은 예수 그리스도께서 십자가 위에서 흘리신 보혈을 통해 정제된 그에 대한 의미들을 올바르게 깨닫지 않으면 안 된다.

그러므로 하나님을 경외하는 성도들은 예수 그리스도로 말미암아 허락된 성결과 화평을 소유해야 하며, 그를 통해 주어진 온전한 성품을 소유하도록 해야만 한다. 그것은 참된 지혜를 가질 때 비로소 맺히게 되는 결실들이다. 그로 인해 인간들이 이기심에서 벗어나 이땅에서 하나님의 뜻을 이루어 갈 수 있게 된다. 교회는 그것이 하나님의 자녀들에게 반드시 요구되는 지혜라는 사실을 분명히 인식하고 있어야만 한다.

2. '악한 시대' 에 세월을 아껴야 할 성도들(엡 5:16)

하나님의 자녀들은 사탄이 지배하는 악한 세상에 살아가고 있다. 하나님을 알지 못하는 자들은 타락한 세상과 동일한 속성을 지니고 있으므로 그에 대한 별다른 인식을 하지 못한다. 설령 세상으로부터 발생하는 악에 대하여 어느 정도의 감각이 있다고 할지라도 그것은 인간들의 윤리에 기초한 것일 뿐 영원한 진리를 배경으로 한 것이 아니다.

그러므로 하나님께 속한 사람들과 사탄의 영역인 세상에 속한 자들 사이에는 가치판단에 따른 충돌이 일어나게 된다. 그것은 인간 역사 가운데서 필연적인 과정으로 대두될 수밖에 없는 문제이다. 악한 세상은 예수 그리스도로 말미암아 하나님의 편으로 돌아선 성도들을 가만히 두지 않는다. 원래의 주인이던 사탄의 통치를 받고 있는 자들은 알게 모르게 하나님의 자녀들을 적대시하여 핍박하게 되는 것이다.

그렇게 되면 교회에 속한 성도들도 그에 대한 어떤 대응을 하지 않을 수 없다. 그렇다고 해서 저들의 방법에 따라 물리적으로 맞붙어 싸우는 것은 바람직하지 않다. 하나님의 자녀들은 이 세상의 방법이 아닌 예수님께서 본을 보이고 가르치신 대로 거룩한 백성으로서 지혜롭게 대처해야 한다.

본문 가운데서 사도 바울이 지혜에 관한 말을 한 후, 성도들을 향해 '세월을 아끼라 때가 악하니라' (엡 5:16)고 한 말은 그에 밀접하게 연관되어 있다. 그는 성도들이 악한 세상에 살아가지만 불의를 행하는 자들 사이에서 지혜롭게 처신함으로써 세월을 아껴야 함을 강조해 말했다. 골로새 교회에 보내는 그의 편지에는 그점이 잘 드러나고 있다.

> "외인을 향하여서는 지혜로 행하여 세월을 아끼라 너희 말을 항상 은혜 가운데서 소금으로 고루게 함같이 하라 그리하면 각 사람에게 마땅히 대답할 것을 알리라" (골 4:5,6)

지상 교회와 그에 속한 성도들은 항상 악한 세상과 대치하고 있다. 사탄의 세력이 진리를 약화시키기 위해 끊임없이 하나님의 교회에 부정적인 영향력을 행사하고 있기 때문이다. 따라서 지상 교회에 속한 성도들과 세상에 속한 자들 사이에는 갈등이 일어나지 않을 수 없다. 그러나 그 문제를 해결하는 방법은 교회와 세상이 전혀 다르다.

예수 그리스도의 십자가 사역으로 말미암아 심판의 위기에 처함으로써 악에 북받친 세상은 힘으로 대결하고자 하며 폭력적인 방법을 동원하게 된다. 그것이 비단 물리적인 폭행이 아니라 정신적인 성질의 것이라 할지라도 그 속성상 무언의 폭력이 될 수 있는 것이다. 그때 하나님의 자녀들은 계시된 말씀과 성령 하나님의 도우심에 따라 지혜롭게 대응하지 않으면 안 된다.

신앙이 성숙한 성도들은 대적하는 자들을 보며 항상 은혜 가운데 지혜롭게 말할 수 있어야 한다. 그리고 하나님의 은혜를 입은 자로서 소금으로 고루게 함같이 행동해야 한다. 여기서 '소금으로 고루게 한다' 는 말뜻은 '소금으로 맛을 낸다' (seasoned with salt)는 의미를 지니고 있다.

이는 저들에게 해야 할 말들을 가려서 해야 하며, 함부로 아무렇게나 지껄임으로써 논쟁거리를 만들 필요가 없음을 의미하고 있다. 그렇게 함으로써 교회 바깥 사람들에게 불필요한 적대적 반감을 일으키지 않게 된다. 성도들은 그것을 통해 각 사람에게 경우에 맞는 적절한 대답을 찾을 수 있게 되는 것이다.

오늘날 우리는 불신과 교만이 극에 달한 시대적인 상황을 염두에 두고 이를 더욱 마음속 깊이 새겨야 한다. 말세지말末世之末을 당한 세상에는 하나님으로부터 온 참된 지식을 버리고 욕망에 찬 세속적인 지식이 가득 차 있기 때문이다. 이런 심각한 환경 가운데 존재하는 지상 교회와 각 성도들은 더욱 지혜롭고 신중한 자세로 타락한 세상의 논리에 대처하지 않으면 안 된다.

3. '주님의 뜻'을 이해해야 하는 삶(엡 5:17)

어리석은 인간들은 자신의 욕망에 따라 모든 것을 이행하고자 하며 자기가 원하는 바를 추구하는 것을 당연하게 여긴다. 저들에게는 이기적인 욕심만 존재할 뿐 하나님께서 원하시는 거룩한 뜻에 대해서는 아무런 관심이 없다. 예수 그리스도의 복음을 알지 못하는 자들은 하나님을 모르기 때문에 그의 뜻을 아는 것 자체가 불가능하다.

그런데 문제는 하나님의 자녀가 된 성도들 역시 많은 경우에 세상의 가치관으로부터 자유롭지 못하다는 사실이다. 태어나면서부터 세상의 논리에 의해 형성된 이성과 경험에 따라 자기가 원하는 것을 추구하며 이룩하고자 하는 것이다. 그것은 인간의 욕망으로 인한 것이라 할 수밖에 없다.

그러다보니 교인이라 주장하면서 어리석음에 빠진 인간들은 자신의 욕망을 추구할 뿐 하나님의 뜻을 따르기를 거부한다. 그대신 자기의 이기적인 생각과 하나님의 뜻을 적절하게 배합하여 조화시키려는 어처구니없는 노력을 기울이게 된다. 즉 타락한 인간들의 죄성은 하나님의 뜻이 아닌 것들을 억지로 끌어들여 종교적으로 조작하여 그것을 추구하고자 하는 특성을 지니고 있다.

그러므로 사도 바울은 성도들에게 어리석은 자가 되지 말고 오직 주님의 뜻이 무엇인지 깨달아야 한다고 강조해 말하고 있다. 그것을 알기 위해서는 결코 세상에서 생성된 인간들의 지식이나 지혜를 무분별하게 동원하려고 해서는 안 된다. 그것들은 오히려 참 진리를 알아가는 데 방해가 될 우려가 있다. 하나님의 뜻을 명확하게 깨달아 알기 위한 유일한 방편은 계시된 말씀이다. 기록된 성경을 의지하지 않고는 하나님의 뜻을 알아낼 수 있는 방법이 존재하지 않는 것이다.

따라서 신실한 하나님의 자녀들은 성경말씀을 부지런히 살피며 묵상하기를 게을리 하지 말아야 한다. 하나님의 뜻을 올바르게 깨달아 알기 위하여 성경을 읽고 묵상하는 것은 모든 교회와 성도들에게 주어진 기본적인 임무이다. 특히 온갖 악한 사상들이 난무하는 현대 교회는 그에 대해 더욱 민감하게 귀를 기울이지 않으면 안 된다.

4. 성령 충만한 삶(엡 5:18)

사도 바울은 에베소 교회 성도들에게 술에 취하지 말라는 요구를 하고 있다. 그것은 하나님의 뜻을 벗어난 방탕한 행위가 되기 때문이다. 물론 우리는 이 말을 술을 입에 대서도 안 된다는 의미로 받아들일 필요가 없다. 즉 술 자체가 아니라 술을 마시고 취하여 방탕하게 되는 것이 문제가 된다.

특히 음주 문제에 관해 매우 민감한 한국 교회에서는 이에 대하여 더욱 분명한 이해를 해야만 한다. 우리가 기억해야 할 바는 술을 마시지 않는 행위 자체가 의로운 삶의 근거가 되지 못한다는 사실이다. 즉 술을 마시지 않는 것이 성도들로 하여금 거룩하게 하거나 성도다운 삶을 보장하지 않는다.

성경에는 신실한 믿음의 선배들 가운데 술을 마신 경우가 종종 나타난다. 예수님께서도 포도주를 마셨다(마 11:19). 하나님으로부터 의인으로 인정받은 노아가 그랬으며(창 9:21) 사도 바울도 디모데에게 보내는 편지에서 술 자체를 금하지 않았다(딤전 5:23, 참조). 물론 독주로 인해 술에 인박히거나 술에 취해 방탕하게 되는 것은 하나님 보시기에 악한 행동이다. 비록 그렇게까지 하지 않는다 할지라도 성도로서 술을 가까이 한다면 그것을 바람직한 행동이라 말할 수 없다.

사도 바울은 성도들에게 술에 취할 것이 아니라 성령으로 충만함을 받으라는 요구를 했다. 이 말은 술로써 취하지 말고 성령에 취하라는 의미로 받아들일 수 있다. 우리는 여기서 바울이 술 취하는 것과 성령에 충만한 것을 상호 비교하며 말하는 것을 보게 된다. 물론 그것은 악한 것과 선한 것을 비교하는 기법으로서 병행 관계에서 비교되는 것과는 달리 이해해야 한다.

사람이 술에 취하게 되면 이성이 약화되거나 정신을 잃게 될 수 있다. 그렇게 되면 평상시에 가졌던 판단력을 상실하거나 마비되기 쉽다. 즉 자신을 술에 맡길 경우 사물과 사실에 대하여 올바른 분간을 할 수 없다. 따라서 술에 취하게 되면 정신이 혼미하게 되어 쉽사리 악한 죄의 자리에 앉게 된다.

하나님의 자녀들이 성령으로 충만하게 될 때 나타나는 양상도 어떤 면에서는 그와 유사하게 설명될 수 있다. 즉 술에 취하면 평상시에 가졌던 이성을 잃게 되지만 성령으로 충만하게 되면 타락한 세상에서 익힌 이성적인 판단을 중단시킬 수 있다. 그렇게 되면 천상으로부터 허락된 올바른 판단력을 통해 세상의 부패한 모든 것들을 말씀으로 판단하며 해석할 수 있게 된다.

그러므로 하나님의 교회와 그에 속한 성도들은 항상 성령으로 충만해 있어야 한다. 이것은 결코 이론적이거나 관념에 그치는 것이 아니다. 나아가 그것은 단순히 개인적인 차원에서 적용되고 끝날 성질의 것이 아니라 교회 공동체 가운데 공적으로 나타나고 적용되어야 한다. 즉 성령 충만은 매우 실제적으로 성도들의 교회적 삶과 일상생활 가운데 드러나지 않으면 안 된다.

따라서 교회에 속한 모든 성도들은 개인적인 면에서 뿐 아니라 공적인 위치에서 술에 취하여 방탕하지 말아야 한다. 그대신 항상 하나님의 성령으로 충만한 삶을 살아가야 한다. 그렇게 할 때 타락한 세상 가운데 존재하는 지상 교회가 하나님께서 원하시는 거룩한 사역을 원만하게 감당해 갈 수 있게 되는 것이다.

5. 하나님을 경배하는 삶 (엡 5:19,20)

거듭난 성도들이 하나님을 경배하는 삶을 살아가는 것은 지극히 당연하다. 그것은 개인적으로도 그렇지만 교회와 더불어 행하는 공적인 입장에서도 그렇다. 모든 성도들은 하나님의 교회에 속한 공인이라고 말할 수 있다. 즉 한 개인 성도가 잘못된 길을 선택하게 되면 그 당사자뿐 아니라 전체 교회에 악한 영향을 끼치게 되는 것이다.

사도 바울은 본문 가운데서 '시와 찬송과 신령한 노래들' 로 서로 화답하라는 말을 하고 있다. 그리고 '너희의 마음으로 주께 노래하며 찬송하며 범사에 주 예수 그리스도의 이름으로 항상 아버지 하나님께 감사하라' 고 말했다. 우리는 이 말씀을 매우 주의깊게 살펴볼 수 있어야 한다. 그것은 공 예배와 연관되는 의미를 지니고 있기 때문이다. 바울은 골로새 교회에 보내는 편지에서 그와 연관된 중요한 교훈을 주고 있다.

"그리스도의 평강이 너희 마음을 주장하게 하라 평강을 위하여 너희가 한 몸으로 부르심을 받았나니 또한 너희는 감사하는 자가 되라 그리스도의 말

> 씀이 너희 속에 풍성히 거하여 모든 지혜로 피차 가르치며 권면하고 시와 찬미와 신령한 노래를 부르며 마음에 감사함으로 하나님을 찬양하고 또 무엇을 하든지 말에나 일에나 다 주 예수의 이름으로 하고 그를 힘입어 하나님 아버지께 감사하라"(골 3:15-17)

위의 본문에서 바울은 하나님의 자녀들이 '한 몸으로 부르심을 받은'(called in one body) 사실을 기록하고 있다. 그리고 한 몸에 속한 성도들의 삶의 자세와 계시된 말씀을 통해 하나님을 예배하는 내용에 관하여 언급하고 있다. 우리는 이 말씀을, 온 성도들이 주님의 교훈을 배우며 함께 하나님께 경배하는 공 예배에 연관지어 이해할 수 있다.

또한 에베소서 본문 가운데서 우리가 특별히 관심을 가지고 살펴보아야 할 내용은 '서로 화답하며'(엡 5:19)라고 언급한 부분이다. 이는 교인들이 단순히 무리지어 그렇게 하라는 말이 아니라 공 예배와 연관되는 의미로 받아들여야 한다. 이처럼 오늘날 우리가 매주일 공 예배로 모여 하나님을 경배하는 것은 성경적인 근거에 의한 것이다.

하나님을 경외하는 성도들이 매주일마다 각 지역 교회에서 드리는 공 예배는 전 세계에 흩어진 참된 교회들이 한 몸(one body)으로서 함께 공동으로 드리는 영적인 예배와 연관되어 있다. 즉 공 예배란 한 지교회의 독자적인 예배에 그치지 않는다. 그것은 지상에 존재하는 전체 보편교회의 '하나된 예배'와 직접적으로 연결되어 있는 것이다.

공 예배 모임에서는 시와 찬송과 신령한 노래들로써 하나님을 찬양하게 된다. 여기서 말하는 시와 찬송과 신령한 노래들이란 전체적으로 볼 때 하나님께서 계시하신 시편을 의미하는 것으로 보아야 한다. 그것은 하나님의 계시와 더불어 성도들의 영혼으로부터 우러나오는 노래로서 성도들이 서로 화답하며 찬송해야 한다는 사실을 말해 준다.

이것은 또한 모든 일에 대해 예수 그리스도의 이름으로 하나님 아버지께 감사하는 마음을 가짐으로써 이루어지게 된다. 즉 하나님을 경배하는 성도들의 배경에는 하나님에 대한 감사의 마음이 존재해야 한다. 하나님께 진정으로 감사하는 마음이 없는 상태에서는 올바른 예배가 행해질 수 없다. 사도 바울은 데살로니가 교회에 편지하면서도 그에 연관된 말을 하고 있다.

> "항상 기뻐하라 쉬지 말고 기도하라 범사에 감사하라 이는 그리스도 예수 안에서 너희를 향하신 하나님의 뜻이니라" (살전 5:16-18)

이 말씀은 하나님을 믿고 경배하는 성도들이 가져야 할 기본적인 신앙 자세를 말해 주고 있다. 위의 본문에 언급된 기쁨과 감사의 조건은 이땅의 환경에 그런 마음으로 적응하라는 의미가 아니다. 그것은 오히려 천상으로부터 허락된 진리로서 세상의 모든 것들을 해석함으로써 참된 기쁨과 감사에 참여하라는 뜻이다.

따라서 에베소서의 본문에 기록된 '범사에 감사하라' 는 말도 모든 것에 대하여 무조건 감사하라는 의미로 받아들여서는 안 된다. 그것은 타락한 세상에서 어떤 고통스럽고 험한 일들이 발생한다고 할지라도 장차 완성될 하나님 나라를 염두에 두면 아무것도 아니라는 사실을 깨닫게 되는 것에 밀접하게 연관되어 있다.

이와 같은 바울의 요구는 하나님 한 분만이 성도들의 삶의 전부라는 사실에 대한 고백을 전제하고 있다. 그와 같은 신앙 정신을 가진 성도들이 공예배에 참여하여 여호와 하나님을 경배하게 된다. 따라서 매주일 공 예배에 참여하여 하나님을 경배하는 성도들은 그에 대한 올바른 깨달음을 가지지 않으면 안 된다.

6. 피차 복종하는 삶 (엡 5:21)

사도 바울은 또한 하나님의 자녀들은 피차 복종해야 한다는 사실을 강조하고 있다. 그는 예수 그리스도를 경외함으로써 성도들간에 피차 복종하라고 명령했다. 이 말은 성도들 사이에서 상호간 무조건적인 복종을 하라는 것을 의미하지 않는다. 이는 도리어 모든 성도들이 하나님의 말씀 안에서 성숙해야 한다는 사실을 전제하고 있다. 성숙한 성도들은, 상호간 기록된 말씀에 근거한 신실한 권면이나 요구를 하게 되며 형제의 정당한 말들을 기꺼이 받아들이게 된다.

우리가 여기서 분명히 이해해야 할 바는 피차 복종하라는 말이 서로 상대방에게 명령하라는 말로 받아들여서는 안 된다는 사실이다. 용어상으로 볼 때 '복종' 이라는 말 자체는 '명령' 과 밀접하게 연관되어 있다. 하지만 서로 상대방 혹은 타인에게 명령을 내리게 되면 다양한 문제들이 발생할 수밖에 없게 된다.

그러므로 예수 그리스도를 경외하는 진지한 삶의 자세는 모든 성도들이 반드시 구비해야 할 내용이다. 그래야만 주관적인 입장에서 함부로 다른 성도들을 명령하지 않으면서 그에 온전히 복종할 수 있게 된다. 그렇지 않을 경우에는 개인적인 취향에 따라 다른 사람들을 지배하고자 하는 마음을 품게 되는 것이다.

우리는 이 말씀을 전체적으로 살펴볼 때, 바울이 주는 교훈의 의미가 직분 사역에 밀접하게 연관된 것으로 이해할 수 있다. 즉 성도들 상호간에 일어나는 일반적인 사안이 아니라 교회의 직분자들과 그에 관련된 문제들에 대한 교훈인 것이다. 직분에 연관하여 그렇게 하기 위해서는 모든 성도들이 개인적인 판단을 멀리하고 그리스도의 뜻을 마음속 깊이 새길 수 있어야만 한다.

제10장

성도의 부부관계와 그리스도의 교회

(엡 5:22-33)

1. 우리 시대의 가정 문제

세상의 모든 규범들은 항상 가변적이다. 윤리와 도덕조차도 시대에 따라 그 기준이 변한다. 그로 말미암아 각 시대마다 상이한 가치관이 형성되어 사람들을 지배한다. 이에 반해 하나님께서 계시하신 성경에 기록된 규범은 절대적인 성격을 지니고 있다. 세상이 아무리 변해도 성경의 교훈은 변하지 않는 것이다.[15)]

하나님의 은혜로 인해 지혜롭게 된 성도들은 시대적인 상황으로 옷 입혀진 인간의 경험과 풍조에 의존하지 않는다. 따라서 과거의 다양한 인간 역사와 현대의 각 지역 문화에 따라 나타나는 상이한 가치관은 성경을 통해 해석하지 않으면 안 된다. 그래야만 하나님께서 원하시는 본질에 접근해 갈 수 있기 때문이다.

그 모든 것들 가운데 우리 시대에 있어서 특히 문제가 되는 것은 가정 문제이다. 현대의 많은 가정이 해체 위기의 국면에 처해 있다고 해도 과언

15) 이는 계시의 점진성에 대한 것을 말하고자 하는 것이 아니다. 하나님의 계시는 인간 역사의 흐름에 따라 점차 더 분명히 드러나게 된다. 그러나 하나님의 성품은 변하지 않으며, 성도들에게 요구되는 기본적인 교훈들은 불변의 성격을 지니고 있다.

이 아니며, 교회에 속한 기독교인들의 가정 역시 그로부터 상당한 영향을 받고 있다. 따라서 하나님의 자녀들은 자기가 처한 시대적인 병폐와 사회의 잘못된 경향성에 강력하게 저항해야만 한다. 이를 위해 교회는 분명한 가르침을 베풀지 않으면 안 된다.[16]

현대 사회의 가정이 전반적으로 위기에 처하게 된 배경에는 잘못된 여권주의(feminism)가 자리잡고 있다. 그로 말미암아 마땅히 존재해야 할 가정의 질서가 크게 흔들리게 되었다. 가정 내에는 경직된 법이 존재하지 않는 대신 본성적인 위엄을 지닌 질서가 존재한다. 그것이 균열되거나 파괴되면 가정에 심각한 위기가 닥칠 수밖에 없다.

그러므로 우리는 위기에 직면한 가정 질서를 다시금 확립하기 위해 최선의 노력을 기울여야 한다. 그 가운데 성경이 요구한 부부관계의 질서 곧 남편과 아내 사이의 고유한 관계가 회복되어야 한다. 남편에게는 남편으로서 마땅히 소유해야만 할 권위와 책무가 있으며 아내에게는 아내로서 당연히 가져야 할 소중한 지위가 있다. 우리는 그에 대한 올바른 이해를 하기 위해 성경적인 가르침을 주의깊게 살펴보지 않으면 안 된다.

2. 아담과 하와, 남편과 아내 : 하나님이 짝 지워 주신 부부

남녀간의 혼인을 통해 이루어지는 가정은 전적으로 하나님께서 세우신 제도이다. 그것은 인간들의 경험에 따른 지혜의 산물이 아니다. 나아가 인간들이 먼저 하나님께 가정을 요구한 것이 아니라 하나님의 고유한 의도에 따라 주어졌다. 따라서 가정의 주인은 원칙적으로 가족 구성원이 아니라 여호와 하나님이시다.

---

16) 다음 세대에는 이 문제가 더욱 심한 기승을 부릴 것이 틀림없다. 장차 세상이 아무리 악하게 변해 갈지라도 성숙한 성도들은 장래 교회를 상속하게 될 어린 성도들을 잘 가르치며 양육해야 할 의무가 있다.

그러므로 우리는, 인간들이 원하는 목적과 방식대로 가정을 꾸려 나가려 해서는 안 되며, 하나님께서 원하시는 뜻에 따라 가정을 세워 나가야 한다는 사실을 항상 기억하고 있어야만 한다. 그렇게 하기 위해서는 맨 처음 가정을 세우신 하나님의 의도와 그 목적을 올바르게 이해하지 않으면 안 된다. 창세기에는 하나님께서 우주만물을 창조하신 후 아담에게 하와를 만들어 주어 부부가 되게 함으로써 가정을 세우신 내용이 기록되어 있다.

> "여호와 하나님이 가라사대 사람의 독처하는 것이 좋지 못하니 내가 그를 위하여 돕는 배필을 지으리라 하시니라 ... 여호와 하나님이 아담을 깊이 잠들게 하시니 잠들매 그가 그 갈빗대 하나를 취하고 살로 대신 채우시고 여호와 하나님이 아담에게서 취하신 그 갈빗대로 여자를 만드시고 그를 아담에게로 이끌어 오시니 아담이 가로되 이는 내 뼈 중의 뼈요 살 중의 살이라 이것을 남자에게서 취하였은즉 여자라 칭하리라 하니라 이러므로 남자가 부모를 떠나 그 아내와 연합하여 둘이 한 몸을 이룰찌로다" (창 2:18-24)

하나님께서는 우주만물 가운데 아담을 먼저 창조하셨으며, 아담이 지구상에 홀로 존재할 때 아직 하와가 생존하지 않았다. 즉 남성은 있었는데 아내가 될 여성이 없었다. 그것을 보신 하나님은 아담이 혼자 있는 것을 보고 그가 독처하는 것이 좋지 않은 것으로 판단하여 그를 위해 돕는 배필을 만들어 주기로 작정하셨다.

그리하여 아담으로 하여금 깊은 잠이 들게 하신 후 그의 갈비뼈 하나를 취해 여자를 만드셨다. 아담은 잠이 든 사이 자기 갈비뼈 하나가 빠져나갔음에도 불구하고 그 사실을 미처 깨닫지 못하고 있었을 것이 분명하다. 또한 그는 그것으로써 하나님께서 자기를 위해 아내를 만들고 계신다는 사실도 몰랐을 것이 틀림없다.

그런 중에 하나님은 아담의 갈비뼈를 취해 만드신 하와를 그에게로 이

끌어 오셨다. 그 여성은 하나님께서 아담에게 허락하신 특별한 선물이었다. 따라서 아담은 자신에게서 분리된 뼈로 만들어진 그녀를 보는 순간 소중하게 맞아들였다.

그리하여 아담은 하와를 보고, '이는 내 뼈 중의 뼈요 살 중의 살이라' 고 말했다. 이로써 하나님께서는 아담과 하와로 하여금 부부가 되어 한 가정을 이루도록 하셨다. 또한 장차 일어나게 될 모든 일들에 대한 예언을 하시면서 장래에는 남자가 자기 부모를 떠나 그 아내와 연합하여 둘이 한 몸이 될 것이라는 사실을 말씀하셨다.

우리는 여기서 하나님께서 아담과 하와를 부부로 맺어주실 때 저들을 통해 남녀 성별에 따른 자녀들이 출생하게 될 것을 언급한 점을 주의깊게 볼 수 있어야 한다. 남자가 여자를 아내로 맞아들이게 되면 부모를 떠나 둘이 하나로 연합해야 되리라는 사실이 언급되었기 때문이다. 우리가 반드시 기억해야 할 바는 하나님이 아담과 하와를 부부로 맺어주신 것은 나중에 세워지게 될 모든 부부와 가정의 모본이 된다는 점이다.

아담은 자신을 돕는 배필로서 아내를 허락하신 하나님의 의도를 깨달아야 했으며, 하와도 하나님께서 자기를 남편을 돕는 배필로서 창조하신 하나님의 뜻을 알아야만 했다. 이는 창조 질서에 연관되어 있으며 그 의미를 온전히 받아들이지 않거나 무시하게 되면 가정에 심각한 위기가 닥치게 된다. 나중에 하와로 말미암아 하나님을 배신하게 되는 끔찍한 사건이 발생한 것처럼 하나님께서 돕는 배필로 주신 아내가 도리어 훼방꾼이 되어 가정에 해를 끼칠 수 있게 되는 것이다.

예수님께서도 제자들에게 남녀간에 이루어지는 혼인의 기본적인 원리에 대한 교훈을 주셨다. 창세기에 언급된 것처럼 남자와 여자가 하나님의 뜻에 따라 혼인을 하게 되면 부모를 떠나 둘이 한 몸을 이루게 된다는 것이었다. 그것은 지상 교회에 주어진 원리로 이해되어야 한다. 복음서에는 가정이 하나님으로 말미암아 세워졌다는 사실이 기록되어 있다.

"이러므로 사람이 그 부모를 떠나서 그 둘이 한 몸이 될찌니라 이러한즉 이제 둘이 아니요 한몸이니 그러므로 하나님이 짝지어 주신 것을 사람이 나누지 못할찌니라 하시더라"(막 10:7-9)

남자와 여자가 혼인을 하게 되면 둘이 한 몸을 이루게 된다. 따라서 두 사람이지만 더 이상 둘이 아니라 하나가 된 것이다. 예수님께서는 위의 성경 본문 가운데서 혼인은 인간의 합의나 계약에 의한 것이 아니라 하나님이 짝지워 주신 것이라는 사실을 분명히 말씀하셨다. 그러므로 하나님이 하나로 맺어주신 부부를 인간들이 아무렇게나 갈라놓지 못한다. 이는 부부 사이에는 어떤 경우에도 이혼이 불가함을 의미하고 있다.

예수님의 가르침은 하나님의 창세전 선택과 예정에 연관된다. 그것은 저들을 통해 허락되는 언약의 자녀와 밀접하게 관련되어 있다. 즉 혼인을 한 부부 사이에 자녀들이 생산되는 것은 보편적인 기대의 대상이다. 하나님께서는 저들을 통해 이 세상에 언약의 자녀들을 보내시기로 작정하고 계셨다.

하나님께 속한 부부를 통해 태어나게 될 언약의 자식들이 창세전에 작정된 하나님의 뜻에 연관되어 있다면, 저들의 혼인 관계도 하나님의 예정에 속한 것으로 이해하는 것이 자연스럽다. 따라서 인간들이 임의로 부부 관계를 해체할 수 없으며 어떤 경우에도 개인적인 판단에 따라 이혼하지 못한다. 구약시대에 특별한 경우 이혼이 허용되었던 것은 이스라엘 민족의 정결을 유지하기 위해서였다. 그것은 인간들에게 보편적으로 적용될 수 있는 원칙이 아니었던 것이다.

3. 아내의 본분(엡 5:22-24)

사도 바울은 가정의 질서를 유지하기 위해 남편이 아니라 아내에게 먼저 중요한 요구를 하고 있다. 이는 부부 사이의 질서에 연관된 매우 중요한 의미를 내포한 것으로서 자기 남편에게 온전히 복종하라는 것이었다. 일반적인 관점에서 말하자면 복종이란 명령에 대한 응답의 성격을 지니고 있다. 즉 명령에 대해서는 특별한 조건이나 이유가 붙지 않는 것이 원칙이다.

우리가 기억해야 할 바는, 명령에 대한 복종의 자세는 결코 선택적이지 않다는 사실이다. 만일 개인적인 판단에 따라 마음이 내킬 때만 그렇게 한다면 진정한 복종이라 말할 수 없다. 따라서 잘못된 명령이 아니라 신앙적인 상식에 기초하고 있는 정당한 명령이라면 그에 온전히 따라야 한다. 만일 그것을 거부한다면 하나님께서 제시하신 원칙을 거스르는 항명이 된다.

바울은 나아가 자기 남편에게 복종하기를 주님께 하듯이 하라는 요구를 했다. 적어도 복음을 깨달은 아내는 성경이 주님에 대한 복종과 자기 남편에 대한 복종을 동등시하고 있다는 사실을 간과해서는 안 된다. 이는 거의 절대적인 성격을 지니고 있다고 해도 과언이 아니다. 즉 자기 남편의 말에 복종하지 않는 것은 주님께 불복종하는 것과 마찬가지다. 하나님의 말씀은 그에 대한 분명한 기록을 하고 있다.

> "아내들이여 자기 남편에게 복종하기를 주께 하듯 하라 이는 남편이 아내의 머리됨이 그리스도께서 교회의 머리됨과 같음이니 그가 바로 몸의 구주시니라" (엡 5:22,23)

바울은 이 말씀 가운데서 남편은 아내의 머리가 된다는 사실을 강조해 말하고 있다. 남편이 아내의 머리인 것은 그리스도께서 교회의 머리인 것과 동일한 관점에서 이해되어야 한다. 따라서 하나님을 믿고 그를 진정으로 경외하는 아내들은 이 교훈을 통해 남편에 대하여 어떤 자세를 취해야 할지 확실한 이해를 하지 않으면 안 된다. 그것은 단순한 권면이 아니라 반드시 순종해야 할 하나님의 명령이다.

우리가 위의 본문에서 특별히 관심 있게 보아야 할 내용은, 남편이 아내의 '머리' 라는 점과 그리스도가 자신의 몸인 교회의 '구주' 가 된다(he is the Saviour of the body)는 사실을 상호 연관짓고 있다는 사실이다. 한 가정에 두 개의 머리가 존재한다면 서로 다투다가 결국은 깨어질 수밖에 없다.

남편과 아내가 부부로서 한 가정을 이루게 되면 아내에게 있어서 남편은 절대성을 지닌 머리가 된다. 그로 말미암아 아내는 남편의 지도와 보호를 받아야 한다. 이 말은 아내가 남편을 만나 결혼하는 것이 언약적인 관점에서 볼 때 불완전한 자기 세계로부터 떠나 남편에게 속하게 된다는 사실을 말해 준다.[17]

바울은 이와 더불어, 본문 가운데서 일반적인 의미를 넘어선 교훈을 주고 있다. 그것은 아내가 남편에게 복종하되 교회가 그리스도에게 복종하듯이 온전히 복종해야 한다는 사실에 관련되어 있다. 이는 신앙적인 삶에 있어서 절대적인 개념을 지니고 있으며, 아내들은 남편에게 그와 같은 자세로 복종하지 않으면 안 된다는 점을 강조하고 있다.[18] 즉 순간순간의 기분에 따라 선별적으로 그렇게 하면 되는 것이 아니라 모든 일에 당연히 그렇게 해야 한다는 것이다.

4. 남편의 본분(엡 5:25-28)

아내들로 하여금 남편에게 온전히 복종하라는 요구를 한 바울은 이제

17) 이는 모든 여성들에게 남편이 필요하다는 것을 의미하지 않는다. 하나님의 뜻에 따라 독신으로 살아가도 좋은 사람들이 얼마든지 많이 있을 수 있다. 여기서 말하고자 하는 것은 혼인을 통해 가정을 이룬 부부 관계 가운데 그런 의미가 내포되어 있다는 것이다.

18) 여기서 범사에 남편에게 복종하라는 말은, 남편이 시키는 사사건건 모든 일들에 대해 아내가 무조건 복종해야 한다는 의미가 아니다. 그것은 오히려 중요한 판단과 결정에 연관된 것으로 이해하는 것이 바람직하다.

남편들에게 아내를 사랑해야 할 것을 언급하고 있다. 그렇게 하되 일반적인 상황을 넘어 그리스도께서 교회를 사랑하시고 교회를 위해 자신을 주심 같이 하라고 했다. 이는 인간들의 이성과 경험을 넘어선 개념을 지니고 있다.

따라서 우리는 이 말을 여간 주의깊게 이해하지 않으면 안 된다. 아내에 대한 남편의 그 사랑은 사람들이 일반적으로 생각하는 사랑과는 전혀 다른 성격을 지니고 있기 때문이다. 즉 예수 그리스도의 지상 교회에 대한 사랑은 감정적인 사랑이 아니라 궁극적인 영원한 사랑에 연관되어 있다.

다시 말해 이 교훈은 남편이 아내에 대해 감미로운 사랑의 감정을 유지해야 한다는 의미와는 상당한 차이가 난다. 그것은 도리어 남편으로서 지녀야 할 기본적인 책임과 연관된 것으로 이해해야 한다. 즉 이 내용은 앞서 표현한 대로 남편이 아내의 지도자와 보호자가 되어야 한다는 의미와 통하는 개념이다.

우리는 여기서 하나님의 성도라 할지라도 때로 남편이 아내에게 일반적인 애정을 느끼지 못할 경우가 발생할 수 있음을 기억해야 한다. 비록 그런 상황에 처한다 해도 아내에 대한 남편의 본성적인 사랑은 전혀 손상되지 말아야 한다. 이는 그리스도께서 인간들의 배도에도 불구하고 교회에 대한 사랑을 중단하지 않는 것과 연관된다. 즉 아내에 대한 남편의 사랑은 이와 같이 감성적인 것에 그치지 않는 숭고한 사랑이어야 하는 것이 원칙이다.

또한 바울은 남편이 자기 아내를 사랑해야 하는 당위성이 지닌 진정한 의미에 대한 언급을 하고 있다. 이기적이지 않은 그 사랑은 우선적으로 남편 자신에 대한 진정한 사랑이 된다는 것이다. 사도는 본문 가운데서 그에 대한 분명한 의미를 설명해 주고 있다.

"이와 같이 남편들도 자기 아내 사랑하기를 자기 자신과 같이 할지니 자기

아내를 사랑하는 자는 자기를 사랑하는 것이라" (엡 5:28)

위의 본문은 남편들이 자기 자신을 사랑할 수 있는 의미심장한 방법에 대한 설명을 하고 있다. 어리석은 인간들은 자기를 진정으로 사랑하는 방법에 대해 전혀 알지 못한다. 그들은 이기적인 욕망을 채우기 위해 자기 마음대로 사고하고 행동하고자 한다. 그것을 통해 세상에서의 만족감을 누리고자 하는 것이다.

하지만 그것은 자기를 사랑하는 것이 아니라 도리어 패망의 길을 걷는 것에 지나지 않는다. 타락한 인간들이 세상의 추한 욕망을 통해 자기를 사랑하고자 해도 실상은 그것이 자기를 해치는 방법이라 말할 수밖에 없다. 성경은 남편이 자기를 진정으로 사랑하는 방법은 자신의 아내를 진정으로 사랑하는 것이라 확언하고 있다('He who loves his wife loves himself', Eph.5:28).

방법적인 측면에서 볼 때, 아내들 역시 남편과 동일한 자세를 지녀야만 한다. 앞서 언급한 대로 이는 단순히 부부가 서로 사랑해야 한다는 일반적인 의미와는 다소간 차이가 난다. 본문이 말하고 있는 분명한 점은 아내를 진정으로 사랑하지 않는 남성은 곧 자기를 미워하는 자이며, 남편을 참으로 사랑하지 않는 여성은 자기를 미워하는 자라는 사실이다.

5. 아내의 복종과 남편의 사랑이 가지는 궁극적인 목적(엡 5:26,27)

교회에 속한 모든 성도들은, 하나님의 은혜로 말미암아 영원한 구원에 참여하게 된 부부가 남편과 아내로서 각자의 의무에 충실해야 하는 근본적인 이유를 깨달아야 한다. 그것은 단순히 부부간에 정겹게 살아감으로써 이 세상에서의 행복을 추구하라는 의미가 아니다. 그것은 결코 성도들의 개인적인 삶을 위해서라고 말할 수 없다. 그 진정한 목적은 지상에 참된 교회를 세우기 위한 것에 있기 때문이다.

그러므로 사도 바울은 아내의 복종과 남편의 진정한 사랑을, 하나님께서 물로 씻고 말씀으로 깨끗하게 하여 거룩하게 하시는 것에 연관지어 설명하고 있다. 즉 언약에 속한 모든 성도들의 가정은 단순히 부부를 비롯한 가족 구성원을 위한 것이 아니라 온전한 교회를 세우는 것과 밀접한 관계가 있는 것이다.

하나님께서는 건전한 성도의 가정을 통해 자기 앞에 '영광스런 교회'(glorious church)를 세우시고자 했다. 그리하여 티나 주름잡힌 것이나 그와 같은 것들이 전혀 없이 거룩하고 흠이 없게 하고자 하셨다. 이처럼 아내의 복종과 남편의 사랑이 존재하는 성도의 가정은 궁극적으로 지상 교회를 위한 것이란 사실을 기억하는 것은 매우 중요하다.

따라서 교회에 속한 모든 성도들은 하나님을 경외함으로써 가정을 온전히 지켜내지 않으면 안 된다. 범사에 남편의 말에 복종하지 않고 저항하는 아내는 하나님께 거역하는 것이며, 아내를 진정으로 사랑하지 않는 남편 또한 하나님의 말씀을 멸시하는 것이다. 모든 하나님의 자녀들은 이에 대한 분명한 이해를 해야만 한다. 특히 세속적인 풍조가 득세하고 있는 현대를 살아가는 성도들에게는 더욱 그렇다.

6. 몸과 지체(엡 5:29,30)

인간은 본성상 자기의 몸과 지체를 미워할 수 없는 존재이다. 누구나 자기 육신을 위해 고통 없이 건강하게 살아가기를 원한다. 몸에 속한 지체들 가운데 한 부위가 아프거나 다치게 되면 자기 자신이 고통스럽기 때문에 자연스럽게 자신의 몸에 대한 보호 본능을 지니게 된다. 이는 몸과 그에 붙은 모든 지체들이 불가분不可分의 관계에 놓여 있음을 말해 주고 있다.

사도 바울은 이에 관한 언급을 하면서 사람이 자기 몸을 지탱하기 위해 스스로 자신을 지켜 보호하는 것은 그리스도가 교회에 대해 가지고 계시는 마음과 동일한 성격을 지니고 있는 것으로 말했다. 그리스도께서는 지상 교회가 자신의 몸이기 때문에 궁극적인 사랑을 베푸신다. 교회에 속한 모든 성도들은 각자 그의 몸에 붙은 지체가 되어 있기 때문이다.

물론 여기서 말하고자 하는 것은 부부관계에 있어서도 남편과 아내는 한 몸에 속한 서로 다른 기능을 지닌 지체라는 사실이다. 나아가 하나님의 언약에 속한 부부가 이룬 가정은 지상 교회에 연결된 지체를 이루고 있다. 하나님께서 세우신 성도의 가정에서 부부간에 상이한 지위를 가지고 복종과 사랑의 관계를 유지해야 하는 것은 개인을 넘어 지상 교회를 위한 것이라는 사실을 분명히 깨닫지 않으면 안 된다.

7. 하나의 단일한 몸(엡 5:31-33)

사람이 이땅에 태어나 성장하게 되어 배필을 만나 혼인하는 것은 부모로부터의 독립을 의미한다. 남편과 아내가 합하여 둘이 하나의 몸을 이루게 된다. 즉 하나님에 의해 부부로 맺어진 남녀는 하나의 새로운 공동체로 분화하게 되는 것이다.

성경은 부부관계가 성립되면 이제 그 둘이 한 몸이 된다는 사실을 말하고 있다. 그로 말미암아 남편이든 아내든 더 이상 부모에게 종속된 관계에 놓여있지 않게 된다. 따라서 언약의 부부 사이에는 이 세상의 다른 곳에서 볼 수 없는 특별한 관계가 발생한다. 그것은 아내는 모든 일에 있어서 존경하는 마음으로 남편에게 복종해야 하며 남편은 자기 몸을 사랑하듯이 자기 아내를 사랑해야 한다는 사실이다.

바울은 이에 관한 설명을 하면서, 그리스도가 자신의 신부인 교회를 사랑하는 것처럼, 믿음을 가진 남편들은 자기 몸을 사랑하듯이 아내를 사랑하지 않으면 안 된다는 사실을 말하고 있다. 이에 대해서는 아내 역시 그와 동일한 자세를 유지해야만 한다. 바울은 언약 가운데 맺어진 부부 사이의 관계를 통해 교회 공동체의 신비를 설명하고자 했다.

"이 비밀이 크도다 나는 그리스도와 교회에 대하여 말하노라" (엡 5:32); "This is a great mystery: but I speak concerning Christ and the church" (Eph. 5:32)

사도 바울은 언약으로 맺어진 부부 사이에 형성되는 신령한 관계를 설명하면서, '그 비밀(mystery)이 크다' 는 사실을 언급하고 있다. 그 가운데 예수 그리스도와 그의 몸된 교회에 관련된 교훈이 주어졌다. 즉 그 본문은 부부관계 자체를 말하는 것을 넘어 그것을 통해 교회를 위한 소중한 교훈을 주고자 하는 것이 주된 목적이었다.

우리가 성경에 기록된 교훈을 통해, 부부 즉 남편과 아내는 둘이지만 하나의 몸을 이루고 있음을 알게 된다. 다시 말해 남편과 아내는 두 사람이지만 각각 '하나의 몸' 에 속한 상이한 직능을 지닌 지체들이다. 이와 마찬가지로 지상에 존재하는 교회 공동체는 전체적으로 '하나의 몸' 을 이루고 있으며 각 성도들은 분리될 수 없이 하나로 연결된 지체가 되어 있다.

우리는 여기서 언약에 연관된 매우 중요한 의미를 생각해 볼 필요가 있다. 그것은 어떤 부부가 온전한 부부인가 하는 점과 관련된다. 부부가 서로 아끼고 사랑하는 것만으로 과연 성경이 언급한 좋은 부부라고 말할 수 있는가? 그것은 결코 그렇지 않다. 만일 그런 논리라면 하나님을 알지 못하는 불신자들 가운데도 그와 같은 자세로 살아가는 사람들이 얼마든지 많이 있음을 기억해야 한다.

성경 본문에서 사도 바울이 제시한 온전한 부부는 하나님의 언약을 받아들여 교회와 밀접하게 연관되어 있어야만 한다. 즉 아내가 남편을 경외하는 가운데 온전히 복종하는 자세를 가지고 있으며, 남편이 아내를 진정으로 사랑하는 가운데 저들의 가정이 교회에 속한 성도로서 지체를 이루고 있어야만 하는 것이다.

그러므로 지상 교회는 신실한 부부를 통한 온전한 가정에 대한 보증 역할을 할 수 있어야 한다. 올바른 교회, 성숙한 교회란 지상 교회에 속한 성도들의 가정이 온전할 때 비로소 가능한 일이다. 즉 교회의 형식적인 분위기나 종교적인 활동을 통해 성숙한 교회인지의 여부를 가늠할 수 있는 것이 아니라 성도들의 부부 관계가 말씀 안에서 얼마나 원만한가 하는 것이 교회의 성숙도를 입증해 주게 되는 것이다.

제11장

당연히 보존되어야 할 기본적인 질서

(엡 6:1-9)

1. 가정과 사회 질서

하나님은 질서의 하나님이시다(고전 14:33, 참조). 그에게 속한 교회와 성도들은 당연히 하나님을 본받아 모든 면에서 질서 있는 삶을 살아야 한다. 이는 개인이 기존의 질서 체계를 무시하고 자기 마음대로 행동하는 상태를 멀리해야 한다는 사실을 말해 준다. 이 원리는 지상 교회뿐 아니라 성도의 가정과 일반 사회에 두루 적용되어야 할 내용이다.

물론 참된 질서는 오염된 세상 가운데서 형성되고 정리된 것과 동일시될 수 없다. 그것은 하나님께서 자기 백성들에게 제시하신 천상의 원리에 밀접하게 연관되어 있다. 즉 성경에 기록된 질서란 자연발생적인 것이 아니라 하나님께서 제정하시고 요구하신 원리에 기초하고 있다.

죄에 빠진 타락한 인간들은 그 질서의 원리를 파괴하고자 하는 위태로운 속성을 지니고 있다. 따라서 그들은 하나님께서 제시하신 원리에 따른 질서가 아니라 인간들의 이성과 경험을 배경으로 한 세속적인 질서를 만들어 내고자 한다. 그것은 결국 인간들끼리 지배와 피지배 관계를 형성하게 된다.

하지만 그와 같은 질서는 근원적으로 인간들의 욕망에 기초하고 있다. 그것은 영구적인 성격을 소유하고 있지 않으며 세상의 환경적인 변화에 따라 함께 변해가는 유동적인 속성을 지닌다. 따라서 하나님의 자녀들은 인간 사회에서 형성된 질서 가운데 살아가면서 그 이상의 것에 대한 관심을 기울여야 한다.

2. 세례와 유아세례

사도 바울은 에베소 교회 성도들에게 아버지와 자녀들 사이에 있어야 할 마땅한 질서를 요구하고 있다. 성경에서 말하는 부모와 자식의 관계는 혈통적인 관계를 넘어서는 것으로 이해해야 할 경우가 많다. 이는 혈통적인 부모 자식에 관한 의미를 내포하지만 동시에 공적인 언약 개념을 지니고 있다는 사실을 말해 준다.

지상 교회에 속한 성도들은 이에 대한 명확한 이해를 해야만 한다. 따라서 교회에 속한 언약의 자녀들은 육신적인 친부모의 개인적인 소유물인 양 인식되어서는 안 된다. 그들은 유아세례를 통해 이미 교회 앞에서 공적으로 하나님께 속한 언약의 자녀로 선언되었기 때문이다.

교회에 속한 성도의 자녀들은 어릴 때 유아세례를 받게 된다. 교회에서 출생한 어린아기들은 아직 아무것도 알지 못할 때부터 언약의 범주 안에서 살아가도록 지도받아야 한다. 교회는 그것을 위해 혈통적인 부모의 신앙고백에 따라 어린아기에게 유아세례를 베푼다. 이는 단순히 개인적인 문제가 아니라 교회 공동체 전체에 연관되어 있다.

세례와 더불어 먼저 주님의 교회에 입교한 부모들은 하나님으로부터 계시된 말씀을 맡은 교사인 목사 및 장로들과 전체 성도들의 보증을 통해 자녀에게 유아세례를 받게 함으로써 더 이상 저를 개인의 자녀로 묶어 두지 않게 된다. 그것은 자신의 아기를 교회의 지도에 온전히 맡긴다는 고백적인 의미를 동반하고 있다. 그리하여 교회는 그 아기를 말씀으로써 하나님이 원하시는 아기로 양육하기 위해 최선의 노력을 기울여야 한다.

그러므로 해당 교회의 모든 성도들은 유아세례를 받게 된 모든 아이들에 대해 공동으로 부모의 자리에 앉게 된다. 그들은 그 언약의 자녀들이 스스로 신앙고백을 하고 성찬 상床에 나아올 때까지 말씀과 건전한 교리로써 교육하고 지도할 의무를 지닌다. 그렇게 함으로써 영적인 부모와 자식의 관계를 확립하게 되는 것이다.

3. 언약의 부모와 언약의 자녀

(1) 부모 공경(엡 6:1–3)

성경은 자녀들에게 부모의 말씀에 순종하고 공경하라는 명령을 하고 있다. 물론 그것은 '주 안에서' (in the Lord) 행해야 할 신앙적인 덕목이다. 따라서 교회에 속한 자녀들은 하나님의 뜻에 따라 부모에게 순종해야 할 마땅한 의무를 지닌다.

또한 그것은 단순한 윤리적인 문제가 아니라 법적인 책무와 연관되어 있다. 만일 그렇게 하지 않는다면 하나님의 말씀을 어기는 범법 행위가 된다. 즉 부모에 대한 불순종은 하나님에 대한 저항행위가 되는 것이다.

우리가 여기서 반드시 기억해야 할 바는, 부모에게 순종하고 부모를 공경하는 것은 일반적인 생활에서 발생하지만 영원한 생명과 연관되는 매우 중요한 문제라는 사실이다. 모세는 십계명 가운데서 그에 관한 내용을 명시하고 있다. 그리고 예수님께서도 자기 제자들에게 지상 교회에 속한 자들은 부모를 공경해야 한다는 점을 말씀하시면서 그것이 생명에 연관된다는 사실을 언급하셨다.

"네 부모를 공경하라 그리하면 너의 하나님 나 여호와가 네게 준 땅에서 네

> 생명이 길리라"(출 20:12); "하나님이 이르셨으되 네 부모를 공경하라 하시고 또 아비나 어미를 훼방하는 자는 반드시 죽으리라 하셨거늘 너희는 가로되 누구든지 아비에게나 어미에게 말하기를 내가 드려 유익하게 할 것이 하나님께 드림이 되었다고 하기만 하면 그 부모를 공경할 것이 없다 하여 너희 유전으로 하나님의 말씀을 폐하는도다"(마 15:4-6)

부모에 대한 자녀의 순종과 공경의 도리는 필수적이며 효자가 되기 위한 방편이 될 수 없다. 즉 효성을 다하기 위해 그런 노력을 기울여야 하는 것이 아니다. 모세의 율법은 부모를 공경하면 하나님께서 주신 땅에서 저들의 생명이 길게 되리라는 사실을 언급하고 있다. 우리가 여기서 눈여겨보아야 할 점은, '여호와 하나님께서 저들에게 주신 땅에서 저들의 생명이 길리라' 고 약속하신 내용이다.

'부모를 공경하라' 는 하나님의 명령에 인간의 생명이 연관되어 있다는 사실에 대해서는 예수님께서도 동일한 관점에서 말씀하셨다. 이는 부모를 훼방하는 자는 반드시 죽임을 당하게 되리라고 한 구약성경의 말씀을 직접 인용하신 것이다. 부모에 대한 공경과 순종은 사회적인 현상이 아니라 인간들이 소유해야 할 본질에 연관된 것이란 사실이 거기에 드러나고 있다.

따라서 만일 자기 부모를 멸시하고 부모의 삶에 대한 책임을 회피하는 자가 있다면 그는 하나님의 말씀을 폐하는 것과도 같다. 그런 자들은 이기적인 욕망을 추구하기 위해 종교적인 전통을 앞세운 위선 행위를 서슴지 않는다. 그들은 마치 부모보다 하나님에 대한 충성심을 더 중시하는 듯 행세하면서 온갖 핑계를 대지만 그것은 결코 있을 수 없는 일이다. 따라서 부모에 대한 자식의 도리를 저버리고 종교적인 신앙을 핑계대며 자신의 사사로운 이익을 추구하는 자들에게는 참된 생명이 공급되지 않는다는 것이다.

그런데 우리는 여기서 이해하기 쉽지 않은 어려운 난제를 만나게 된다.

이는 더러운 악행을 일삼거나 하나님을 모독하는 부모를 둔 자녀들은 어떻게 부모의 말씀에 온전히 순종하며 저를 공경할 수 있을지에 대한 문제에 관련되어 있다. 성도들은 이에 대한 문제를 올바르게 이해하기 위해 부모에 연관된 예수님의 말씀을 살펴볼 수 있다. 예수님께서 여러 사람들이 모인 자리에서 말씀하고 계실 때 그의 어머니 마리아와 동생들이 찾아왔다. 그 소식을 전해들은 예수님은 그에 관한 말씀을 하셨다.

> "예수께서 무리에게 말씀하실 때에 그 모친과 동생들이 예수께 말하려고 밖에 섰더니 한 사람이 예수께 여짜오되 보소서 당신의 모친과 동생들이 당신께 말하려고 밖에 섰나이다 하니 말하던 사람에게 대답하여 가라사대 누가 내 모친이며 내 동생들이냐 하시고 손을 내밀어 제자들을 가리켜 가라사대 나의 모친과 나의 동생들을 보라 누구든지 하늘에 계신 내 아버지의 뜻대로 하는 자가 내 형제요 자매요 모친이니라 하시더라" (마 12:46-50)

예수님께서는 자기의 혈통적인 친 어머니와 동생들이라 해서 달리 특별한 배려를 베풀지 않으셨다. 우리가 이 말씀을 통해 알 수 있는 점은 예수님께서 부모 형제에 관한 언급을 하시면서 그 개념을 혈통적인 가족의 범위를 넘어 확대시키고 계신다는 사실이다. 이를 비추어 볼 때 오늘날 우리 역시 부모에 대한 개념을 교회적으로 확대해 이해할 필요가 있다. 즉 혈통에 의한 육신적인 부모를 넘어 교회의 전체적인 부모와 자식 관계에 관심을 기울여야 하는 것이다.

또한 예수님께서는, 자기를 따르려는 어떤 사람이 먼저 죽은 자기 아버지를 장사지내고 와서 따르겠다는 말을 했을 때 그렇게 하도록 허락하지 않으셨다(눅 9:59,60). 죽은 자들로 하여금 죽은 자를 장사 지내게 하고 그에게는 곧 바로 자기를 따르라고 요구하셨던 것이다. 이는 혈육의 가족들에 대해 필요 이상으로 지나친 의미를 두지 말라는 의미로 받아들일 수 있다.

그러므로 우리는 부모를 공경해야 한다는 말씀을 개인의 혈통적인 부모를 공경하는 삶에만 국한하여 적용시키려 해서는 안 된다. 나이가 어릴 때 육신의 부모가 돌아가셨다면 그후부터는 더 이상 그 말씀의 의미가 없어졌다고 말할 수 없다. 어리거나 젊은 성도들은 교회에 속한 공적이며 공통의 부모들을 진심으로 공경할 수 있어야 한다.

만일 육신의 부모에 대해서는 공경하는 마음을 가지면서 교회의 부모들을 공경하지 않는 자가 있다면 그것은 부모를 공경하지 않는 것이 된다. 개인주의 사상이 팽배한 현대에 살고 있는 성도들은 이에 대해 올바른 이해를 하지 않으면 안 된다. 바울이 본문 가운데서 '너희 부모에게 순종하고 공경하라' (엡 6:1,2)고 한 말은 이와 더불어 이해해야 한다. 그것이 약속 있는 첫 계명이기 때문이다.

우리는 성경이 말하는 '너희 부모' 가 혈육의 부모뿐 아니라 연로한 다수의 성도들과 저들의 공동의 부모를 일컫고 있다는 사실을 항상 염두에 두어야 한다. 성경은 이와 같이 교회에 속한 성도들이 부모를 공경할 때 저들이 잘 되고 땅에서 장수하게 된다는 말을 하고 있다. 여기서 '잘 된다' 는 것은 세속적인 의미가 아니라 주님 안에서 형통하게 된다는 의미로 받아들여야 하며, 땅에서 장수하리라는 것은 이 세상에서 오래 살게 된다는 의미라기보다 언약의 땅에 연관된 개념으로 이해해야 한다.[19] 즉 세상에 속한 교회 가운데서 참된 생명을 상속받아 누리게 된다는 뜻을 지니고 있는 것으로 보아야 하는 것이다.

(2) 자녀 양육(엡 6:4)

교회에 속한 언약의 자녀들은 하나님께서 선택하신 부부를 통해 허락된 선물이다. 여기서 선물이란 의미는 우리가 일반적으로 생각하는 선물의

19) 우리는 성경에서 젊은 나이에 비참하게 죽은 믿음의 선배들을 많이 볼 수 있다. 세례 요한, 스데반, 야고보 등 순교자들이 대표적이다. 또한 교회 역사 가운데도 그와 같이 젊어서 죽은 성도들이 많이 있다. 우리는 그들이 하나님의 참된 복을 받지 못해서 장수하지 못한 것으로 생각해서는 안 된다.

개념을 넘어 하나님께서 은혜로 주신 자녀라는 의미로 받아들일 수 있다. 물론 그 자녀를 통해 하나님의 언약이 상속되며 부모는 그것을 통해 기쁨을 얻게 된다.

우리가 여기서 반드시 기억해야 할 바는, 부모들은 자녀를 개인적인 의도에 따라 양육하려고 해서는 안 된다는 사실이다. 사도 바울은 아버지들에게 자녀를 노엽게 하지 말라는 특별한 당부를 하고 있다. 이는 부모가 자신의 세속적인 욕망에 따라 자녀를 양육하려 할 때 발생하는 문제이다.

하나님의 계획에 따라 허락된 언약의 자녀라면 인간이 아니라 하나님께 속한 자들이라 말할 수 있다. 이에 관한 깨달음을 소유한 자들은 저들에게 허락된 자녀들을 신실하게 양육해야 할 의무가 있다. 그것은 언약의 자녀들을 계시된 하나님의 말씀으로 올바르게 교육해야 하는 것을 의미한다.

그러므로 바울은 에베소 교회 성도들에게 주님의 교훈과 훈계로 자녀를 양육하라는 요구를 하고 있다. 그것은 당시의 교회뿐 아니라 모든 언약의 백성들이 지켜야 할 말씀이다. 구약시대 모세도 출애굽한 후 가나안 땅으로 들어가기 직전 이스라엘 백성에게 자녀들을 교육하는 문제에 관한 중요한 교훈을 주었다.

> "곧 백성의 남녀와 어린이와 네 성읍 안에 거류하는 타국인을 모으고 그들에게 듣고 배우고 네 하나님 여호와를 경외하며 이 율법의 모든 말씀을 지켜 행하게 하고 또 너희가 요단을 건너가서 차지할 땅에 거주할 동안에 이 말씀을 알지 못하는 그들의 자녀에게 듣고 네 하나님 여호와 경외하기를 배우게 할지니라" (신 31:12,13)

모든 하나님의 백성은 모세가 교훈하고 있는 것처럼 언약의 자녀들을 성경에 기록된 말씀으로 양육해야만 한다. 인간들은 율법을 깨달음으로써 여호와 하나님을 진정으로 경외할 수 있게 된다. 이는 계시된 말씀을 통하지 않고는 하나님을 참으로 경외할 수 없다는 사실을 말해 준다. 따라서 성숙한 어른들뿐 아니라 나이 어린 자녀들에게도 기록된 말씀을 가르쳐 점차 하나님을 경외하기를 배우도록 해야 한다.

우리가 여기서 깊이 유념해야 할 바는 하나님을 경외하는 것은 구약시대의 성도들뿐 아니라 신약시대에도 동일하게 적용되어야 한다는 사실이다. 구약시대의 하나님은 두렵고 무서운 분인데 반해 신약시대의 하나님은 사랑이 많고 부드러운 분으로 이해해서는 안 된다. 하나님은 죄로 말미암은 악에 대해서는 엄한 심판주의 모습을 보이며 자신을 진정으로 경외하는 백성들에 대해서는 놀라운 은혜를 베푸신다.

그러므로 아버지가 되는 교회의 어른들은 그점을 잘 기억하는 가운데 어린 자녀들을 교훈하며 가르쳐야 한다. 또한 그것으로 말미암은 훈계로써 자녀들을 양육해야 한다. 만일 그렇게 하지 않는다면 그것이 자녀들을 어렵게 만드는 것이 된다. 우리는 교회에 속한 언약의 자녀들에게 하나님의 뜻을 전하지 않고 인간적인 것들을 강요한다면 그것이 곧 자녀들을 해롭게 하는 것이란 사실을 명심하지 않으면 안 된다.

4. 종과 상전

(1) 종(엡 6:5-8)

사도 바울은 세속 사회 가운데 존재하는 질서를 매우 중요하게 인식하고 있다. 모든 성도들은 하나님 안에서 평등하지만 세상의 질서 유지를 위해서 형성된 제도를 무조건 무시해서는 안 된다. 그러나 바울이 세상의 모든 제도 자체를 장려할 만한 것이라고 주장하지는 않는다. 단지 세상의 사회적 질서에 대해 직접 대항하거나 파괴함으로써 생겨날 수 있는 상황을 우려하고 있는 것이다.

본문 가운데 언급된 '종' 이란 노예(slave)를 지칭하고 있다(엡 6:5). 노예란 당시의 상황에서 볼 때 자기 자신을 위한 삶을 살아가는 것이 아니라 상전을 위해 저의 명령과 요구에 따라 움직이는 사람이었다. 따라서 당시 사회를 뒷받침하던 노예와 연관된 그와 같은 제도는 결코 온당한 것이라 말할 수 없다.

그럼에도 불구하고 사도 바울은 사회적인 개념에서 노예제도를 일정부분 받아들이고 있다. 다시 말해 그 제도를 타파하기 위해 앞장서지 않았다. 우리는 이를 통해 상당한 문제성이 있는 사회적 제도라 할지라고 그것 자체를 변혁하는 것이, 하나님의 복음을 소유한 자들에게 주어진 사명이 아니라는 사실을 알게 된다.

사도 바울은 도리어 종은 질서를 무시하고 상전에게 아무렇게나 대하려해서는 안 된다는 사실을 강조하고 있다. 더군다나 눈가림을 위해 상전 앞에서 겉보기에 그럴듯한 위선적인 행동을 취하지 말아야 한다. 따라서 하나님의 자녀가 되어 교회에 속한 노예들은 예수 그리스도께 복종하듯이 두렵고 떨리는 마음으로 성의를 다해 자기 상전에게 복종해야 된다는 사실을 말하고 있다.

하나님의 복음을 깨달아 교회에 속한 성도가 된 자로서 종의 신분을 가지고 상전을 섬겨야 하는 자들은 마지못해 억지로 일해서는 안 된다. 그들은 도리어 자기에게 맡겨진 일을 기쁨으로 행해야만 한다. 이는 최선을 다해 즐거운 마음으로 맡겨진 일을 감당할 때 불필요한 원망이 사라지게 되는 것과 연관되어 있다.

바울이 이와 같은 요구를 한 것은 기득권층으로 비쳐지는 상전의 편에서 저들에게 유리한 말을 하고자 하는 것이 아니었다. 그것은 종이든지 자유인이든지 상관이 없이 주님의 뜻에 따라 선을 행한 만큼 하나님으로부터 보상을 받게 된다는 사실을 말해 주고 있다. 우리가 본문 가운데서 분명히 알 수 있는 사실은 사도들이 노예제도 폐지나 노예해방을 위해 근본적인 관심을 두고 있지 않았다는 사실이다. 이는 그보다 훨씬 더 큰 것이 저들에게 약속되어 있었기 때문이다.

(2) 상전(엡 6:9)

사도 바울은 또한 상전이 된 자들에게 명하면서 저들이 마땅히 가져야만 할 근본적인 자세에 대한 언급을 하고 있다. 일반 사회적인 관점에서 볼 때 그는 노예를 둔 상전들에게 명령할 수 있는 입장이 아니었다. 그럼에도 불구하고 바울은 노예를 두고 있는 유능한 자들에게 명령을 하듯이 말했다.

이는 바울이 언급한 교훈이 진리를 근거로 한 것이기 때문에 절대적인 의미를 지니고 있음을 보여준다. 다시 말해, 종이든 상전이든 세상에서 소유한 저들의 신분과 상관없이 모든 성도들은 하나님께서 보내신 사도들 앞에서 무릎을 꿇는 자세로 모든 교훈과 요구를 받아들여야 한다. 이것은 하나님 앞에서는 상전이든, 노예든 그것 자체로는 아무런 차이가 나지 않는다는 사실을 말해 주고 있다.

그러므로 바울은 상전의 지위에 있는 자들에게 강압적인 자세로 종, 곧 노예들을 대해서는 안 된다는 사실을 강조했다. 세상에서 노예를 둔 상전이라고 해도 전능하신 하나님 앞에서는 한갓 종에 지나지 않기 때문이다. 노예들에게 모든 것을 지시하는 상전이라 할지라도 저들 위에 군림하며 개인적인 이득을 취하도록 특별한 권한을 부여받은 것이 아니었다. 우리는 그것이 도리어 연약한 자들을 돌보며 함께 살아가도록 형성된 특별한 시대적인 배경을 지닌 사회적 제도로 이해해야 한다.

세상에서 상전의 지위에 있는 성도들은 그에 연관된 하나님의 뜻을 분명히 이해하지 않으면 안 된다. 세속 사회 가운데서는 계층적인 상하의 차별이 존재할지라도 하나님 앞에서는 아무런 차이가 나지 않는다. 사도 바울은 그점을 여러 곳에서 강조하는데 갈라디아 교회에 편지하면서도 그에 대한 언급을 하고 있다.

"너희는 유대인이나 헬라인이나 종이나 자유인이나 남자나 여자나 다 그리

스도 예수 안에서 하나이니라"(갈 3:28)

성경은 하나님 안에서는 모든 성도들이 평등하다는 사실을 말하고 있다. 따라서 세상의 제도 가운데서 상전의 지위를 가진 교인들은 자신의 수하에 있는 종들을 이기적인 목적으로 착취하려고 해서는 안 되며 저들을 멸시해서도 안 된다. 만일 그렇게 한다면 하나님의 종인 그도 하나님으로부터 그와 동일한 대우를 받게 될 것이다.

그러므로 하나님을 진정으로 경외하는 성도들은 겉으로 드러나는 사람의 외형을 보고 판단하지 말아야 한다. 하늘에 계시는 하나님께서도 인간들의 세속적 위상과 외모에 따라 그것을 보고 사람들을 취하시지 않는다. 하나님 앞에서는 세상에서의 지위가 높고 낮음이 아무런 의미가 없다. 지상 교회에 속한 모든 성도들이 이에 대해 명확한 이해를 하는 것은 매우 중요하다.

5. 우리 시대에 존재하는 질서 개념

우리가 잘 알고 있듯이 하나님은 질서의 하나님이시다. 이에 반해 타락한 인간들은 본성상 질서를 파괴하기 위해 이기적인 행동을 되풀이한다. 따라서 하나님께서는 세상의 무질서를 방지하시고자 세속 국가를 비롯한 많은 제도들을 허락하셨다. 그로 인해 인간사회에는 항상 질서 유지를 위한 다양한 계급들이 존재하며 거기에는 통치자와 그의 지시에 순종해야 하는 자들이 있다.

고대 사회와는 그 성격이 크게 다르기는 하지만 우리 시대에도 여전히 상하 지위에 따른 다양한 계층 관계가 존재한다. 이는 물론 강압적인 지배구조를 정당화 하는 것을 의미하지 않는다. 그렇지만 성도들의 가정과 저들이 살아가는 사회 가운데서는 그 원칙이 동일하게 적용되어야 한다. 하나님의 자녀들에게 있어서 그것은 권력에 따른 군림이나 착취를 의미하지 않기 때문이다.

지상 교회는 시대에 따른 잘못된 사회 제도나 구조에 대한 순차적인 변화를 기대한다. 그렇지만 급격한 사회 개혁이나 혁명을 추구하는 것을 목적으로 삼지 않는다. 이는 세상에 대해 무관심한 태도를 보이라는 뜻과 다르다. 성도들에게 가장 중요한 것은 영원한 하나님 나라이다. 즉 하나님의 자녀들에게는 이 세상의 어떤 제도와도 비교할 수 없는 신령한 하나님 나라의 제도가 존재하고 있는 것이다.

그러므로 지상 교회에 속한 모든 성도들은 타락한 세상 가운데 살아가면서 질서를 유지하려는 노력을 지속해야만 한다. 그렇게 함으로써 신앙이 어린 연약한 사람들이 다치지 않도록 보호할 수 있기 때문이다. 교회가 사회적인 개혁과 혁신을 위해 지나친 관심을 가지게 되면 제도에 대한 형식적인 목적을 달성하게 될지는 모르지만 복음의 본질에 대해 무디어지거나 소홀해질 수 있다.

우리는 혁명적인 사고나 행동을 취하게 되면 누군가 희생을 당하거나 다칠 수 있다는 사실을 기억하지 않으면 안 된다. 하나님의 교회는 소수의 희생이라 할지라도 그것을 강요하지 않는다. 단 몇사람이라 할지라도 저들의 삶이 침해당하는 일이 있어서는 안 되기 때문이다.

이는 단순히 세속적인 제도에 따른 외형적인 경우를 두고 하는 말이 아니다. 그것은 오히려 저들의 영혼과 신앙적인 삶에 연관되는 의미를 지니고 있다. 따라서 모든 성도들은 사도 바울이 에베소 교회 성도들에게 요구하고 있는 것처럼 하나님께서 허락하신 가정 질서를 유지하기 위해 최선의 노력을 기울여야 하며 현실적으로 존재하는 사회 질서에 책임 있는 자세로 임해야만 한다.

제12장

악한 세력과 싸워야 할 교회 및 사도의 마지막 인사
(엡 6:10-24)

1. 인간의 역사와 신령한 전쟁

인간 역사의 중심에는 처음부터 영적 전쟁의 개념이 존재하고 있었다. 사탄이 하나님의 형상을 닮은 아담을 유혹해 범죄에 빠뜨린 것은 하나님을 상대로 한 악행이었다. 그로 말미암아 인간들은 하나님을 떠나 처참한 자리에 놓이게 되었다.

약속에 신실하신 하나님께서는 창세전에 선택하신 자기 자녀들을 악의 세력 가운데 끝까지 남겨두지 않으려 하셨다. 이는 사탄을 심판하는 것과 직접 연관되어 있다. 그리하여 하나님은 이땅에 '여자의 후손' 을 보내 사탄과 그의 세력을 응징하여 심판하시고자 했다. 창세기 앞부분에는 그에 관한 기록이 나타난다.

> "내가 너로 여자와 원수가 되게 하고 너의 후손도 여자의 후손과 원수가 되게 하리니 여자의 후손은 네 머리를 상하게 할 것이요 너는 그의 발꿈치를 상하게 할 것이니라 하시고" (창 3:15)

타락의 늪에 빠진 약속의 자녀들을 위한 하나님의 구원 계획은 아직 아담과 하와의 자손이 출생하기 전에 선포되었다. 따라서 저들을 통해 태어나게 될 모든 자손들은 처음부터 사탄을 응징하기 위한 '거룩한 전쟁(Holy War)에 연관된 삶을 살아갈 수밖에 없었다. 이와 같은 상황은 인간의 전체 역사 가운데 줄곧 이어져 내려갔다. 그 역사의 중심에 하나님의 구속사가 전개되어 갔던 것이다.

하나님께서 아브라함을 부르실 때 그 언약의 중심에는 장차 세워지게 될 '왕국' 에 대한 약속이 내포되어 있었다. 하나님께서 아브라함에게 땅과 자손을 허락하신 것은 그와 직접 연관되는 내용이었다. 아브라함을 통해 태어나게 될 하늘의 별과 바닷가의 모래알처럼 많은 백성들이 약속의 땅 가나안에 언약의 왕국을 세우게 되리라는 것이다.

그 왕국을 세우기 위해 하나님께서는 야곱의 가족을 애굽으로 내려 보냈으며(시 105:17) 저들을 통해 큰 민족을 이루고자 하셨다. 그는 또한 애굽에서 조성된 이스라엘 민족을 가나안 땅으로 들여보내시기 전 시내광야에서 율법을 주셨다. 그것은 모세를 통해 계시되어 기록된 말씀으로 남겨지게 되었으며, 그 율법은 이스라엘 민족을 위한 주권의 근간이 되어 언약의 왕국을 설립하기 위한 법적인 기초 역할을 했다.

아브라함에게 주어졌던 하나님의 언약은 다윗과 솔로몬 시대에 성취되어 언약의 왕국이 세워졌다. 다윗 왕국은 장차 오게 될 '하나님 나라' 에 대한 그림자로서의 기능을 했다. 하나님께서 세우신 그 왕국은 사탄이 지배하는 세상의 왕국들과 맞서 싸워야 하는 모습을 보여주었다. 그것은 하나님을 모르는 악한 자들과의 영적이며 실제적인 전쟁을 의미한다.

구약시대 각 시대에 주어졌던 모든 언약은 하나님의 아들인 예수 그리스도가 오셔서 '자신의 왕국' 을 세우심으로써 완성되었다. 그 약속의 왕국을 기초로 하여 이땅에는 주님의 교회가 세워지게 되었다. 그로 인해 창세기 3장에 예언된 '여자의 후손' 이 천국의 왕으로 강림하여 사탄의 세력을 응징하시게 된 것이다.

결국 예수 그리스도의 십자가 사건을 통해 하나님께서 궁극적인 승리와 더불어 심판을 행하셨다. 죽음에서 부활하신 주님께서 승천하신 후 오순절 성령께서 강림하심으로써 이땅에 '교회'가 설립되었다. 그 교회가 주님의 재림 때까지 세상 가운데 존재하면서 원수의 세력과 전투를 펼치며 왕처럼 구원과 심판을 선포하게 되는 것이다. 이것이 곧 천년왕국 시대와 조화되는 교회 시대의 성도들이 감당해야 할 중요한 사역이다.

2. 전투에 임해야 할 성도들(엡 6:10-12)

우리는 주님께서 피로 값 주고 사신 지상 교회를 원수의 세력에 맞서 싸우는 전투적인 교회로 이해하고 있다. 즉 타락한 세상 가운데 존재하는 교회는 늘 평온하고 즐거운 분위기를 지속할 수 있는 것이 아니다. 지상 교회가 참된 진리와 더불어 유지되고 상속되기 위해서는 사탄이 지배하는 악한 세력과 맞서 싸움으로써 선한 본질과 정결한 상태를 보존해야만 한다.

그러므로 사도 바울은 에베소서의 마지막 부분에 와서 하나님의 자녀들은 사탄과 그를 추종하는 거짓 세력과 맞서 싸워야 할 대치 관계에 놓여 있다는 사실을 기록하고 있다. 이는 지상 교회와 그에 속한 성도들이 필연적으로 겪어야만 할 과정이다. 사도 베드로 역시 서신 가운데서 그에 관한 언급을 하고 있다. 모든 성도들이 이에 대한 올바른 이해를 하는 것은 매우 중요하다.

> "근신하라 깨어라 너희 대적 마귀가 우는 사자 같이 두루 다니며 삼킬 자를 찾나니 너희는 믿음을 굳건하게 하여 그를 대적하라 이는 세상에 있는 너희 형제들도 동일한 고난을 당하는 줄을 앎이라" (벧전 5:8,9)

베드로는 사탄이 우는 사자 같이 세상을 두루 다니며 삼킬 자를 찾고 있다는 사실을 말하고 있다. 하나님의 백성들은 믿음을 굳건히 하여 저의 세력에 강력하게 맞서 싸워야 한다. 우리는 교회가 근신하여 깨어있지 않으면 그로부터 엄청난 타격을 입을 수 있다는 사실을 기억하지 않으면 안 된다.

이처럼 지상 교회에 속한 모든 성도들은 원수를 대적해 싸울 준비를 갖추고 있어야만 한다. 따라서 사도 바울은 성도들이 영적으로 강건해져야 한다는 사실을 강조하고 있다. 그것은 물론 하나님 안에서 이루어져야 하며 그의 능력을 힘입어 그렇게 될 수 있다. 즉 인간의 능력으로서는 그렇게 되지는 않는다.

사탄은 인간의 상상을 초월하는 세력을 지닌 존재이며 간교하기 이를 데 없는 영물靈物이다. 하나님의 말씀과 성령의 도우심이 없이는 그의 속성을 정확하게 파악하지 못한다. 바울은 본문 가운데서 성도들의 싸움은 혈과 육을 상대로 하는 것이 아니라는 사실을 언급하고 있다(엡 6:12). 즉 그것은 인간들이 눈으로 볼 수 있는 가시적인 싸움에 그치지 않는다는 것이다.

그 싸움은 영적인 세계의 사악한 통치자들과 권세들과 어둠의 세상을 주관하는 자들과 하늘에 있는 악의 영들을 상대로 하는 힘겨운 싸움이다. 그것들은 사람들의 눈에 쉽게 띄지 않는 간교한 존재들이라 할 수 있다. 그에 반해 지상 교회에 속한 하나님의 백성들은 원수들에게 그대로 노출되어 있다.

교회와 그에 속한 성도들이 사탄의 세력에 맞서 싸우는 것은 상당한 고통을 동반하게 된다. 그것은 사도교회 시대뿐 아니라 지상 교회가 존재하는 모든 시대에 해당되는 말이다. 오늘날 우리 시대 역시 그와 동일한 형편 가운데 처해 있다.

따라서 바울은 모든 성도들에게, 사탄의 간계를 능히 대적하기 위해서는 '주 안에서 강건하여지고' (엡 6:10) 하나님의 전신갑주를 입으라는 요구를 하고 있다. 인간들의 능력으로는 악을 도모하는 영물들과 싸워 이길 수 있는 방법이 없기 때문이다. 우리는 하나님께서 알려주시는 방편에 따른 철저한 준비를 갖추지 않고서는 사악한 원수들의 공격을 피할 수 없으며 지상에서의 외적인 승리를 거두지 못한다.

3. '완전무장' 을 해야 할 성도들(엡 6:13-17)

전쟁터에 나가는 모든 군인들은 자신을 무장하고 병기를 지참해야 한다. 이와 마찬가지로 사탄의 세력에 맞서 싸우는 지상 교회의 영적인 전투에서도 성도들은 영적인 무장을 하고 선한 병기를 소지해야만 한다. 구체적인 준비 없는 상태에서 관념만으로 치열한 전투에 임할 수는 없다.

이처럼 하나님의 자녀들이 전쟁터에 나가는 군인들처럼 철저하게 완전무장을 해야 하는 것은 필수적이다. 자신을 무장하지 않은 상태로 전투에 임해 승리를 거둘 수 있는 자는 아무도 없다. 이는 적군의 거센 공격에 대비하기 위해서는 만반의 준비를 갖추어야 한다는 사실을 의미한다.

우리가 대적해야 할 원수의 세력은 선한 인격을 가진 존재가 아니라 무자비한 자들이다. 하나님의 자녀들과는 전혀 다른 사악한 성품을 지닌 그들이 목적을 달성하기 위해서는 수단과 방법을 가리지 않으며 온갖 거짓 술수들을 다 동원한다. 저들의 세력에 맞서 싸워야 할 성도들은 이에 대한 분명한 이해를 하지 않으면 안 된다.

사도 바울은 이와 더불어 장차 악한 날이 도래하게 되리라는 사실을 언급하고 있다. 그 날은 최종 심판이 임하는 예수님의 재림이 이루어지는 날이라기보다 그 때를 앞두고 사탄이 발악을 하는 특정 기간을 일컫는 것으로 보인다. 그와 같은 악한 날이 이르게 되면 사탄의 세력은 모든 전력을 집중하게 될 것이 분명하다.

지상 교회와 하나님의 자녀들은 그것을 대비하여 전신을 무장하지 않으면 안 된다. 그렇게 해야만 원수들의 공격을 방어할 수 있으며 끝까지 승리의 길로 나아갈 수 있게 된다. 만일 안일하고 나태한 정신 자세를 가지고 그에 대응한다면 신앙이 어린 성도들이 많이 다치게 될 것이다.

사도 바울은 본문 가운데서 완전 무장을 할 때 어떤 것으로 무장해야 하는지에 대한 구체적인 사실을 언급하고 있다. 성도들은 가장 먼저 진리로 허리띠를 띠어야 한다. 그리고 가슴에는 의의 흉배를 붙여야 한다. 그 다음에는 평안의 복음이 준비한 것으로 신을 신어야 한다. 허리와 가슴과 발에 모든 것들을 갖춘 후에 비로소 믿음의 방패를 가지고 원수들을 대적해 싸우게 된다.

그렇게 함으로써 사탄의 세력에 속한 악한 자들이 공격 무기로 삼고 있는 모든 불화살을 소멸함으로써 원수들의 전력을 약화시켜야 한다. 우리는 앞에서 열거된 여러 가지 내용들에 대한 의미를 굳이 구체적으로 설명할 필요가 없을 것 같다. 각각의 영적인 의미에 대해 부연설명을 하지 않아도 전반적인 의미를 알 수 있을 것이기 때문이다. 중요한 점은 하나님으로 말미암은 모든 요소들로써 완전 무장을 해야 한다는 사실이다.

하나님의 자녀로서 사탄의 세력에 강력하게 대응하기 위해서는 앞에 기록된 모든 내용들과 더불어 머리에 구원의 투구를 쓰고 손에는 성령의 검 곧 하나님의 말씀을 가져야만 한다. 즉 진리와 의와 평안과 믿음으로써 기초적인 무장을 하고, 구원의 투구와 성령의 검인 하나님의 말씀으로써 공격과 방어를 위한 준비를 갖추어야 한다. 성숙한 성도들은 그 모든 것에 대한 정확한 상황을 판단하고 치열한 영적인 전투에 임해야만 하는 것이다.

바울이 언급한 완전 무장은 구약시대의 여러 직분자들의 복식과 무기에 연관되어 있다. 허리띠와 가슴 흉배와 발의 신은 제사장들의 복식을 떠오르게 하며 방패와 칼은 사사들의 손에 들린 무기를 연상하게 한다. 그리고 머리에 쓴 관과 하나님의 말씀은 왕들과 선지자들에 연관되어 있다. 이처럼 성도들의 완전무장은 제사장, 사사, 왕, 선지자 직분에 연관되어 있는 것으로 이해하게 된다.

4. 성도들의 영적인 전투 방법(엡 6:18-20)

하나님과 사탄은 정반대의 속성을 지니고 있다. 따라서 하나님의 백성이 사탄의 세력에 대항하여 맞서 싸울 때도 그 방법은 전혀 다르다. 악한 자들은 더러운 목적을 달성하기 위해 모든 술수들을 펼치며 폭력적인 방법까지 동원한다. 그러나 지상 교회에 속한 성도들에게는 그와 전혀 다른 하나님으로 말미암는 신령한 전투 방법이 있다.

하나님의 백성은 물리적인 힘을 행사하는 것이 아니라 전능하신 하나님을 의지하며 그의 뜻에 온전히 순종함으로써 거룩한 싸움을 싸우게 된다. 그러므로 성도들은 항상 하나님을 향한 기도와 간구를 지속해야만 한다. 하지만 그 기도는 인간들에게서 발생한 자의적인 방법을 동원한 것이 아니라 성령 안에서 이루어져야 하며 그것을 위해서는 항상 깨어 있지 않으면 안 된다. 또한 하나님의 진리를 수호하기 위해 원수에 저항하여 싸우는 지상에 흩어진 모든 성도들을 기억하며 기도해야 한다.

사도 바울은 이와 더불어 저들에게 자기 자신을 위하여 기도해달라는 간곡한 당부를 하고 있다. 그것은 세상을 향해 하나님의 복음의 비밀을 담대하게 전하기 위해서였다. 이는 당시에는 복음을 증거하고 전하는 것이 자유롭지 않았다는 사실을 증언해 주고 있다. 즉 열악한 환경 가운데서 담대한 마음으로 복음을 선포할 수밖에 없는 형편이었다.

이에 대해서는 요한계시록에서도 동일한 교훈이 나타나고 있다. 사도 요한은 장차 사탄이 하나님의 자녀들을 괴롭히게 될 때가 도래하리라는 사실에 대해 언급하고 있다. 성도들 가운데는 악한 세력에 의해 시험을 받고 환난을 당해 감옥에 갇히기까지 한다. 그러나 그것은 일시적인 박해에 지나지 않기 때문에 성도들은 담대하게 그에 맞설 수 있어야 한다.

> "너는 장차 받을 고난을 두려워하지 말라 볼지어다 마귀가 장차 너희 가운데에서 몇 사람을 옥에 던져 시험을 받게 하리니 너희가 십 일 동안 환난을 받으리라 네가 죽도록 충성하라 그리하면 내가 생명의 관을 네게 주리라" (계 2:10)

사도 요한은 지상 교회에 속한 성도들에게 영적인 전투를 전개하며 두려워하지 말도록 요구했다. 하나님의 자녀들은 어떤 어렵고 힘든 상황이 닥친다고 할지라도 믿음으로써 담대한 마음을 먹어야 한다. 즉 심각한 환난 가운데서도 생명을 내놓고 끝까지 싸우며 하나님에 대한 충성을 다할 수 있어야 한다. 그렇게 하여 그 위기의 상황을 능히 견뎌낼 때 하나님으로부터 생명의 면류관을 얻게 된다.

사도 바울 역시 에베소 교회에 보내는 편지에서 자기를 위한 기도를 부탁하며 그와 동일한 교훈을 주고 있다. 우리는 여기서 바울이 자기의 개인적인 영달을 위해 에베소 교회 성도들에게 기도를 당부한 것이 아니라는 사실을 기억해야 한다. 바울에게 중요한 것은 하나님의 말씀이 세상 가운데 온전히 선포되고 전해지는 것이었다. 즉 그는 자신의 사사로운 목적에 연관된 것을 위해 기도해 달라는 당부를 하지 않았던 것이다.

현대를 살아가는 우리 역시 이와 동일한 신앙 자세를 가져야만 한다. 특히 일반 성도들은 하나님의 말씀을 가르치며 선포하는 교사 즉 목사를 위해 특별히 기도할 필요가 있다. 그리고 하나님의 말씀을 맡은 직분자인 목사는 개인적인 사사로운 의도가 아니라 주님의 교회가 원하는 대로 하나님의 말씀을 가르치며 선포해야 할 의무를 지니게 된다. 우리는 사탄의 주된 공격의 대상과 방편이 목사로부터 하나님의 말씀이 잘못 전해지도록 하는 것이라는 사실을 잊어서는 안 된다.

사도 바울은 지금 자기가 쇠사슬에 매여 감옥에 갇히게 된 것은 하나님의 복음을 위해서라고 말했다. 그는 그것으로 말미암아 당연히 전해야 할 복음을 담대하게 선포할 수 있게 되었다고 했다. 이 말은 자기가 로마로 온 것은 단순한 죄수가 아니라 '복음의 사신'으로 오게 된 것이라는 사실을 강조하고 있는 것이다. 그것은 물론 하나님의 경륜적인 섭리 가운데 이루어진 일이다.

5. 마지막 인사와 하나님의 위로(엡 6:21-24)

사도 바울은 에베소 교회에 보내는 편지를 마무리하면서 자신의 개인적인 사정을 저들에게 알리려고 했다. 거기에는 자기가 하고 있는 사역에 연관되는 내용이 포함되어 있었다. 물론 그것은 개인적인 문제이긴 하지만 여전히 교회에 연관될 수밖에 없었다. 그는 사도이자 교회의 교사라는 공적인 지위에 서있는 자였기 때문이다.

그런데 바울은 그 내용을 직접 글로서 저들에게 알리지 않았다. 그대신 신실한 형제 두기고(Tychicus)를 통해 모든 것을 전하겠다고 말했다. 또한 그가 바울의 보냄을 받아 에베소에 도착하면 저들에게 위로를 전하게 되리라는 말을 덧붙였다. 이는 에베소 교회 성도들이 신앙생활을 영위하기에 만만치 않은 상황에 처해 있다는 점과 위로를 받아야 할 형편에 놓여 있음을 말해 주고 있다.

바울은 그 모든 일들을 염두에 두고 특별히 두기고를 저들에게 보내기로 작정하고 있었다. 우리는 여기서 에베소 교회를 위한 바울의 세심한 배려를 엿보게 된다. 즉 성도들의 구체적인 문제에까지 신경을 쓰는 사도 바울의 사랑이 잘 드러나고 있는 것이다.

사도 바울은 마지막으로 성부 하나님과 주 예수 그리스도로부터 평강과 믿음을 겸한 사랑이 에베소 교회의 성도들에게 임하도록 기원했다. 그리고 주 예수 그리스도를 변함없이 사랑하는 모든 성도들에게 하나님의 놀라운 은혜가 임하기를 빌었다. 이를 통해 에베소 교회가 세상 가운데 든든히 서갈 수 있을 것이며 사탄의 세력에 대해 맞서 싸울 수 있는 능력을 갖추게 될 것이기 때문이다.

빌립보서

차 례

〈빌립보서〉

161

〈서론〉

바울과 빌립보, 빌립보서 기록 장소

사도 바울이 맨 처음 빌립보 지역으로 간 것은 성령 하나님의 강권적인 인도하심으로 말미암은 것이었다. 그가 빌립보로 가기 전에는 에베소 지역으로 가기를 원했다. 그렇지만 성령께서 그의 길을 아시아가 아니라 에게(Ege) 해 건너편 마게도니아, 즉 오늘날의 유럽 지역으로 인도하셨다(행 16:10).

바울은 빌립보에 도착해 자주 장사 루디아를 비롯한 여러 유대인들을 만나 하나님의 복음을 전파했다. 그 사람들은 세례를 받고 주님을 영접하게 되었다. 한편 그곳에 살던 점치는 귀신들린 여자 하나가 온전케 되는 사건이 발생했다. 그렇게 되자 그녀를 고용해 종교를 빙자한 수익 사업을 하던 자들이 큰 손실을 입게 되자 바울과 그와 함께 있던 실라를 순진한 사람들을 미혹한다는 이유로 당국에 고발하게 되었다.

그로 말미암아 바울과 실라는 관원들에 의해 입고 있던 옷을 찢겨 벗긴 채 되어 많은 매를 맞았다. 그리고는 깊은 감옥에 갇혀 심한 고생을 했다. 그와 같은 고통스런 상황 가운데서도 그들은 하나님을 원망하기는커녕 도리어 그에게 기도하며 찬양하기를 쉬지 않았다. 감옥에서 근무를 서던 여러 간수들이 그 광경을 지켜보며 저들의 찬양 소리를 들었다. 심한 고통에도 불구하고 하나님에 대한 소망을 버리지 않는 저들을 보며 간수들도 놀라지 않을 수 없었을 것이다.

그러던 중 갑자기 큰 지진이 일어나게 되어 감옥 터가 움직이고 옥문이 열렸다. 또한 죄수들이 손과 발에 차고 있던 수갑과 착고가 일순간에 풀려버렸다. 하나님께서 초자연적인 방법을 일으켰을 때 그 광경을 지켜본 사람들이 하나님을 두려워하는 마음으로 복음을 영접하게 되었다.

바울은 당시 로마 시민권을 가지고 있었으므로 당국자들에게 범죄에 대한 판결이 나지 않은 상태에서 자신을 부당하게 감옥에 가둔 것에 대한 항의를 했다. 그런 극적인 과정을 통해 바울과 실라는 출옥한 후 빌립보에 오래 머물지 않고 데살로니가와 베뢰아 지역으로 가서 하나님의 복음을 전파했다. 그후 아테네를 거쳐 고린도에 머물면서 교회를 세워 하나님의 말씀을 전하게 되었다.

몇차례 고린도 지역을 방문하여 교회 가운데서 복음 선포 사역을 감당한 바울은, 마지막 여행에서 예루살렘으로 돌아가는 길에 마게도냐 지역을 방문했다. 이처럼 바울은 빌립보 지역을 수차례 방문하면서 여러 가지 사건들을 겪었다. 그 가운데는 즐겁고 유쾌한 일들도 있었지만 고통스럽고 힘든 일들도 많았다. 그로 인해 바울은 그곳에서 복음을 깨닫게 된 형제들을 많이 얻을 수 있었다.

그때 마지막 여행에서 빌립보 교회의 성도들을 작별한 바울은 배를 이용해 바다 건너 소아시아 여러 지역을 거쳐 예루살렘으로 갔다. 그는 예루살렘에 도착하여 배도에 빠진 유대인들에 의해 많은 고통을 겪었으며, 결국 가이사랴에 있는 감옥에 갇히는 신세가 되었다. 바울은 그곳에 수감되어 있으면서 빌립보서를 기록한 것으로 보인다.

신학자들 가운데는 빌립보서가 로마의 감옥에서 기록되었을 것이라 생각하는 자들이 많이 있는 것이 사실이다. 뿐만 아니라 에베소나 고린도 지역에서 기록된 것으로 생각하는 학자들도 없지 않다. 하지만 가이사랴에

서 기록되었을 것이라 주장하는 학자들도 다수 있다.[20]

필자는 본문의 전반적인 문맥을 살펴볼 때 빌립보서가 가아사랴의 감옥에서 쓰였을 것으로 짐작한다. 바울은 예루살렘에 도착하기 전 마게도니아를 거쳐 왔는데 그때 겪었던 빌립보 지역의 여러 형편들을 생생하게 기억하고 있었을 것이다. 그리고 빌립보에 남아있던 성도들은 예루살렘을 방문한 바울의 형편이 매우 궁금했을 것이 틀림없다.

우리는 특히 빌립보서 1장 1절에서, 바울이 빌립보서를 기록하면서 디모데와 함께 있었음을 밝힌 사실에 주목하게 된다. 바울은 예루살렘으로 오는 길에 마게도니아 지역을 떠나면서 디모데와 함께 있었다(행 20:4). 디모데는 아마도 바울과 함께 예루살렘까지 왔을 것이며, 바울이 감옥에 갇혀 있을 때도 지근의 거리에 있었을 것이다.

바울은 죄수의 신분이었지만 예루살렘의 산헤드린 공회 앞에서 복음을 담대하게 선포했으며, 가이사랴에서 수감자의 신분으로 시위대 안(빌 1:13)과 벨릭스 총독 및 베스도 총독, 그리고 아그립바 왕의 앞에서 하나님의 복음을 증거했다. 그것은 여간 담대하지 않고는 행할 수 없는 일이었다. 그런 고통스런 상황 가운데서도 바울은 빌립보 교회 성도들에게 기쁜 마음으로 신앙생활을 하라는 교훈을 주고 있다(빌 2:17,18).

---

20) Gerald F. Hawthorne, *Word Biblical Commentary*, Philippians, Waco: Word Book Publisher, 1983. Introduction to Philippians. 인용참조; H.E.G.Paulus가 1779년 빌립보서의 가이사랴에서의 기록을 주장하면서 다수의 학자들이 그 견해에 동조하고 있다; F.Spitta, *Zue Geschichte und Litertur des Urchristentums* (Gottingen: Vandenhoeck und Ruprecht, 1907); E.Lohmeyer, *Dre Brief an die Phlipper* (Gottingen: Vandenhoeck und Ruprecht, 1930); J.J.Gunther, *Paul: Messenger and Exile* (Valley Forge: Judson Press, 1972).

제1장

빌립보 교회의 신앙

(빌 1:1-11)

1. 서두의 인사말과 거기서 드러나는 의미들(빌 1:1,2)

(1) 바울과 디모데가 함께 쓴 공동서신적인 의미

사도 바울은 빌립보 교회를 향해 자신과 디모데가 공동으로 편지를 쓰고 있다는 식으로 표현했다. 그는 사랑하는 제자 디모데의 이름을 거명함으로써 그 편지가 공적인 성격을 지니고 있음을 언급하고 있다. 나아가 그것을 통해 디모데 역시 자기와 마찬가지로 사도적인 위치에 있음을 시사하고 있다.

그렇지만 하나님께서 그 두 사람에게 동시에 말씀을 계시한 것으로 볼 수는 없다. 또한 바울과 디모데가 서로 의논해서 빌립보서를 쓴 것도 아니었다. 우리가 이해할 수 있는 것은 하나님께서 바울에게 말씀을 계시하셨지만 그와 함께 있는 디모데도 사도적 인물로서 그와 동일한 완벽한 깨달음을 가지고 있었다는 사실이다.

편지의 서두에 나타나는 표현에도 불구하고 하나님의 계시를 직접 받은 사람은 사도 바울이다. 그러므로 바울은 빌립보서의 본문 가운데서 전반적으로 '우리'(We)라는 말보다는 '나'(I)라는 말을 주로 사용하고 있다. 이는 바울이 하나님의 계시를 받아 쓴 편지라는 사실을 말해 준다.

(2) 사도교회 시대의 감독과 집사 직분의 확립

우리가 빌립보서의 맨 앞부분에서 특별히 관심을 가지고 보아야 할 점은 교회의 직분에 관한 내용이다. 바울은 자기의 서신을 받는 대상을 빌립보 교회에 속한 모든 성도들과 감독들과 집사들로 정하고 있다. 이는 물론 빌립보 지역에 있는 전체 교회를 의미하고 있음이 분명하다.

본문의 기록을 살펴 볼 때, 당시 빌립보 교회에는 감독과 집사 두 직분이 존재했음을 알 수 있다. 이는 우리에게 사도교회 시대에 점진적으로 발전해가는 직분에 연관된 많은 점을 시사해 주고 있다. 신약성경에서 말하는 감독이란 장로와 동일한 의미를 지니고 있으며, 그 직분은 가르치는 장로인 목사와 치리하는 장로를 포함하고 있다.

우리가 잘 알고 있는 것처럼 보편교회 이전의 사도교회 시대에는 장로와 집사 이외에 여러 형태의 직분자들이 있었다. 즉 당시에는 장로와 집사뿐 아니라 사도들과 선지자들을 비롯한 특별한 직분자들이 세워져 나름대로 맡겨진 사역을 감당했다. 그와 같은 직분들은 대개 특별계시와 연관된 의미를 지니고 있었다. 우리는 사도와 선지자 등은 오늘날 우리 시대에 더 이상 존재하지 않는 사도교회 시대의 한시적으로 존재했던 특별한 직분자들이었던 것으로 이해해야 한다.

빌립보서에는 사도교회 시대에 이미, 계시적 성격을 지닌 특별한 직분들이 각 지역에 따라, 보편교회 시대를 위한 정리가 서서히 이루어져가고 있었다는 사실을 보여주고 있다. 우리가 이해해야 할 바는, 사도교회 시대가 끝나기 전에 특별한 사도적 직분들이 존재하다가 AD 70년 예루살렘 성전이 파괴됨과 더불어 보편교회가 시작되면서 한꺼번에 급격하게 감독과 집사 직분으로 정리된 것이 아니었다는 사실이다.

사도교회 시대에도 그 세부적인 시기와 지역에 따라 보편교회를 위한 직분제도가 점차적으로 서서히 정리되어 갔음을 이해하는 것은 매우 중요하다. 디모데전후서와 디도서에는 그에 대한 내용이 좀더 명확하게 드러나고 있다. 우리는 그와 같은 보편적인 직분제도가 빌립보 교회에 벌써 정착되어 가고 있었던 사실을 보게 된다. 빌립보 교회에서 성도들을 가르치며 치리하는 감독인 장로와, 성도들의 삶을 돌아보는 집사 직분이 서서히 정착되어 간 사실은 매우 중요한 의미를 지니고 있다.

(3) 교회를 위한 바울의 기원

사도 바울은 빌립보 교회에 편지하면서 먼저 '우리 아버지와 주 예수 그리스도로부터 은혜와 평강' 이 저들에게 임하기를 기원했다. 여기서 보이는 두드러진 의미 가운데 하나는 성부와 성자이신 예수 그리스도가 동등한 지위에 놓여 있다는 사실이다. 이는 성부 하나님과 성자 하나님에 관한 사실로서 삼위일체 하나님의 존재를 시사해 주고 있다.

그리고 본문에 언급된 교회가 소유하게 되는 '은혜와 평강' 은 특별한 개념을 지니는 것으로서 인간들의 이성과 경험을 통해 알아갈 수 없는 성질을 지니고 있다. 그럼에도 불구하고 은혜와 평강이라는 용어 자체는 하나님을 알지 못하는 불신자들에게도 익숙한 말이다. 기본적인 사고를 갖춘 자들에게 그 용어에 대해 물어보면 누구나 그것이 무엇을 의미하는지 나름대로 설명해 낼 수 있다.

하지만 하나님을 모르는 불신자들이 생각하는 것은 성경이 말하는 바 천상의 개념과는 근본적인 차이가 난다. 즉 일반 세상 가운데서 정립된 '은혜와 평강' 은 인간들의 이성과 경험에 의해 접근할 수밖에 없다. 따라서 바울이 기원하는 교회 안의 은혜와 평강은 타락한 세상에서 발견될 수 없는 성질을 지니고 있다.

그러나 우리가 유념해야 할 점은, 하나님의 백성이라 할지라도 세상에 살아가면서 각별한 주의를 기울이지 않으면, 그 은혜와 평강을 언급할 때 불신자들과 다르지 않은 의미로 이해하고 해석하게 될 우려가 있다는 사실이다. 즉 신앙이 어린 교인들은 그에 대한 고유한 의미와 일반적인 의미 사이에서 혼선을 빚게 된다. 분명한 사실은 주님의 교회가 소유한 은혜와 평강은 천상의 하나님으로부터 왔으므로 이 세상에서는 생성되지 않으며 그것과는 본질적인 차이를 이룬다는 것이다.

2. 복음사역에 참여한 빌립보 교회(빌 1:3-5)

바울은 또한 빌립보 교회 성도들에게 자신은 항상 저들을 기억하고 있으며 저들을 위해 기도해 왔다는 사실을 말했다. 그는 빌립보 교회의 성도들을 생각할 때마다 하나님께 감사하고 있다는 점을 언급했던 것이다. 그리고 저들을 위해 간구할 때마다 교회에 속한 무리를 위해 기쁨으로 간구한다고 했다. 바울이 저들에 대해 진심으로 감사하며 기쁜 마음을 가질 수 있었던 것은 저들이 처음부터 지금까지 복음을 위한 사역과 교제에 기꺼이 동참해 왔기 때문이다.

우리가 잘 알고 있는 것처럼 바울이 맨 처음 빌립보 지역을 방문했을 때 형언할 수 없는 많은 어려움을 겪게 되었다. 그는 여러 곳에서 감옥살이를 했지만 빌립보에서의 감옥살이가 가장 고통스런 경우에 해당되었을 것이 분명하다. 빌립보에 살고 있던 배도에 빠진 자들이 예수 그리스도의 복음을 전파하는 바울을 가만히 두지 않고 그에게 부당한 제재를 가했기 때문이다.

당시 바울은 빌립보 감옥에 갇혀 있으면서 인간들의 상상을 초월한 하나님의 큰 이적을 경험했다. 그것은 하나님께서 자기 백성들을 위해 베푸신 특별한 선물이었다. 바울이 감옥에서 하나님께 기도하며 찬양할 때 갑자기 옥터가 흔들리고 옥문이 열렸을 뿐 아니라 발을 묶고 있던 착고著錮가 풀리게 됨으로써 간수들을 놀라게 했던 것이다. 인간들이 도저히 상상할 수 없는 초자연적인 그 사건으로 말미암아 많은 사람들이 하나님의 복음을 믿게 되었다.

빌립보 교회에 편지를 쓰는 바울은 그와 같은 지나간 모든 사건들을 생생하게 기억하고 있었을 것이 틀림없다. 그리고 빌립보 교회의 성도들 가운데는 직접 그 기적을 경험했던 사람들이 있었을 것이며, 그 사건으로 인해 복음을 받아들이게 된 사람들도 상당수 있었을 것이다. 그들은 바울이 편지를 쓰는 바로 그때까지 빌립보 지역에 살고 있으면서 바울과 교제하며 하나님의 복음 사역에 참여하고 있었다.

3. 사도의 심장에 존재하는 교회(빌 1:6,7)

바울은 빌립보의 성도들에게 교회 가운데서 '선한 일' 을 시작하신 이가 그리스도 예수라는 사실을 말하고 있다. 이는 그리스도와 그의 몸된 교회 바깥의 세상에는 선한 것이 존재하지 않는다는 사실을 선포하는 의미를 지니고 있다. 그리고 부활 승천하신 그가 마지막 날 재림하실 때까지 자신의 거룩한 목적을 지속적으로 이루어가시리라는 사실을 언급했다. 이 말은 빌립보 교회가 다른 모든 경건한 교회들과 마찬가지로 처음부터 하나님의 온전한 뜻에 따라 세워졌으며, 끝까지 그 의미가 살아있을 것이란 사실과 연관되어 있다.

그러므로 하나님의 뜻을 떠나서는 지상에서 진정한 교회가 세워질 수 없다. 즉 인간들의 종교적인 목적을 위한 참된 교회란 존재하지 않는다. 만일 그렇게 된다면 그것은 인간들의 욕망을 추구하는 이기적인 종교 단체일 뿐 참된 교회가 아니다. 이에 대해서는 비록 빌립보 교회나 초대 교회뿐 아니라 지상의 모든 교회들이 깨달아 알고 있어야만 할 근본적인 내용이다.

또한 바울은 빌립보 교회 성도들에게 저들을 자신의 심장(heart)에 두고 있다는 사실을 언급했다. 이는 바울이 자신과 빌립보 교회의 일체성을 강조하는 의미를 지니고 있다. 그들은 과거에 바울이 그곳에서 겪었던 힘겨운 일들에 대해 소상하게 알고 있었을 것이 분명하다. 하나님의 복음을 선포하기 위해 그가 얼마나 많은 애를 썼으며, 그것으로 인해 감옥에 갇혀 심한 고생을 한 사실뿐 아니라 초자연적인 기적들을 동반한 하나님의 놀라운 사역들에 대해 잘 알고 있었던 것이다.

따라서 사도 바울은 저들에게, 자신이 과거 빌립보에 있을 때 감옥 안에서 고생할 때나 지금 감옥에 갇혀 있으면서 고생하는 그 모든 일에 빌립보 교회 성도들도 그 의미 가운데 동참하고 있다는 사실을 강조해 말하고 있다. 한 지체가 당하는 고통과 그로 인해 복음이 전파되는 것은 개인적인 일에 국한되는 것이 아니라 지상의 모든 교회에 연관되어 있기 때문이다.

우리는 이를 통해 매우 중요한 의미를 깨달아야 한다. 그것은 사도 바울이 감옥에 갇힌 것은 교회가 갇히는 의미를 지니고 있으며 그것은 곧 모든 교회가 고통을 당하는 의미를 지니고 있기 때문이다. 즉 전체적으로 하나의 공동체로 엮어져 있는 보편교회는 상호 유기적인 관계를 이루고 있는 것이다.

또한 서신에 기록된 바울의 진실 가운데서 우리가 분명히 깨달아야 할 바는, 그가 빌립보 교회뿐 아니라 당시 전 세계에 흩어져 있던 모든 교회들을 심장에 담아두고 있었다는 사실이다. 물론 세상의 여러 교회들 가운데는 그가 직접 방문한 교회들이 상당수 있었지만 그렇지 않은 교회들이 훨씬 더 많이 있었다. 나아가 직접 얼굴을 알고 친밀한 교제를 나누는 성도들이 있었는가 하면, 그럴 수 있는 직접적인 기회를 가지지 못한 교회들과 성도들도 많이 있었을 것이 틀림없다.

그럼에도 불구하고 바울은 그 모든 교회들을 자신의 심장 속에 담아두고 있었다. 하나님께서 거룩한 자기 피로 값 주고 사신 교회라면 그것 자체로서 소중한 하나의 공동체를 이루고 있다. 하나님께서 저들을 귀하게 보신다면 그에 속한 모든 성도들 역시 그렇게 하지 않으면 안 된다.

4. 그리스도의 심장으로 사랑해야 할 교회(빌 1:8)

사도 바울은 자신이 빌립보 교회를 사모한다는 사실을 언급하고 있다. 그것은 인사치레로 언급된 것이 아닐 뿐더러 일반적인 감성적 사랑에 연관된 것이 아니었다. 그가 예수 그리스도의 심장으로 저들을 사랑한다는 고백을 한 것은 영원한 사랑에 그 근거를 두고 있다. 우리는 바울의 이 고백을 일상적인 표현으로 받아들일 수 있는 단순한 언술이 아니라 매우 숭고한 고백으로 이해해야 한다. 따라서 바울은 자신의 그와 같은 심정에 대해서는 하나님께서 직접 증인이 되신다고 말했다.

우리는 여기서 사도 바울이 빌립보 교회만 그렇게 사랑한 것이 아니었다는 사실을 염두에 두어야 한다. 바울의 여러 서신들을 볼 때 그는 모든 참된 교회들에 대해 그와 동일한 마음을 가지고 있었음을 알게 된다. 즉 바울은 다른 여러 교회들에 대해서도 예수 그리스도의 심장으로 사랑하는 마음을 소유했던 것이다.

이와 더불어 우리가 유추해 보아야 할 점은, 사도 바울은 자기가 개인적으로 잘 알고 있는 교회뿐 아니라 전혀 알지 못하는 교회들에 대해서도 그리스도의 심장으로 사랑하는 마음을 소유하고 있었을 것이란 사실이다. 한 번도 직접 방문하거나 만난 적이 없는 흩어진 각 교회에 속한 성도들에 대해서도 그는 동일한 마음을 가지고 있었을 것이 분명하다. 즉 개인적으로 친분이 없는 성도들이라 할지라도 여전히 진정으로 사랑하는 마음을 가지고 있었던 것으로 이해해야 하는 것이다.[21)]

---

21) 우리는 흔히 '민족애'(民族愛) 혹은 '동포애'(同胞愛)에 관한 언급을 하고 있다. 그것은 개인의 일반적인 사랑을 넘어 민족에 연관된 집단적인 의미를 지닌다. 즉 그와 같은 민족에 대한 사랑은 개별적인 실체가 아니라 집단적인 폭넓은 개념을 지니는 특색을 띤다. 하나님의 자녀들이 지상에 존재하는 전체 보편교회를 사랑해야 하는 것도 그와 유사한 의미를 지니고 있다.

이에 대해서는 오늘날 우리 역시 그와 동일한 자세를 가지지 않으면 안 된다. 하나님을 진정으로 경외하는 성도들이 모이는 교회라면 마땅히 그리스도로 말미암은 사랑의 대상이 되어야 한다. 오늘날 우리 시대에도 그 의미는 전혀 손상되지 않고 있다. 즉 우리가 한 번도 방문한 적이 없고 개인 성도들에 대해 알고 있는 바가 전혀 없다고 할지라도 지상의 모든 참 교회들은 우리의 진정한 사랑의 대상이 되어 있는 것이다.

아프리카 어느 밀림 지역에 있는 알지 못하는 교회와 멀리 남미南美 어느 지역의 오지에서 살아가는 성도들이라 할지라도, 저들이 진정한 하나님의 자녀라면 우리에게는 아무런 관계없는 남이 아니라 예수 그리스도 안에서 한 형제가 된 자들이다. 우리는 매주일 공적으로 천상에 계시는 하나님을 경배하며, 저들과 동일한 자리에서 하늘 보좌에 앉으신 하나님께 함께 예배드리는 가족이 되어 있기 때문이다. 교회와 그에 속한 성도들은 그점에 대해 올바른 이해를 하지 않으면 안 된다.

5. 하나님의 영광과 찬송이 되어야 할 교회(빌 1:9-11)

사도 바울은 자기가 빌립보 교회를 위해 기도하고 있다는 사실을 언급했다. 그가 기도한 내용은 사람들이 세상에서 살아가는 데 필요한 일상적인 문제들에 관한 것들이 아니었다. 즉 성도들이 타락한 세상 가운데서 풍요롭고 만족스러운 삶을 누리며 살아가도록 기도하지 않았다.

바울이 빌립보 교회를 위해 기도한 주된 내용은 성도들의 진정한 사랑에 연관된 것이었다. 그 사랑은 사람들이 흔히 생각하는 감성적인 성질을 지닌 것이 아니다. 그것은 예수 그리스도의 십자가 사역으로 말미암아 생성된 것이며 오직 하나님의 자녀들에게만 허락되었다. 그 사랑은 지상의 교회를 통해 세상 가운데서 효력 있게 기능해야만 한다.

따라서 교회에 속한 성도들이 소유하고 있는 신령한 사랑은 참된 지식과 지혜를 가지도록 한다. 그로 말미암아 사랑이 더욱 풍성하게 되어 하나님께 속한 선을 분별할 수 있게 된다. 즉 성도들이 그것을 통해 선과 악에 대한 개념을 파악할 수 있는 지혜를 소유하게 되는 것이다. 이로 말미암아, 부활 승천하신 예수 그리스도께서 재림하시는 날까지 순결하고 허물없이 자신을 보존할 수 있다.

지상 교회가 예수 그리스도의 순결한 신부로서 온전한 모습을 보존하는 것은 매우 중요한 일이다. 그러므로 이땅에 존재하는 모든 교회들 가운데는 예수님으로 말미암는 의의 열매들이 가득히 맺혀질 수 있어야만 한다. 이는 하나님의 교회는 타락한 세상과 전혀 다른 속성을 지닌 모습을 띠게 됨을 말해 주고 있다. 그것이 곧 하나님의 영광과 찬송이 되기 때문이다. 사도 바울은 빌립보 교회에 그와 같은 의의 열매들이 가득한 모습을 유지하기를 기원했다.

제2장

성도의 삶의 의미와 복음 전파

(빌 1:12-26)

1. 바울의 구금과 복음 전파 (빌 1:12-14)

사도 바울은 지금 감옥에 갇혀 힘든 상황에 처해 있다. 자유를 박탈당한 채 심한 고통을 당하고 있었던 것이다. 하지만 그는 자신의 형편을 한탄하지 않았다. 나아가 하나님을 원망하거나 억울해 하는 모습도 보이지 않는다.

바울은 감옥에 갇혀 어렵게 생활하고 있었지만 그것을 도리어 하나님의 복음 전파를 위한 긍정적인 관점에서 판단하고 있었다. 이는 수감생활에 아무런 불편이 없다거나 그의 육체적인 감각이 둔하다는 의미와는 전혀 다른 문제이다. 구금된 상태에서 그의 삶은 여전히 힘들고 고통스러웠을 것이 분명하다.

그럼에도 불구하고 바울이 여유로운 자세를 가질 수 있었던 것은 오로지 하나님의 복음 전파 때문이었다. 즉 그는 자기가 억울하게 감옥에 갇힌 일로 말미암아 복음 전파에 진전이 된 사실을 알고 있었다. 이는 바울이 그렇게 짐작한다는 것이 아니라 실제로 그와 같은 상황이 전개되었다. 그래서 바울은 그와 같은 놀라운 사실을 빌립보 교회의 모든 성도들이 알기를 원했다.

예수 그리스도의 부르심을 받은 사도로서 바울은 당시 교회에 있어서 매우 중요한 인물이었다. 그는 과거 유대교에 속해 있으면서 기독교를 박해하기 위해 공적으로 앞장섰지만 하나님의 은혜로 말미암아 예수 그리스도께로 돌아서게 되었다. 따라서 유대인들은 바울을 매우 불편한 존재로 인식했을 뿐 아니라 그에 대하여 상당히 예민한 감정을 가지고 있었다. 뿐만 아니라 로마제국에 속한 관료들도 그를 종교적인 정황에 따른 요주의 인물로 주목하고 있었다.

그러므로 바울이 예수 그리스도 때문에 감옥에 갇히게 된 사실이 그를 관리하던 모든 시위대와 그밖의 여러 사람들에게 알려지게 되었다. 그것은 더 이상 숨겨지거나 비밀리 감추어질 수 없었던 것이다. 바울은 그와 같은 형편 가운데서도 자기를 해치고자 하는 악한 세력을 두려워하지 않고 담대한 모습을 보였다.

사도의 그런 당당한 모습을 보며 형제들 가운데 다수가 주님 안에서 서로간 신뢰하는 마음을 더해갔다. 따라서 그들도 교회를 박해하는 자들의 세력을 두려워하지 않고 겁없이 하나님의 복음을 더욱 담대하게 전파했다. 바울은 그 과정을 지켜보며 하나님의 경륜 가운데 모든 것이 진행되고 있다는 사실을 깨닫고 있었던 것이다.

2. 복음 전파 자체가 지닌 의미(빌 1:15-18)

바울의 관심은 개인의 성공이나 영예로운 인생에 있지 않았다. 그는 자신을 위한 이기적인 삶을 갈망하지 않았으며 종교적인 명성을 추구하지도 않았다. 또한 개인적인 목적을 달성하기 위해 다양한 노력을 기울인 것이 아니라 오직 하나님의 복음 사역에 관심을 두고 있었을 따름이다.

그러므로 사도 바울의 주된 관심은 이땅에 하나님의 진리가 널리 전파되어 창세전에 선택받은 자녀들을 불러 모으는 일에 있었다. 물론 그 일은 원칙적으로 인간들의 노력에 의존하는 것이 아니었다. 사람들 가운데는 이기적인 판단과 욕망에 의해 투기와 분쟁을 일삼는 자들이 있었지만 그 과정에서도 그리스도가 세상에 전파되었다. 그럴 경우 악한 마음으로 모든 행동을 취하게 된 당사자에게는 아무런 유익이 없었으나 그로 말미암아 복음을 받아들이게 된 자들에게는 복이 되었다.

그렇지만 우리는 하나님의 복음이 널리 전파된다면 어떤 행동을 해도 괜찮다는 사고를 가져서는 안 된다. 성경은 하나님의 자녀들에게 투기와 분쟁을 피하고 온유한 마음을 가지도록 요구하고 있다. 그것은 하나님을 진정으로 경외하는 성도들이 소유해야 할 기본적인 성품이기도 하다. 따라서 야고보 선생은 시기와 다툼을 피하고 천상으로부터 허락된 지혜를 소유해야 한다는 사실을 교훈하고 있다.

> "너희 마음속에 독한 시기와 다툼이 있으면 자랑하지 말라 진리를 거슬러 거짓말하지 말라 이러한 지혜는 위로부터 내려온 것이 아니요 땅 위의 것이요 정욕의 것이요 귀신의 것이니 시기와 다툼이 있는 곳에는 혼란과 모든 악한 일이 있음이라 오직 위로부터 난 지혜는 첫째 성결하고 다음에 화평하고 관용하고 양순하며 긍휼과 선한 열매가 가득하고 편견과 거짓이 없나니 화평하게 하는 자들은 화평으로 심어 의의 열매를 거두느니라" (약 3:14-18)

하나님의 자녀들은 지상 교회의 화평을 위해 영적인 영역뿐 아니라 가시적인 일반사회 생활에 있어서의 질서를 매우 중요하게 여긴다(엡 6:5-9, 참조). 그에 대한 성숙한 자세가 없으면 세상에서 익힌 욕망으로 인해 참된 화평을 깨뜨릴 우려가 생겨나게 된다. 어리석은 자들에게는 그로 말미암아 시기와 질투가 일어나며 이기적인 주장이 고개를 쳐들게 되기 때문이다. 그리스도 안에서 그점을 명확하게 인식하고 있는 성도들은 항상 질서유지와 더불어 개인주의를 극복하고자 하는 선한 관심을 가져야만 한다.

이처럼 참된 보편교회에 속해 있는 성숙한 성도들은 땅 위에서 발생하는 이기적인 태도를 버리고 하나님을 진정으로 경외하는 겸손한 자세를 유지해야 한다. 그것이 천상으로부터 허락된 의의 열매를 거두는 성도들의 삶의 기초 역할을 하며 그것을 통해 온전한 교회 공동체를 세워 나가게 된다. 하나님으로 말미암는 그와 같은 삶의 자세가 교회 안에서 뿐 아니라 세상 가운데서 빛과 소금으로 드러나게 되는 것이다.

따라서 신앙이 성숙한 성도들은 하나님을 경외하는 선한 뜻으로 세상을 향해 예수 그리스도를 전파하게 된다. 빌립보 교회의 성도들은 바울이 하나님의 복음을 변증하기 위해 세워진 사도인 줄 알고 그와 더불어 참된 사랑으로 복음을 전파하는 삶을 지속했다. 그 모든 일들은 하나님의 경륜 가운데 이루어져 가게 되었다.

하지만 사탄에게 속한 사악한 자들은 감옥에 갇혀 있는 바울에게 더욱 심한 괴로움을 주기 위해 불순한 마음으로 그를 대적하기를 쉬지 않았다. 그들은 악한 동기로써 사도를 고통에 빠뜨리고자 했지만 도리어 그것을 통해 예수 그리스도가 널리 전파되었다. 즉 인간들의 다툼으로 인해 그리스도에 관한 소문이 걷잡을 수 없이 퍼져나가게 되었다는 것이다. 이처럼 사도 바울은 어떤 어려운 상황이 닥친다 할지라도 하나님의 복음이 전파되는 것을 자신의 삶에 있어서 가장 소중한 것으로 받아들였다.

그러므로 바울은, 인간들이 진실한 신앙으로 하나님을 전파하든 혹은 진리에 저항하는 악행을 통해 그렇게 하든 하나님의 복음이 세상에 전파되는 것으로 인해 만족스러워하고 있었다. 어떤 방법이나 과정을 거치든 예수 그리스도가 전파된다면 바울은 그것으로 족한 줄 여겼던 것이다. 그는 자신의 안락한 삶을 추구한 것이 아니었으므로 예수 그리스도가 전파되면 그것으로 인해 진정으로 기뻐할 수 있었다.

3. 성도의 유일한 목적(빌 1:19-21)

사도 바울은 자기가 감옥에 갇혀 있으면서도 복음 사역에 참여한 것이 성도들의 간구와 예수 그리스도의 성령의 도우심에 힘입은 것이며 자신에 대한 구원과 연관된다는 사실을 언급했다. 이는 복음이 전파되는 일에 연관된 총체적인 의미를 지니고 있다. 그것은 또한 사도 바울의 간절한 소망이기도 했다. 그러므로 그는 하나님에 대한 기대와 소망을 따라 무슨 일에든지 부끄러워하지 않고 담대하게 복음 사역에 동참할 수 있다고 했다. 그것은 과거에 자유롭게 생활할 때도 그랬으며 감옥에 갇힌 상태에서도 전혀 변함이 없었다. 이는 세상과 그에 속한 악한 세력이 결코 하나님의 자녀들을 궁극적으로 구속하지 못한다는 사실을 말해 주고 있다.

바울이 바라는 것은 자신의 영화로운 삶이나 세상에서의 성공이 아니었다. 그는 오직 자기의 몸에서 하나님의 아들이신 예수 그리스도가 존귀하게 드러나기를 바랐을 뿐이다. 이에 대해서는 그가 세상에서 살아갈 동안 자신의 삶 가운데 그리스도께서 내주內住하시는 것처럼 죽어서도 아무런 변함 없이 이어지게 된다.

그러므로 바울은 자기가 세상에서의 수명을 다하고 생애를 마감한다고 할지라도 여전히 예수 그리스도로 인한 유익이 존재한다고 언급했다. 이 말은 성도들에게 있어서는 삶과 죽음에 따른 궁극적인 차이가 없다는 사실에 연관되어 있다. 하나님의 은혜를 입은 모든 성도들은 그리스도와 연합한 가운데 존재하고 있기 때문이다. 갈라디아에 보내는 바울의 편지에서는 그에 연관된 구체적인 기록이 나타난다.

> "내가 그리스도와 함께 십자가에 못 박혔나니 그런즉 이제는 내가 산 것이 아니요 오직 내 안에 그리스도께서 사신 것이라 이제 내가 육체 가운데 사는 것은 나를 사랑하사 나를 위하여 자기 몸을 버리신 하나님의 아들을 믿

는 믿음 안에서 사는 것이라" (갈 2:20)

우리는 자신의 모든 것을 포기한 사도 바울의 고백을 통해 이 세상에 살아가는 성도들의 삶에 연관된 진정한 의미를 발견하게 된다. 하나님의 자녀들은 그리스도의 십자가 사역에 직접 연결되어 있다. 따라서 바울과 마찬가지로 우리 모두는 이땅에 살아있을 동안에도 자기 자신을 위해 사는 것이 아니라 오직 하나님의 아들을 믿는 믿음 안에서 살아가게 된다. 이를 통해 하나님의 존엄한 영광이 드러나게 되는 것이다.

4. 삶과 죽음에 관한 의미(빌 1:22-26)

어리석은 인간들은 이땅에서 오래 사는 것을 최상의 목표로 삼기도 한다. 하나님을 전혀 알지 못하는 불신자들뿐 아니라 신앙이 어린 교인들마저도 그와 같은 성향을 버리지 못하고 있다. 물론 그것은 인간들이 바란다고 해서 그렇게 될 수 있는 것이 아니다. 하지만 인간이 이 세상에서 몇년 혹은 몇십 년 더 살고 덜 사는 것 자체는 아무런 의미가 없다. 오래 산다고 해서 특별히 복을 받은 것도 아니며 일찍 죽는다고 해서 저주를 받은 것이라 말할 수 없다.

중요한 것은, 이 세상에 살아가면서 하나님께서 원하시는 의로운 열매를 맺는 성도의 삶과 연관되어 있는가 하는 점이다. 그것은 물론 개인의 명예나 성공 혹은 치적이 아니라 영원한 구원을 위한 하나님의 경륜에 관련된 것이다. 성도들이 그에 대한 올바른 의미를 깨닫는 것은 매우 중요하다.

사도 바울은 자신의 삶과 죽음에 대한 분명한 의미를 알고 균형잡힌 신앙 자세를 취하고 있었다. 물론 구약과 신약성경에 나타나는 모든 믿음의 조상들이 그와 동일한 깨달음을 소유했을 것이며 교회 역사 가운데 참된 믿음을 소유했던 선배들도 그러했을 것이 틀림없다. 따라서 오늘날 하나님의 자녀가 되어 살아가는 우리 역시 그와 동일한 신앙 자세를 소유해야만 한다. 바울은 본문 가운데서 삶과 죽음 가운데 끼어있는 자신의 삶을 현실적으로 고백하고 있다.

> "내가 그 둘 사이에 끼었으니 차라리 세상을 떠나서 그리스도와 함께 있는 것이 훨씬 더 좋은 일이라 그렇게 하고 싶으나 내가 육신으로 있는 것이 너희를 위하여 더 유익하리라" (빌 1:23,24)

우리는 사도 바울이 언급한 이 말을 실제적인 삶속에 분명하게 받아들이지 않으면 안 된다. 그는 인생을 죽음과 완전히 분리된 상태로 이해하는 것을 넘어 죽음에 밀착해 있는 것으로 해석하고 있다. 모든 인간들은 이 세상에서 생명을 가지고 살아가는 동안 죽음 앞에 서 있는 것과 마찬가지이기 때문이다.

우리는 여기서 오늘의 '나' 는 내일에 맞닿아 있는 것이 아니라 죽음에 맞닿아 있다는 사실을 깨달아야 한다. 즉 오늘의 '나의 삶' 은 내일에 불확실하게 연결되어 있는 반면 죽음과는 현실적으로 맞붙어 있는 것이다. 그러므로 예수님께서는 제자들에게 "내일 일을 위해 염려하지 말라 내일 일은 내일 염려할 것이요 한 날 괴로움은 그 날에 족하니라" (마 6:34)고 하셨다. 이 말씀은 단순한 윤리적 개념이 아니라 삶의 본질에 연관되어 있다.

따라서 사도 바울은 타락한 세상 가운데 오래 사는 것보다는 빨리 죽어 예수 그리스도와 함께 있는 것이 훨씬 좋은 것이라는 사실을 고백했다. 즉 이 세상에서의 '내일' 에 대한 아무런 기대를 가지지 않는다는 것이었다. 이는 입술로만 그런 식으로 표현하는 말이 아니라 매우 실제적인 의미를 지니고 있다. 이에 대해서는 오늘날 우리 역시 그와 동일한 신앙 자세를 소유하지 않으면 안 된다.

사도 바울은 속히 죽어 영원한 나라로 가고 싶은 마음이 간절하지만 자신의 의도대로 그렇게 할 수 없다는 사실을 잘 알고 있었다. 나아가 자기가 육신 가운데 살아있는 것은 자신이 아니라 지상 교회와 성도들을 위해 더욱 큰 유익이 되리라는 사실을 언급했다. 즉 바울이 이 세상에서 더 오래 살아가게 되는 의미는 수명연장에 대한 자신의 개인적인 욕망 때문이 아닌 다른 이유 때문이었던 것이다.

여기에는 모든 성도들에게 공히 적용되어야 할 중요한 의미가 존재한다. 세상의 끄트머리에 처해 있는 우리 시대 교회 역시 마찬가지다. 하나님의 자녀들이 이 세상에 살아가는 것은 개인적인 욕망을 위해서가 아니라 자신을 필요로 하는 지상의 이웃들을 위한 의미를 지니고 있다.

그러므로 지상 교회에 속한 성도들은 타락한 세상에 별다른 미련을 두고 살아갈 필요가 없다. 그렇다고 해서 이 세상을 떠나 빨리 죽기 위해 스스로 애쓰거나 자신의 몸을 소홀히 다루어서도 안 된다. 우리는 하나님께서 각 개인에게 세상에서의 삶을 허락하실 때까지 지상 교회에 속한 신실한 천국시민으로서 살아가게 될 따름이다.

바울은 또한 본문 가운데서, 자신이 살아 있어서 빌립보 교회 성도들의 믿음의 진보와 기쁨을 위해 함께 거할 것을 확실히 안다는 말을 하고 있다. 우리는 여기서 매우 중요한 의미를 깨달아야 한다. 그것은 바울이 실제로 저들과 동일한 지역에서 삶을 나누게 될 것으로 믿고 말했느냐 하는 점 때문이다. 다시 말해 바울은 장차 저들과 한 곳에서 같이 먹고 마시며 생활하는 가운데 살아갈 것을 기대했느냐는 것이다.

우리가 분명히 알 수 있는 사실은 바울이 당시 로마제국 전역에 흩어진 교회들 가운데 오직 빌립보 지역에 가서 마지막 여생을 보내며 살고자 하지는 않았을 것이라는 점이다. 바울은 빌립보 지역뿐 아니라 전 세계 곳곳에 존재하는 하나님의 교회들을 마음속에 담아두고 있었던 것이 틀림없다. 그에게는 지상에 흩어진 모든 참된 교회들을 마음으로 기억하고 있었던 것이다.

그럼에도 불구하고 바울이 그와 같은 언급을 한 것은 육신은 비록 멀리 떨어져 있으나 이땅에 생존해 있는 동안 주님 안에서 보편적인 개념에서 함께 거한다는 의미와 연관되어 있다. 지상의 모든 참된 교회들은 어디에 존재하든지 하나의 끈으로 연결되어 있으므로 매 주일 언약 가운데서 공적인 한 예배에 참여하게 된다.

따라서 서로 다른 지역에 떨어진 교회에 속한 모든 성도들은 한 울타리 안에 존재하고 있다. 설령 일면식이 없이 전혀 모르는 성도들이라 할지라도 보편교회 가운데 함께 거하게 된다. 나아가 사용하는 언어가 다르고 일반적인 문화와 습성이 동일하지 않다고 해도 하나님의 자녀라면 그리스도 안에서 함께 거하게 되는 것이다.

사도 바울은 그에 연관된 말을 하면서 빌립보 교회의 자랑거리에 관한 내용을 언급하고 있다. 저들에게는 그리스도 예수 안에서 자랑할 만한 내용을 소유하고 있었다. 그것은 물론 환난과 핍박 가운데서도 하나님에 대한 신앙을 온전히 지킨 것과 연관될 것이 분명하다. 따라서 바울은, 저들과 함께하는 자신의 보증과 교제를 통해 성도들의 자랑이 더욱 풍성하게 되기 원한다는 말을 남기고 있다.

제3장

예수 그리스도의 사역과 지상 교회의 성도들

(빌 1:27-30; 2:1-11)

1. '구원의 징표' 와 '멸망의 징표' 가 되는 복음(빌 1:27,28)

사도 바울은 빌립보 교회 성도들에게 그리스도의 복음에 합당한 생활을 하라는 요구를 했다. 이는 하나님의 자녀들은 타락한 세상에 속한 사람들과는 근본적으로 다른 삶을 살아야 한다는 의미를 내포하고 있다. 예수 그리스도를 알지 못하는 자들은 결코 하나님의 말씀에 순종할 수 없다.

바울이 저들에게 복음에 합당한 삶을 살도록 요구한 것은 교회가 주 안에서 한마음 한뜻을 가지도록 하기 위해서였다. 그렇게 함으로써 사도가 저들과 함께 거하든지 멀리 떠나 있든지 그리스도 안에서 복음의 신앙을 위해 협력할 수 있게 된다. 하나님의 백성들은 이와 같이 하여 모든 힘을 모아 원수들의 세력에 맞서 싸워야만 한다.

지상 교회에 속한 성도들은 그것을 위해 성숙하게 자라가지 않으면 안 된다. 그래야만 하나님과 교회를 대적하는 악한 원수들의 세력에 대한 두려움을 극복할 수 있게 된다. 사도 바울은 빌립보 교회 성도들에게서 그런 담대한 모습을 보기 원했으며, 저들이 복음에 합당한 성숙한 삶을 살아가는 소식을 듣고자 원했다.

하나님의 복음은 동일하지만 불신자들과 신자들 사이에서 정반대로 다른 기능을 한다. 하나님을 대적하는 원수들에게는 그것이 멸망의 징표가 된다. 그 복음의 능력이 저들을 심판할 것이기 때문이다. 그에 반해 참된 교회에 속한 성도들에게는 그것이 영원한 구원의 징표가 된다. 예수 그리스도를 통한 복된 소식은, 하나님께서 창세전에 택하신 자기 자녀들을 위해 허락하신 것이다.

사도 베드로 역시 자신의 서신에서 그와 동일한 내용을 기술하고 있다. 하나님께서 시온에 보배로운 '모퉁이 돌' 을 두심으로써 그것이 심판의 기준이 된다는 것이었다. 하나님을 믿는 성도들에게는 그 모퉁이 돌이 생명을 위해 요긴한 역할을 하게 되지만, 불신자들에게는 부딪치며 거치는 역할을 하게 되어 부끄러움을 당하게 한다는 것이다.

> "성경에 기록하였으되 보라 내가 택한 보배롭고 요긴한 모퉁이 돌을 시온에 두노니 저를 믿는 자는 부끄러움을 당치 아니하리라 하였으니 그러므로 믿는 너희에게는 보배이나 믿지 아니하는 자에게는 건축자들의 버린 그 돌이 모퉁이의 머릿돌이 되고 또한 부딪히는 돌과 거치는 반석이 되었다 하니라 저희가 말씀을 순종치 아니하므로 넘어지나니 이는 저희를 이렇게 정하신 것이라" (벧전 2:6-8)

위의 성경 말씀에서 언급된 모퉁이 돌과 건축물은 영적인 의미를 지니고 있다. 베드로는 예수님을 영적인 건물인 교회의 모퉁이 돌로 묘사하고 있는 것이다. 어리석은 건축자들로 묘사된 유대인들은 자신의 이성과 경험적인 판단에 따라 그 돌을 불필요한 것으로 간주해 바깥에 내다버렸다. 그러나 실상은 그 돌이 쓸데없는 무가치한 것이 아니라 절대로 없어서는 안 될 요긴한 역할을 감당하게 되었다. 인간들의 지혜와 재능으로는 결코 그에 연관된 하나님의 큰 경륜을 알아낼 수 없다.

위의 베드로전서 본문에 기록된 것처럼 예수님께서는 큰 건물을 세우고 지탱하기 위한 모퉁이 돌이 되시며, 지상의 모든 교회와 하나님의 자녀들은 그에게 연결되어 있다. 그가 없이는 이땅에 신령한 건축물인 하나님의 교회가 세워질 수 없다. 따라서 그 모퉁이 돌을 기준으로 하여 인간들의 구원과 멸망이 완전히 갈라지게 된다. 즉 교회에 속한 성도들은 보배로운 돌인 예수님으로 말미암아 영원한 구원을 받게 되지만 교회와 무관한 불신자들은 도리어 그 모퉁이 돌로 말미암아 영원한 멸망을 당하게 된다.

2. 선한 싸움과 성도의 고난(빌 1:29,30)

하나님의 자녀들은 항상 예수 그리스도를 통한 은혜 가운데 거하게 된다. 그것은 인간들의 요구에 의한 것이 아니라 창세전에 있었던 하나님의 선택과 예정으로 말미암은 것이었다. 이는 인간의 궁극적인 구원이 타락한 세상으로부터가 아니라 전적으로 하나님께 속한 것이라는 사실을 말해주고 있다.

하나님께서는 은혜를 베풀어 주심으로써, 택한 백성들로 하여금 인간의 몸을 입으신 예수님을 하나님의 아들 그리스도로 믿도록 하셨다. 따라서 지상 교회에 속한 참된 성도들은 그리스도를 통한 하나님의 능력을 믿을 수 있게 되었다. 하지만 하나님께서 자기 자녀들을 부르신 목적은 예수 그리스도를 믿게 할 뿐 아니라 그를 위해 고난을 받도록 하기 위한 것이었다.

이는 지상 교회에 속한 성도들이 반드시 기억해야 할 중요한 내용이다. 거룩한 하나님께 속하게 된 성도들이 타락한 세상에서 고난을 당하는 것은 지극히 당연한 일이다. 그런데 그 고난은 자연발생적으로 일어난 것이 아니라 하나님의 징계에 의한 경우가 많다.

다시 말하자면 하나님께서는 사랑하는 자기 자녀들에게 의미 없는 고통을 주시지 않는다. 즉 하나님의 징계는 견디기 힘든 고통일지라도 그 징계를 받는 성도들에게는 인식과 상관 없이 커다란 유익이 된다. 히브리서 기자는 자신의 편지에서 그에 관한 중요한 언급을 하고 있다.

> "주께서 그 사랑하시는 자를 징계하시고 그의 받으시는 아들마다 채찍질하심이니라 하였으니 너희가 참음은 징계를 받기 위함이라 하나님이 아들과 같이 너희를 대우하시나니 어찌 아비가 징계하지 않는 아들이 있으리요 징계는 다 받는 것이거늘 너희에게 없으면 사생자요 참 아들이 아니니라"(히 12:6-8)

하나님을 믿는 성도들이라고 해서 이 세상에서 항상 행복하고 즐거운 삶을 살게 되는 것이 아니다. 도리어 많은 경우에 환난과 고통을 당하는 것이 일반적이라 할 수 있다. 그런데 중요한 사실은, 하나님으로부터 징계를 받을 때 한탄스럽고 원망하는 마음을 가질 것이 아니라 도리어 감사할만한 일이라는 사실을 기억해야 한다는 점이다.

히브리서 기자는, 성도들이 당하는 고통은, 아버지가 사랑하는 아들이 올바르게 성장하도록 채찍질하는 것과 같다고 말했다. 이처럼 하나님의 자녀들이 진리로 말미암아 고통을 당하는 것은, 하나님께서 저들을 아들로 인정해 주는 것과 동일한 의미를 지니고 있다. 따라서 사도는 본문 가운데서, 마땅히 있어야 할 징계가 없다면 참 아들이 아니라 사생자私生子라는 사실을 언급하고 있다.

우리는 여기서 타락한 세상에 살아가는 성도들의 삶에 대한 하나님의 분명한 의도를 엿보게 된다. 즉 하나님께서는 세상에서 복음을 선포하고 증거하기 위해 사랑하는 성도들로 하여금 상당한 고난을 받도록 하셨던 것이다. 이는 고난이 자기 자녀를 위한 것으로서 특별히 주어지게 된다는 사실을 말해 주고 있다. 그것은 또한 성도들에게 주어진 고난은 일반적으로 생각하는 무서운 저주가 아니라 악한 것으로부터 떠나 세상을 등지게 하는 중요한 방편이 된다는 의미를 내포하고 있다.

그러므로 빌립보 교회 성도들은 하나님과 그의 사역에 저항하는 원수들과 맞서 싸움으로서 고난에 참여하고 있었다. 그것은 하나님의 자녀들에게 발생하게 되는 지극히 자연스러운 일이었다. 바울은 과거에 저들이 그와 같은 고난을 당하는 자신의 모습을 본 사실을 언급했다. 그리고 자신은 지금 감옥에 갇혀 고통스러운 상황에 처해 있으면서도 성도들이 당하는 고난에 관한 소문을 듣고 있다는 사실을 말했다.

3. 예수 그리스도 안에서 동일한 마음을 품어야 할 교회(빌 2:1-4)

하나님의 자녀들은 타락한 세상에서 살아가지만 예수 그리스도 안에서 살아가는 성도들이다. 따라서 어떤 권면이나 어떤 사랑의 위로나 성령과 함께하는 어떤 교제나 긍휼과 자비가 있다면, 교회에 속한 모든 성도들은 예수 그리스도 안에서 마음을 하나로 모아 사고하며 행동해야 한다. 그리하여 동일한 신앙을 소유하고 같은 사랑을 나누며, 하나님으로 말미암은 뜻을 그리스도와 함께 합하는 것이 중요하다.

그렇게 함으로써 모든 성도들은 주 안에서 신령한 위로를 나눌 수 있어야 한다. 즉 교회에 속한 성도들은 무슨 일을 하든지 서로간 부당한 경쟁심을 드러내거나 다툼으로 무엇을 행하려고 해서는 안 된다. 또한 유치한 이기심으로 말미암은 허영심을 버려야만 한다. 그것은 성숙한 성도들이 가질 태도가 아니기 때문이다.

그러므로 하나님을 진정으로 경외하는 성도들이 겸손한 마음을 소유하는 것은 지극히 당연하다. 이는 겉으로 드러나는 사람들의 말과 행동을 두고 언급하는 것이 아니다. 만일 속마음은 전혀 그렇지 않은 상태에서 외형적인 태도만 그럴듯하게 취한다면 도리어 가증스런 위선자가 될 수 있다.

참된 겸손은 하나님을 진정으로 경외하는 것으로부터 생겨나게 된다.

그것은 개개인 성도들로 하여금 남을 자기보다 낫게 여기는 겸손한 마음을 가지도록 한다. 그런 신령한 자세는 인위적인 것이 아니며 하나님으로부터 주어진다. 그것을 통해 하나님의 자녀들인 다른 성도들에 대해 존중하는 태도를 소유하게 되는 것이다.

그와 같은 신앙 정신을 가진 성도들은 자기에게 맡겨진 모든 삶에 대해 책임감을 가지고 최선을 다해야 한다. 이는 자기가 감당해야 할 일들에 대해 무관심하거나 소홀히 하지 않는다는 의미를 내포하고 있다. 또한 주변의 고통당하는 이웃의 형편을 관심 있게 돌아보며 연약한 사람들을 돌아볼 수 있게 된다.

신앙인으로서 가져야 할 그런 삶의 자세는 모든 성도들이 취해야 할 마땅한 덕목이다. 따라서 바울은 빌립보 교회 성도들에게 그와 같이 순종함으로써 자신의 기쁨을 충만하게 하라는 요구를 했다. 바울이 언급한 그 말 가운데는 하나님께서 성도들의 그런 자세를 기뻐하시기 때문에 자기도 기뻐한다는 사실을 내포하고 있다.

4. 종의 형체를 입고 이땅에 오신 하나님의 아들(빌 2:5-8)

사도 바울은 빌립보 교회 성도들에게 그리스도 예수의 마음을 품으라는 말을 했다. 그것은 타락한 세상에서 형성된 인간들의 자기중심적인 삶의 태도를 버리라는 요구와 연관되어 있다. 즉 성령으로 말미암아 거듭 태어난 하나님의 자녀들은 세상과는 다른 그리스도의 심정을 가져야 하는 것이다.

하지만 예수 그리스도께서 이땅에서 보여주신 자세는 인간들이 일반적으로 기대하는 것과는 전혀 달랐다. 인간의 욕망은 끝없이 높은 자리를 차지하고자 하며 더 큰 것을 소유하고자 한다. 나아가 개인의 명예와 부를 누리는 가운데 남을 지배하고자 하는 속성을 지니고 있다.

그러나 인간의 몸을 입고 이 세상에 오신 하나님의 아들 예수 그리스도는 전혀 그렇지 않았다. 그는 하나님의 본체 곧 우주만물을 창조하신 절대자 하나님이셨다. 그럼에도 불구하고 예수님은 하나님과 동등하게 누리는 영광의 자리를 내어놓고 죄악 세상으로 강림하셨다. 그것은 하나님께서 자신의 영화로운 보좌를 뒤로하고 주권적으로 행사할 수 있는 모든 세력조차도 일시적으로 내려놓으신 사실을 의미한다.

예수님은 죄악에 빠진 보통 인간들과는 달리 오히려 자기를 비워 종의 신분을 취하여 인간이 되셨다. 그는 자기를 가장 낮은 자리까지 낮추어 사람의 몸을 입고 이땅에 오셨다. 약속된 메시아는 구약성경에서 이사야 선지자가 예언한 대로 '임마누엘' 하나님으로 이 세상에 오셨던 것이다(사 7:14; 마 1:22,23).

하나님의 아들이 인간의 모습을 띠게 되자 진리를 알지 못하는 사악한 인간들은 그를 모욕하고 죽이게 되었다. 엄청난 고통에도 불구하고 그는 하나님의 뜻에 따라 십자가 위에서 목숨을 내어놓고 복종하셨다.

지상 교회에 속한 모든 성도들은 그와 같은 예수 그리스도의 자세를 귀감으로 삼고 받아들여 그의 마음을 소유해야 한다. 신앙이 어린 교인들은 하나님을 믿으면 세상에서 부귀영화를 누리는 데 한걸음 가까이 나아가는 것처럼 착각하지만 실상은 전혀 그렇지 않다. 그것은 도리어 고통의 길에 들어서는 것과 같다. 따라서 하나님의 자녀가 된 성도들은 예수님께서 가지셨던 삶의 자세를 품어 그의 뜻에 따라야만 한다.

5. 궁극적인 승리자 예수 그리스도(빌 2:9-11)

인간의 몸을 입은 예수 그리스도께서 종의 형체를 가지고 가장 낮은 자리까지 이르셨지만 하나님께서는 그를 최고의 자리로 불러 앉히셨다. 그리하여 십자가를 지신 그리스도는 모든 이름 위에 뛰어난 이름을 얻게 되었다. 그로 말미암아 사탄의 세력을 누르고 승리하신 그리스도께서 천상의 가장 높은 자리에 앉으시게 된 것이다.

따라서 하늘에 존재하는 모든 권세자들과 땅 위에 있는 사악한 자들 모두가 예수 그리스도의 이름 앞에 무릎을 꿇을 수밖에 없는 존재들이다(빌 2:10). 여기서 그리스도의 '이름'이 언급된 것은 창세전에 행해진 불변의 언약에 연관되어 있다. 즉 예수 그리스도를 통한 승리는 언약에 신실하신 하나님께서 창세전 자신의 거룩한 이름을 걸고 약속하셨던 내용에 연관된 것임을 말해 주고 있다.

그러므로 창세전에 선택받은 모든 성도들은 십자가 위에서 승리하신 예수 그리스도를 하나님의 아들로 시인하게 되었다. 본문에 언급된 '모든 입'이란 세상에 존재하는 모든 인간들을 일컫는 것이 아니라, 신분 계층에 상관없이 하나님의 선택을 받은 백성으로서, 유대인의 범주를 넘어 이방인들을 포함하는 의미를 담고 있다(빌 2:11, 참조). 이로써 세상에 태어난 모든 하나님의 자녀들이 성자이신 예수 그리스도를 주님으로 받아들임으로써 성부 하나님께 영광을 돌리게 되는 것이다. 그리스도를 주님으로 시인하는 것과 구원에 연관된 문제에 대해서는 로마서에도 분명히 나타나고 있다.

> "네가 만일 네 입으로 예수를 주로 시인하며 또 하나님께서 그를 죽은 자 가운데서 살리신 것을 네 마음에 믿으면 구원을 얻으리니 사람이 마음으로 믿어 의에 이르고 입으로 시인하여 구원에 이르느니라"(롬 10:9,10)

이처럼 하나님의 자녀들은 예수 그리스도를 주(Lord)로 시인함으로써 하나님과 새로운 관계가 형성된다. 그것은 창세전에 있었던 하나님의 언약과 '여자의 후손'(창 3:15)을 보내 원수를 심판하시겠다는 약속에 근거하고 있다. 예수님의 죽음과 부활은 구약성경에 기록된 모든 예언들이 성취되었음을 말해 준다.

그러므로 하나님의 자녀들은 예수님을 자신의 주로 시인해야 하며, 죽은 자 가운데서 살아나신 그를 믿음으로써 영원한 구원을 소유하게 된다. 또한 바로 그 믿음으로 말미암아 하나님의 의에 이르게 될 뿐 아니라 그를 시인하여 구원에 이르게 된다. 참된 교회에 속한 모든 성도들은 그것을 통해 성부 하나님께 영광을 돌릴 수 있게 되는 것이다.

제4장

지상 교회에 대한 사도의 소원
(빌 2:12-18)

1. 구원을 이루어 가야 할 지상 교회(빌 2:12)

사도 바울은 사랑하는 빌립보 교회 성도들을 향해 '너희 구원을 이루라' (work out your salvation)는 요구를 하고 있다. 이는 하나님께서 베푸신 구원은 점진적으로 발전해 가는 성격을 지닌 것과 연관된다. 여기에는 하나님의 구원이 인간 역사를 통한 종말론적 개념을 지니고 있음이 드러나고 있는 것이다.

그러므로 우리는 이 말을 단순히 개인적인 신앙 성장에 국한시켜 적용해야 하는 교훈으로 이해해서는 안 된다. 그 요구를 교회적인 의미로 받아들이는 것이 바람직하다. 즉 개개인 성도들이 자기의 구원을 위해 노력하라는 요구를 넘어 하나님의 교회를 온전히 세워가라는 뜻으로 이해할 수 있어야 한다.

바울은 본문 가운데서 빌립보 교회의 성도들이 과거에 자기와 함께 있을 때 모든 면에서 성실한 자세로 임했던 점을 언급하고 있다. 나아가 당시의 신앙에 따라 지금도 그와 같은 신실한 자세를 견지하도록 요구했다. 따라서 그는 저들이 육체적으로 자기와 함께 있지 않은 가운데서도 항상 복종하여 두렵고 떨리는 마음으로 하나님의 구원을 이루라는 요구를 했던 것이다.

그렇다면 바울이 말하는 바 복종이란 과연 무엇에 대해 그렇게 하라는 의미인가? 빌립보 교회 성도들은 바울이 저들과 함께 머물러 있을 때 사도이자 교사인 그의 말을 온전히 들어 순종했다. 그는 이제 멀리 떠나 있으면서 또다시 모든 성도들에게 사도를 통해 계시된 하나님의 말씀에 복종하도록 강조하고 있다. 물론 이 가운데는 편지의 맨 앞부분에 언급되었듯이 감독과 집사 등 직분을 중심으로 한 교회 질서와도 밀접하게 연관되어 있다는 사실을 이해해야 한다.

우리가 여기서 깨닫게 되는 중요한 사실은 각 성도들이 개인적인 판단에 따라 모든 것을 주장하거나 행하려고 해서는 안 된다는 사실이다. 모든 교인들이 다양한 형편이나 사안들에 대해 제각각 개인적인 강한 주장을 펼치게 되면 하나의 공동체를 이루어야 할 교회가 어지러워질 수밖에 없다. 따라서 바울은 빌립보 교회에 속한 성도들에게 그와 같은 주관주의적인 태도를 지양止揚하도록 요구하고 있다.

하지만 신앙이 성숙하지 못한 어린 교인으로서 그렇게 하는 것은 결코 쉬운 일이 아니다. 종교적인 경험과 이성에 익숙한 인간들은 자신의 주장을 펼치고자 할 뿐 그것을 포기하고자 하지 않을 것이기 때문이다. 그러므로 바울은 저들에게 개별적인 취향대로가 아니라 교회 가운데서 두렵고 떨림으로 구원을 이루어 가라는 당부를 하고 있다. 그런 신앙적인 과정을 통해 지상 교회가 정상적으로 성장하여 저들에게 허락된 하나님의 완전한 구원을 향해 나아가게 되는 것이다.

2. 교회 가운데 행하시는 하나님(빌 2:13,14)

지상에 존재하는 참된 교회 가운데는 항상 여호와 하나님께서 역사하고 계신다. 그러므로 모든 성도들은 교회 안에서 일하시는 하나님의 뜻에 깊은 관심을 기울여야만 한다. 그렇게 함으로써 부패한 인간들의 이성과 경험에 따른 미흡한 주장이 하나님의 의도를 앞지르지 않도록 해야 하는 것이다.

이와 더불어 우리가 반드시 기억해야 할 바는, 하나님께서는 말씀과 성령을 통해 교회 가운데서 구체적으로 행하신다는 사실이다. 하나님은 자신의 기쁘신 뜻을 이루어 가시기 위해 특별히 허락하신 직분과 성도들을 방편으로 삼아 다양하게 역사하신다. 우리는 그 전체적인 과정을 주의 깊게 바라보면서 성도들의 삶속에 역사하시는 하나님의 특별한 경륜을 깨달아 가야 한다.

하나님께서는 예수 그리스도의 거룩한 피로 값주고 사신 지상 교회와 성도들에게 자신의 궁극적인 소원을 두고 계신다. 그는 자기 자녀들이 자신의 뜻에 순종케 함으로써 지상에서 맡겨진 저들의 모든 직무를 감당하도록 하셨다. 그것이 하나님의 기쁨이 되며 그로 말미암아 하나님께서 영광을 받으시게 되기 때문이다.

사도 바울은 성도들에게, 그 모든 일들에 대하여 온전히 순종함으로써 원망과 시비가 없도록 하라는 요구를 했다. 하나님의 의도를 무시하고 인간들의 이성에 따른 종교적인 욕망을 추구하게 되면 거기에는 원망이 따를 뿐 아니라 부당한 시비들이 일어나게 된다. 지상 교회가 하나님의 말씀에 민감해야 하고 성령의 음성에 귀를 기울여야 하는 이유가 바로 거기 있다.

3. 세상과 교회의 상반된 모습 (빌 2:15,16)

지상 교회에 속한 성숙한 성도들이 하나님의 뜻 가운데 살아가야 하는 이유는 흠이 없는 순전한 삶을 이어가기 위해서이다. 이는 물론 단순히 윤리적인 생활 태도에 국한된 것이 아닐 뿐더러 완벽한 삶을 요구하는 것이 아니다. 그렇지만 어렵고 힘든 상황 가운데서도 계시된 말씀을 통해 드러난 하나님의 뜻을 추구하며 경건한 신앙 자세를 유지하지 않으면 안 된다.

사탄이 지배하는 타락한 세상은 거룩한 하나님을 떠난 상태에서 온갖 더러운 것들로 가득 차 있다. 눈에 보이는 가시적인 것은 물론 정신과 사상적인 분야 역시 그렇다. 그와 같은 것들은 성도들의 영적인 삶에 직접적인 악영향을 끼칠 수밖에 없다. 하나님의 자녀들이라 할지라도 정신을 바짝 차려 불의에 저항하며 자신을 지켜내지 않으면 그에 쉽게 동화되어 버릴 우려가 있는 것이다.

사도 바울은 지상 교회가 존재하는 영역인 타락한 세상은 성도들이 매우 조심스럽게 반응해야 할 대상이라는 사실을 강조하고 있다. 하나님의 자녀들이라 할지라도 어그러지고 거스르는 세대 가운데 살아가고 있기 때문이다. 그런 위태로운 환경에서는 성도들이 평온하고 안락한 삶을 이어가게 되는 것이 아니라 도리어 하나님 나라와 세상 사이에서 발생하는 긴장 가운데 살아가야 한다.

그렇지만 바울은 교회와 그에 속한 성도들에게 모든 것을 외면한 채 소극적인 태도로 세상을 살아가라고 교훈하지 않는다. 그는 도리어 적극적인 자세를 취함으로써 사람들에게 도전을 주며 선한 영향을 끼치라는 요구를 하고 있다. 즉 어그러지고 비뚤어진 세상 가운데서 진정한 빛들로 나타나야 한다는 것이다. 이에 대해서는 예수님께서 제자들에게 세상에서 빛의 역할을 감당하도록 요구하신 말씀과 동일한 의미를 지닌다.

> "너희는 세상의 빛이라 산 위에 있는 동네가 숨겨지지 못할 것이요 사람이 등불을 켜서 말 아래에 두지 아니하고 등경 위에 두나니 이러므로 집 안 모든 사람에게 비치느니라 이같이 너희 빛이 사람 앞에 비치게 하여 그들로 너희 착한 행실을 보고 하늘에 계신 너희 아버지께 영광을 돌리게 하라"(마 5:14-16)

교회와 그 가운데서 살아가는 모든 성도들은 어둠으로 뒤덮힌 악한 세상에서 밝은 빛을 비추게 된다. 하지만 이는 불안전한 인간 스스로 윤리적인 변화를 통해 빛의 존재가 될 수 있다는 의미가 아니라 지상 교회가 참빛이신 예수님을 반영하는 존재라는 사실을 말해 주고 있다. 그러므로 어느 누구도 참된 빛이신 예수 그리스도와 그의 사역을 가로막는 일에 가담해서는 안 된다. 그것은 빛을 방해하는 사악한 행동이며 하나님의 사역에 저항하는 행위가 되기 때문이다.

예수님께서는 성경에서 자신을 유일한 참 빛이라는 사실을 분명히 말씀하고 계신다(요 1:9). 그에게 속한 하나님의 자녀들이 참 빛이신 예수님을 만방에 드러낼 때 비로소 어둠 속에 갇힌 세상이 참된 진리를 볼 수 있게 된다. 물론 그 놀라운 일은 하나님의 은혜를 받은 성도들에게만 허락되는 것이다.

사도 바울이 빌립보서 본문 중에 말하고 있는 빛에 관한 내용은 물리적인 의미가 아닐 뿐더러 단순한 도덕적인 개념을 두고 언급한 것이 아니다. 그것은 천상으로부터 주어진 선물로서, 생명의 말씀이 어두운 죄악 세상을 환하게 비추게 되는 것을 의미한다. 그 모든 내용이 가진 뜻은 계시된 하나님의 진리와 직접 관련되어 있다.

천상에서 허락된 밝은 빛이 어둠의 세계 가운데 비치게 되면 그 안에 존재하는 더러운 것들이 그대로 드러나게 된다. 즉 빛이 없으면 눈에 보이지 않을 추악한 것들이 그 빛을 통해 만천하에 노출될 수밖에 없다. 즉 빛이 없는 상태에서는 아무렇지 않게 여겨지던 것들이, 빛으로 말미암아 악한 모습을 드러내게 되는 것이다.

이 말씀은 하나님께서 계획하신 구원 사역과 직접 연관되어 있다. 빛이신 예수 그리스도께서 인간의 몸을 입고 이 세상에 오셨을 때 사탄에게 속한 더러운 죄악이 드러날 수밖에 없었다. 인간들의 이성과 경험으로는 죄로 간주되지 않던 것들이 거룩한 예수님으로 말미암아 정죄받는 자리에 놓이게 된 것이다.

그러므로 하나님의 자녀들은 예수 그리스도 안에서 순전하고 흠 없는 상태를 유지하는 가운데 참 빛을 드러내는 신령한 역할을 감당해야 한다. 그렇게 함으로써 주님과 더불어 세상을 향한 구원과 심판의 메시지를 발할 수 있게 된다. 지상에 존재하는 모든 교회들은 자기에게 주어진 그 소중한 사명을 잠시라도 잊어서는 안 된다.

사도 바울이 빌립보 교회 성도들에게 진정으로 바라고 원했던 것은 바로 그와 같은 경건한 삶이었다. 저들이 어그러지고 저항하는 악한 세상 가운데 살아가고 있지만, 하나님 앞에서 온전히 자라가는 것이 바울의 바람이었다. 그는 교회의 올바른 성장을 자기에게 허락된 최상의 자랑거리로 여기고 있었던 것이다.

4. 바울의 달음질과 수고(빌 2:16,17)

사도 바울은 하나님의 뜻을 좇아 살기 위해 자기의 모든 것을 포기한 인물이었다. 그는 자신의 개인적인 욕망을 추구하기 위해 그렇게 한 것이 아니었으며 종교적인 목적을 달성하기 위해 그렇게 한 것도 아니었다. 그는 오로지 하나님께서 원하시는 일에 매진한 신실한 사도였다.

바울은 빌립보 교회에 속한 성도들에게 자기의 신앙을 드러내 보이면서 저들에게서도 그와 같은 삶의 모습을 보기를 원했다. 자기는 모든 힘을 다해 하나님께서 원하시는 길을 달려왔으며 어떠한 수고도 마다하지 않았다는 것이다. 그가 이 말을 했을 때 그의 편지를 받는 성도들은 이미 그 모든 내용을 충분히 알고 있었을 것이 분명하다.

사도는 지금 그와 같은 경건한 삶을 살아온 것 자체를 사람들 앞에서 자랑하고자 하는 의도를 가진 것이 아니었다. 그에게 있어서 더욱 중요한 것은 자기가 어떤 신앙적인 삶을 살아왔는가 하는 사실보다 그것이 여러 성도들의 삶에 어떤 선한 영향을 미치게 되었으며 얼마나 많은 열매가 맺혔는가 하는 점이었다. 즉 그의 관심은 개인적인 삶의 여정이 아니라 지상에 세워진 주님의 몸된 교회였던 것이다.

그러므로 바울은 신앙의 길을 열심히 달려오면서 자기가 수고한 것들이 헛되지 않게 되기를 원한다는 말을 했다. 그것은 교회와 연관된 고백적인 진술이다. 즉 자기 혼자 최선의 열성을 기울여 살아 왔기 때문에 감사한 마음을 가지려는 것이 아니라 그것이 교회를 위한 결실로 남아 있기를 간절히 원했다. 그것은 물론 겉으로 드러나는 형식적인 성과를 말하는 것이 아니다. 그가 간절히 원했던 것은 세상에서 빛으로 살아가면서 어두운 세상에 생명의 말씀을 밝히는 교회와 신앙인으로서의 저들의 삶이다.

이에 대해서는 오늘날 우리 또한 그런 자세를 소유해야 하며 그렇게 되어야만 한다. 바울이 달려간 신앙의 길과 수고는 빌립보 교회와 사도교회 시대의 성도들뿐 아니라 지상에 존재하는 역사상의 모든 교회들에 직접적인 영향을 끼치고 있다. 세상에 존재하는 모든 하나님의 자녀들에게 주어진 소명은 그에 밀접하게 연관되어 있는 것이다.

즉 사도교회 시대에 살았던 여러 사도들이 그랬던 것처럼 지상에 살아가는 모든 성도들은 그와 같은 신령한 달음질과 수고를 이어가야만 한다. 그것은 지상 교회와 성도들이 타락한 세상에서 감당해야만 할 몫이다. 주님의 재림이 가까워질수록 세상은 더욱 악해져 갈 것이 분명하다.

그러므로 신앙이 성숙한 하나님의 자녀들은 종말의 때가 이르게 되면 세대를 분별하여 죽음을 두려워하지 않고 더욱 치열한 삶을 살아가야 한다. 그것은 신실한 모든 교회에 반드시 적용되어야 할 내용이다. 사도 요한은 그의 계시록에서 그에 연관된 결과적 사실을 언급하고 있다.

> "또 우리 형제들이 어린 양의 피와 자기들이 증언하는 말씀으로써 그를 이겼으니 그들은 죽기까지 자기들의 생명을 아끼지 아니하였도다" (계 12:11)

요한은 위의 계시록 본문에서 종말을 당한 성도들이 신앙을 온전히 지키기 위하여 자신의 생명을 전혀 아끼지 않았다는 사실을 언급하고 있다. 우리는 여기서 계시된 하나님의 말씀과 더불어 세상에서 치열한 삶을 살게 되는 성도들의 진지한 모습을 엿보게 된다. 이는 사도 바울이 빌립보 교회 성도들을 향해 말한 대로 최선을 다해 달리며 수고한 삶의 내용이 그 후의 모든 성도들에게 동일하게 상속되어 갔음을 말해 주고 있다.

5. 바울의 소원(빌 2:17,18)

사도 바울은 하나님과 그의 몸된 교회를 위해 자신의 모든 것을 바치기로 작정한 믿음의 선배였다. 그의 신앙은 이론적이거나 사변적인 것이 아니라 진리 안에서 매우 현실적이었으며 구체적이었다. 따라서 만일 빌립보 교회에 속한 성도들이 소유한 믿음의 제물과 신령한 예배(service) 위에 자신의 생명의 피를 관제(灌祭, Drink offering)[22]와 같이 쏟아 붓는 일이 있다 할지라도 자기는 모든 성도들과 함께 기뻐하리라는 고백을 했다.

바울의 그 말은 결코 입술로만 내뱉는 소리가 아니라 그의 진솔한 공적인 고백이다. 이는 자기가 그런 결연한 신앙의 자세를 가진 것처럼 모든 하나님의 자녀들이 그렇게 되기를 원하는 마음을 드러내고 있다. 바울은 사랑하는 제자 디모데에게 편지를 쓰면서도 그와 동일한 자세를 보이며 소중한 교훈을 주고 있다. 그는 죽음의 때가 가까워 온줄 알고 자신의 삶이 하나님 앞에 관제로 드려지는 것처럼 모든 것을 완성하게 되리라는 점을 표현했던 것이다.

---

22) 관제(灌祭, Drink offering) 혹은 전제(典祭)는 구약시대에 행해진 화제(火祭), 거제(擧祭), 요제(搖祭)와 함께 여러 희생제사들 가운데 하나이다. 관제는 하나님 앞에서 화제를 드릴 때 제물 위에 포도주(출 29:40)나 술(출 30:9), 기름이나 피(시 16:4) 등을 부어 드렸다(민 15:5, 7; 28:24).

> "관제와 같이 벌써 내가 부음이 되고 나의 떠날 기약이 가까왔도다 내가 선한 싸움을 싸우고 나의 달려갈 길을 마치고 믿음을 지켰으니 이제 후로는 나를 위하여 의의 면류관이 예비되었으므로 주 곧 의로우신 재판장이 그 날에 내게 주실 것이니 내게만 아니라 주의 나타나심을 사모하는 모든 자에게니라" (딤후 4:6-8)

바울은 자신의 피를 하나님께 바치는 마음으로 이 세상을 살았던 사람이다. 그것은 생명과 연관된 진술로 이해해야 한다. 그런 삶을 살아간 뒤에는 하나님께서 예비하신 의의 면류관이 기다리고 있다. 그것은 비록 사도들에게 뿐 아니라 모든 하나님의 자녀들에게 주어진 약속이다.

우리가 여기서 깨달아야 할 점은 사도 바울 혼자만 그와 같은 순전한 신앙을 가진 것이 아니었다는 사실이다. 구약시대에 살았던 모든 믿음의 선조들과 신약시대의 여러 사도들의 신앙과 삶도 그와 동일했다. 그들이 비록 바울과 같은 언어적 표현을 사용하지 않았을지라도 동질의 신앙을 소유했던 것은 틀림없는 사실이다. 바울의 이와 같은 고백과 진술은 오늘날 우리의 것이 되어야 한다.

이와 더불어 우리가 생각해야 할 바는 성도들이 그렇게 살아가는 것이 삶의 손해를 보는 것이 아니라는 점이다. 그것은 도리어 하나님의 자녀들에게 최상의 유익이 된다. 그와 같은 신앙인의 삶을 유지하는 것은 개인의 희생을 요구하는 것이 아니라 가장 감사한 삶을 제시하고 있는 것이다. 바울이 성도들의 헌신적인 삶이 모두의 기쁨이 된다고 말한 것은 그와 직접 연관되어 있다.

그렇지만 안타깝게도 우리 시대의 기독교 현실은 영적인 측면에서 볼 때 병색病色이 짙다. 전반적으로 변질되어 버린 세속화된 현대 교회는 성경의 교훈에서 멀리 떠나 있다. 어리석은 사람들은 예수 그리스도를 믿는다고 말하며 끊임없이 예배당을 출입하면서도 실상은 자기의 욕망을 채우기 위해 하나님과 교회를 이용하려는 행태를 지니고 있다. 그것으로 인해 종교인으로서 일시적인 목적을 이루고 즐거움을 얻게 될지 모르지만 거기에는 아무런 생명력이 존재하지 않는다.

제5장

빌립보 교회에 대한 바울의 특별한 관심

(빌 2:19-30)

1. 디모데를 보내고자 하는 바울(빌 2:19,20)

바울은 자기와 함께 있던 디모데를 빌립보 교회로 속히 보내고자 했다. 그의 편지 가운데는 빌립보 교회에 어떤 사정이 있었던 것으로 나타나고 있다. 당시는 바울이 수감된 지역과 빌립보가 있는 마게도니아 사이의 거리가 엄청나게 멀었다. 교통이 발달되기 전인 당시에는 수십 일을 가야만 도착할 수 있는 거리였다.

그러므로 멀리 떨어진 지역으로부터 어떤 소식을 전해 듣는다는 것은 매우 어려운 일이었다. 일반적인 경우라면 사람이 죽는다고 해도 다른 지역에서는 여러 달이 지나서야 그 소식을 들을 수 있는 경우가 많았다. 즉 실시간으로 모든 소식을 주고받는 현대와는 전혀 다른 환경이었던 것이다.

우리는 여기서 한 가지 중요한 사실을 생각해 볼 필요가 있다. 예를 들어, 한 지역에 갑작스레 심각한 문제가 발생했다고 가정해 보자. 그 사실을 멀리 떨어져 위치한 다른 교회들에 알려 기도를 부탁한다면 소식을 듣게 된 성도들은 어떻게 기도를 해야 할까? 그 소식을 전달받은 교회가 그 문제를 해결해 달라고 하나님께 간절히 기도하고 있는 중에 원래의 교회에서는 이미 모든 것이 해결되었을 수도 있다.

이런 형편에 비추어 볼 때, 오늘날 우리 시대의 일반 교회들의 기도는 매우 경박스럽다는 생각을 하지 않을 수 없다. 즉 형식적으로는 하나님께 기도하면서도 실상은 인간들의 막연한 욕망과 의도에 따라 기도한다. 즉 누군가 고통을 당한다면 앞뒤 가리지 않고 무조건 그 문제를 해결해 달라는 요구를 하면서 그에 모든 힘을 쏟는다.

사도교회 시대에는 지역에 따라 우리와는 전혀 다른 입장에 처하게 되는 경우가 일반적이었다. 앞의 경우와 같이 먼 지역에서 어떤 일이 발생하게 된다면 인간들의 막연한 바람이 아니라 하나님의 뜻 가운데서 전체적으로 기도해야 할 필요가 있다. 즉 문제 해결 자체에 관심을 갖기보다 그곳의 성도들이 일어난 일에 대한 올바른 관점을 가질 수 있도록 기도해야 하는 것이다.

특정 지역에서 발생한 사건에 대한 소식을 접한 교회가 그것을 알고 기도할 즈음에는 이미 모든 것이 해결되었을 수도 있으며, 그와 반대로 더 큰 어려움에 처하게 될 수도 있다. 이미 그 문제가 완전히 해결되었는데 그것을 해결해 달라고 힘써 하나님께 기도하며 '아멘'을 되풀이 한다면 아무런 의미가 없다. 또한 상황이 전혀 다른 방향으로 흘러가는데도 과거의 정보만으로 기도할 수도 없다.

멀리 떨어진 지역의 중병에 걸린 환자를 위한 기도를 할 때 역시 마찬가지다. 예를 들어, 통신이 지금처럼 발달하지 않던 시대에 아프리카에서 복음 사역을 감당하던 우리나라 선교사가 심각한 질병에 걸려 본국의 파송교회에 그 사실을 알리고 기도를 부탁했을 경우 성도들은 과연 어떻게 기도해야 할까? 그 소식을 모교회에 알리고 교회가 그 편지를 받게 될 때는 이미 몇달이 지난 후가 되어 그 사이 선교사는 선교지에서 사망한 상태일 수도 있는 것이다.

하지만 그 실상을 전혀 알지 못하는 파송 교회는 날마다 모여 그를 치유해 달라고 힘써 간구하며 하나님께서 그렇게 해 주실 것을 믿고 '아멘' 을 되풀이 한다면 이상한 일이 아닐 수 없다. 멀리 선교지에서 죽어 이미 무덤에 묻힌 형제가 다시 되살아날리는 없다. 그러나 신앙이 어린 교인들은 죽은 자가 아직 살아있는 것으로 생각하고 하나님이 치유해줄 수 있을 것으로 믿고 간절히 기도할지 모른다.

이처럼 그 선교사가 자신의 질병 치유를 위해 기도해 주도록 모교회에 보낸 기도편지가 도착하기 전에 그가 사망했다면 과연 어떻게 기도하는 것이 바람직할까? 물론 그에 대한 정보는 즉시 전달될 수 없는 환경이다. 따라서 성도들은 당사자의 힘든 형편을 기억하며 어떤 상황에 처할지라도 현지에 있는 성도들이 어려움을 잘 이겨나갈 수 있도록 기도해야 한다. 그리고 그를 아는 모든 성도들이 그 일을 통해 더 큰 유익을 얻고 영원한 천국에 소망을 두고 살아갈 수 있도록 기도할 수 있어야 한다.

사도 바울은 감옥에 갇혀 있는 동안 빌립보 교회에 어떤 특별한 사정이 있다는 소식을 듣고 있었다. 그것은 이미 오래 전의 정보였으므로 그는 저들의 진행되는 사정에 대해 좀 더 소상히 알기를 원했다. 그래서 그는 디모데를 속히 그곳으로 보내자 했다. 그를 통해 저들의 모든 사정을 알고 안위를 받고자 했던 것이다.

디모데는 사도 바울로부터 절대적인 신뢰를 받고 있는 성도였다. 따라서 빌립보 교회의 모든 사정에 대해 가장 진실한 자세를 가질 수 있는 인물은 바로 그라는 언급을 했다. 바울은 자기와 같은 뜻으로 저들의 사정을 잘 이해해줄 사람이 디모데밖에 없었으므로 그를 보내겠다는 마음을 먹고 있음을 말했던 것이다.

2. 디모데의 연단과 수고(빌 2:21-24)

지상 교회에는 늘 복음에 신실한 교인들만 모여 있는 것이 아니다. 하나님을 진정으로 경외하는 성도들이 있는가 하면 전혀 그렇지 않은 자들도 상당수 있다. 일반 종교적인 관심에 심취한 어리석은 자들은 그것을 통해 개인의 욕망을 이루고자 하면서 예수 그리스도의 참된 진리를 추구하지 않는다. 그와 같은 안타까운 현상은 옛날이나 지금이나 별 차이 없이 여전히 발생하고 있다.

그러나 계시된 하나님의 말씀을 참된 진리로 받아들이고 있던 디모데는 그렇지 않았다. 스승인 사도 바울이 그랬던 것처럼 믿음에 신실한 디모데 역시 저의 신앙을 상속받고 있었기 때문이다. 이땅에 살아가는 모든 성도들은 바울과 디모데가 소유했던 온전한 신앙을 본받아야 한다. 하지만 그와 같은 신앙을 가지고 있으면서 타락한 세상에서 살아가는 것은 결코 쉬운 일이 아니다.

성숙한 성도로서 굳세고 올바른 신앙을 소유한 채 세상을 살아가기 위해서는 많은 연단을 받을 수밖에 없다. 사탄에게 속한 악한 세력이 하나님의 자녀들을 가만히 두지 않고 끊임없이 공략하며 괴롭힐 것이기 때문이다. 하지만 성도들은 하나님을 의지하고 그와 같은 상황을 두려워하거나 기피하지 말아야 한다. 그것은 결국 아름다운 열매를 맺게 될 것이기 때문이다. 바울은 로마에 있는 교회에 보낸 편지에서 그에 연관된 내용을 기술하고 있다.

> "우리가 환난 중에도 즐거워하나니 이는 환난은 인내를, 인내는 연단을, 연단은 소망을 이루는 줄 앎이로다"(롬 5:3,4)

하나님의 자녀들이 환난과 고통을 당하는 가운데 강인한 연단을 받는 것은 지극히 당연한 일이다. 하나님께서는 그것을 통해 처음부터 작정하신 거룩한 뜻을 이루어가시게 된다. 하나님의 자녀들은 그와 같은 환난을 당하게 될 때 낙심치 말고 영원한 기쁨을 마음속에 간직한 채 오래 참으며 연단을 받아야 한다. 우리의 모든 믿음의 선배들은 하나 같이 그 과정을 거쳤다.

사도 바울은 빌립보 교회를 향해 그동안 디모데가 많은 연단을 받아 온 사실에 대한 언급을 했다. 그에 대해서는 빌립보의 성도들도 익히 알고 있는 바였다. 디모데는 그런 가운데서 마치 자식이 자기의 아버지에게 대하는 것과 같이 사도 바울을 대하며 복음을 위해 최선의 힘을 기울여 수고했던 것이다.

바울이 디모데를 빌립보에 보내려고 했던 것은 그에 대한 전적인 신뢰가 있었기 때문이었다. 따라서 그는 자신의 형편을 살펴보아 조만간 디모데를 저들에게 보내기를 원한다는 사실을 말했다. 그리고 자기도 곧 그곳으로 가게 되리라는 사실을 주 안에서 확신한다고 했다. 이는 바울이 자기가 그 감옥에 오래 갇혀 있을 만큼 중한 죄를 범하지 않았기 때문에 곧 석방될 것으로 믿고 있었다는 사실을 시사해 주고 있다.[23]

3. 에바브로디도(빌 2:25-27)

사도 바울은 본문 가운데서 에바브로디도(Epaphroditus)에 관해 특별히 언급하고 있다. 그는 원래 빌립보 교회에 속한 성도로서 바울을 돕기 위해 교회로부터 일시적인 사역자로 파송받았던 것으로 보인다. 빌립보 교회는 바울을 돕기 위해 그를 특별히 보냈으며 물질적인 도움도 주도록 했던 것이다.

우리는 여기서, 지상의 모든 성도들은 상호 도움을 주고받는 관계에 놓여 있다는 사실을 기억해야 한다. 보편교회에 속한 각 지역의 교회들과 성도들은 서로간 아무런 상관이 없는 사이가 아니다. 그것은 영적인 의미에

---

23) 사도행전 26:32, 참조; 바울은 구약의 율법에 능통한 인물로서 일반법에도 상당한 식견을 가지고 있었을 것이 분명하다. 따라서 그는 자기가 악한 범죄를 저지른 것이 아니었으므로 곧 석방될 것으로 생각하고 있었던 것이다.

국한되는 것이 아니라 현실적인 생활 문제도 포함하고 있다. 또한 다른 교회들뿐 아니라 복음을 증거하는 여러 사역자들을 동시에 기억하지 않으면 안 된다.

사도교회 시대에는 세상의 여러 지역에 흩어져 있던 교회들을 서로간 살펴보는 일을 게을리하지 않았다. 만일 특정 지역에 위치한 교회가 어떤 어려움을 겪고 있다면 주변의 다른 교회들은 그 교회를 도울 준비를 하고 실천에 옮겼다. 사도행전에서는 그에 연관된 구체적인 예를 볼 수 있다. 유대 지역에 살고 있던 교회의 성도들이 기근으로 인해 심한 고통을 당하게 되었을 때 안디옥 지역에 있던 교회와 성도들이 힘을 모아 저들에게 부조를 보냈던 것이다.

> "그 중에 아가보라 하는 한 사람이 일어나 성령으로 말하되 천하가 크게 흉년 들리라 하더니 글라우디오 때에 그렇게 되니라 제자들이 각각 그 힘대로 유대에 사는 형제들에게 부조를 보내기로 작정하고 이를 실행하여 바나바와 사울의 손으로 장로들에게 보내니라" (행 11:28-30)

로마제국의 글라우디오(Claudius) 황제 때 유대 지역에 극심한 흉년이 들었다. 그것은 아가보(Agabus)가 사전에 예언한 바대로 그렇게 되었다. 그래서 흩어진 여러 교회들이 힘을 모아 어려움에 처한 유대 지역의 교회를 도왔다.

우리는 위의 사도행전 본문에서 보여준 것처럼 사도교회의 신앙정신을 올바르게 상속받아 배워 익혀야 한다. 빌립보 교회가 고생하는 바울에게 에바브로디도를 보낸 것도 그와 같은 보편교회의 신앙정신 때문이었다. 즉 지상에 흩어진 모든 교회들과 성도들은 상호 기억하고 도울 수 있는 마음의 준비를 갖추고 있어야만 한다.

빌립보 교회는 성숙한 신앙을 가지고 있었으며, 바울은 예수 그리스도를 위한 군사로서 수고하며 진리를 지키기 위해 최선을 다하는 에바브로디도를 매우 신뢰하고 있었다. 그런데 그는 바울과 함께 있는 동안 중한 질병에 걸려 많은 고생을 했다. 그는 거의 죽을 정도로 심하게 아팠었지만 신앙으로 극복할 수 있었다.

하지만 에바브로디도의 안타까운 형편이 입소문을 통해 빌립보 교회에까지 알려지게 되었다. 그렇게 되자 많은 성도들이 그를 걱정하지 않을 수 없었다. 다른 먼 지역에 복음을 위해 파송해 보낸 사역자가 죽을 수 있을 정도의 중한 질병에 걸렸으니 염려하는 것은 지극히 당연한 일이었다.

한편 에바브로디도는 질병에 걸린 자신의 힘든 형편이 빌립보 교회에 알려진 것으로 인해 근심하게 되었다. 그는 자기 때문에 다른 성도들이 염려하는 것을 생각하며, 도리어 저들이 걱정되었던 것이다. 여기서 우리는 그가 이웃을 생각할 줄 아는 성숙한 자로서 이기적이지 않은 매우 신실한 성도였다는 사실을 알 수 있다.

한 동안 질병으로 인해 심한 고통을 당했지만 이제 그는 다시금 건강을 회복할 수 있게 되었다. 하나님께서 그를 긍휼히 여기셨기 때문이다. 그것으로 말미암아 바울에게도 하나님의 긍휼하심이 임했다. 함께 생활하며 동역하는 성도가 죽을 정도로 큰 질병에 걸린다면 모두에게 걱정이 될 수 밖에 없다. 이처럼 에바브로디도의 중한 질병은 바울에게도 큰 근심거리가 되었던 것이다.

한편 에바브로디도의 건강이 완전히 회복되었음에도 불구하고 빌립보 교회의 성도들은 아직 그 반가운 소식을 전해 듣지 못했던 것으로 보인다. 즉 이제 그 문제에 대해 전혀 걱정할 필요가 없었음에도 불구하고 빌립보의 성도들은 그 실상을 알지 못함으로써 불필요한 염려를 하고 있었으리라는 것이다. 그런 형편 가운데서 에바브로디도는 빌립보 교회 성도들을 그리워하며 간절히 사모하게 되었다.

그리하여 바울은 그를 빌립보에 거주하는 성도들에게 돌려보내려 하고 있었다.[24] 에바브로디도는 교회의 파송을 받아 자기에게 와서 많은 수고를 하면서 복음 진리를 위해 싸우기를 주저하지 않았었다. 그는 힘든 상황에 처한 바울을 도와주기 위해 최선을 다했다.[25] 바울은 이제 자기와 함께 신실하게 사역하며 생활하던 형제인 에바브로디도를 빌립보로 돌려보내려 생각하고 있었던 것이다.

4. 죽음을 초월한 신앙의 본보기(빌 2:28-30)

사도 바울은 에바브로디도를 가능한 한 빨리 빌립보로 돌려보내려는 마음을 먹고 있었다. 그 이유는 바울 자신에게 일어난 모든 상황과 더불어, 빌립보 교회 성도들이 건강을 회복한 그를 보고 기쁨을 나누도록 하기 위해서였다. 그는 편지 가운데서, 그렇게 함으로써 자기의 근심을 덜려고 한다는 사실을 언급했다. 우리는 여기서 바울이 자기 자신이 아니라 다른 성도들을 더욱 위하는 순전한 마음을 가지고 있었다는 사실을 알 수 있다.

그에게는 여전히 에바브로디도와 같이 하나님을 진심으로 경외하는 신실한 일군이 필요했을 것으로 보인다. 그럼에도 불구하고 그를 빌립보로 돌려보내려 한 것은 그가 모교회의 성도들을 간절히 그리워한 사실과 연관되어 있다. 또한 질병에 걸린 그를 염려하는 빌립보의 성도들이 건강을 회복한 그를 보고 서로간 기쁨을 나누게 되기를 원했던 것이다. 그렇게 하지 않고서는 자신의 근심을 덜어낼 수 없었기 때문이다.

그러므로 바울은 빌립보 교회 성도들에게 에바브로디도가 도착하면 주

---

24) 일부 성경번역본들(개역한글, 개역개정, KJV, NASB)은 그를 이미 돌려보낸 과거의 일로 번역하고 있는 반면, 다른 일부 번역본들(공동번역, 새번역, 현대인의 성경, NIV)은 장차 그렇게 할 것이라는 미래적으로 번역하고 있다. 물론 그와 같은 시제가 성경이 교훈하고 있는 바 의미 자체에 영향을 끼칠 만큼 중요한 것은 아니다.

25) 사도 바울은 가이사랴 감옥에 구금되어 있을 때 자신의 친구들의 도움을 받을 수 있는 권리를 허락받고 있었다(행 24:23, 참조).

안에서 기쁨으로 그를 영접하도록 요청했다.[26] 굳이 그런 말을 하지 않아도 저들이 그를 기쁨으로 영접하겠지만 특별한 당부를 하고 있다. 바울은 그 말을 함으로써 그에 대한 자신의 신뢰를 빌립보 교회 성도들에게 확증하고자 했던 것이다.

그리고 교회 안에 그와 같은 신실한 형제들이 있으면 모두가 존귀하게 여겨야 한다는 사실을 언급했다. 에바브로디도는 자기에게 맡겨진 사역을 감당하다가 죽음에 이를 만큼 힘든 일을 겪었지만 자기의 목숨을 아끼지 않고 성실한 자세로 사도 바울을 도왔다. 복음을 위해 자기의 생명을 아끼지 않는 자세는 모든 성도들이 소유해야 한다. 요한계시록에는 성도들의 그와 같은 삶에 연관된 내용이 기록되어 있다.

> "또 여러 형제가 어린 양의 피와 자기의 증거하는 말을 인하여 저를 이기었으니 그들은 죽기까지 자기 생명을 아끼지 아니하였도다"(계 12:11)

예수 그리스도의 피로써 구원을 받게 된 성도들은 오직 하나님을 위해 자신의 삶을 살아가야 한다. 그것은 인간의 결단이나 능력으로 그렇게 할 수 있다는 의미에 앞서 그와 같은 신앙의 원리가 존재한다는 사실을 말해준다. 이는 하나님의 아들이신 예수 그리스도께서 창세전에 택하신 자기 백성을 위해 십자가 위에서 죽기까지 복종하신 사실과 밀접하게 연관되어 있다(빌 2:8).

에바브로디도가 바울을 위해 그렇게 했던 것은 바울이 예수 그리스도의 사도였기 때문이며 그것은 곧 하나님을 위한 것이었다. 그는 멀리 떨어져 있는 빌립보 교회 성도들이 행할 수 없는 복음을 위한 봉사 사역을 저들을 대신하여 그렇게 했던 것이다. 이는 현대 교회에 속한 모든 성도들 역시 본으로 삼아야 할 소중한 내용이다.

---

26) 어쩌면 에바브로디도가 교회의 요청이 없는 상태에서 빌립보로 돌아온 것에 대해 힐난하는 자들이 있을지 모른다는 우려감 때문에 바울이 특별히 그와 같은 주문을 했을지도 모른다.

제6장

바울의 고백과 푯대를 향해 전진하는 교회

(빌 3:1-16)

1. "주 안에서 기뻐하라" (빌 3:1)

사도 바울은 빌립보 교회의 성도들을 향해 '주 안에서 기뻐하라'는 요구를 했다. 앞에서 언급한 대로 빌립보 교회에는 어떤 어려운 사정이 있었다. 많은 성도들은 그로 말미암아 힘들거나 상당한 부담을 느끼고 있었을 것이 틀림없다. 그것은 결코 견디기 쉬운 일이 아니었을 것이다.

그럼에도 불구하고 하나님의 자녀들은 이 세상에 살아가면서 힘든 어려움을 겪는다고 할지라도 주 안에서 기뻐하는 마음을 버려서는 안 된다. 세상에서 고난을 당할 때 장차 이르게 될 영원한 소망이 있음과 고통스런 이 세상이 머잖아 끝이 난다는 사실이 성도들의 기쁨을 보존하게 한다. 신앙이 어린 사람들은 이에 대한 깨달음을 가지기 쉽지 않지만 그 경지에까지 자라야만 한다.

그러므로 사도 바울은 빌립보 성도들에게 주 안에서 기뻐하라는 말을 되풀이하고 있다. 저들에게 동일한 말을 기록하고 있지만 그것으로 말미암아 자기에게 힘든 수고를 더하는 것이 아니었다. 중요한 사실은 모든 성도들이 그에 대한 분명한 깨달음을 가지고 세상을 이기며 살아가야 한다는 점이다.

바울은 지상 교회에 속한 성도들이라면 그에 관한 올바른 인식을 하는 것이 가장 안전하다는 사실을 말하고 있다. 우리는 그 의미를 매우 중요하게 받아들여야 한다. 즉 성도들의 기쁨은 이 세상에서 발생하는 긍정적인 현상으로 인해 제공되는 것이 아니라 영원한 천국으로부터 허락된다는 사실을 기억하지 않으면 안 된다. 타락한 세상의 것은 일시적인 것으로서 아무런 보장성이 없지만 천상의 나라는 영원한 기쁨을 보장하기 때문이다.

그러므로 신앙이 성숙한 성도들은 이 세상의 환난 가운데서도 여전히 지속되는 기쁨을 누릴 수 있게 된다. 하지만 어린 교인들은 세상에서 시시각각 변하는 형편에 따라 즐거움과 낙심을 되풀이한다. 나아가 불신자들은 이 세상의 여건과 형편에 전적으로 의존할 수밖에 없다. 저들에게는 세상에서 발생하는 모든 것들이 잠시 지나가는 일시적인 성질을 지니고 있지만 그것이 저들의 전부이기 때문이다.

2. "개들을 삼가라" (빌 3:2,3)

진리를 모르는 악한 자들은 하나님의 자녀들을 적대시하며 공격하는 속성을 지니고 있다. 그 가운데서 하나님을 올바르게 알지 못하면서 마치 신앙을 가진 것처럼 주장하는 배도자들의 공격은 더욱 적극적인 성격을 띠게 된다. 그런 자들은 자신의 잘못된 종교적인 사고가 밝히 드러나게 되는 것을 매우 두려워하고 있다.

그렇지만 배도자들은 하나님의 이름을 핑계대며 악행을 지속한다. 따라서 사도 바울은 빌립보 교회 성도들을 향해 개들을 삼가라는 요구를 했다. 여기서 말하는 개들이란 극단적 유대주의자들이나 예수 그리스도에 대해 적대감을 가진 악한 자들을 일컫고 있다. 그들은 입술로는 성경을 언급하지만 하나님의 뜻에 무지한 종교인들이다. 구약성경에서는 바울이 빗대어 말하고 있는 개를 부정하고 더러운 악한 동물로 규정짓고 있다(시 22:16; 왕상 21,22; 왕하 9장, 참조).

그리고 사도 바울은 저들에게 구약의 율법을 오해하는 손할례당損割禮黨을 삼가라는 요구를 하고 있다. 그들은 자신의 신체 일부를 손상시켜 흠집을 내는 자들(RSV)로서 율법에 금지된 방법으로 몸을 상하게 하는 자들을 일컫는다. 그 사람들은 자기의 몸에 할례를 행하는 것 자체를 구약에 기록된 율법의 순종으로 생각하며 자랑거리로 여기고 있다. 그런 자들은 형식에 근거한 이기적인 종교심으로 말미암아 하나님의 몸된 교회를 직간접적으로 박해했을 것이 분명하다.

그렇지만 하나님을 경외하는 참 성도들은 그런 사람들과 맞서 싸우거나 극단적인 논쟁을 벌일 필요가 없다. 그것은 아무런 이득을 제공하지 않을 뿐더러 부질없는 행위에 지나지 않는다. 저들이 주장하는 바와는 달리 진정한 할례파는 하나님의 성령으로 봉사하며, 예수 그리스도를 자랑으로 삼으며, 자신의 육체를 신뢰하지 않는 신실한 성도들이다. 즉 구약의 율법에 순종하는 할례는 인간들에게서가 아니라 거룩한 하나님으로부터 그 효력이 나타나게 되는 것이다.

3. 유대인 바울의 고백(빌 3:4,5)

(1) 바울의 민족적 배경

사도 바울은 빌립보서 본문 가운데서 정통성을 지닌 유대인으로서 자신의 민족적인 배경을 설명하고 있다. 민족주의적인 사고에 의해 잘못된 우월감에 빠진 유대인들에 대해 일침을 가한 것이다. 혈통적으로 따지자면 바울 자신이 저들보다 더욱 정통성 있는 유대인이라는 것이었다.

바울은 전통적인 히브리인의 집안에서 태어나 팔 일만에 할례를 받은 자로서 태생적인 이스라엘 자손이었다. 이는 나중에 유대교에 입교한 자들이나 순수 유대인 혈통을 지니지 않은 채 오만하게 구는 자들과 다르다는 점을 말해 주고 있다. 그는 특히 나중 르우벤을 대신하여 이스라엘 민족의 장자가 된 요셉(대상 5:1, 참조)과 가장 가까운 형제인 베냐민 지파에 속해 있던 인물이었다.

따라서 바울은 태생적인 측면에서 볼 때 히브리인 중의 히브리인이라 주장할 만 했다. 이는 그가 비록 약속의 땅 바깥의 이방 지역인 길리기아(Cilicia) 다소(Tarsus)에서 출생하여 성장했지만 헬라어가 아니라 히브리어를 사용하는 가문에 속했음을 시사하고 있다.[27] 나아가 그는 바리새파에 속한 자로서 구약의 율법을 가장 철저하게 지키는 집안의 인물이었다.

그렇지만 예수 그리스도를 통해 하나님을 알게 된 바울은 이제 그와 같은 민족적인 배경을 대단한 것으로 여기지 않았다. 그는 그것이 결코 자랑거리가 될 수 없다는 사실을 잘 알고 있었다. 하나님께서 아브라함을 불러 이스라엘 민족을 특별히 조성하신 까닭은 하나님 자신의 구속 사역을 이룩하기 위한 것이었기 때문이다.

4. 율법의 의와 교회 핍박(빌 3:6)

사도 바울은 복음을 깨닫기 전 산헤드린 공회가 부여한 종교, 정치적인 모든 권세를 동원해 주님의 몸된 교회를 심하게 핍박했다. 그는 그와 같은 행위를 저지를 당시 부끄럽게 생각했던 것이 아니라 도리어 자랑스럽게 여겼다. 유대주의에 깊이 물든 바울은 그렇게 하는 것이 하나님에 대한 충성이자 율법의 도를 이루는 행위로 여겼던 것이다.

사도행전에는 바울이 예수 그리스도를 고백하고 믿는 성도들을 죽이고

---

27) 헬라파 유대인들 가운데는 히브리어를 자유롭게 구사하지 못하는 자들이 많이 있었다. 그러므로 그들은 히브리파 유대인들과 달리 헬라어로 기록된 70인역(LXX) 성경을 읽으며 신앙생활을 했다.

박해하는 일에 앞장섰던 내용이 소상하게 기록되어 있다. 그는 주관적인 판단으로 하나님을 위한 것이라 여겨지면 사람들을 죽이는 것도 당연한 일이라 믿었던 것이다. 그러므로 예수 그리스도를 구주로 믿는 성도들에게는 바울이 두려움의 대상이 될 수밖에 없었다. 배도에 빠진 유대인들의 반대편에 섬으로써 그의 눈에 거슬리게 되면 모진 핍박을 피하기 어려웠을 뿐 아니라 생명의 위협을 받을 수도 있었기 때문이다.

> "사울이 그의 죽임 당함을 마땅히 여기더라 그 날에 예루살렘에 있는 교회에 큰 핍박이 나서 사도 외에는 다 유대와 사마리아 모든 땅으로 흩어지니라 경건한 사람들이 스데반을 장사하고 위하여 크게 울더라 사울이 교회를 잔멸할쌔 각집에 들어가 남녀를 끌어다가 옥에 넘기니라" (행 8:1-3)

바울은 예수 그리스도의 복음을 진정으로 깨닫기 전에는 감히 하나님의 거룩한 교회를 핍박하면서도 기고만장해 있었다. 당시 배도에 빠진 산헤드린 공회는 바울을 이스라엘 민족 가운데서 충성심이 투철한 애국애족 청년으로 떠받들었다. 그는 유대인들의 종교적인 이목과 왜곡된 평판에 대하여 자부심을 가졌을 뿐 아니라 그와 같은 악행을 저지르면서도 율법에 비추어 볼 때 자기는 아무런 흠이 없는 것으로 여겼다. 그의 심중에는 그 악행이 열렬한 유대주의자로서 자랑거리로 남아 있었던 것이다.

5. 그리스도를 아는 지식과 세상의 배설물(빌 3:7-9)

사도 바울은 예수 그리스도를 알고 나서부터 모든 가치관에 변화가 일어났다. 그전에 값어치 있고 소중한 것으로 여기던 것들이 이제는 아무런 의미 없는 것들로 되어버린 것이다. 나아가 과거에 자기에게 유익하다고 판단하여 심혈을 기울여 행하던 것들을 이제는 그리스도를 위하여 다 해로운 것으로 여기게 된 것이다.

그가 그와 같은 생각을 가지게 된 근본적인 배경에는 예수 그리스도를 아는 지식이 이 세상에서 가장 고상하다는 사실에 대한 깨달음이 존재하고 있었다. 그것 이외에 궁극적인 가치를 지니는 것은 이 세상에 존재하지 않는다. 따라서 그동안 소중한 것으로 여기던 모든 것들을 그리스도를 위하여 완전히 포기하였으며 더러운 배설물처럼 간주하게 되었다. 그렇게 함으로써 예수 그리스도의 복음을 절대적인 진리로 소유하게 된 것이다.

그 결과 바울은 자신을 과거와는 달리 예수 그리스도 안에서 새로운 피조물로서 발견되고자 했다. 그는 과거 자기 자신에 대하여 착각을 하고 있었으나 복음의 말씀을 통해 자기의 진짜 모습을 보고자 했던 것이다. 그것은 첫 번째 아담에게 속한 죄악의 모습과 두 번째 아담인 예수 그리스도께 속한 의로운 모습에 연관되어 있었다.

이로써 바울은 자기가 소유한 모든 참된 의가 구약의 율법으로부터 난 것이 아니라 오직 그리스도를 믿는 믿음으로 인한 것이라는 사실을 깨닫게 되었다. 이는 성도들이 소유할 수 있는 의는 구약의 율법을 지키는 행위로 인해 삶속에 축적되는 것이 아니라는 사실을 의미한다. 즉 이것은 구원의 조건이 되는 의는 오직 믿음으로 말미암아 하나님께로부터 나오게 된다는 사실을 말해 준다.

6. 부활의 권능과 고난에 참여하는 신앙(빌 3:10-12)

하나님의 진정한 복음을 깨닫게 된 바울은 예수 그리스도와 그의 부활의 권능뿐 아니라 그가 당한 모든 고난에 참여하는 것을 심중에 받아들이고자 했다. 그것은 인간의 이성적인 판단에 따라 이루질 수 없는 것이었다. 그것을 위해서는 오직 십자가 위에서 행해진 그리스도의 죽으심을 본받아 죽음으로써 가능하게 된다. 그러므로 바울은 갈라디아 교회에 편지하면서 자기가 그리스도와 함께 십자가 위에서 죽고 다시 살아났음을 고백하고 있다.

> "내가 그리스도와 함께 십자가에 못 박혔나니 그런즉 이제는 내가 산 것이 아니요 오직 내 안에 그리스도께서 사신 것이라 이제 내가 육체 가운데 사는 것은 나를 사랑하사 나를 위하여 자기 몸을 버리신 하나님의 아들을 믿는 믿음 안에서 사는 것이라" (갈 2:20)

바울의 이 고백은 혼자만의 개인적인 고백이 아니다. 이는 예수 그리스도의 부르심을 받은 사도들을 비롯한 모든 믿음의 선배들의 고백이었다. 이처럼 하나님의 은혜를 입어 지상 교회에 속하게 된 성도들은 사망을 이기고 살아나신 예수 그리스도의 부활에 온전히 참여하게 된다.

그렇게 되기 위해서는 반드시 그와 더불어 죽지 않으면 안 된다. 즉 십자가에 달려 돌아가신 그리스도의 죽음에 합하여 그 역사적인 사건에 참여해야만 한다. 그것을 통해 그와 더불어 영원한 부활에 참여할 수 있게 되는 것이다.

사도 바울은 이와 더불어 자기가 모든 것을 이미 완전히 획득했다고 말하는 것이 아니라는 점을 강조하고 있다. 그리고 자기가 그 모든 것을 다 이루었다는 주장을 하지도 않았다. 그는 단지 예수 그리스도께 붙잡힌 바 되어 영원한 진리를 붙잡으려고 앞을 향해 달려가고 있다는 사실을 강조했다. 그것은 자기의 삶 가운데서 이미 허락된 것이지만 현재도 여전히 그 신령한 일이 진행 중이라는 사실을 말해 주고 있다.

7. 푯대를 향한 바울의 신앙(빌 3:13,14)

예수 그리스도와 그의 말씀을 통해 영원한 진리와 복음을 깨닫게 된 바울은 이 세상에서의 삶을 살아가면서 명확한 푯대를 향해 나아가고 있었다. 그는 결코 타락한 세상을 이기적인 욕망에 따라 살려는 마음을 가지고 있지 않았다. 나아가 그는 지나간 과거에 얽매이지 않았을 뿐 아니라 현실에 안주한 것도 아니었다.

바울은 또한 본문 가운데서 최선을 다하는 삶을 살아가는 가운데 하나님의 말씀에 따른 원칙을 지켜야 한다는 사실에 대하여 언급하고 있다. 기록된 말씀이 제시한 원칙에서 벗어나게 되면 무엇을 한다고 해도 모든 것들이 허사가 되고 만다. 그것을 위해서는 인간의 이성과 경험에 따른 판단을 유보해야 하며 영원한 진리를 위해 모든 일을 절제할 수 있어야만 한다.

지상 교회에 속하여 살아가는 성숙한 성도들에게는 그것이 매우 중요하다. 따라서 하나님의 진리를 깨닫게 된 성도들은 천상으로부터 주어지는 영원한 상을 소유하기 위하여 최선을 다해 진리를 향한 신령한 경주에 참여하지 않으면 안 된다. 사도 바울은 고린도 교회에 보내는 편지 가운데서 그에 연관된 기록을 남기고 있다.

> "운동장에서 달음질하는 자들이 다 달릴지라도 오직 상을 받는 사람은 한 사람인 줄을 너희가 알지 못하느냐 너희도 상을 받도록 이와 같이 달음질하라 이기기를 다투는 자마다 모든 일에 절제하나니 그들은 썩을 승리자의 관을 얻고자 하되 우리는 썩지 아니할 것을 얻고자 하노라" (고전 9:24,25)

사도 바울은 위의 본문에서 언급한 것과 마찬가지로 빌립보서 본문 가운데서도 신앙이 어린 성도들이 모든 것을 이미 성취한 것으로 판단하는 태도를 경계했다. 그는 지나간 과거에 대해서는 잊어버리고 오직 앞에 있는 것을 잡기 위해 전진한다고 했다. 이 말은 개인적인 의미를 지니고 있지만 동시에 구속사적인 의미를 지니고 있는 것으로 이해할 수 있다. 즉 구약성경에 기록된 율법이 신약에서 확증된 복음을 향해 나아가고 있음을 의미하고 있는 것이다.

하나님의 자녀들이 십자가의 명확한 푯대를 향해 나아갈 때 비로소 이 세상에서의 삶에 대한 진정한 의미가 발생하게 된다. 그것은 오직 예수 그리스도 안에서 사고하며 행할 때 가능한 일이다. 따라서 우리는 하나님께서 계시를 통해 위에서 부르시는 음성을 듣고 영원한 상을 위해 최선을 다해 달려가야만 한다. 그것이 지상 교회에 속한 모든 성도들에게 요구되는 유효한 신앙적인 삶이 될 것이기 때문이다.

8. 하나님의 경륜적인 인도하심(빌 3:15,16)

범죄한 인간으로서 예수 그리스도와 더불어 거듭 태어나지 않고서는 여호와 하나님에 대한 올바른 지식을 소유할 수 없다. 하지만 거듭난 성도라고 할지라도 과거의 습성을 완전히 버리지 못한다. 이 세상에 살아가는 동안에는, 말씀을 통해 계시된 하나님을 완전하게 알지 못한 채 불안전한 자세를 가질 수밖에 없으며 여전히 옛 습성에 따라 하나님을 알아가려는 부족한 속성을 지니고 있는 것이다.

그러므로 성도들은 성령 하나님의 도우심과 인도하심에 전적으로 의존할 수밖에 없다. 만일 어떤 사람의 주장과 생각이 사도들의 가르침과 조화되지 않는다면 그것을 포기하고 사도들의 교훈을 온전히 받아들이도록 해야 한다. 하나님께서는 천상의 진리를 선포하시기 위해 바울을 비롯한 여러 사도들을 불러 저들을 통해 영원한 진리의 말씀을 전달해 주셨다. 따라서 지상 교회에 속한 모든 성도들은 사도들을 통해 계시된 하나님의 말씀을 깨달아 그에 구체적으로 순종하는 자세를 소유할 수 있을 따름이다.

이는 사도들을 통해 주어진 참된 교훈을 통하지 않은 모든 종교적인 경험들은 온전하지 않다는 사실을 말해 주고 있다. 그러므로 지상 교회는 항상 기록된 하나님의 말씀을 성도들에게 온전히 가르치고 교훈해야 할 의무를 가진다. 그렇게 해야만 이땅에 주님의 교회가 온전히 세워져 갈 수 있을 것이기 때문이다.

제7장

천국시민이 된 성도들의 삶

(빌 3:17-21)

1. 신앙의 본이 되는 바울(빌 3:17)

사도 바울은 빌립보 교회 성도들을 향해 자기를 '본받으라' 는 말을 하고 있다. 사람이 다른 사람에게 그와 같은 말을 한다는 것은 여간 어려운 일이 아니다. 특히 성도로서 하나님의 백성들에게 그런 요구를 한다는 것은 거의 완벽에 가깝지 않으면 입으로 말하기 어려운 표현이다.

그럼에도 불구하고 바울은 감히 자기를 본받으라는 말을 하고 있다. 그의 요구는 지나가는 말로 한번 던져 보는 말과 다르다. 그는 고린도 교회에 편지하면서도 그와 동일한 말을 하며 자신을 본받는 자가 되라는 요구를 했다. 이는 우발적인 표현이거나 임기응변적인 말이 아니라는 사실을 말해 준다.

"그러므로 내가 너희에게 권하노니 너희는 나를 본받는 자 되라" (고전 4:16)

우리가 이 말씀 가운데서 깨달아야 할 점은, 바울이 자기를 윤리적인 표준으로 삼으라는 요구를 하고 있는 것이 아니라는 사실이다. 그는 사도였지만 여전히 부족한 인간으로서 허물이 많고 완벽하지 못했다(롬 7:22-25, 참조).

그러므로 성도들에게 자기를 본받되 올바른 신앙을 본받으라는 권면을 하고 있다(고전 11:1). 이는 교회의 상속과 밀접하게 연관된 의미를 지닌다.

사도 바울은 하나님을 진정으로 두려워하는 성도로서 항상 주의 몸된 교회를 위해 자신의 모든 것을 바치며 살아가고자 힘썼다. 구원의 은혜를 입은 성도들의 삶이 그러해야 하는 것은 당연하다. 따라서 그의 요구 가운데는 모든 성도들이 하나님을 진정으로 경외하며, 기록된 말씀에 따른 순종의 삶을 살아야 한다는 포괄적인 의미를 담고 있다.

이는 물론 바울 자신만 유독 그렇다고 주장하는 것이 아니다. 구약시대의 여러 선지자들이나 신약시대의 모든 사도들이 그러했다. 따라서 하나님의 자녀들은 사도 바울을 본받을 뿐 아니라 신구약 성경에 기록된 모든 믿음의 선배들을 본받아 저들과 같은 삶을 살아가야 하는 것이다.

2. 교회에 속한 성도들의 삶의 상호 작용(빌 3:17)

바울은 또한 성도들에게 자기를 본받으라고 말했을 뿐 아니라, 자기를 본받은 다른 성도들을 본받으라는 요구를 하고 있다. 즉 바울은 본문 가운데서 예수 그리스도를 본받아 살아가고 있는 자기를 따라 순종의 삶을 살아가는 성도들을 눈여겨보라는 말을 했다. 저들의 경건한 삶이 또 다른 신앙인들에게 본이 되어 지상 교회 안에서 거룩한 열매를 맺게 될 것이기 때문이다.

지상에 흩어져 있는 참된 교회와 성도들은 제각각 상호 분리되어 존재하지 않는다. 이는 지상 교회에 속한 모든 성도들의 삶은 서로 연결되어 있으며 상호 밀접하게 연관되어 있음을 말해 준다. 따라서 세상에 흩어진 모든 교회와 성도들은 사도들을 본받아 그 교훈에 따라 사고하며 행동해야 한다. 고린도전서에는 그에 연관된 바울의 교훈이 좀 더 소상하게 기록되어 있다.

> "내가 그리스도를 본받는 자 된 것 같이 너희는 나를 본받는 자 되라 너희가 모든 일에 나를 기억하고 또 내가 너희에게 전하여 준대로 그 유전을 너희가 지키므로 너희를 칭찬하노라" (고전 11:1,2)

바울은 이 본문 가운데서 예수 그리스도를 본받아 살아가는 자기를 본받으라는 말과 더불어 모든 일에 있어서 자기를 기억하라는 요구를 하고 있다. 하나님의 자녀들은 항상 바울을 따르며 그의 교훈을 기억해야 할 필요가 있다. 이는 고린도 교회뿐 아니라 빌립보 교회를 비롯한 사도교회 시대의 모든 교회들이 그렇게 해야만 할 내용이다.

이와 같은 성도들의 경건한 삶은 오늘날 우리 시대에도 동일하게 적용되어야 한다. 역사 가운데 살았던 모든 믿음의 선배들뿐 아니라 현대 교회에 속한 참된 하나님의 자녀들은 마땅히 그래야만 한다. 우리 역시 항상 바울이 전해 준 교훈을 기억하는 가운데 세상을 살아가지 않으면 안 된다.

물론 우리는 사도 바울 한 사람만 신앙의 본으로 삼아야 하는 것이 아니다. 구약시대의 선지자들과 신약시대의 모든 사도들이 우리의 삶의 본이 되어야 한다. 즉 성경에 기록된 그들의 삶과 교훈을 통해 타락한 세상을 해석하고 자신을 돌아보아야 하는 것이다.

바울은 또한 위의 본문에서, 하나님의 자녀들이 자기가 전해 준 경건한 전통을 그대로 지켰으므로 칭찬한다는 말을 했다. 당시의 모든 참된 교회들은 바울이 제시한 교훈과 삶의 지침에 따라 순종하며 살아가고자 했다. 즉 성숙한 성도들은 사도들을 통해 계시된 하나님의 말씀과 그 원리대로 살아가기를 애쓰고 있었다. 그렇게 함으로써 개인의 마음에 내키는 대로 욕망에 따라 살아가는 습성을 버릴 수 있었던 것이다.

현대 교회 가운데도 건강한 영적인 상태를 유지하고자 하는 성도들이 많이 있어야 한다. 물론 우리 주변에도 그런 이웃들이 많아진다면 지상의 교회가 더욱 든든히 서 갈 수 있게 된다. 이처럼 교회 안에 그와 같은 성숙한 성도들이 많아짐으로써 교회의 역사적 상속이 자연스럽게 이루어져 간다.

3. "십자가의 원수로 행하지 말라"(빌 3:18)

하나님을 알지 못하는 자들은 십자가의 원수로 살아가고 있다. 물론 그들은 자기가 그런 자라는 사실조차 까마득히 모른 채 살아간다. 그런데 문제는 교회에 속해 있다고 하면서 십자가의 원수로 살아가는 자들이 많이 있다는 사실이다.

우리가 분명히 기억해야 할 바는, 불신자들이 십자가의 원수로 행하는 것보다 교회에 속한 교인이라 주장하면서 그렇게 행하는 자들이 더욱 무섭다는 점이다. 그런 자들은 배도자의 자리에 서게 된 자들로서 하나님의 몸된 교회를 허무는 역할을 하게 된다. 이 얼마나 두려운 일인가?

불신자들은 일반적으로 하나님의 교회를 직접 허무는 것이 아니라 교회의 반대편에 서 있을 따름이다. 이에 반해 배도자들은 기독교의 언저리에 맴돌면서 교회를 허무는 사악한 역할을 하게 된다. 그런데 문제는 지혜가 없는 자들은 자신의 행위가 교회를 허무는 행위라는 사실을 전혀 인식하지 못하는 경우가 많다는 사실이다.

그래서 사도 바울은 빌립보 교회 성도들에게 편지하면서 눈물을 흘리며 간곡하게 말했다. 그는 과거에도 그러했거니와 또다시 그렇게 말하고 있다. 우리는 여기서 바울이 빌립보 교회를 위해서 뿐 아니라 당시의 모든 교회들을 위해 그렇게 했으리라는 점을 기억해야 한다. 나아가 바울뿐 아니라 모든 사도들이 그렇게 했을 것이 틀림없다.

그러므로 하나님을 진정으로 경외하는 성도라면 사도들의 그 간곡한 요구를 귀담아 듣고 순종해야만 한다. 이런 의미에서 볼 때, 지상 교회는 예수 그리스도의 보혈 위에 사도들의 눈물과 더불어 세워진 것으로 말할 수 있다. 우리는 지금도 교회의 교사들과 직분자로 세워진 성도들이 그 일을 지속하고 있다는 사실을 기억해야 한다. 지상 교회에 속해 있으면서 사도들의 권면을 무시하고 예수 그리스도의 십자가의 원수처럼 행동하는 자들이 있어서는 절대로 안 된다.

4. 배도자들의 행태와 그 결과 (빌 3:19)

하나님을 멸시하는 자들 가운데는 저들의 잘못된 삶에도 불구하고 그 실상을 전혀 깨닫지 못하고 있는 경우가 태반이다. 그런 사람들은 하나님께서 요구하시는 삶으로부터 떠나 있으면서도 자신의 신앙이 마치 훌륭한 것인 양 착각하고 있다. 그들은 하나님 나라에 참여하거나 영원한 천상을 바라보는 것이 아니라 그와는 아무런 상관이 없이 세상의 것들에 대한 집착을 보이게 된다.

구약시대 노아 홍수가 일어나기 직전에도 사람들 가운데 그와 같은 현상이 일어났으며 사도교회 시대에도 그런 자들이 많이 있었다. 한편으로 종교적인 열정을 보이면서도 다른 한편으로 세상에 모든 관심을 두고 살아가는 자들의 삶의 양상은 인간들의 전 역사 가운데 끊임없이 발생했다. 말세를 치닫는 오늘날 우리 시대에는 그와 같은 경향성이 더욱 두드러지고 있다. 그러므로 예수님께서는 그에 관한 말씀을 하셨다.

> "홍수전에 노아가 방주에 들어가던 날까지 사람들이 먹고 마시고 장가들고 시집가고 있으면서 홍수가 나서 저희를 다 멸하기까지 깨닫지 못하였으니 인자의 임함도 이와 같으리라" (마 24:38,39)

하나님을 멀리하는 자들은 천상으로부터 계시된 하나님의 말씀에 귀를 기울이지 않는다. 그런 자들은 세상에서 전개되는 삶을 통해 자신의 욕망을 채우고자 한다. 예수님께서 말씀하신 것은 그에 연관된 내용이다. 복음서에 기록된 '노아 홍수전' 이라 함은 하나님의 심판이 임하기 직전이란 의미를 지니고 있다. 예수님께서 인자의 임함이라고 언급하신 것도 자신의 심판의 때를 가리키고 있다.

어리석은 인간들은 무서운 심판을 눈앞에 두고도 이 세상에서의 부요한 삶을 추구하기에 급급하다. 그들은 곧 멸망하게 될 영역에서 자신의 행복을 위해 모든 노력을 기울이게 된다. 그런 상황 가운데서도 사람들이 먹고 마시고 장가들고 시집가고 했다는 말은 보편적인 관점에서 볼 때 일상생활에 충실했다는 의미를 지니고 있다.

다시 말해 사람들의 그와 같은 행위는 우리가 일반적으로 생각하는 범죄와 연관된 것이 아니었다. 그들은 단지 하나님을 경외하는 가운데 영원한 삶을 향하지 않고 잠시 지나가는 세상에서의 삶에만 관심을 두고 있었다. 비록 일반 윤리와 도덕에 반하지는 않는다고 할지라도 그것은 지극히 어리석은 행위로서 하나님의 자녀들이 취해야 할 지혜로운 자세가 될 수 없었다.

우리가 여기서 기억해야 할 바는 이 세상에서 얻게 되는 현재의 부귀영화가 궁극적인 의미를 지니지 않는다는 사실이다. 엄밀한 의미에서 볼 때 그와 같은 삶은 도리어 사람을 속이는 역할을 하게 된다. 즉 그것은 진정한 삶의 의미를 알아 가는 데 방해 역할을 하게 될 우려가 있는 것이다.

그러므로 하나님의 뜻을 버리고 개인적인 욕망을 추구하는 것은 저들의 기대와는 달리 패망을 가져오게 될 따름이다. 그런 잘못된 가치관에 빠진 자들은 이 세상에서 잘 먹고 잘 살기 위해 최선을 다하는 것을 의미 있는 삶으로 여긴다. 그들은 이땅에서 일어나는 일들을 추구함으로써 인생의 목적을 달성하고자 하며, 그것이 마치 자신의 성공적인 삶이라도 되는 양 착각한다.

하지만 그와 같은 인생은 저들에게 부끄러움을 끼치게 될 따름이다. 세상에서의 성공과 만족이 결코 저들의 진정한 영광이 되지 못한다. 하나님의 자녀들은 이에 대한 의미를 분명히 알고 하나님의 말씀에 순종하며 살아가야 한다. 그것을 깨닫고 영원한 하나님의 나라를 바라보는 것이 진정한 영광에 참여하는 방편이 되는 것이다.

5. 성도들의 소속과 시민권(빌 3:20)

타락한 세상에 살아가는 인간들 가운데는 하나님께 속한 자들이 있는가 하면 세상에 속한 자들이 있다. 겉보기에는 아무런 차이가 나지 않는 것 같아 보이지만 근본적으로는 전혀 다른 영역에 소속되어 있는 것이다. 따라서 하나님의 자녀들은 자기가 속한 나라에 대한 분명한 인식을 하고 있어야만 한다.

지상 교회에 속한 성도들은 타락한 세상에서 살아가고 있으나 사탄이 지배하는 세상 나라에 속한 자들이 아니다. 즉 이 세상은 하나님의 자녀들이 궁극적인 기쁨을 누리며 영원토록 살아갈 만한 영역이 될 수 없다. 그러므로 하나님을 믿는 성도들에게 있어서 이 세상은 잠시 지나가는 타국일 뿐이며 그 가운데 살아가는 우리의 삶은 나그네 인생에 지나지 않는다.

이에 대해서는 신약시대뿐 아니라 구약시대에 살았던 모든 믿음의 선배들에게도 동일하게 적용된다. 성경은 여러 곳에서 이에 대한 구체적인 교훈들을 주고 있다. 특히 히브리서 기자는 나그네 인생으로서 영원한 천상의 본향을 바라보며 살아가는 것이 성도들의 삶이란 사실을 구체적으로 기록하고 있다.

> "이 사람들은 다 믿음을 따라 죽었으며 약속을 받지 못하였으되 그것들을 멀리서 보고 환영하며 또 땅에서는 외국인과 나그네로라 증거하였으니 이 같이 말하는 자들은 본향 찾는 것을 나타냄이라 저희가 나온바 본향을 생각하였더면 돌아갈 기회가 있었으려니와 저희가 이제는 더 나은 본향을 사

> 모하니 곧 하늘에 있는 것이라 그러므로 하나님이 저희 하나님이라 일컬음 받으심을 부끄러워 아니하시고 저희를 위하여 한 성을 예비하셨느니라" (히 11:13-16)

이처럼 지상 교회에 속한 성도들의 시민권은 이땅이 아니라 영원한 천상의 나라에 있다. 물론 교회가 세상에 존재하는 동안에는 세상과 대치적인 국면에 서 있는 천국에 소속되어 있다. 따라서 하나님의 자녀들은 타락한 이 세상이 아니라 영원한 천상의 나라에 소망을 두고 살아가게 된다.

우리가 여기서 주의해야 할 바는 이 말이 결코 상징적인 의미가 아니라는 사실이다. 이 말은 매우 구체적이며 우리의 현실 가운데 반드시 적용되어야 한다. 이는 마치 어떤 사람이 일시적으로 외국에 나가 있는 것과 더불어 생각해 볼 수 있는 문제이다.

어떤 사람이 본국을 떠나 잠시 외국을 방문한다면 그것은 원래의 땅으로 돌아오는 것을 전제로 하고 있다. 본국으로 되돌아올 것이 확실하다면 잠시 머물게 될 외국 땅에 모든 것을 바치며 투자하는 어리석음을 범치 않는다. 뿌리를 내려 살지도 않을 일시적인 곳을 위해 모든 노력을 기울이게 된다면 결코 지혜로운 처사라 할 수 없다. 겉보기에 아무리 그럴듯하며 좋아 보인다고 할지라도 그 모든 것들은 그곳에 버려두어야만 할 것이 분명하다.

이처럼 하나님의 자녀들도 잠시 동안 이 세상에서 살아가지만 이곳에서의 복락을 위해 모든 것을 투자하지 않는다. 그것은 지극히 어리석은 행위일 따름이다. 그대신 성숙한 성도들은 영원한 천상의 나라에 계시는 주 예수 그리스도를 바라보며 그로부터 완성되는 영원한 구원을 소망해야 한다. 그것이 지상 교회에 속한 성도들이 소유하게 되는 최상의 삶이 되기 때문이다.

6. 성도들에게 허락된 영원한 부활 소망 (빌 3:21)

우리는 하나님의 자녀로서 이 세상의 것들에 대하여 원천적인 소망을 두고 살아가지 않는다. 타락한 세상은 복음 선포의 대상이며 근본적으로는 견제의 대상이 될 따름이다. 만일 오염된 세상을 친화적으로 생각하고 접근한다면 세속화의 위험에 빠지게 될 수밖에 없다.

그러므로 지상 교회와 그에 속한 성도들은 세상의 것들을 소유하는 것을 근본적인 목적으로 삼지 않는다. 그들에게는 영원한 부활의 소망이 있으며 그것을 바라보며 살아가게 된다. 그것은 모든 성도들에게 주어진 궁극적인 소망이 되기 때문이다.

이 말은 곧 만물에 대한 예수 그리스도의 궁극적인 승리와 직접적으로 연관된다. 그는 타락한 사탄의 세력뿐 아니라 우주만물을 자기의 발아래 복종시킬 수 있는 분이다. 그의 승리는 하나님의 자녀가 된 성도들에게 장차 도래하게 될 영원한 세계에 관한 약속과 더불어 이땅에서 실제적인 의미를 발생시키게 된다.

여호와 하나님을 배반함으로써 죄에 빠진 아담으로 말미암아 오염된 세상에 살아가는 성도들은 가장 낮고 비천한 위치에 놓여 있다. 그 자리는 하나님을 떠난 상태에서 사망에 빠져 있다는 사실을 의미한다. 그것은 곧 그 자체로서는 아무런 소망이 없는 죽음과 멸망에 완전히 노출되어 있음을 말해 주고 있다. 따라서 죄에 빠진 인간 스스로는 그 멸망의 자리를 벗어날 수 있는 방법이 없다.

하지만 십자가 위에서 죽음과 부활의 승리를 거두신 예수님께서는 자기에게 속한 백성을 자신의 모든 사역 안으로 받아들이셨다. 그것을 통해 인간들의 모든 죄를 깨끗하게 하심으로써 장차 자신의 영광의 몸의 형체와 같이 변하도록 하시게 된다. 그것이 곧 이땅에 살아가는 하나님의 자녀들이 가지는 최종적인 소망이 되는 것이다.

제8장

교회를 이루어가야 할 성도들

(빌 4:1-9)

1. 사도의 기쁨이자 '면류관' 인 교회(빌 4:1)

바울은 사랑하는 빌립보 교회 성도들이 자신의 기쁨이자 '면류관' 이라는 표현을 쓰고 있다. 이는 자기가 전한 말씀을 통해 하나님의 복음이 빌립보 지역에 선포된 사실을 말해 준다. 그로 말미암아 지상 교회가 세워지게 되었다. 그리하여 그 지역의 성도들이 사도 바울의 기쁨의 대상이자 승리의 면류관이 될 수 있었다.

우리는 이를 통해 바울의 진정한 기쁨은 곧 하나님의 교회라는 사실을 알게 된다. 그는 세상의 풍요로운 물질이나 이땅에서 얻게 되는 명예 따위를 자신의 즐거움으로 삼지 않았다. 그의 참된 기쁨은 오직 하나님의 교회에 속한 영적으로 건강한 성도들이었다. 바로 그들이 바울에게는 최상의 명예가 되었던 것이다.

바울은 그 성도들에게 주 안에서 굳게 서 있으라는 간곡한 당부를 했다. 교회는 세상에 존재하지만 세상의 것들로 인해 지탱되지 못한다. 교회가 예수 그리스도 안에 온전히 존재할 때 비로소 균형을 잡지 못해 흔들리는 세상 가운데서 온전히 서 있을 수 있게 된다. 바울이 그와 같은 요구를 한 것은 성도들이 오직 주님만 바라보고 그 안에 존재해야 한다는 사실을 말해 주기 위해서였다.

2. "주 안에서 같은 마음을 품으라"(빌 4:2)

사도 바울은 빌립보 교회에 속한 여러 성도들 가운데 특별히 유오디아(Euodia)와 순두게(Syntyche)를 구체적으로 지명하여 권면하고 있다. 그것은 저들로 하여금 주 안에서 '같은 마음'(the same mind)을 품으라는 것이었다. 아마도 그 두 사람은 빌립보 교회의 지도자의 위치에 있던 자들이었을 것이 분명하다.

그런데 그들은 서로간 조화되지 못한 채 갈등하고 있었던 것 같다. 구체적인 원인이나 내용에 대해서는 알 수 없지만 문맥상으로 볼 때 그들이 서로 조화를 이루지 못하고 온전한 관계를 유지하지 못했던 것으로 보인다. 그러므로 바울은 그들에게 주 안에서 같은 마음을 품으라는 요구를 했던 것이다.

교회 안에서 서로 다른 마음을 품고 있는 것은 대개 이기적인 주장과 자기중심적인 왜곡된 판단에 기인한다. 타락한 인간의 죄성은 항상 자기의 관점이 옳다는 생각을 갖도록 만드는 경향이 있다. 하지만 성숙한 성도들은 자기가 옳다는 판단에 집착하지 않는다. 즉 신앙이 어린 성도들은 그렇게 판단하게 되지만 성숙한 성도들은 결코 그렇지 않다.

그럼에도 불구하고 지상 교회 가운데는 항상 그와 같은 문제들이 발생하고 있다. 하지만 그런 상황이 교회 안에 지나치게 고착되는 것을 방치해서는 안 된다. 만일 그 문제를 속히 해결하지 않으면 더욱 큰 어려움에 봉착하게 될 것이 틀림없다. 이기적인 판단은 결국 교회에서 문제를 일으키게 되며, 결국 당사자의 마음도 평안하게 되는 것이 아니라 도리어 더욱 어려운 자리에 처하도록 만들기 때문이다.

그러므로 사도 바울은 성도들에게 주 안에서 같은 마음을 품도록 권하고 있다. 그것은 단순한 권면이 아니라 명령에 가까운 언사로 이해해야 한다. 즉 그 말씀을 심중에 받아들이지 않으면 하나님에 대한 불복종이 되며 그것은 말씀을 거스르는 죄가 된다. 바울은 고린도 교회에 보내는 편지에서도 그에 관련된 분명한 명령을 내리고 있다.

> "형제들아 내가 우리 주 예수 그리스도의 이름으로 너희를 권하노니 다 같은 말을 하고 너희 가운데 분쟁이 없이 같은 마음과 같은 뜻으로 온전히 합하라" (고전 1:10)

하나님의 몸된 교회에 속한 성도들은 동일한 마음과 같은 뜻을 가져야 하는 것이 원칙이다. 이는 인간적인 판단을 버리고 오직 그리스도의 뜻에 온전히 참여하라는 의미를 지니고 있다. 바울의 요구는 온 교회가 기억하고 거슬러서는 안 될 중요한 말씀이다. 그렇게 함으로써 온 교회가 조화롭게 화합할 수 있게 된다.

위의 본문 가운데서 우리가 주의 깊게 이해해야 할 바는, 모든 성도들이 다 같은 말을 해야 한다는 명령이 예수 그리스도의 이름으로 행해지고 있다는 사실이다. 우리는 이 기록을 여간 주의 깊게 받아들이지 않으면 안 된다. 하나님을 경외하는 성도로서 다른 성도들 가운데 책임질 수 있는 말을 조심스럽게 하지 않으면 하나님의 자녀들 사이를 이간질시키거나 지상 교회를 허물게 될 심각한 우려가 따른다.

어리석은 자들은 항상 자기의 기분에 따라 다른 사람을 탓하기를 좋아한다. 그러나 이웃을 비난의 대상으로 삼아 판단하고 말할 것이 아니라 자신의 모습을 되돌아볼 수 있어야 한다. 즉 개인적인 감정에 따라 다른 사람의 생각과 행동을 바꾸려 하지 말고 자신의 태도를 바꾸도록 해야 하는 것이다.

신약성경의 다른 본문 가운데는 성도들의 입에는 항상 재갈을 물려야 한다는 과격한 표현이 나타난다. 야고보 선생은 하나님의 자녀들이 서로 간 말을 조심하는 것이 얼마나 중요한지에 대해 기록하고 있다. 성도들이 일상적인 생활 가운데서 사용하는 언어의 기능은 모든 것을 온전히 세우기도 하지만, 자칫 잘못하면 도리어 모든 것을 파괴하기도 하는 엄청난 힘을 지니고 있기 때문이다.

> "누구든지 스스로 경건하다 생각하며 자기 혀를 재갈 먹이지 아니하고 자기 마음을 속이면 이 사람의 경건은 헛것이라" (약 1:26); "우리가 다 실수가 많으니 만일 말에 실수가 없는 자면 곧 온전한 사람이라 능히 온 몸도 굴레 씌우리라 우리가 말을 순종케 하려고 그 입에 재갈 먹여 온 몸을 어거하며 또 배를 보라 그렇게 크고 광풍에 밀려가는 것들을 지극히 작은 키로 사공의 뜻대로 운전하나니 이와 같이 혀도 작은 지체로되 큰 것을 자랑하도다 보라 어떻게 작은 불이 어떻게 많은 나무를 태우는가 혀는 곧 불이요 불의의 세계라 혀는 우리 지체 중에서 온 몸을 더럽히고 생의 바퀴를 불사르나니 그 사르는 것이 지옥불에서 나느니라" (약 3:2-6)

야고보서에 기록된 이 내용은 지상 교회를 위해 매우 중요한 교훈을 준다. 이 말씀은 일반 성도들에 앞서 교회의 교사로 세워진 직분자들에게 먼저 적용되어야 할 내용이다. 나아가 하나님을 경외하는 모든 성도들이 이 교훈을 귀담아 들어야만 한다. 성경에서 명백히 요구하고 있는 것처럼 성도들이 주 안에서 동일한 마음을 품기 위해서는 자기 혀를 재갈먹이지 않으면 안 된다.

따라서 신앙이 진정으로 성숙한 성도들은 결단코 말을 함부로 내뱉지 않는다. 나아가 항상 이기적인 발설을 피하고 신앙적인 말을 골라서 하게 된다. 그렇게 함으로써 개체 교회와 전체가 한 마음을 품을 수 있게 되는 것이다.

야고보 선생은 그것을 설명하기 위해, 입안에 든 작은 혀가 온 몸 전체를 더럽힐 수 있으며, 잘못 작용하는 혀는 지옥에서 나오는 끔찍한 불처럼 저의 생애의 수레바퀴(the whole course of his life)를 완전히 불사르게 된다는 사실을 언급하고 있다. 그것은 궁극적인 패망에 연관되어 있다. 이는 곧 사람들의 입속에 있는 자그만 혀가 하는 역할이 얼마나 중대한가 하는 점을 잘 보여준다.

이와 동시에 하나님을 경외하는 성도들이 입 안의 혀를 조심하며 올바르게 사용할 때, 그것이 인간의 전체적인 몸 즉 개인의 전인적인 삶뿐 아니라 지상 교회를 위해 얼마나 선한 역할을 하게 되는지 말해 주고 있다. 이 사실을 잘 알고 있는 성도들은 입 안의 혀를 올바르게 사용함으로써 교회를 하나 되게 하는 일에 힘쓰되 잘못하여 의도하지 않게 교회를 허무는 일에 가담하지 말아야 한다. 이는 모든 시대 모든 지역에 존재하는 교회들에게 요구되는 매우 중요한 삶의 원리가 되고 있다.

3. "나의 동역자들을 도우라"(빌 4:3)

바울은 빌립보 교회의 성도들에게 간곡한 도움을 요청하고 있다. 그는 자기를 도와달라는 요구를 하는 것이 아니라 도리어 다른 성실한 성도들에게 적극적인 도움을 주라고 간청했다. 그는 또한 본문 가운데서 빌립보 교회 성도들이 자기와 함께 멍에를 같이 하고 있기 때문에 그런 당부를 한다는 사실을 시사하고 있다.

여기에는 우리가 주의 깊게 기억해야 할 매우 중요한 원리가 존재한다. 사도 바울이 아무에게나 도움을 요청하지 않고 자기와 동일한 신앙을 소유한 성도들에게 도움을 요청한 사실은 결코 간과하지 말아야 할 중요한 내용이다. 즉 그는 하나님을 알지 못하는 자들이나 이단에 속한 자들에게 특별한 도움을 구하지 않았다. 도리어 만일 그런 자들이 어떤 도움을 준다고 해도 완강하게 거절했을 것이 틀림없다.

그러므로 바울은 올바른 신앙을 소유한 빌립보 교회 성도들에게 믿을 만한 동역자들을 위해 도움을 제공하라는 요청을 하고 있다. 즉 그는 복음을 위해 함께 애쓰던 몇몇 여인들과 클레멘트(Clement)와 자신의 동역자들을 도와달라고 말했다. 그들은 자기와 동일한 신앙을 소유하고 있으므로 하나님의 생명책에 기록된 자들로 보증할 수 있다는 것이었다.

우리가 여기서 눈여겨보아야 할 점은 저들 가운데 여인들의 이름이 거명되고 있다는 사실이다. 그들은 사도 바울과 함께 복음 전파 사역을 하던 인물들이었다. 이는 당시 하나님의 복음 전파를 위해 여성들이 동참했다는 사실을 잘 말해 주고 있다. 그들은 여성으로서 교회의 감독이나 장로 직분을 감당하지는 않았지만 복음 전파 사역에 적극적으로 가담했었다. 우리는 이를 통해 사도교회 시대부터 여자 성도들이 복음 전파 사역을 위해 중요한 위치에 있었다는 사실을 알 수 있다.

4. "주 안에서 항상 기뻐하라"(빌 4:4)

하나님의 자녀들은 주 안에서 항상 기뻐하는 삶을 살아야 한다. 그 기쁨은 세상에서 일반적으로 얻어지는 것과는 전혀 다른 성격을 지니고 있다. 성도로서 영속적인 참된 기쁨을 누려야 하는 것은 사도들의 요구였으며 교회에 속한 성도들이 마땅히 순종해야만 할 근본적인 삶의 원리이다. 바울은 빌립보 교회를 향해 그에 대한 사실을 강조하며 재차 그렇게 할 것을 요구하고 있다.

그는 데살로니가 교회 성도들에게도 그와 동일한 요구를 한 적이 있다. 우리는 바울이 그 지역에서 살아가는 성도들을 향해 "항상 기뻐하라"(살전 5:16)고 명령한 의미를 주의 깊게 생각해 보아야 한다. 그것은 기쁜 일이 있을 때만 기뻐할 것이 아니라 설령 슬프고 괴로운 일이 발생한다고 해도 여전히 기뻐해야 한다는 사실을 말해 주기 때문이다.

우리는 기쁨과 슬픔에 연관된 이 말 자체로만 생각한다면 모순이 될 수밖에 없는 사실을 쉽게 알 수 있다. 깊은 슬픔에 빠져 괴로운 중에도 기뻐한다는 것은 불가능한 일이다. 그렇지만 하나님의 자녀로서 이 세상에서 항상 기쁘게 살아가야 하는 것은 명백한 성경의 요구이다.

바울의 서신을 받을 당시 빌립보 교회는 상당한 어려움 가운데 있었으며, 데살로니가 교회도 그 편지를 받을 당시 매우 힘든 상황에 처해 있었다. 많은 성도들이 악한 유대인들에 의해 심한 고통을 당하고 있었던 것이다. 바울은 데살로니가 지역에 있을 때 유대주의자들로부터 생명의 위협을 받기까지 했다. 일반적인 관점에서 본다면 결코 기쁨을 누릴 형편이 될 수 없었다.

그럼에도 불구하고 바울은 저들에게 항상 기뻐하라는 요구를 하고 있다. 그것은 주변의 일상적인 환경 변화에 따라 기뻐하는 것을 두고 말하지 않는다. 우리가 여기서 반드시 기억해야 할 바는 바울이 요구하는 기쁨이 감정적인 의미를 넘어서고 있다는 사실이다. 인간의 감정은 슬픔이나 괴로움을 상태변화 없이 그 자체로서 기쁨이나 즐거움을 동반하거나 그렇게 바꿀 수 없다.

성경이 성도들에게 그와 같은 요구를 하고 있는 까닭은, 진정한 기쁨의 근원이 인간들의 삶의 주변에서 발생하는 환경이 아니라 하나님과 예수 그리스도께 달려 있기 때문이다. 그것은 이땅에 오신 하나님의 아들과 직접 연관되어 있다. 이는 신약시대뿐 아니라 구약시대 성도들 역시 마찬가지였다. 구약성경에서 이사야 선지자는 메시아 예언을 하면서 그에 연관된 기록을 남기고 있다.

> "시온은 구로하기 전에 생산하며 고통을 당하기 전에 남자를 낳았으니 ... 여호와께서 가라사대 내가 임산케 하였은즉 해산케 아니하겠느냐 네 하나님

> 이 가라사대 나는 해산케 하는 자인즉 어찌 태를 닫겠느냐 하시니라 예루살렘을 사랑하는 자여 다 그와 함께 기뻐하라 다 그와 함께 즐거워하라 그를 위하여 슬퍼하는 자여 다 그의 기쁨을 인하여 그와 함께 기뻐하라" (사 66:7-10)

언약의 백성들에게 있어서 진정한 기쁨은 이땅에서 자생하여 존재하지 않는다. 세상에서의 부귀영화는 결단코 궁극적인 기쁨을 제공하지 못한다. 그것은 잠시 존재하다가 사라지는 아침 안개나 하루살이와도 같기 때문이다. 따라서 이사야 선지자는 이스라엘 백성들에게 장차 오실 그리스도로 인한 기쁨을 소유하라는 말을 하고 있다.

우리는 위의 성경 본문 가운데서, "그를 위하여 슬퍼하는 자여 그의 기쁨을 인하여 그와 함께 기뻐하라"고 말한 기록을 주의 깊게 생각해 보아야 한다. 앞에서 잠시 언급한 것처럼 이땅에서의 슬픔은 그리스도로 말미암는 영원한 천국의 기쁨을 소멸시키지 못한다. 아무도 성도들의 진정한 기쁨을 가로막을 수 없는 것이다.

그렇지만 세상에서 성도들이 겪게 되는 환난과 핍박은 일반적인 즐거움을 가져다주지 않는다. 도리어 그와 같은 것들은 성도들에게 엄청난 고통과 좌절을 동반하는 역할을 하게 될 따름이다. 그러므로 예수님께서는 제자들에게 산상수훈을 주시면서 그에 대한 분명한 교훈을 주고 계신다.

> "나로 말미암아 너희를 욕하고 박해하고 거짓으로 너희를 거슬러 모든 악한 말을 할 때에는 너희에게 복이 있나니 기뻐하고 즐거워하라 하늘에서 너희의 상이 큼이라 너희 전에 있던 선지자들도 이같이 박해하였느니라" (마 5:11,12)

오늘날 지상 교회에 속한 성도들이 소유해야 할 근본적인 기쁨과 즐거움은 이와 동일한 맥락 가운데 있어야만 한다. 즉 타락한 세상에서 잘되고 만족스러운 것을 추구하는 것이 곧 참된 기쁨의 배경이 되어서는 안 된다. 그에 대한 올바른 깨달음을 가지는 것이 하나님의 자녀들이 가져야 할 진정한 지혜가 되는 것이다.

따라서 성숙한 성도들은, 이땅의 것들은 영원한 기쁨을 제공하는 것이 아니라 도리어 본질을 해치는 화가 될 수 있다는 사실을 기억해야 한다. 그와 같은 신앙을 소유하게 되면, 세상에서 성공하여 부귀영화를 누리는 자들에 대하여 부러운 마음을 가지지 않는다. 잠시 있다가 사라지게 될 것을 추구하며 그것을 통해 기쁨을 누리려는 것이 얼마나 어리석은 태도인가 하는 것을 잘 알고 있기 때문이다.

영원한 천상의 나라에서 받게 될 보상은 이 세상의 그 어떤 것과도 비교할 수 없이 크다는 사실을 우리가 기억하는 것은 매우 중요하다. 그것이 주 안에서 얻게 되는 최상의 선물이 될 수 있다. 현대를 살아가는 우리도 하나님을 경외하는 성실한 성도로서 이에 대한 분명한 이해를 하지 않으면 안 된다.

5. "관용하는 자세를 보이라"(빌 4:5-7)

하나님의 자녀들은 하나님의 말씀을 기초로 한 관용의 자세를 가져야만 한다. 나아가 성도들의 그런 자세를 주변의 많은 사람들이 보고 알 수 있도록 일상적인 삶 가운데 최선을 다해 드러낼 수 있어야 한다. 어리석은 사람들은 세상에서 그와 같은 삶을 살게 되면 마치 손해를 보는 것처럼 생각하게 된다.

그렇지만 하나님의 자녀들은 일상적인 삶에 있어서 성경이 요구하는 바 관용하는 자세를 가지고 살아가야 한다. 사도 바울은 그 이유가 주님의 재림이 눈앞에 가까웠기 때문이라는 사실을 언급하고 있다(빌 4:5). 사람들이 세상에서의 욕망을 추구하고 있으면서 비록 작은 것 하나라 할지라도 손해를 보지 않으려고 애쓰는 까닭은 살아가야 할 세월이 매우 길다고 여기기 때문이다.

하지만 그리 오래가지 않아 하나님의 심판이 실현되고 세상이 완전히 끝날 것으로 생각한다면 불필요한 욕심을 부리지 않는다. 비록 불신자들은 세상을 추구하는 그와 같은 삶을 살아갈지라도 주님의 재림을 진정으로 소망하는 성도들은 결코 그렇게 하지 않는다. 따라서 바울은 빌립보 교회 성도들에게 주님의 재림이 매우 임박하다는 사실을 강조하고 있다. 물론 그것은 단순한 시간적인 개념을 넘어, 재림에 대한 필연적인 사실을 단호하게 교훈하고 있는 것으로 받아들여야 한다.

그러므로 하나님의 자녀들은 무엇이든지 세상의 것을 더 많이 소유하기 위해 지나친 애를 쓸 필요가 없다. 다른 사람들보다 더 많이 소유하기 위한 것을 목적으로 삼지 않는다. 그대신 모든 면에서 관용한 자세를 가지고 살아가야만 한다. 즉 물질적인 것이든 정신적인 것이든 자기보다 다른 사람이 더 많이 소유하는 것을 질시하지 말아야 한다. 그런데 문제는 그와 같은 자세로 살아가게 되면 세상에서 삶이 여유롭게 되는 것이 아니라 더 어려워질 수 있다는 사실이다.

바울이 아무 것도 염려하지 말고 다만 모든 일에 기도와 간구로 살아가도록 요구하며, 구해야 할 바를 감사함으로 하나님께 아뢰라고 한 것은 바로 그와 같은 사실 때문이다. 이는 손해를 보지 않기 위해 최선을 다할 것이 아니라 도리어 많은 것을 포기하고 다른 사람들의 유익을 위해 살아가라는 뜻을 지니고 있다. 그것이 이땅에 살아가는 성도들에게 허락된 최선의 삶의 방법이 된다.

그렇게 할 때 모든 지각에 초월하시는 하나님의 평강이 저들 가운데 임하게 된다. 그 평강은 타락한 세상과 사람들이 창출하거나 만들어내는 성질의 것이 아니라 오직 예수 그리스도 안에 존재하고 있다. 바로 그것이 관용하는 삶을 살아가는 성도들을 안전하게 지켜 보호하게 된다. 그것을 통해 하나님의 자녀들은 어떤 어려운 환경 가운데서라 할지라도 진정한 기쁨을 누리며 살아갈 수 있게 되는 것이다.

6. "항상 참되며 경건하라" (빌 4:8)

하나님의 자녀들은 항상 거짓을 멀리해야 한다. 이는 하나님 앞에서 참된 삶을 요구하는 것으로서 세상의 것들에 얽매이지 말도록 요구하는 의미를 지니고 있다. 그와 같은 신앙의 자세가 경건한 삶으로 이어지게 된다. 세상의 것들을 탐하고 있다면 결코 경건한 삶을 살아갈 수 없다. 설령 누군가 세상을 탐하면서도 경건한 모습을 보인다면 그것은 도리어 위선에 지나지 않는다.

그러므로 사도 바울은 무엇에든지 참되며 무엇에든지 경건하며 무엇에든지 옳으며 무엇에든지 정결하며 무엇에든지 사랑받을 만하며 무엇에든지 칭찬받을 만하며 무슨 덕이 있든지 무슨 찬사를 받을 만한 일이 있든지 이것들을 생각하라는 요구를 했다. 이 말은 광범위한 삶 전체 가운데서 그와 같은 윤리적인 덕목을 보이라는 의미라기보다 타락한 인생의 본질을 완전히 바꾸라는 의미에 더 가깝다. 삶의 본질이 변하게 되면 세상을 살아가는데 근본적으로 필요한 모든 것들은 저절로 따라올 것이기 때문이다.

우리는 사도 바울의 이 요구를 귀담아 듣고 마음속 깊이 새겨야만 한다. 이는 그의 요구는 개인적인 생각이 아니라 하나님의 말씀이기 때문이다. 나아가 그와 같은 삶은 일반 세상에서 뿐 아니라 지상 교회 가운데서 항상 실행되어야 한다. 성숙한 성도들은 하나님을 알지 못하는 자들로부터 인정을 받는 것을 자랑으로 삼을 것이 아니라 이땅에 주님의 교회를 온전히 세우는 일에 참여해야 하며, 그것은 주님의 재림 때까지 끊임없이 지속되지 않으면 안 된다.

7. 사도의 교훈을 배우고 지켜야 할 교회(빌 4:9)

바울은 또한 빌립보 교회를 향해 자신의 가르침에 온전히 순종하도록 요구하고 있다. 자기로부터 배우고 받고 듣고 본 바를 그대로 행하라는 것이었다. 그것은 결코 이론적이거나 관념적인 것이 아니라 구체적으로 실천해야만 할 내용이라는 것이다.

지상 교회와 그에 속한 성도들이 그렇게 하기 위해서는 먼저 그의 교훈과 가르침을 올바르게 깨달아야 한다. 그것은 신앙의 실천을 위한 필수적인 선행조건이 된다. 즉 사도가 하나님으로부터 계시받아 전한 교훈의 내용을 올바르게 깨닫지 못한다면 그것을 실행하는 것 자체가 불가능하다.

만일 사도의 가르침을 근본적으로 오해하고 있다면 도리어 정반대로 행동할 우려가 따른다. 지상 교회가 사도들의 가르침을 성실하게 가르쳐야 하는 이유가 바로 거기 있다. 하나님의 자녀들은 항상 기록된 말씀으로 계시된 성경을 읽고 묵상하는 가운데 그에 온전히 순종할 준비를 갖추어야 한다. 그렇게 할 때 평강의 하나님께서 교회와 성도들 가운데 거하시게 된다.

이 말은 교회가 반드시 기억해야 할 매우 중요한 의미를 지니고 있다. 그것은 하나님께서는 기록된 말씀과 더불어 지상 교회 안에 거하신다는 사실을 말해 주기 때문이다. 즉 하나님께서는 언약적인 관계없이 그냥 교회와 성도들과 함께 거하시지 않는다. 그는 반드시 자신으로부터 계시된 말씀과 더불어 교회 가운데 계시는 것이다.

이는 성경 말씀이 존재하지 않는 곳에는 하나님이 계시지 않는다는 말과도 같다. 말씀을 멀리한 상태에서 종교적인 열정을 쏟아 붓는 무리들은 종교적인 성향을 풍부하게 드러낼지언정 결코 참된 교회가 될 수 없다. 우리는 사도 바울의 교훈을 통해 계시된 말씀과 더불어 교회 가운데 계시는 하나님과 그로부터 허락되는 진정한 평강의 의미를 분명히 깨닫지 않으면 안 된다.

제9장

사도와 교회의 사명

(빌 4:10-23)

1. 사도의 사역에 관심을 가지는 성도들(빌 4:10)

사도 바울은 본문 가운데서, 주 안에서 크게 기뻐할 일이 있다는 사실을 언급했다. 그 이유는 빌립보 교회 성도들이 자기에 대한 관심이 일어나고 있었기 때문이다. 그전에도 그들은 바울을 기억하며 후원하고자 했지만 그냥 생각에 머물 따름이었다. 즉 그럴 만한 실질적인 기회를 잡기 어려웠던 것이다.

하지만 우리가 주의 깊게 이해해야 할 바는, 바울 자신이 저들로부터 개인적인 도움을 받았기 때문에 기뻐한다는 말과는 상당한 차이가 난다는 사실이다. 즉 다른 사람들이 아니라 자기를 택해 도움을 주어서 기쁘다는 말이 아니었다. 빌립보 교회 성도들은 바울이 하나님의 진리를 완벽하게 증거하는 사도라는 사실을 잘 알고 있었다. 바울은 그점을 분명히 인식하고 있었던 것이다.

그러므로 기쁨에 연관된 바울의 그 말은 자신의 복음 사역을 위한 물질에 연관되어 있지만 궁극적으로는 지상 교회에 대한 전체적인 관심에 연결되어 있었다. 따라서 바울은 그 사실을 통해 빌립보 교회를 칭찬하면서 복음 사역을 위해 더욱 큰 관심을 가지고 참여하라는 촉구를 하고 있다. 그것은 지상 교회에 속한 모든 성도들이 감당해야 할 근본적인 일이기도 하다.

2. 다양한 형편에 적응해야 할 성도의 삶(빌 4:11,12)

바울은 이땅에 살아가면서 경제적으로 넉넉한 생활을 했던 것이 아니다. 그는 오히려 궁핍한 삶을 살았던 경우가 더 많았다. 물론 항상 가난한 생활만 했던 것은 아니었으며, 때로는 풍부한 삶을 누리기도 했다.

빌립보서 가운데는, 바울이 그에 연관된 자신의 다양했던 형편을 소개하며 고백한 내용이 기술되어 있다. 그가 빌립보 교회에 재정적인 지원을 요구하는 것이 단순히 궁핍한 삶을 해결하기 위해서가 아니었다. 즉 거기에는 그보다 훨씬 중요한 의미가 담겨 있다.

사도 바울에게는 가난하고 부유한 형편 자체가 자신의 근본적인 삶의 질에 아무런 영향을 끼치지 않았음을 천명하고 있다. 즉 궁핍하기 때문에 삶의 만족 정도에 부정적인 영향을 미친다거나 부유하기 때문에 긍정적인 영향을 끼치는 것이 아니었다. 그것은 성도의 삶에 있어서 본질적인 의미를 지니지 않았다. 따라서 바울은 어떤 형편에 처할지라도 자족自足하는 삶을 배워 익혔다는 사실을 고백했다.

바울은 경제적인 어려움으로 인해 많이 굶주렸을 뿐 아니라 생활 전반에 있어서 매우 힘든 경우가 많았다. 복음의 요구에서 멀어진 어리석은 자들은 도리어 그리스도를 핑계대며 세상에서 익힌 자신의 지혜와 부유한 형편을 자랑하기를 좋아했다. 그러나 바울을 비롯하여 그와 함께 복음 사역을 감당하던 성도들은 전혀 그렇지 않았다. 그는 고린도 교회에 보내는 편지에서 자신의 삶에 빗대어 그점을 더욱 명확하게 밝히고 있다.

"우리는 그리스도의 연고로 미련하되 너희는 그리스도 안에서 지혜롭고 우리는 약하되 너희는 강하고 너희는 존귀하되 우리는 비천하여 바로 이 시간까지 우리가 주리고 목마르며 헐벗고 매맞으며 정처가 없고 또 수고하여 친히 손으로 일을 하며 후욕을 당한즉 축복하고 핍박을 당한즉 참고 비방을 당한즉 권면하니 우리가 지금까지 세상의 더러운 것과 만물의 찌끼 같이 되었도다"(고전 4:10-13)

사도 바울은 위의 고린도전서 본문 가운데서, 하나님의 사도인 자신뿐 아니라 하나님의 말씀에 순종하는 형제들이 헐벗고 굶주리며 심한 고통 중에 놓여 있음을 언급하고 있다. 하나님을 알지 못하는 자들은 바울 일행의 매우 구차스런 형편을 보며 도리어 저들이 복을 받지 못해 그렇게 된 것인 양 비아냥대며 비방했다. 그래서 바울은 하나님의 사역자인 성도들이 마치 세상의 더러운 것과 만물의 찌꺼기 같이 되었음을 말하고 있다. 물론 그것은 바울이 자신의 삶을 한탄하는 것이 아니라 저들의 오해에 대한 지적이었다.

또한 바울은 악한 자들에 의해 억울하게 자유를 박탈당하기도 하고 폭행을 당하기도 했다. 그는 감옥에 갇혀 자유를 빼앗기고 심한 고문을 당하기를 수없이 되풀이 해야만 했다. 하나님을 향하여 저항하는 배도자들은 성도들의 생명을 위협하기도 했다. 바울은 고린도 교회에 보내는 두 번째 편지에서 보통 사람들은 상상할 수도 없는 자기의 힘든 삶에 대한 내용을 소상하게 기록하고 있다.

"... 내가 수고를 넘치도록 하고 옥에 갇히기도 더 많이 하고 매도 수없이 맞고 여러번 죽을뻔 하였으니 유대인들에게 사십에 하나 감한 매를 다섯번 맞았으며 세번 태장으로 맞고 한번 돌로 맞고 세번 파선하는데 일주야를 깊음에서 지냈으며 여러번 여행에 강의 위험과 강도의 위험과 동족의 위험과 이방인의 위험과 시내의 위험과 광야의 위험과 바다의 위험과 거짓 형제 중의 위험을 당하고 또 수고하며 애쓰고 여러번 자지 못하고 주리며 목마르고 여러번 굶고 춥고 헐벗었노라" (고후 11:23-27)

예수 그리스도의 사도로 택정받은 바울의 생활은 엄청나게 어려웠다. 그것은 총체적인 고통으로서 우리가 상상하기 어려운 정도였다. 사도 바울은 마음 편하고 부유한 삶을 누렸던 것이 아니라 오히려 그와는 정반대였다.[28] 그의 일상생활 가운데는 환란과 고통 가운데서 어려움을 겪어야 할 경우가 훨씬 더 많았다. 하지만 바울은 자신의 힘든 삶에 대해서 전혀 불평하지 않았다.

나아가 그는 하나님께 자신의 그와 같은 열악한 삶을 바꾸어 부유한 생활을 살아갈 수 있게 해달라는 기도를 하지 않았다. 바울은 오로지 십자가에 달리신 예수 그리스도를 기억하며 복음 사역에 몰두했을 따름이다. 따라서 그는 빌립보 교회 성도들에게 '자신은 비천에 처할 줄도 알고 풍부에 처할 줄도 알아 모든 일 곧 배부름과 배고픔과 풍부와 궁핍에도 처할 줄 아는 일체의 비결을 배웠노라' (빌 4:12)고 말했다.

이와 같은 경건한 삶의 자세는 바울뿐 아니라 모든 사도들이 소유했었으며 역사 가운데 살아갔던 믿음의 선배들의 일관된 신앙자세였다. 그런데 오늘날 우리 시대의 교회와 성도들은 과연 어떤가? 현대의 잘못된 기독교 지도자들은 예수를 잘 믿으면 이 세상에서 복을 받아 부유한 삶을 살게 될 것처럼 가르친다. 그것은 성경이 교훈하고 있는 바가 아니다. 그럼에도 불구하고 우리는 세상에서의 더 많은 것들을 소유하기 위해 하나님께 간구하기를 계속하지는 않는가?

분명한 점은, 성경에 기록된 구약시대 믿음의 선배들이나 신약시대의

28) 여기서 바울이 부유한 삶을 누린 것이 아니라고 언급한 것은 그가 궁핍하게 살았다는 것을 뜻하지 않는다. 설령 그에게 어느 정도의 재물이 있었다고 할지라도 물질의 풍요로움을 누리고자 한 것은 아니었다는 사실을 의미한다.

사도들은 결코 세상의 것들을 탐하지 않았다는 사실이다. 역사적인 교회 가운데서 저들의 믿음을 상속받은 신앙의 선배들도 역시 경건한 선배들의 삶을 닮으려 노력했다. 기복주의와 세상에서의 번영주의에 깊이 빠져 있는 현대의 성도들은 그에 대해 더욱 민감하게 자신을 돌아볼 수 있어야만 한다.

3. "능력주시는 자 안에서 모든 것이 가함" (빌 4:13)

사도 바울은 '능력 주시는 자 안에서 모든 것을 할 수 있다' (I can do all things through Christ who strengthens me)는 사실을 자신 있게 말했다. 우리는 이 말씀의 의미를 올바르게 깨닫지 않으면 안 된다. 자칫 잘못하면 하나님께서 말씀을 계시하신 의도를 근본적으로 왜곡할 우려가 있기 때문이다.

우리 시대의 어리석은 사람들과 진리를 멀리하는 교사들은 이 말씀을 자의적으로 해석함으로써 원래의 뜻을 크게 곡해하고 있다. 바울이 그렇게 말했으니 오늘날 우리도 무엇이든지 그렇게 할 수 있다는 것이다. 그런 자들은 가장 중요한 말씀인 '그리스도 안에서' (through Christ)라는 조건에 대한 내용의 중요성을 가볍게 여기거나 무시하는 경우가 보통이다.

우리는 먼저 이 말씀이 사도인 바울의 독특한 고백이라는 사실을 염두에 두어야 할 필요가 있다. 나아가 그것은 세상에서 일어나는 사도의 외적인 형편이 하나님의 사역을 가로막을 수 없다는 사실을 말해 주고 있다. 바울을 비롯한 사도들은 일반 교인들과 달리 자신의 이기적인 목적으로 아무것이나 구하는 자들이 아니었다. 따라서 이를 모든 성도들에게 일반적으로 적용되어야 하는 진술로 간주해서는 곤란하다.

사도 바울은 세상의 어떤 힘든 형편에 처할지라도 굴하지 않고 예수 그리스도 안에서 하나님께 간절히 기도하는 가운데 복음 전파 사역에 임했다. 참된 교회가 그런 자세로 간구하며 복음을 선포할 때 그 모든 것들이 이루어지게 된다. 우리는 그 모든 것이 이루어지는 성취를 전적인 하나님의 은혜로 받아들여야 한다. 사도는 그에 연관된 하나님의 뜻을 정확하게 깨달아 알고 있는 특별한 직분자였다. 따라서 그에게는 예수 그리스도를 통해 모든 것을 해낼 수 있는 능력이 존재하고 있었다.

우리는 물론 이에 대한 올바르고 정확한 교훈을 받아들일 수 있어야만 한다. 죄 가운데서 이 세상을 살아가는 모든 성도들은 하나님께서 선물로 허락하신 저들의 신앙에도 불구하고 여전히 부족한 점이 많지만, 위에 언급된 사도의 고백을 통해 그 의미 안으로 들어갈 수 있게 된다. 제한된 인간들 스스로는 아무것도 할 수 없으되 예수 그리스도께서는 모든 것을 이룩하시는 분이며, 그의 사도들을 통해 하나님의 능력과 사역이 지상 교회 가운데 온전히 전달되는 것이다.

4. 사도의 어려움에 참여한 빌립보 교회(빌 4:14-16)

사도 바울은 또한 빌립보 교회 성도들이 과거부터 자신의 괴로움에 참여하였다는 사실을 언급했다. 그는 저들의 그와 같은 신앙적인 행동에 대하여 잘했다는 칭찬을 하고 있다. 사람들은 세상에서 성공한 것으로 보이고 그럴듯한 자리에 앉아 있는 자들에게는 호의를 보이지만 모든 것에 실패한 것처럼 보이는 자들에게는 전혀 그렇게 하지 않는다.

하지만 빌립보 교회의 성도들은 세상의 것으로 바울을 평가하지 않고 오직 하나님의 진실한 것으로 응대할 수 있었다. 빌립보 교회는 사도인 바울에 대한 전적인 신뢰를 가지고 있었던 것이다. 그러므로 바울이 처음 그 지역에서 하나님의 복음을 전파하고 마게도니아를 떠날 때에도 재정적인 후원을 했다.

바울은 과거의 일들을 기억하고 당시 자기에게 후원한 일은 다른 교회와 달리 유독 빌립보 교회만 그렇게 했다는 사실을 언급하고 있다. 그리고 데살로니가 지역에 가 있을 때도 그들은 한 번이 아니라 몇차례 그에게 물질적으로 후원한 것을 언급했다. 이는 바울에 대한 저들의 절대적인 신뢰를 잘 드러내 보여주고 있다.

그렇지만 빌립보 교회가 바울에게 단순한 구제 차원의 물질적인 후원을 한 것이 아니었다. 그들이 바울을 지원한 것은 하나님의 복음 사역을 위해서였다. 먼저 하나님의 은혜를 입어 복음에 참여한 자로서 그에게 순종하는 빌립보 교회 성도들은 바울을 통해 간접적으로 복음 전파 사역에 참여하고 있었던 것이다.

5. 성도들이 맺어야 할 열매(빌 4:17,18)

감옥에 갇혀 있으면서 어려운 상황에 처한 바울은 이제 빌립보 교회 성도들에게 또 다시 재정적인 후원을 요청하기에 이르렀다. 그러나 그는 자기가 단순히 물질적인 선물을 요구하는 것이 아니라 도리어 빌립보 교회의 유익을 위해 그렇게 한다는 사실을 분명히 밝히고 있다. 즉 그것을 통해 풍성한 열매가 맺혀 저들이 진정한 유익을 얻게 되기를 원한다는 것이었다.

바울은 자기에게 이미 모든 것들이 있으며 부족함이 없이 풍부하다는 말을 하고 있다. 그는 어렵고 힘든 상황 가운데 처해 있었지만 전체적으로 볼 때 모든 것이 풍족하다는 생각을 했다. 그는 지난번 빌립보 교회 성도들이 에바브로디도편으로 보내준 것으로 인해 아무런 부족함이 없다는 것이었다.

사도 바울은 여기서 저들이 보내준 물질은 하나님께서 받으실 만한 '향기로운 제물' 이라는 표현을 하고 있다. 그리고 그것이 하나님을 기쁘시게 한다는 말을 했다. 우리는 이 표현을 여간 주의 깊게 이해하지 않으면 안된다. 여기서 연보를 제물이라고 표현한 것은 그것이 하나님을 기쁘시게 한다는 의미를 드러내기 위해서였다.

하지만 그것은 구약시대의 성전에 바치는 희생제물이나 속죄제물과는 근본적인 차이가 난다. 이 말씀 가운데서 우리가 중요하게 받아들여야 할 교훈은 교회와 성도들 상호간의 관계에 관한 문제이다. 즉 하나님께서 기뻐하시는 것은 물질 자체가 아니라 그 사랑의 관계에서 발생하는 복음 사역을 위한 교회적 삶의 나눔이었던 것이다. 하나님께 바쳐지는 희생제물은 십자가에 달려 돌아가신 예수 그리스도 한 분밖에 없으며 그의 제사 사역으로 인해 모든 언약이 완성되었기 때문이다.

6. 하나님의 풍성한 공급(빌 4:19,20)

사도 바울은 하나님께서 자신의 사역을 위해 특별히 부르신 신실한 종이었다. 그는 관념과 이론에만 치중한 것이 아니라 저의 실제적인 삶을 하나님께 전적으로 의존했다. 우리가 여기서 반드시 기억해야 할 바는 인간적인 노력만으로 얻어지는 것은 근본적인 가치를 소유하거나 유지하지 못한다는 사실이다. 그것이 설령 신앙적인 것에 연관된다고 할지라도 별반 다르지 않다.

이에 대해서는 지상에 존재하는 참된 교회들에 우선적으로 적용되어야 한다. 하나님께서는 자신의 말씀에 온전히 순종하게 되면 저들에게 필요한 모든 것들을 풍성하게 채워주신다는 약속을 하셨다. 인간들이 자신의 노력에 의해 스스로 필요한 것들을 채우게 되면 그것을 온전한 하나님의 은혜로 받아들일 수 없다.

그러나 하나님께서 필요에 따라 모든 것을 넘치도록 채워주신다면 그것은 하나님의 은혜라는 사실이 명백하게 드러나게 된다. 하나님의 교회와 그에 속한 모든 성도들은 그에 대한 경건한 체험을 해야만 한다. 따라서 예수님께서는 산상수훈 가운데서 제자들에게 그점을 강조하며 그와 같이 살아가도록 요구하셨다.

> "그러므로 염려하여 이르기를 무엇을 먹을까 무엇을 마실까 무엇을 입을까 하지 말라 이는 다 이방인들이 구하는 것이라 너희 천부께서 이 모든 것이 너희에게 있어야 할 줄을 아시느니라 너희는 먼저 그의 나라와 그의 의를 구하라 그리하면 이 모든 것을 너희에게 더하시리라 그러므로 내일 일을 위하여 염려하지 말라 내일 일은 내일 염려할 것이요 한 날 괴로움은 그날에 족하니라"(마 6:31-34)

예수님께서는 자기를 따르는 제자들에게 이 세상에서 먹고 마시는 문제로 인해 염려하여 하나님께 기도하며 간구하지 말라고 하셨다. 그런 기도는 이방인들의 종교 행위에 지나지 않는다는 것이었다. 이는 하나님의 자녀들은 하나님께서 공급하시는 것으로 살아가게 된다는 사실을 말해 준다.

바울이 빌립보 교회를 향해 말하고 있는 것도 이와 동일한 맥락에서 이해해야 한다. 하나님께서 자기 자녀들이 필요로 하는 모든 것들을 넘치도록 채워주신다는 것이다. 교회가 이에 대한 진정한 믿음을 가지는 것은 매우 중요하다. 물론 이 말은 아무 것도 하지 말고 그냥 가만히 있으라고 하는 의미가 아니다.

지상 교회는 절대로 이에 대한 오해를 하지 말아야 한다. 예수 그리스도로 말미암아 하나님의 자녀가 된 성도들은 결코 게으르거나 나태해서는 안 된다. 건강과 환경이 허락하는 한 최선을 다해서 살아가야 하는 것이 건전한 성도들의 신앙 자세이다. 그러므로 바울은 데살로니가 교회에 보내는 편지에서 성실하게 일할 것을 요구하며 일하기 싫으면 먹지도 말라고 요구했다.

> "너희에게 명한 것 같이 종용하여 자기 일을 하고 너희 손으로 일하기를 힘

쓰라" (살전 4:11); "우리가 너희와 함께 있을 때에도 너희에게 명하기를 누구든지 일하기 싫어하거든 먹지도 말게 하라 하였더니 우리가 들은즉 너희 가운데 게으르게 행하여 도무지 일하지 아니하고 일을 만들기만 하는 자들이 있다 하니 이런 자들에게 우리가 명하고 주 예수 그리스도 안에서 권하기를 조용히 일하여 자기 양식을 먹으라 하노라" (살후 3:10-12)

하나님의 백성들이 이 세상 가운데서 성실하게 일하는 것은 당연한 삶의 의무에 해당된다. 그런 가운데 하나님의 선한 손길을 바라보아야 한다. 즉 인간의 욕망을 채우기 위해 하나님께 의존하거나 그에게 간구해서는 안 되는 것이다.

교회가 이와 같은 말씀을 통해 얻게 되는 소중한 교훈은, 세상의 재물을 위해 기도하거나 간구하지 않았는데도 필요한 모든 것들을 풍성히 채워주시는 하나님의 놀라운 은혜에 관한 사실이다. 우리는 물질을 위해 간구함으로써 그것들을 얻게 되는 것이 아니라 그렇게 기도하지 않았음에도 불구하고 하나님께서 필요한 것들을 허락하신 사실을 깨달을 수 있어야 한다. 건강한 교회에 속한 성숙한 성도들은 항상 이 사실을 마음속 깊이 새기고 있어야만 하는 것이다.

바울은 그와 같이 교회와 성도들을 선한 방법으로 인도하시는 하나님께 진심으로부터 우러나는 영광을 돌렸다. 그것은 지상 교회에 속한 모든 성도들이 동일한 입장에서 행해야 할 덕목에 해당된다. 그 영광은 이 세상에서 일시적으로 행해지는 것이 아니라 영원무궁토록 지속적으로 이루어져야 한다.

7. 바울의 마지막 인사(빌 4:21-23)

사도 바울은 편지를 마무리하면서 빌립보 교회의 성도들 개개인 각자에게 문안을 전하도록 당부했다. 그리고 자기뿐 아니라 자기와 함께 있는 성도들도 저들에게 문안한다고 전했다. 그 가운데는 '가이사의 집' 사람들도 있었다. 여기서 말하는 가이사의 집 사람들이란 로마제국의 국가 공직자들을 지칭하고 있는 것으로 보인다.

우리는 우선 여기서 보편교회의 근원적인 모습을 엿보게 된다. 저들에게 문안을 전하는 성도들 가운데 다수는 빌립보 교회 성도들을 개인적으로 직접 알지 못하고 있었을 것이 분명하다. 그럼에도 불구하고 문안을 전하는 것은 저들이 동일한 '한 교회' 에 속해 있다는 사실을 알고 있었기 때문이다.

그리고 우리는 가이사의 집에 속한 공직자들 가운데 바울을 통해 여호와 하나님을 믿게 된 자들이 상당수 있었다는 사실을 기억해야 한다. 바울은 지금 범죄를 저지른 피의자로서 감옥에 구금된 상태이다. 그런 상태에서 국가 공직자로서 범죄 의심을 받는 죄수의 말을 듣고 예수 그리스도를 알게 된 것은 저들에게 하나님의 은혜가 베풀어진 사실을 말해 준다. 우리는 여기서 하나님의 놀라운 섭리와 경륜을 보지 않을 수 없다.

사도 바울은 빌립보서의 맨 마지막 부분에서 예수 그리스도의 은혜가 저들의 심령에 임하기를 기원했다. 우리는 이 말을 단순한 의례적인 인사치레로 받아들이거나 치부해서는 안 된다. 저들에게 하나님의 구체적인 은혜가 없다면 세상을 살아가지 못할 뿐더러 삶에 대한 진정한 의미가 발생하지 않는다. 편지를 직접 받은 빌립보 교회는 물론 현대를 살아가는 우리 역시 바울의 이 말을 빌립보서 전체 말씀과 함께 항상 기억하고 있어야만 한다.

골로새서

차 례

〈골로새서〉

〈서론〉

바울과 골로새 교회

사도 바울이 직접 골로새 교회를 방문한 적이 있었는지에 대해서는 성경에서 언급하고 있지 않다. 하지만 그곳에는 바울이 개인적으로 잘 알고 있는 성도들이 상당 수 있었다. 빌레몬을 비롯한 교회의 몇몇 교사들뿐 아니라 그 지역 출신인 오네시모도 잘 알았다. 그들 모두는 바울로부터 직접 혹은 간접적으로 가르침을 받은 인물들임에 틀림없다.

골로새는 소아시아 지역 내륙에 위치하고 있으며, 라오디게아(Laodicea)와 히에라볼리(Hierapolis : 지금의 Pamukkale)로부터 그리 멀지 않은 리쿠스 계곡(Lycus Valley)의 길목에 자리잡고 있었다. 당시에는 그 도시가 상당한 영향력을 행사할 수 있는 중요한 위치에 놓여 있었을 것으로 여겨진다. 라오디게아와 히에라볼리의 도시 규모나 지리상의 위치를 볼 때 충분히 그와 같은 사실을 알 수 있다.

바울은 감옥에 갇혀있는 상태에서 하나님의 계시를 받아 골로새에 있는 교회에 편지를 썼다(골 4:10, 참조). 이는 그렇게 해야만 할 무언가 긴박한 일이 있었음을 말해 주고 있다. 그것은 아마도 당시 위험한 이단 사상이 골로새 교회를 위협하고 있다는 소식을 바울이 에바브라로부터 들었기 때문이었을 것이다.

다수의 신학자들은 당시 골로새 교회가 영지주의(靈知主義, Gnosticism)로부터 심각한 위협을 받고 있었던 것으로 이해한다. 영지주의자들은 인간의 육체를 중요하지 않게 생각했다. 그들은 인간의 육체가 영혼을 가두고 있는 일종의 감옥과 같은 것으로 여겼다. 그런 사상은 형이상학적인 이원론에 기초하고 있었으며, 성경에 대한 지적인 깨달음과는 상반되는 것으로서 악한 물질에 갇혀 있는 인간들에게 신비적인 체험이 요구된다는 주장을 하기에 이르렀다.

그와 같은 이방인들의 철학적인 사조가 교회 가운데 들어와 활성화되면 욕망에 근거한 왜곡된 지혜를 추구하거나 육체를 경시하는 위험한 풍조가 생겨나게 된다. 즉 성경의 교훈이나 예수 그리스도의 십자가 사역에 상관없이 고상한 지식과 사고를 통한 깨달음으로써 육체의 속박으로부터 벗어나 영혼의 구원이 이루어진다는 것이다. 이는 매우 위험한 이단사상이 아닐 수 없다.

바울은 골로새 교회의 연약한 성도들이 그런 잘못된 사상에 노출된 사실을 알고 있었다. 그와 같은 사고는 매우 위태로운 것으로서 성경에 기록된 내용을 근본적으로 벗어나게 할 우려가 있었다. 그에 빠진 자들은 결국 참된 진리를 버리고 할례와 절기에 연관된 유대주의(골 2:11,16, 참조)와 철학 및 천사숭배에 연관된 헬라사상(골 2:3,8,18,23)을 결합시키려 할 것이기 때문이다.

다수의 신학자들은 이 서신이 사도행전 28장에 기록된 바울의 로마 감옥 시절에 기록된 것으로 생각한다. 물론 에베소나 다른 지역의 감옥에서 그 서신을 기록했을 것으로 여기는 자들이 없지 않다. 하지만 기록 장소 자체가 골로새서의 내용에 아무런 변화를 주지 않기 때문에 거기에 지나친 의미를 부여할 필요는 없다.

중요한 사실은 하나님께서 사도 바울을 통해 이 서신을 계시하셨다는 사실이다. 하나님께서는 그 가운데 계시해 주신 말씀으로써 골로새 교회뿐 아니라 지상 교회를 온전히 세워가게 되는 중요한 지침을 주셨다. 이는 오늘날 우리에게도 그대로 유효하다. 따라서 우리는, 신약성경은 물론 구약성경의 정신과도 완벽하게 조화되는 이 말씀을 통해 세상의 악한 사상을 견제하며 지상 교회를 세워나갈 수 있어야 한다.

제1장

골로새 교회와 복음전파를 위한 하나님의 뜻
(골 1:1-12)

1. 골로새 교회에 대한 문안과 감사(골 1:1-3)

바울이 예수 그리스도의 사도가 된 것은 자의적인 판단이나 스스로 자원한 결과로 인한 것이 아니었다. 그가 그 특별한 사도 직분을 맡게 된 것은 전적인 하나님의 의도와 부르심에 따른 것이었다. 바울은 하나님의 부르심에 온전히 순종하여 응답했을 따름이다. 그는 서신의 맨 앞부분에서 그에 관한 사실을 먼저 밝혔다.

사도 바울은 주 안에서 형제된 '디모데와 함께' 골로새에 거주하는 성도들에게 편지를 쓴다는 사실을 언급하고 있다. 이는 그 서신이 단순히 바울의 개인적인 주장이나 생각을 담고 있는 것이 아님을 분명히 말해 준다. 그것은 하나님으로부터 직접 계시된 공적인 언어였던 것이다.

이와 동시에 그 편지를 받는 골로새 교인들이 '그리스도 안에서 신실한 형제들' 이라는 사실이 언급되었다. 그것은 바울과 디모데를 비롯하여 골로새 교회의 신실한 성도들 모두가 주 안에서 한 형제가 된다는 사실을 말해 주고 있다. 이는 비록 바울과 디모데와 골로새 교회 성도들뿐 아니라 당시 로마제국의 전 영역에 흩어져 있던 참된 교회에 속한 모든 성도들이 그리스도 안에서 한 형제라는 사실을 의미한다. 이는 오늘날 우리 시대의 성도들 역시 저들과 함께 한 형제에 속하게 된다.

사도 바울은 골로새 교회 성도들에게 편지하면서 맨 앞부분에서 저들의 성부 하나님으로부터 은혜와 평강이 골로새 교회에 임하기를 기원했다. 이는 그 지역의 성도들이 어떤 어려움에 직면해 있음을 시사하고 있다. 물론 그것은 영적인 면과 육적인 면을 동시에 포함하고 있는 것으로 이해해야 한다.

바울은 그런 형편 가운데 있는 성도들에게 하나님의 은혜와 평강이 임하도록 기원했다. 그것들은 죄로 오염되어 타락한 이 세상에서 생성될 수 있는 것이 아니라 오직 여호와 하나님께 존재하는 특성을 지닌다. 바로 그것이 그리스도의 피로 값 주고 사신 바 된 지상 교회 가운데 임해야만 했던 것이다.

또한 바울을 비롯하여 그와 함께 있는 성도들이 골로새 교회를 위하여 기도할 때마다 하나님 곧 저들의 주님이신 예수 그리스도의 아버지께 감사한다는 사실을 언급했다. 이는 성부와 성자 하나님의 관계를 분명히 드러내 보여주고 있다. 물론 하나님의 은혜와 평강이 임하기 위해서는 성령 하나님의 구체적인 사역이 필수적으로 따르게 된다. 이로써 우리는 지상 교회를 위해 일하시는 삼위일체 하나님의 신령한 사역을 깨달아 알 수 있다.

2. '믿음, 사랑, 소망' 의 소문(골 1:4,5)

사도 바울이 하나님께 특별히 감사하게 된 이유는 골로새 교회 성도들이 소유한 믿음과 사랑과 소망에 관하여 익히 들어서 알고 있기 때문이라고 말했다. 그것은 물론 하나님으로 말미암아 성도들에게 허락된 특별한 선물 곧 은사로 이해해야 한다. 즉 그것은 타락한 세상에서 얻어질 수 있거나 발생한 것들이 아니었다.

하나님으로 말미암아 허락된 예수 그리스도에 대한 참된 믿음은 교회 바깥에는 결코 존재할 수 없다. 그리고 그리스도의 몸인 교회 밖에는 천상에 존재하는 영원한 소망과 진정한 사랑이 허락되지 않는다. 그러므로 바울은 고린도 교회에 보내는 편지에서 하나님으로부터 주어진 은사로서 주어진 믿음, 소망, 사랑에 관련된 특별한 언급을 하고 있다.

> " ... 이제는 내가 부분적으로 아나 그 때에는 주께서 나를 아신 것 같이 내가 온전히 알리라 그런즉 믿음, 소망, 사랑, 이 세 가지는 항상 있을 것인데 그 중에 제일은 사랑이라" (고전 13:12,13)

바울이 기록한 고린도전서에는 하나님의 자녀들이 은사를 통해 장차 온전함에 이르게 된다는 내용이 나타난다. 그 가운데 사랑에 관한 기록이 나오는 13장에는 특별한 은사에 관련된 내용들이 담겨 있다. 13장의 내용 앞뒤에 해당되는 고린도전서 12장과 14장은 전체적으로 은사에 관한 내용들이다. 따라서 그 사이에 위치한 '믿음, 소망, 사랑' 은 하나님으로부터 특별히 허락된 은사로 이해하는 것이 자연스럽다. 거기에 언급된 그 내용들은 사람들이 상식적으로 알고 있는 것들과는 상당한 차이가 난다는 것이다.

위의 본문에 언급된 믿음, 소망, 사랑 가운데서 우리가 각별한 관심을 가지고 생각해 보아야 할 것은 사랑이다. 어리석은 자들은 믿음이나 소망과는 달리 사랑은 마치 교회 바깥에 존재하는 일반적인 사랑과 별반 다르지 않은 것처럼 생각한다. 하지만 우리는 바울이 사랑에 관한 기록을 하면서 교회 안에만 특별히 존재하는 믿음과 소망을 동시에 언급하고 있다는 사실을 염두에 두어야 한다.

그러므로 하나님의 자녀들이 반드시 기억해야 할 바는, 성경에 언급된 믿음, 소망, 사랑이 그리스도께서 피로 값 주고 사신 교회 안에만 존재한다는 사실이다. 즉 그것들은 하나님과 예수 그리스도로 말미암아 성도들에게 허락된 특별한 선물 곧 은사이다. 다시 말하자면 타락한 세상에 살아가는 보통 사람들의 일상적인 삶 가운데서는 그런 것들이 자연적으로 발생하지 않으며 결코 그것을 맛볼 수 없다.

그러므로 바울은 골로새 교회 성도들에게, 저들이 예수 그리스도 안에 존재하는 참된 믿음을 소유하고 있음에 대하여 언급하고 있다. 그리고 모든 성도에 대한 저들의 사랑을 말했다. 이는 곧 교회에 대한 예수 그리스도의 진정한 사랑에 연관되어 있다. 또한 저들은 한시적으로 존재하는 이땅이 아니라 오직 영원한 천상의 나라에 참된 소망을 쌓아두고 있음을 언급했다.

골로새 교회의 성도들이 그와 같은 온전한 신앙을 가지고 실천할 수 있었던 것은 오직 진리의 말씀 곧 예수 그리스도의 복음에 근거한다. 저들이 소유한 복음은, 사도 바울을 통해 그것을 듣고 받아들음으로써 활성화 되었다. 그들이 믿음과 소망과 사랑을 가지고 실천하며 살아갈 수 있었던 것은 진리의 말씀 때문이었던 것이다.

3. 복음의 열매와 교회와 성장(골 1:6)

진리의 복음은 비단 골로새 지역뿐 아니라 온 천하에 전파되어야 할 내용이다. 예수 그리스도에 대한 그 복음의 말씀을 듣고 하나님의 자녀가 된 성도들은 이땅에 주님의 교회를 세워나가게 된다. 그것을 통해 타락한 세상에 진리가 선포되며 영적인 선한 열매를 맺을 수 있게 되는 것이다.

십자가 사역 후 죽음을 이기고 부활하신 예수님께서는 제자들에게 직접 그에 연관된 명령을 내리셨다. 온 천하에 다니며 모든 사람들에게 하나님의 복음을 전파하라는 것이었다. 그것을 통해 창세전에 선택받은 사람들은 진리의 복음을 영접하여 주님께 나아올 것이며 불신자들은 그를 거부하게 되는 것이다.

"또 이르시되 너희는 온 천하에 다니며 만민에게 복음을 전파하라 믿고 세례를 받는 사람은 구원을 얻을 것이요 믿지 않는 사람은 정죄를 받으리라" (마 16:15,16)

예수님의 이 말씀은 제자들 개개인 각자에게 따로 주어진 것이 아니라 지상 교회가 공적으로 받아들여 실천해야 할 내용이다. 그로 말미암아 하나님의 자녀들은 세례를 받음으로써 세상을 포기하고 영원한 천상의 나라를 바라보게 된다. 즉 교회로부터 선포되는 복음을 통해 구원받을 자와 심판받을 자가 뚜렷이 구분되는 것이다.

주님께서 피로 값 주고 사신 교회에 속함으로써 거룩한 성도가 된다는 것은 단순한 종교적인 전환을 의미하지 않는다. 복음을 소유하게 되면 마땅히 하나님의 무한한 은혜를 깨달을 수밖에 없다. 여기서 언급된 은혜란 아담의 범죄로 인해 사망에 빠진 처참한 인간에 대한 깨달음을 동반한다. 이는 물론 모진 고난과 더불어 십자가를 지고 희생당하신 예수 그리스도의 구원 사역을 통해 자신을 사망의 구렁텅이에서 영원히 구원해 주신 사실에 직접 연관되어 있다.

하나님의 부르심을 입어 그의 자녀가 된 성도들이 그의 놀라운 그 은혜를 깨달아 알게 되는 것은 지극히 자연스럽다. 그것은 이 세상을 살아가면서 일어날 수 있는 인생 최대의 사건이 아닐 수 없다. 그러므로 복음을 소유한 성도들은 그 사실을 천하 만방에 선포하지 않을 수 없게 된다. 지상 교회는 영원한 천상의 나라에 삶의 근거를 둔 그와 같은 성도들이 모인 거룩한 공동체이다.

4. 복음의 상속과 성도의 교제(골 1:7,8)

골로새 교회에 속한 성도인 에바브라(Epaphras)는 하나님의 말씀을 증거하며 가르치는 교사였다. 그는 그 지역에서 사도들의 가르침을 근거로 하여 계시된 말씀을 전하는 사역을 감당했다. 우리는 여기서 지상 교회에는 반드시 책임 있는 교육을 담당할 만한 교사가 있어야 한다는 사실을 기억하게 된다.

그리고 골로새 교회는 계시된 하나님의 말씀을 잘 깨닫고 가르치는 에바브라를 사도 바울에게 보냈다. 우리는 이를 통해, 교회가 다른 지역에 성도를 파송할 경우에는 아무나 보낼 것이 아니라 말씀에 대한 올바른 지식을 소유한 성숙한 성도를 보내야 한다는 사실을 엿보게 된다. 이는 또한 골로새 교회에 그가 없는 동안에도 하나님의 말씀을 잘 가르칠 수 있는 교사가 세워졌음을 의미하고 있다.

우리가 여기서 반드시 생각해 보아야 할 바는 하나님의 말씀을 가르치는 공인된 교사가 없는 교회는 불안전할 수밖에 없다는 사실이다. 만일 진리에 대한 올바른 지식을 갖춘 성숙한 교사가 없다면 신앙이 어린 교인들은 저마다 자기의 주장을 내세우게 될 것이 틀림없다. 그것은 결국 교회 안에 분란이 일어나게 될 우려를 낳게 된다. 따라서 교회에는 항상 교사 즉 항존 직분자인 목사가 있어야만 하는 것이다.

또한 우리는, 지역 교회의 교사는 사사로운 감정이나 이기적인 판단에 의해 아무렇게나 세워져서는 안 된다는 점을 기억해야 한다. 진리의 말씀을 하나님의 뜻에 적합하게 가르칠 수 있는 기본적인 자격을 갖춘 성도가 교회의 교사가 되어야 하는 것은 지극히 당연한 일이다. 만일 그렇지 않으면 성경을 제멋대로 해석하거나 잘못된 교훈을 퍼뜨림으로써 도리어 지상 교회를 어지럽히게 될 것이기 때문이다.

사도 바울은 본문 가운데서 골로새 교회를 향해, 에바브라가 저들과 함께 하나님을 섬기는 종이 된 신뢰할 만한 훌륭한 교사라는 사실에 대한 증언을 하고 있다. 그는 예수 그리스도의 신실한 일군으로서 나무랄 데가 없다는 것이다. 이는 골로새 교회의 성도들이 그런 좋은 교사로부터 진리를 배워 익혔으므로 그대로 받아들여 실천한다면 온전한 교회와 성도로 자라갈 수 있다는 의미를 내포하고 있다.

골로새 교회로부터 특별히 파송을 받아 바울에게로 간 에바브라가 골로새 교회에 연관된 여러 소식들을 그에게 전해 주었다. 그는 특별히 성령 안에 존재하고 행해지는 저들의 사랑에 관하여 말했다. 그것은 또한 지역적으로 멀리 떨어져 있지만 하나로 엮어져 있는 보편교회에 관한 의미를 드러내 보여주고 있다.

5. 하나님을 알아가는 지식(골 1:9,10)

바울은 골로새 교회가 주 안에서 건실하게 자라가기를 간절히 원하고 있었다. 비록 여러 가지 장애물들이 저들 앞에 가로놓여 있기는 했지만 교회는 그것을 극복해 나가지 않으면 안 된다. 그렇게 하기 위해서는 교회와 성도들이 먼저 계시된 말씀 안에서 온전히 자라가야만 한다.

사도 바울은 저들로부터 온 다양한 소식들을 듣고 골로새 교회를 위해 기도하기를 쉬지 않았다는 사실을 언급했다. 그것은 바울의 기도 가운데 항상 저들의 문제가 들어 있었음을 말해 준다. 바울을 비롯한 여러 형제들과 골로새 교회 성도들은 주 안에서 서로간 형제 관계를 이루고 있었던 것이다.

하나님의 교회에 속한 성도들에게 가장 중요한 것은 하나님과 그의 뜻을 깨달아 알고 실천하는 삶을 살아가는 것이다. 그것은 인간들의 일반적인 이성과 경험으로 접근할 수 없는 성질을 지니고 있다. 하나님을 알고 하나님의 뜻을 깨닫기 위해서는 반드시 천상으로부터 제공되는 신령한 지혜와 총명을 소유해야만 가능하다. 바울은 에베소 교회에 편지하면서 그에 관한 분명한 기록을 남기고 있다.

> "우리가 다 하나님의 아들을 믿는 것과 아는 일에 하나가 되어 온전한 사람을 이루어 그리스도의 장성한 분량이 충만한 데까지 이르리니 이는 우리가 이제부터 어린 아이가 되지 아니하여 사람의 속임수와 간사한 유혹에 빠져 온갖 교훈의 풍조에 밀려 요동하지 않게 하려 함이라" (엡 4:13,14)

교회에 속한 성도들이 세상에 난무하는 거짓된 교훈과 풍조를 이겨내기 위해서는 하나님과 그의 뜻에 대한 온전한 지식을 가지는 것이 필수적이다. 그러므로 바울은 저들에게 모든 신령한 지혜와 총명에 있어서 하나님의 뜻을 아는 것으로 가득 채워지도록 간구하고 있다. 그래야만 경건한 성도로서 주님 앞에서 합당하게 행할 수 있으며 범사에 하나님을 기쁘시게 할 수 있기 때문이다.

그렇게 함으로써 세상에 존재하는 교회가 선한 일에 풍성한 열매를 맺을 수 있게 된다. 그와 같은 자세를 영위하기 위해서는 지상 교회와 성도들이 하나님을 아는 지식에 관하여 지속적으로 자라가지 않으면 안 된다. 하나님께서 피로 값 주고 사신 거룩한 교회 가운데는 주님의 재림이 이루어질 때까지 이와 같은 신령한 일이 끊임없이 계속되어야 한다.

6. 성도들에게 요구되는 인내와 기업의 소유(골 1:11,12)

하나님의 자녀로서 죄로 오염된 이 세상에 맞서 살아가기란 결코 쉽지 않다. 상이한 가치관을 소유한 세상과 짝하여 즐겁게 살아갈 수 없기 때문이다. 그러므로 지상 교회와 그에 속한 성도들은 세상의 불의한 세력으로 인해 심한 환난에 처하게 된다.

그렇지만 하나님을 믿고 섬기는 백성들은 그것으로 말미암아 좌절하거나 실의에 빠지지 않는다. 성숙한 성도들은 영적인 측면에서 도리어 공격적인 자세를 취하게 된다. 그와 더불어 천상에 존재하는 하나님의 놀라운 영광을 바라보며 기쁜 마음으로 살아간다. 이는 교회론적인 의미와 밀접하게 연관되어 있다.

우리는 성도들이 소유한 근원적인 힘이 하나님의 놀라운 권능으로부터 오게 된다는 사실을 잘 알고 있다. 그 모든 과정 가운데는 세상이 인식하지 못하는 신령한 능력이 작용한다. 하나님의 자녀들은 세상과 맞서 싸우면서도 그로 말미암아 오히려 참된 기쁨을 누리며 끝까지 참고 견딜 수 있게 된다.

사도 바울은 또한 예수 그리스도의 몸인 지상 교회에 속해 살아가는 성도들이 그와 더불어 하나님의 빛 가운데 허락된 상속의 일부분을 소유(partaking)할 수 있는 합당한 지위를 누리게 된다는 사실을 언급했다. 이는 공간적인 개념은 물론 역사적인 개념과 더불어 생각해 볼 수 있는 내용이다. 즉 이땅에서는 각 교회들이 그 상속을 부분적으로 얻게 되지만 장차 모든 것을 소유하는 약속을 얻게 된다는 것이다.

이 말씀은 구약시대 이스라엘 백성이 가나안 땅을 분배받아 정복하던 것과 연관지어 생각해 볼 수 있다. 따라서 시편기자는 출애굽한 이스라엘 백성들이 가나안 땅을 정복한 역사적인 사실을 기억하며 그에 대한 노래를 부르고 있다. 이 시편은 곧 우리가 고백하며 부를 노래가 되기도 한다.

> "저희를 그 성소의 지경 곧 그의 오른손이 취하신 산으로 인도하시고 또 열방을 저희 앞에서 쫓아내시며 줄로 저희 기업을 분배하시고 이스라엘 지파로 그 장막에 거하게 하셨도다"(시 78:54,55)

신약시대의 지상 교회는 구약시대 이스라엘 백성들이 각 지파별로 기업을 분배받아 가나안 땅을 정복한 것과 동일한 원리 가운데 존재한다. 따라서 역사상의 모든 교회들은 이방 세력의 영역을 영적으로 정복해 나가는 그 신령한 사역에 참여해야만 한다. 우리는, 오늘날의 모든 교회들 역시 그와 동일한 위치에 서 있음을 기억하지 않으면 안 된다.

하지만 그것은 인간들에게서 자체적으로 생성된 지혜와 능력에 근거하지 않는다. 나아가 저들의 결집된 세력과 노력에 의해 쟁취되는 것도 아니다. 그 모든 것은 전적으로 여호와 하나님의 섭리와 경륜 가운데 성취되어 가는 것이므로 오직 그에게만 감사할 수 있을 따름이다.

사도 바울은 모든 성도들이 그에 대한 온전한 깨달음을 소유해야 한다는 사실을 강조하고 있다. 이는 골로새 교회뿐 아니라 역사상 존재하는 모든 교회들에 동일하게 적용되어야 한다. 구원 사역에 연관된 모든 일에 대하여 오직 하나님께 감사할 수 있는 자세를 가지는 것은 지상의 성도들에게 허락된 놀라운 은혜가 아닐 수 없다.

제2장

하나님의 형상이신 그리스도와 그의 나라

(골 1:13-23)

1. 그리스도의 사역과 우리의 국적 변경(골 1:13)

아담의 범죄는 모든 인간들을 죽음으로 내몰았다. 사탄의 유혹을 받아 금단의 열매인 선악과를 따먹은 행위는 단순한 윤리적인 범죄가 아니다. 그것은 하나님께 정면으로 저항하는 악행이었다. 그로 말미암아 아담은 타락에 늪에 빠지게 되었다.

나아가 아담의 타락은 당사자인 그에게만 악한 영향을 끼친 것이 아니라 그로부터 출생하게 될 모든 인간들을 죽음으로 몰아넣는 무서운 결과를 가져왔다. 따라서 이 세상에 존재하는 인간들은 예외 없이 처참한 상황에 처하게 되었다. 이에 대해서는 하나님의 선택을 받은 잠재적 성도들에게도 예외가 아니었다. 그들 역시 죄악에 빠져 파멸 가운데 처했다.

하나님께서는 그들을 멸망의 구렁텅이로부터 구원하시고자 인간들이 알지 못하는 섭리가운데 역사하셨다. 그는 예수 그리스도를 통해 자기 자녀들을 흑암의 권세에서 구출해 내고자 하셨다. 사탄은 세상을 자기의 손아귀에 넣고 권세를 누리며 인간들을 지배했지만, 하나님은 결국 그 악한 세력을 물리치고 선택받은 자기 백성들을 구원하셨던 것이다.

그리하여 하나님의 백성들은 이전과 전혀 다른 새로운 삶을 부여받게 되었다. 따라서 그리스도의 십자가 사역을 통해 구원받게 된 하나님의 자녀들은 새로운 나라로 옮겨졌으며 타락한 세상에 대해서는 죽은 자들이다. 그러므로 세상의 값어치에 대해서는 더이상 아무런 미련을 두지 않는다. 하나님께서 예비하신 영원한 천상의 것들이 저들의 유일한 소망이 되었기 때문이다.

이는 성도들의 시민권은 타락한 이 세상이 아니라 하늘나라에 존재한다는 사실을 말해 준다(빌 3:20). 이는 이 세상에서는 시민권을 가지지 않은 나그네라는 의미를 내포하고 있다. 즉 하나님의 자녀들은 사탄이 지배하는 흑암의 권세에서 구출되어 하나님께서 사랑하시는 그리스도의 나라로 옮겨지게 된 것이다.

성경이 교훈하고 있는 이 말은 결코 상징적인 의미가 아니다. 이는 매우 구체적인 사건으로서 우리의 실제적인 소속을 증거해 주고 있다. 하나님의 자녀로서 타락한 세상에 살아가며 이땅의 나라에 모든 관심을 기울인다면 어리석은 행위가 아닐 수 없다. 성숙한 성도들은 자신의 소속이 영원한 천국이라는 사실을 잠시도 잊어서는 안 된다.

2. 십자가 사역의 결과(골 1:14)

예수님의 십자가 사역은 자신의 거룩한 몸을 하나님께 제물로 바치는 제사행위와 밀접하게 연관되어 있다. 즉 그의 죽음은 단순한 정치적인 처형에 머무는 것이 아니었다. 그것은 흔히 일컫는 인간적인 자기희생과는 성격이 전혀 다르다. 인간들이 어떤 일에 있어서 자기를 희생하는 것은 나름대로 고귀한 일이라 할 수 있다. 하지만 예수님의 희생이 그와 동일한 관점에서 해석되거나 이해되어서는 안 된다.

예수님께서 십자가에 달려 돌아가신 사건이 하나님께 제물로 바쳐진 사건이라는 사실을 이해하는 것은 매우 중요하다. 그 제사행위는 구약시대에 있었던 모든 제사행위들에 대한 완결적인 성격을 지니고 있다. 즉 구약시대 성전에서 바쳐진 제물들은 장차 십자가를 지고 돌아가실 예수님을 예표하고 있었던 것이다.

예수님께서는 언약에 따라 하나님의 어린 양으로서 십자가 위에서 완벽한 속죄 제물로 바쳐졌다. 그것을 통해 선택받은 하나님의 자녀들의 모든 죄 값을 완전히 치르게 되었다. 따라서 성도들에게는 다시금 죄를 위해 보상해야 할 아무것도 남지 않게 되었던 것이다.

또한 예수님의 십자가 사역은 범죄한 인간에 대한 하나님의 진노를 완벽하게 누그러뜨리는 역할을 하게 되었다. 그로 말미암아 하나님께 저항함으로써 범죄에 빠진 그의 백성들은 용서의 은혜를 누릴 수 있었다. 이는 전적인 하나님의 은혜일 뿐 아니라 그 모든 과정은 하나님의 경륜 가운데 진행된 사건이었다. 교회와 그에 속한 성도들은 항상 그 놀라운 은혜를 삶 가운데 간직하고 있어야만 한다.

3. 완벽한 하나님의 형상인 예수 그리스도(골 1:15)

인간의 몸을 입고 이땅에 들어오신 성자이신 예수 그리스도는 완벽한 하나님의 형상이었다. 하나님께서는 자신의 형상대로 아담을 창조하셨으나 그가 범죄한 후에는 그에게 뿐 아니라 그의 후손인 인간들 가운데 내재한 하나님의 형상이 완전히 파괴되어 버렸다. 즉 죄에 빠진 인간들에게서는 타락한 아담의 형상만 작용했을 뿐 하나님의 형상과 그 기능을 전혀 찾아볼 수 없게 되었던 것이다.

그런 중에 하나님의 아들인 예수 그리스도께서 인간의 몸을 입은 완벽한 하나님의 형상으로 이땅에 오셨다. 이는 완벽한 하나님의 형상을 지닌 그가 하나님의 형상대로 창조된 백성들을 자기에게로 불러내시기 위한 것이었다. 그 놀라운 사역을 통해 하나님의 자녀들은 완벽한 하나님의 형상을 입게 되었으며 또한 그 기능을 온전히 회복할 수 있게 되었다.

천상의 참 복음을 깨닫게 된 성도들은 근본적으로 하나님의 본체(빌 2:6)이자 형상이신 예수 그리스도가 곧 주님이라는 사실을 알게 된다. 즉 그것은 인간들의 이성적인 판단이 아니라 하나님의 주권적인 은혜로 말미암는 것이다. 사도 바울은 고린도 교회에 편지하면서도 하나님의 형상인 예수 그리스도에 대하여 증언하고 있다.

> "... 그리스도는 하나님의 형상이니라 우리가 우리를 전파하는 것이 아니라 오직 그리스도 예수의 주 되신 것과 또 예수를 위하여 우리가 너희의 종 된 것을 전파함이라"(고후 4:4-5)

하나님의 본체이자 완벽한 형상으로 이땅에 오신 그리스도께서는 우주만물을 창조하신 조물주이시다. 따라서 성자 하나님으로서 삼위일체의 한 위격이신 예수 그리스도는 당연히 모든 피조물보다 먼저 계셨다. 나아가 그는 만물보다 먼저 존재하셨을 뿐 아니라 그 모든 것들을 친히 창조하신 분이었다.

아담이 사탄의 유혹에 넘어가 범죄했을 때, 그와 우주만물을 심판하고 재창조하시게 될 주체도 역시 성자 하나님이어야 했다. 그것은 언약 가운데서 그리스도께 속한 구속 사역에 해당되었기 때문이다. 그러므로 성자 하나님이신 예수께서 동정녀 마리아를 통해 인간의 몸을 입고 완벽한 하나님의 형상으로서 이 세상에 오셨던 것이다. 그 모든 사실이 온 세상에 선포되는 것은 그와 그의 몸된 교회를 통해 이루어지게 된다.

4. 창조의 근거와 주체이신 그리스도(골 1:16,17)

우주만물은 창조주 하나님께 기본적인 근거를 두고 있다. 따라서 세상의 모든 것들의 존재 이유와 목적은 오직 하나님의 뜻과 연관지어 해석되어야만 한다. 즉 하나님을 떠나서 독자적으로 해석될 수 있는 것은 이 세상에 존재하지 않는다.

그것은 비록 눈에 보이는 것들뿐 아니라 보이지 않는 것들에 대해서도 동일하게 적용되어야 한다. 또한 무생물이나 동식물뿐 아니라 인격을 갖춘 인간들의 세계 가운데 존재하는 모든 것들도 그에 포함된다. 다시 말해 국가의 통치자와 권력 역시 하나님의 뜻에 연관지어 해석되어야만 한다. 사도 바울은 고린도 교회에 편지하면서 그에 연관된 분명한 사실을 설명하고 있다.

> "그러나 우리에게는 한 하나님 곧 아버지가 계시니 만물이 그에게서 났고 우리도 그를 위하며 또한 한 주 예수 그리스도께서 계시니 만물이 그로 말미암고 우리도 그로 말미암았느니라" (고전 8:6)

우리가 여기서 분명히 깨달아야 할 바 중요한 사실은 우주만물은 전부가 그로 말미암고 그를 위하여 창조되었다는 점이다. 그것은 피조물의 자연적인 역할에 깊이 연관되어 있다. 무엇이든지 그 역할에서 벗어나는 것들은 하나님께 저항하는 존재가 되고 만다.

사도 바울은 골로새서 가운데서 성자 하나님이신 예수 그리스도가 만물보다 먼저 계셨으며 만물이 그 안에 함께 섰다는 사실을 강조하고 있다. 이는 하나님이 없이는 피조물의 존재 자체가 불가능하여 존재 의미가 발견될 수 없다는 중요한 의미를 지니고 있다. 피조물 자체로서는 아무런 의미가 발생하지 않는 것이다.

우리는 여기서 매우 중요한 의미를 생각해 보지 않을 수 없다. 그것은 죄에 빠진 인간들이 각양각색의 피조물들에 대하여 나름대로의 의미를 부여하는 행위가 정당성을 띨 수 없다는 사실이다. 그것은 반드시 하나님의 뜻에 연관지어진 가운데 설명되어야만 하는 것이다. 그럼에도 불구하고 인간들이 그렇게 하는 것은 저들이 죄에 빠져 눈이 완전히 어두워졌기 때문이다.

5. 교회의 머리와 만물의 으뜸이 되신 그리스도 (골 1:18)

예수 그리스도는 자신의 몸으로 세워진 교회의 머리가 된다. 이는 모든 교회가 그 주인인 그리스도께 붙어 있다는 의미를 지니고 있다. 앞에서 언급한 대로, 완벽한 하나님의 형상을 지닌 예수 그리스도를 통해, 파괴된 하나님의 형상을 회복한 성도들은 모두 그에게 붙어있게 된다. 따라서 그가 유일한 교회의 머리가 되는 것이다.

예수님은 십자가에 달려 자신의 몸을 기꺼이 내어줌으로써 죽은 인간들 가운데 가장 먼저 일어나시게 되었다. 죄에 빠진 다른 인간들은 스스로 죽음을 극복하고 살아날 수 없었는데 반해 예수님은 사망을 이기고 승리하셨다. 그가 창세전에 택하신 자기 백성들에 앞서 먼저 죽음에서 살아나신 것은 모든 것들을 자기에게 속하게 하심으로써 만물의 으뜸이 되기 위해서였다.

그러므로 세상에 존재하는 모든 피조물은 그의 발아래 복종해야만 한다. 물론 죄에 더렵혀진 것들은 여전히 그에 순복하지 않겠지만 그로 말미암아 세워진 교회는 만물 위에 존재하게 되었다. 따라서 그리스도께서는 하나님의 뜻에 따라 교회의 통치자로 존재하신다. 사도 바울은 에베소 교회에 편지하면서 그에 대한 기록을 남기고 있다.

> "또 만물을 그 발아래 복종하게 하시고 그를 만물 위에 교회의 머리로 주셨느니라 교회는 그의 몸이니 만물 안에서 만물을 충만케 하시는 자의 충만이니라" (엡 1:22,23)

십자가 사역을 통해 궁극적인 승리를 쟁취하신 예수 그리스도께서는 그것으로써 만물을 회복하는 기초를 마련하시게 되었다. 하나님께서는 먼저 타락한 세상 가운데 자신의 몸인 교회를 세우고자 하셨다. 그 교회를 통해 우주만물을 회복하시고 천하의 으뜸이 되고자 하셨던 것이다. 이는 사탄에 의해 파괴된 피조 세계를 그리스도를 통해 회복하시고자 하는 하나님의 섭리와 경륜을 보여주고 있다.

하나님의 자녀들은 이를 통해 지상 교회의 존재 의미를 분명히 깨달아 기억할 수 있어야 한다. 즉 예수 그리스도를 머리로 둔 교회는 단순히 모든 인간들 위에 군림하여 존재할 뿐 아니라 우주만물을 밟고 서 있는 능력의 기관이다. 지상 교회와 그에 속한 모든 성도들이 인간들과 만물 위에 서 있다는 놀라운 사실을 올바르게 깨달아 아는 것은 매우 중요하다.

6. 성부와 성자 하나님의 회복을 위한 사역(골 1:19, 20)

성부 하나님께서는 예수 그리스도 안에 자신의 모든 것들로 충만하게 하셨다. 이는 성자 하나님이신 그에게 모든 것이 존재케 함으로써 아무런 부족함이 없게 하셨음을 의미한다. 즉 하나님께서는 인간의 몸을 입으신 그에게 세상에 대한 구원과 궁극적인 심판의 모든 권세를 맡기셨던 것이다.

하나님께서 그렇게 하셨던 것은 그로 말미암아 택하신 자기 자녀들과 화해를 이루고자 하셨기 때문이다. 그가 십자가에 달려 돌아가심으로써 하나님께 화목제물로 바쳐졌다. 그의 피로써 인간들이 영원한 구원을 받게 되었으며, 오염된 우주만물도 회복을 위한 새로운 국면을 맞을 수 있게 되었다.

그 우주만물 가운데는 땅에 있는 것들과 하늘에 있는 모든 것들이 포함되어 있다. 즉 지상에 존재하는 모든 것들과 하늘의 해와 달과 별들도 그에 속한다. 예수 그리스도의 십자가 사역을 통해 하나님의 뜻과 만물이 회복되는 것은 그의 첫 번째 창조 의도가 완전히 회복되어가는 의미를 지니고 있다. 그것을 통해 하나님의 창조 의도가 궁극적인 완성을 향해 나아가게 된 것이다.

7. 십자가 위에 세워진 교회의 사명(골 1:21-23)

예수 그리스도가 달리신 나무 십자가는 지상에 세워지는 하나님의 몸된 교회의 기초가 된다. 십자가 위에 달려 돌아가신 그를 온전히 알지 못하고는 결코 여호와 하나님께 접근할 수 있는 방법이 없다. 인간 스스로 인지하지 못하는 하나님을 올바르게 섬긴다는 것은 말이 되지 않는다.

타락한 인간들은 아담으로 말미암은 악한 행실로 인해 하나님을 멀리 떠나 있었다. 그런 상태에서는 하나님의 말씀에 순종하는 것 자체가 불가능했으며, 그와 원수가 된 자리에 머물러 있지 않을 수 없었다. 그러나 십자가를 지고 자신의 몸을 내어주신 그리스도의 사역을 통해 인간들이 하나님과 다시금 화목하게 되었다.

창세전 하나님의 선택을 받은 성도들은 그 사랑의 사역으로 인해 모든 죄가 소멸되어 거룩하고 흠 없는 상태가 되었다. 이제 그리스도 안에 존재하는 자로서 더이상 하나님으로부터 궁극적으로 책망을 받을 만한 것이 없는 자가 되었던 것이다. 그렇게 됨으로써 인간들이 거룩한 하나님 앞으로 나아가 그에게 경배하며 찬양할 수 있게 되었다. 그런 성도들이 모여 교회 공동체를 이루어 하나님의 뜻에 온전히 순종하는 자세로 살아가게 된다.

그것은 물론 인간들의 종교적인 행위나 노력 때문에 성취된 것이 아니다. 하나님께서는 친히 예수 그리스도께서 달리신 십자가와 사도들의 터 위에 자신을 위한 거룩한 교회를 세우셨다. 사도 바울은 에베소에 보내는 편지에서 이땅에 교회가 세워져가는 과정에 대한 내용을 기록하고 있다.

> "너희는 사도들과 선지자들의 터 위에 세우심을 입은 자라 그리스도 예수께서 친히 모퉁이 돌이 되셨느니라 그의 안에서 건물마다 서로 연결하여 주 안에서 성전이 되어가고 너희도 성령 안에서 하나님의 거하실 처소가 되기 위하여 예수 안에서 함께 지어져 가느니라" (엡 2:20-22)

지상 교회가 일반적으로 일컫는 종교적인 산물이 아니라는 사실을 깨닫는 것은 매우 중요하다. 즉 종교적인 열성을 가진 인간들에 의해 교회가 세워질 수 없다. 따라서 참된 교회는 인간들의 이성과 노력에 의해 세워가려는 욕망을 버리지 않으면 안 된다. 교회는 하나님께서 거하시는 천상의 아름다움을 보유한 거룩한 처소가 되어야 하기 때문이다.

참된 교회는 하나님께서 친히 닦아 놓으신 터 위에 하나님에 의해 세워져야 하며, 역사와 지상 가운데 흩어져 존재하는 모든 참된 교회들은 하나의 보편교회를 이루고 있어야 한다. 즉 지상 교회는 모퉁이 돌이신 예수 그리스도와 그의 사도들의 가르침 위에서 상호 연결되어 세워져 가야 하는 것이다.

또한 하나님의 자녀들은 믿음으로 그리스도 안에 거주함으로써 천상으로부터 허락된 복음의 소망에서 흔들리지 말아야 한다. 지상 교회는 하나님의 복음을 담고 있는 거룩한 그릇 역할을 하게 되기 때문이다. 그 복음은 천하 만민에게 선포되고 전파되어야 할 성질을 지니고 있다.

바울은 자신이 그 복음을 위한 일꾼이라는 사실을 고백하고 있다. 즉 그것이 천상으로부터 자기에게 맡겨진 신령한 사명이라는 것이다. 이에 대해서는 오늘날 우리도 그와 동일한 자리에 놓여 있음을 기억해야 한다. 그것으로 말미암아 하나님의 자녀들은 구원의 반열에 굳건히 설 수 있게 되기 때문이다.

제3장

지상 교회와 하나님의 비밀
(골 1:24-29)

1. 교회를 위하여 고통을 기꺼이 감당하는 바울(골 1:24)

예수 그리스도를 통해 영원한 구원에 참여한 성도들에게는 항상 특별한 기쁨이 존재한다. 하지만 그것은 세상에서 인간들이 일반적으로 겪는 기쁨과는 본질적으로 다르다. 만일 하나님의 은혜를 입어 교회에 속한 성도로서 세상의 기쁨과 동일한 감정만을 추구한다면 잘못된 것이다.

성경적인 관점에서 본다면 교회와 그에 속한 성도들은 악한 세상 가운데서 상당한 고난을 당할 수밖에 없다. 예수님을 박해했을 뿐 아니라 그를 십자가에 못박아 죽인 세상이 그를 따르는 성도들에게 우호적일리 만무하다. 예수님은 심한 고통을 당하셨지만 우리는 동일한 영역에서 즐거움을 누리며 살아간다는 것은 말이 되지 않는다.

교회는 하나님의 자녀들이 타락한 세상에서 고난을 당하는 것이 전혀 이상하지 않다는 사실을 깨달아야 한다. 도리어 세상으로부터 별다른 고난을 받지 않는다면 무언가 잘못된 것이다. 만일 하나님의 자녀이면서 세상과 아무런 이질감을 느끼지 못한다면 아직 매우 어린 신앙인에 지나지 않는다.

사도 바울은 본문 가운데서 주님의 몸된 교회를 위해 그리스도의 남은 고난을 자신의 육체에 채운다는 의미심장한 언급을 하고 있다(골 1:24). 우리는 이 말씀을 주의를 기울여 이해하지 않으면 안 된다. 이는 세상에서 멸시받고 십자가를 지신 그리스도의 고난이 부족했다는 의미가 아니다. 인간의 몸을 입으신 그의 모든 삶과 고난받은 사역은 완벽한 충족성을 지니고 있다.

예수님께서는 제자들에게, 하나님의 자녀들은 의를 위하여 핍박을 당할 수밖에 없다는 사실에 대하여 말씀하셨다. 성도들이 그런 현실에 처하는 것은 이상한 현상이 아니라 그렇게 될 수밖에 없는 당위성을 띠고 있다. 만일 악한 세상 가운데서 복음으로 인한 아무런 어려움 없이 살아가는 자가 있다면 무언가 문제가 있는 것이다. 산상수훈 앞부분에는 그에 관한 명백한 주님의 교훈이 기록되어 있다.

> "의를 위하여 핍박을 받은 자는 복이 있나니 천국이 저희 것임이라 나를 인하여 너희를 욕하고 핍박하고 거짓으로 너희를 거스려 모든 악한 말을 할 때에는 너희에게 복이 있나니 기뻐하고 즐거워하라 하늘에서 너희의 상이 큼이라 너희 전에 있던 선지자들을 이같이 핍박하였느니라" (마 5:10-12)

거룩한 하나님의 자녀들이 불의한 세상에서 핍박을 당하는 것은 지극히 자연스러운 일이라 말할 수 있다. 우리가 반드시 기억해야 할 바는, 성도들이 고통을 당하는 것은 하나님의 자녀라는 사실에 대한 명백한 증거 기능을 하게 된다는 사실이다. 따라서 하나님께 속한 성도로서 세상에서 환난을 당하는 것은 천국시민으로서의 신분을 확증하는 것이기 때문에 즐겁고 감사한 일이 아닐 수 없다.

만일 세상이 우리를 자기와 한 편으로 생각하며, 모든 면에서 기꺼이 대우한다면 본질에서 벗어난 것에 대한 또 다른 증거가 된다. 이는 성도의 고난이 필수적이란 사실을 말해 준다. 따라서 성도들이 고난중에도 기뻐할 수 있는 것은 단순한 감정적인 문제가 아니다. 즉 괴롭고 힘들지만 기쁜 마음을 가져 정신적인 변화를 꾀하라는 권면과는 다르다. 그것은 심리적인 안정을 가지라는 말과 별반 차이가 나지 않기 때문이다.

하나님의 백성들이 환난과 핍박 가운데서도 진정으로 기뻐할 수 있는 유일한 근거는 하나님의 뜻을 정확하게 아는 분명한 지식에 달려 있다. 즉 성경에 기록된 말씀을 통해 영원한 천상의 세계를 확인하는 지식은 매우 중요하다. 시편기자는 하나님의 계시에 연관된 그 내용을 노래부르고 있다.

> "내가 미천하여 멸시를 당하나 주의 법도를 잊지 아니하였나이다 주의 의는 영원한 의요 주의 법은 진리로소이다 환난과 우환이 내게 미쳤으나 주의 계명은 나의 즐거움이니이다" (시 119:141-143)

위의 시편 구절에서 보여주는 것은, 서로 정반대의 성격을 지닌 '고통'과 '기쁨' 이 한 사람 안에서 동시에 발생하게 되는 실제적인 현상이다. 즉 타락한 세상에 살아가는 하나님의 자녀들은 환난과 고통 가운데서도 진정으로 즐거워할 수 있다는 것이다. 물론 일반적인 개념에서는 그것이 전혀 가능하지 않다. 그러나 천상에 소망을 둔 성도로서는 그것이 가능할 뿐 아니라 마땅히 그렇게 되어야만 한다.

따라서 우리는 세상에서 어떤 심한 고통을 당한다고 할지라도 그것으로 인해 슬픔과 괴로움에 빠져 있을 수 없다. 성도들의 기쁨은 이 세상에서 발생하는 일들이 아니라 하나님께서 허락하신 약속에 달려 있기 때문이다. 세상은 결코 성도들이 소유한 그 본질적인 소망과 기쁨을 빼앗아 가지 못한다. 예수님께서는 제자들에게 자기의 십자가 사역에 연관하여 그에 관한 말씀을 하셨다.

"내가 진실로 진실로 너희에게 이르노니 너희는 곡하고 애통하리니 세상이 기뻐하리라 너희는 근심하겠으나 너희 근심이 도리어 기쁨이 되리라 ... 지금은 너희가 근심하나 내가 다시 너희를 보리니 너희 마음이 기쁠 것이요 너희 기쁨을 빼앗을 자가 없느니라" (요 16:20-22)

세상은 예수님에게 모진 박해를 가했을 뿐 아니라 그에게 속한 성도들에게도 그와 동일한 태도를 취하고 있다. 하나님의 자녀들은 세상의 박해를 받아 고통중에 애곡하게 된다는 것이다. 그러나 그와 같은 상황은 지나가는 현상에 지나지 않는다. 교회에 속한 성도들이 그에 대한 올바른 깨달음을 가지는 것은 매우 중요하다.

세상에 속한 자들은 눈앞에 펼쳐지는 강력한 자기 힘으로 인해 승리한 것인 양 착각하며 즐거워하지만 그것은 도리어 영원한 고통에 대한 증거가 될 따름이다. 그에 반해 하나님의 자녀들은 고통중에서도 영원한 천국을 바라보며 참된 기쁨을 누리게 된다. 사탄에게 속한 자들은 어떤 세력을 펼칠지라도 결코 성도들의 심령에 소유한 그 본질적인 기쁨을 빼앗아 가지 못한다.

2. 직분에 따른 사역(골 1:25)

바울은 앞에서 자기가 예수 그리스도의 사도가 된 것은 전적인 하나님의 섭리와 경륜으로 말미암은 것이라는 사실을 언급했다. 그가 사도로 부름을 받게 된 이유는 개인적인 종교성을 발현하고자 하는 것이 아니었다. 그것은 오로지 하나님의 뜻에 연관되어 있어야 했기 때문이다.

하나님께서는 자기가 펼쳐 나가게 될 구원 사역을 맡기기 위해 바울을 특별히 사도로 부르셨다. 이는 비록 바울뿐 아니라 신약시대의 여러 사도들이 포함되어 있다. 그 직분은 개인의 신앙적인 삶을 위한 것이 아니라 지상 교회를 온전히 세우고 보존하기 위해서였다. 이에 대해서는 사도 직분뿐 아니라 지상 교회에 존재하는 모든 직분들이 그와 동일한 성격을 지니고 있다.

따라서 교회로부터 신령한 직분을 받게 된 성도들은 그것이 인간들이 고안해낸 종교적인 제도가 아니라는 사실을 반드시 기억해야만 한다. 하나님께서는 교회에 존재하는 직분제도를 통해 구원 사역을 위한 자신의 뜻을 이루어가고자 하셨다. 바울은 이와 관련하여, 그 직분에 따라 '하나님의 말씀' 을 이루어 가게 된다는 점을 언급했다. 이는 구약성경에 기록된 하나님의 언약이 점진적으로 성취되어가는 것과 밀접하게 연관되어 있다.

우리는 이에 대한 의미를 분명히 깨닫지 않으면 안 된다. 그것은 신학적인 단순한 이론이나 관념에 그치는 것이 아니라 항상 교회 안에서 유지되고 실현되어야 할 내용이기 때문이다. 사도들의 특별한 직분과 보편교회 가운데 허락된 직분 제도는 역사적 교회를 통해 그대로 상속되어 가게 된다.

그러므로 직분 제도가 허물어지면 교회가 약화되거나 인본주의화 되어갈 수밖에 없다. 또한 형식적으로만 그 제도가 교회 가운데 남아 있고 각 직분이 성경의 원리에 따라 구체적으로 시행되지 않는다면 교회는 급속히 타락하게 된다. 우리는 지상 교회의 온전한 상속을 위해서 직분제도를 온전히 확립하는 것이 얼마나 중요한지에 대한 깨달음을 소유하지 않으면 안 된다. 그것을 통해 하나님의 약속이 주님의 재림을 향한 역사 가운데 이루어져 가기 때문이다.

3. 하나님의 숨겨진 비밀과 드러남(골 1:26,27)

하나님께서는 보통 인간들이 전혀 인지할 수 없는 놀라운 비밀을 소유하고 계신다. 인간들은 결코 자신의 지식이나 상상력을 통해 하나님의 모든 것들을 알아갈 수 없다. 나아가 하나님의 의도에 따라, 타락한 인간들에게는 철저히 숨겨져 있는 진리에 관한 내용들이 많이 존재한다.

그것들 가운데 구원 사역에 연관된 기본적인 내용들은 기록된 말씀을 통해 계시되었다. 그것은 구약과 신약시대의 지상 교회들을 위한 것이며 오직 선택받은 하나님의 자녀들에게만 깨달음이 허용되었다. 따라서 하나님과 아무런 상관이 없는 자들에게는 그것이 완전히 감추어져 있다.

특별한 비밀로 감추어져 왔던 메시아에 연관된 내용은 역사적인 의미를 지니고 있다. 즉 그것은 만대로부터 때가 이르기까지 인간 세상에 감추어져 있었다. 이는 사람들의 눈에는 띄지 않았지만 만대로부터 존재해 왔었다는 사실을 의미한다. 이 비밀은 역사 가운데 깊숙이 숨겨져 왔으며 우리 시대에도 개개인에게는 여전히 그와 동일하게 감추어진 성격을 지니고 있다.

이 비밀은 인간의 몸을 입고 이땅에 오신 예수 그리스도를 통해 만방에 드러나게 되었다. 그로 말미암아 지상 교회를 위한 하나님의 모든 뜻이 가시적인 말씀으로 계시되어 나타났다. 창세전의 선택과 더불어 구원의 반열에 서게 된 모든 성도들은 성령 하나님의 도우심으로 인해 그에 대한 깨달음을 소유할 수 있다. 그리하여 지상에 존재하는 참된 교회는 하나님의 비밀을 간직하게 된다.

예수 그리스도에 의해 특별한 부르심을 받은 사도들은 하나님의 비밀을 맡은 사명자들이다. 그들을 통해 그 내용이 후대의 교회들에 지속적으로 상속되어 왔다. 즉 지상 교회는 그 사도들의 터 위에 세워져 그리스도와 더불어 그 비밀을 보관하며 누리고 있는 공동체이다. 바울은 고린도 교회에 보내는 편지에서 그에 연관된 언급을 하고 있다.

> "사람이 마땅히 우리를 그리스도의 일군이요 하나님의 비밀을 맡은 자로 여길찌어다" (고전 4:1)

바울은, 사도들과 함께 있는 지상 교회와 그에 속한 모든 성도들이 하나님의 비밀을 맡아 보관하고 있음을 말하고 있다. 우리는 하나님의 자녀들이 그 비밀을 맡은 특권자라는 사실을 확실하게 기억하고 있어야 한다. 그래야만 사도들을 통해 인간들에게 허락된 하나님의 비밀을 더욱 분명히 깨달아갈 수 있을 것이기 때문이다.

'비밀' 이란 기본적으로 폐쇄적인 성격을 지니고 있다. 그것은 내부적인 사건과 언어로서 외부에 존재하는 사람들은 결코 그 비밀의 내용을 알 수 없다. 그들이 설령 비밀에 연관된 말을 언어적으로 듣는다고 할지라도 그 의미를 정확하게 아는 것은 불가능한 일이다. 누구든지 그 비밀을 소유한 영역 안에 있는 자들의 초청에 따라 그 내부로 들어와야만 비로소 그 내용을 알고 그 의미에 참여할 수 있게 된다.

이와 같이 하나님의 복음에 관한 사실은 오직 하나님의 백성들에게만 허락된 놀라운 특권에 해당된다. 하나님의 비밀은 결코 아무에게나 맡겨지거나 허용되지 않는다. 그러므로 우리는, 하나님의 비밀을 알고 그것을 소유한 자들과 그에 무지하여 아무런 상관이 없는 두 부류의 사람들이 세상에 존재한다는 사실을 알 수 있다.

4. 세상에 비밀을 선포해야 할 사도와 교회(골 1:28,29)

'하나님 나라' 는 오염된 세상에 속한 보통 사람들에게는 전혀 알려지지 않은 영역이다. 그들은 그런 영역이 존재한다는 사실 자체에 무지하다. 따라서 인간의 이성과 경험을 통한 지식으로는 결코 그 나라를 알아갈 수 없다. 그것은 단순한 용어 문제가 아니라 존재와 본질에 연관되어 있다.

하나님께서는 자기 자녀들에게는 모든 것을 다 드러내 보여주셨지만, 자기와 상관없는 자들에게는 도리어 그것을 알지 못하도록 하셨다. 외부인들에게는 그것이 철저히 비밀에 속한 영역이기 때문이다. 예수님께서는 제자들에게 그에 연관된 언급을 하셨다. 저들에게 그것은 자기가 비유로 말씀하시는 까닭을 설명하면서 주어졌다.

> "가라사대 하나님 나라의 비밀을 아는 것이 너희에게는 허락되었으나 다른 사람에게는 비유로 하나니 이는 저희로 보아도 보지 못하고 들어도 깨닫지 못하게 하려 함이니라" (눅 8:10)

위의 본문에서 예수님께서는 제자들에게 하나님 나라의 비밀에 관한 말씀을 하셨다. 하나님의 자녀들에게는 그 비밀이 공개적으로 알려지는 것이 허락되었다. 따라서 모든 성도들은 그에 대한 분명한 깨달음을 가져야만 한다. 사탄에게 속한 자들이 알지 못하도록 비유를 사용하신 주님께서 우리로 하여금 그 비밀을 깨달아 알게 하신 것은 놀라운 은혜가 아닐 수 없다.

우리 시대, 예수 그리스도의 복음이 세상에 전파될 때도 그와 동일한 적용이 일어난다. 불신자들은 눈으로 그것을 직접 목격하고 귀로 구체적인 메시지를 듣는다고 할지라도 그 실상을 깨닫지 못한다. 그것은 마치 비밀 암호와 같이 사람들에게 전달되기 때문에 일반 이성으로는 그 깊은 의미를 아는 것이 불가능하다.

세상에 복음을 전파한다는 것은 바깥사람들을 하나님께 속한 비밀의 세계 안으로 초대하는 것과 같은 성격을 지니고 있다. 그것은 본질에 대한 것뿐 아니라 그 과정에서도 비밀을 동반하게 된다. 따라서 하나님이 허락하시지 않는 자들에게는 결코 그 내용이 전달되지 않는다.

우리가 분명히 알아야 할 바는, 동일한 비밀을 공유한다는 것은 같은 편에 속해 있다는 의미를 지니고 있다는 사실이다. 비밀을 소유한 자들 상호간에는 더이상 그 내용이 비밀이 될 수 없다. 비밀은 내부에 존재하는 사람들에게는 완벽하게 개방된 성격을 지니고 있기 때문이다. 도리어 교회 안에 들어와 있으면서도 그 비밀의 내용을 분명히 깨닫지 못한다면 그는 내부 사람이 아닐 수도 있을 것이다.

그러므로 바울은 그동안 비밀에 가려져 있던 예수 그리스도를 세상에 선포하고자 애썼을 뿐 아니라 그 복음을 받아들이는 자들을 말씀으로 가르치고자 최선을 다했다. 그렇게 함으로써 하나님의 자녀들을 그리스도 안에서 완전한 자로 세워가고자 했던 것이다. 그것은 지상 교회를 온전히 세워나가는 것과 직접 연관되어 있었다.

하지만 그 일은 결코 쉽게 진행될 수 있는 문제가 아니었다. 즉 인간들의 능력만으로 이루어질 수 없었다. 그에 대한 한계는 바울 자신이 분명히 알고 있었다. 그러므로 바울은 자신의 심령 가운데서 능력으로 역사하시는 하나님의 도우심에 따라 복음 전파를 위해 최선을 다한다는 사실을 고백했다.

바울의 이와 같은 고백과 신앙 자세는 오늘날 우리 역시 그대로 받아들여야 할 내용이다. 지금도 하나님의 복음은 지상 교회를 통해 온 세상 만방을 향해 지속적으로 선포되고 있다. 그러나 그 놀라운 사역은 인간들의 능력에 의해 그렇게 되는 것이 아니라 오직 하나님의 능력으로 말미암아 진행되어 간다. 지상 교회에 속한 성도들이 그에 대한 사실을 온전히 깨닫는 것은 매우 중요한 일이다.

제4장

교회를 위한 사도의 소원
(골 2:1-7)

1. 보편교회를 위해 힘쓰는 바울(골 2:1)

사도 바울은 억울하게 감옥에 갇혀 고생하고 있는 몸이었지만 세상에 흩어진 교회들에 대한 염려의 끈을 놓을 수 없었다. 그는 골로새 교회에 편지를 쓰면서 라오디게아 교회 성도들을 함께 언급했다(골 2:1). 이는 골로새 교회 성도들로 하여금 보편교회에 대한 인식을 분명히 하도록 하기 위한 것으로 보인다.

이에 대해서는, 골로새 교회뿐 아니라 모든 성도들이 자기가 속한 지교회만 염두에 두고 있어서는 안 된다. 전 세계에 흩어진 여러 교회들을 항상 포괄적으로 기억하고 있어야만 한다.[29] 이는 서로간 잘 알고 있는 교회가 아닐지라도 그 범주 안에 두는 것이 원칙이다. 그것이 이땅에 하나님의 뜻이 이루어지게 하는 중요한 신앙적인 개념이다.

바울은 또한 골로새 교회의 성도들이 개인적으로 자기를 모르는 자들을

29) 우리가 매주일 공 예배 가운데 사도신경을 고백하며 거룩한 공교회(the holy catholic church)와 성도들의 상호 교통(the communion of saints)을 특별히 언급하는 것은 그와 밀접하게 연관되어 있다.

위해서도 얼마나 많이 애쓰는지 알기를 원했다.[30] 다시 말해 그는 자기와 직접적인 친분이 없는 성도들이 그 사실을 알아주기를 원했던 것이라기보다, 골로새 교회 성도들이 바울의 그런 마음을 알기를 원했다. 교회는 반드시 사도들을 통해 계시하신 하나님의 말씀을 깨달아야 하며, 성숙한 성도들은 그와 같은 신앙정신을 가지고 있어야만 했던 것이다.

오늘날 우리 역시 사도 바울이 말하고 친히 본을 보인 그런 신앙 정신을 계승해야만 한다. 모든 교회와 성도들은 자기 자신뿐 아니라 항상 세상에 흩어져 있는 여러 참된 교회와 성도들을 포괄적으로 인식하고 있지 않으면 안 된다. 그것은 지상 교회의 성도들이 유지해야 할 가장 중요한 자세 가운데 하나이다.

만일 주변에 있는 이웃 교회들과 세계에 흩어진 믿음의 형제들에 대한 관심을 등한시한 채 자기가 속한 교회만 중심에 두고 있다면 자칫 이기적인 신앙으로 흐르기 쉽다. 참된 교회라면 모두가 한 하나님 나라에 속해 있으며 영적으로 한 식구가 된다. 따라서 참된 믿음을 소유한 성도들은 항상 세상에 흩어져 살아가는 믿음의 형제들을 기억하지 않을 수 없다. 설령 얼굴을 전혀 알지 못하는 성도들이라 할지라도 저들의 관심과 기도 가운데 존재해야 하는 것이다.

2. 교회의 연합과 소유해야 할 동일한 비밀(골 2:2)

바울은 본문 가운데서 교회의 하나됨과 연합의 당위성을 강조하고 있다. 교회의 하나됨은 지교회 내에서의 문제일 뿐 아니라 전체 보편교회가 가져야 할 자세이다. 즉 개체 교회에 속한 성도들이 하나가 되어야 하는 것

30) 역사적인 넓은 관점에서 볼 때 오늘날 우리도 그들 가운데 포함되어 있는 것으로 이해할 수 있다. 뿐만 아니라 장차 이 세상에 태어날 언약의 자손들 역시 그와 동일한 위치에 놓이게 된다.

은 물론이거니와 세상에 흩어진 모든 교회들이 보편적인 연합을 이루어 하나가 되어야 한다. 그것은 교인들의 신앙적인 판단에 근거하는 것이 아니라 하나님께서 말씀을 통해 요청하시는 바다.

그러므로 참된 교회와 그에 속한 성도들은 항상 흩어진 여러 교회들을 포괄적으로 기억하고 있어야 한다. 이는 가시적인 친교(fellowship)를 위해서가 아니라 하나님의 비밀인 그리스도를 깨닫기 위해서이다(골 2:2). 나아가 엄밀한 의미에서 말하자면, 지상에 존재하는 교회들이 하나가 되도록 애써야 하는 것이 아니라 이미 하나가 되어 있는 교회를 분산시키는 미숙한 행동을 하지 말아야 한다. 즉 그리스도 안에 존재하는 모든 교회들은 본질상 '하나' 라는 사실을 기억하지 않으면 안 된다.

죄에 깊이 물들어 있는 인간들은 본성적으로 이기적인 성향을 지니고 있다. 복음을 깨달아 주님의 몸된 교회에 속한 성도들이라 할지라도 타락한 세상에 살아가는 동안에는 그와 같은 속성을 완전히 버리지 못하고 있다. 그렇게 되면 자기가 속한 교회의 외적인 성장만을 최대의 목적으로 삼게 된다. 하지만 그것은 결코 하나님께서 원하시는 올바른 신앙 자세가 될 수 없다.

일반 성도들이 자기가 속한 교회의 부흥만을 꿈꾸고, 목회자들이 자기가 목회하는 교회의 외적인 성장에만 지나친 관심을 기울인다면 그것은 도리어 위험한 이기적인 사고에 지나지 않는다. 그런 왜곡된 가치관을 가진 자들은 예수 그리스도 안에서 하나인 보편교회에 대한 이해가 없거나 부족하기 때문이다. 우리는 개교회의 성장이 지상 교회의 목적이 될 수 없다는 사실을 잘 기억해야만 한다.

예수님께서는 제자들에게 지상에 존재하는 교회가 기본적으로 '하나' 라는 사실에 대한 분명한 말씀을 하셨다. 성부, 성자, 성령 삼위 하나님이 하나이듯이 지상에 흩어진 모든 교회들 역시 그렇다. 교회의 하나됨을 통해 하나님의 속성에 연관된 그 본질을 세상에 드러내게 된다. 요한복음에는 그에 관한 내용이 기록되어 있다.

> "아버지께서 내 안에, 내가 아버지 안에 있는것 같이 저희도 다 하나가 되어 우리 안에 있게 하사 세상으로 아버지께서 나를 보내신 것을 믿게 하옵소서 내게 주신 영광을 내가 저희에게 주었사오니 이는 우리가 하나가 된것 같이 저희도 하나가 되게 하려 함이니이다 곧 내가 저희 안에, 아버지께서 내 안에 계셔 저희로 온전함을 이루어 하나가 되게 하려 함은 아버지께서 나를 보내신 것과 또 나를 사랑하심 같이 저희도 사랑하신 것을 세상으로 알게 하려 함이로소이다" (요 17:21-23)

요한복음에 기록된 예수님의 말씀은 보편교회적인 관점에서 이해해야만 한다. 지상에 흩어져 존재하는 교회들은 본질적인 측면에서 볼 때 여럿이 아니라 전체적으로 보아 하나의 신앙 공동체를 이루고 있다. 우리는 인간 역사 가운데서, 원래부터 하나인 교회가 분열되는 양상을 띠는 것을 수도 없이 많이 보아왔다. 이에 대해서는 지금도 마찬가지다. 하나이어야 할 교회가 이렇게 된 것은 인간들의 이기적인 욕망의 결과로 말미암은 것이라 말할 수 있다.

그러므로 참된 교회라면 다른 교회들을 함부로 멸시하거나 경쟁적인 관계를 가지는 이기심이 가득한 태도를 버리고 '하나'가 되지 않으면 안 된다.[31] 그것은 동일 언어, 동일 지역 안에 있는 교회뿐 아니라 전 세계에 흩어진 모든 교회들에 적용되어야 할 태도이다. 하나님의 말씀에 충실하고 그것을 통해 말씀하시는 성령 하나님의 음성에 민감하다면 교회가 자연스

---

31) 지상에 존재하는 참된 교회들은 상호 존중하는 마음을 가져야 한다. 외형상 철저한 신학 체제를 갖춘 듯이 보이지만 실상은 신앙이 어린 미숙한 교인들은 자기가 속한 교회가 최고라는 생각을 하게 된다. 하지만 그것은 경계해야 할 오만한 태도에 지나지 않는다. 하나님께서 그렇게 인정하시지 않은 형편 가운데서 스스로 자신을 과대평가하는 것은 올바른 자세라 말할 수 없다. 거짓 교회라면 마땅히 견제해야 하지만 연약한 교회라면 함께 교제하며 돌보아 주어야 할 대상이 된다. 우리는, 자칫하면 자기도 모르는 사이 위험한 분리주의자의 자리에 앉게 될 우려가 있다는 사실을 기억해야 만 한다.

럽게 하나가 될 수밖에 없다. 말씀과 성령은 근본적으로 흩어진 지상 교회들을 하나로 엮어주는 사역을 감당하고 있기 때문이다.

그렇지만 이 말이 지상에 '교회' 라는 이름을 가진 모든 종교 단체들이 한 덩어리로 뭉쳐야 한다는 것을 의미하지 않는다. 도리어 이름만 교회일 뿐 하나님의 말씀으로부터 멀리 떠나있거나 성령의 사역을 방해하는 자들과는 연합할 것이 아니라 도리어 분리되어야 한다. 그런 자들이 모이는 집단은 하나님께 속한 교회가 아니라 배교한 인간들의 사악한 종교 단체에 지나지 않기 때문이다. 성숙한 성도들은 정신을 바짝 차려 그와 같은 위태로운 실상을 정확하게 파악하여 경계할 수 있어야 한다.

3. 지혜와 지식의 보화(골 2:2,3)

지상 교회는 하나님의 놀라운 비밀을 담고 있는 그릇과도 같다. 교회의 중심인 예수 그리스도 안에는 참된 지혜와 지식의 보화가 감추어져 있다. 이는 그리스도를 떠나서는 참된 지혜와 지식이 존재하지 않는다는 사실을 의미한다(골 2:3). 이 말은 지상 교회가 사람들의 눈을 피한 비밀 종교 단체라는 의미가 아니라 하나님의 놀라운 비밀을 담고 있는 소중한 공동체라는 뜻이다. 물론 그 비밀은 인간들의 일반적인 이성과 경험으로는 결코 접근할 수 없는 성질을 지니고 있다.

참된 교회에 속한 성도들은 성령 하나님의 도우심과 하나인 보편교회를 통한 확신으로 말미암은 부요함과 더불어 하나님의 비밀인 예수 그리스도를 온전히 깨달아 갈 수 있게 된다. 물론 피조물인 인간으로서 하나님과 그의 모든 것을 다 안다는 것은 불가능한 일이다. 하나님의 자녀들이 교회와 말씀을 통해 깨닫게 되는 분량도 전체에 비하면 지극히 미미한 것에 지나지 않는다. 사도 바울은 로마 교회에 보내는 편지에서 그점을 언급하고 있다.

"깊도다 하나님의 지혜와 지식의 부요함이여, 그의 판단은 측량치 못할 것이며 그의 길은 찾지 못할 것이로다"(롬 11:33)

우리는 사도 바울이 언급한 이 말씀을 통해 한없이 낮아지고 겸손해지지 않을 수 없다. 피조물인 인간으로서 만물의 주인이신 하나님의 모든 것을 다 알려고 한다면 그것 자체가 오만한 죄악의 소치이며, 마치 다 알고 있는 것처럼 나서는 것도 교만한 태도이다. 이는 반드시 깨달아야 할 가장 기본적인 내용조차 제대로 알지 못하기 때문에 그와 같은 오만함을 드러내게 된다.

물론 하나님의 자녀들은 계시된 말씀인 성경을 통해 하나님의 사랑과 그로 말미암은 구원의 은총에 연관된 분명한 지식을 소유할 수 있다. 나아가 우리는 삼위일체이신 여호와 하나님이 결코 알 수 없는 불가지론적인 존재가 아니라는 사실을 깨달아야 한다. 하나님은 지상 교회에 속한 자기 백성들에게 필요하고 적절한 분량만큼 자신을 계시해 주고 있으시기 때문이다.

우리는 기록된 하나님의 말씀을 통해 심령의 위안을 받게 되며, 그에 온전히 참여하는 성도들은 사랑 안에서 연합하게 된다. 그렇게 함으로써 하나님의 영원한 사랑을 풍성하게 깨달을 수 있게 된다. 지상 교회 가운데 드러난 하나님의 비밀인 예수 그리스도를 깨닫는 것은 오직 성도들에게만 허락된 최상의 복이다.

지상 교회에 속한 성도들은 하나님의 은혜로서 예수 그리스도 안에 존재하는 참된 지혜와 지식을 깨달아 알게 되는데, 거기에는 타락한 세상에서 결코 경험할 수 없는 영원한 진리에 연관된 모든 보화들이 감추어져 있다. 따라서 죄악이 가득한 이 세상에서 겉보기에 아무리 화려한 삶을 살아가는 듯이 보이는 자들이 있다고 할지라도 그 보화를 소유하지 못한다면 헛된 인생에 지나지 않는 것이다.

4. "속지 말라"(골 2:4,5)

사탄이 지배하는 타락한 세상에서 살아가는 인간들은 기본적으로 진리의 빛을 가리는 존재들에 의해 휩싸여 있다. 어리석은 자들은 외부에 존재하는 것들에 의해서 뿐 아니라 자기 자신의 이성적인 꾀에 속아 쉽게 넘어간다. 그와 같은 경우에도 그것이 마치 자기를 위한 지혜인양 착각하는 경우가 보통이다. 하지만 착각에 빠진 자들은 항상 자기가 올바른 판단을 하고 있는 것인 양 여기는 것이 문제가 된다.

그러므로 모든 성도들은 이에 대해 겸손하고도 민감한 자세를 유지하지 않으면 안 된다. 우리가 항상 성경을 깊이 묵상하며 성령 하나님의 도우심을 간절히 구하는 이유가 바로 여기 있다. 인간 스스로는 자기 꾀에서 완전히 자유로울 수가 없는 것이다. 야고보 선생이 성도들에게 속지 말라고 경고하는 것은 바로 그와 연관되어 있다,

> "내 사랑하는 형제들아 속지 말라 ... 너희는 도를 행하는 자가 되고 듣기만 하여 자신을 속이는 자가 되지 말라": "Don' t be deceived, my dear brothers ... Do not merely listen to the word, and so deceive yourselves. Do what it says" (약 1:16,22)

종교 생활을 성실하게 하면서 열정적인 활동을 하는 자들은 대개 자기의 신앙이 돈독하거나 훌륭한 것으로 착각하는 경우가 많다. 저들에게는 성경적인 해석을 통한 자기의 부족한 신앙을 돌아보고자 하는 마음이 거의 없다. 이는 신앙이 어린 자들은 외부의 요인으로 말미암아 쉽게 속아 넘어가기도 하지만 동시에 자신에게 스스로 속기도 한다는 사실을 잘 말해주고 있다.

바울은 골로새서 본문 가운데서 하나님의 자녀들은 아무도 교묘한 말로

자기를 속이지 못하도록 해야 한다는 사실을 언급했다(골 2:4). 그와 같은 속임수는 이 세상의 타락한 지혜와 지식을 기초로 하고 있다. 그런 위태로운 상황을 방지하기 위해 우리는 예수 그리스도를 진실하게 알아야 하며 성경의 교훈을 올바르게 깨달아야 한다. 그와 더불어 하나가 된 교회에 속하게 될 때 악한 자들의 속임수를 능히 방어할 수 있게 되는 것이다.

바울은 사도인 자기도 그 일을 위해 혼신의 힘을 다하고 있다는 사실을 말했다. 그는 육신으로 모든 교회들과 함께 머무를 수 없었지만 심령으로는 항상 흩어진 교회들과 함께 있었다. 그렇게 함으로써 골로새 교회를 비롯한 지상에 존재하는 모든 교회들이 질서 있게 행하는 것과 예수 그리스도에 대한 저들의 굳건한 믿음을 보고자 했다. 바울은 골로새 교회의 그런 신앙 자세를 보며 기쁨에 넘친 자신의 심경을 고백하고 있다.

이에 대해서는 오늘날 우리 시대에도 그 정신이 그대로 남아 있어야 한다. 하나님의 교회는 성경이 요구하는 신령한 질서와 더불어 역사 가운데 성장해 가야 하며, 교회의 하나됨으로서 거짓된 속임수를 방어할 수 있게 된다. 우리는 성경의 교훈을 통해 천상에 소망을 둔 채 굳건한 신앙을 지켜 나가야만 하는 것이다.

5. 그리스도 안에 뿌리 내려야 할 교회(골 2:6,7)

지상에 흩어져 존재하는 참된 교회들은 예수 그리스도를 주님으로 모시고 있는 신령한 공동체이다. 따라서 모든 성도들은 그리스도 안에 존재하며 그 안에서 삶을 이어가게 된다. 이는 교회와 그에 속한 모든 성도들은 예수 그리스도로부터 잠시도 떠나 있을 수 없다는 사실을 말해 준다.

우리는 지상 교회가 그냥 세상 위에 둥둥 떠서 존재하는 종교단체가 아니라는 사실을 기억해야 한다. 참된 교회라면 만물의 창조주이자 우리의 구세주인 예수 그리스도께 깊숙이 뿌리내리고 있어야만 한다. 그렇게 함으로써 그로부터 모든 자양분을 공급받고 참된 생명을 보장받게 되는 것이다. 즉 예수 그리스도께 영원한 생명을 뿌리박고 있지 않는 교회라면 그 이름과 종교적인 활동에도 불구하고 진정한 교회라 말할 수 없다. 바울은 에베소서에서 하나님께 속한 교회와 성도들은 그리스도의 사랑 위에 터를 잡고 뿌리가 박혀야 한다는 사실을 말하고 있다.

> "믿음으로 말미암아 그리스도께서 너희 마음에 계시게 하옵시고 너희가 사랑 가운데서 뿌리가 박히고 터가 굳어져서 능히 모든 성도와 함께 지식에 넘치는 그리스도의 사랑을 알아 그 넓이와 길이와 높이와 깊이가 어떠함을 깨달아 하나님의 모든 충만하신 것으로 너희에게 충만하게 하시기를 구하노라" (엡 3:17-19)

지상 교회가 예수 그리스도를 기초로 하여 그에게 깊이 뿌리를 내릴 수 있는 것은 하나님께서 허락하시는 믿음으로 말미암는다. 즉 인간들이 자의적으로 노력한 결과로써 그렇게 되는 것이 아니다. 교회가 참으로 예수 그리스도께 뿌리를 박고 그 위에 세워지게 된다면 그로부터 참된 교훈을 받아 믿음 위에 굳게 서서 감사함이 넘치게 된다.

하나님의 계시와 적극적인 도움 없이는 결코 참된 지식을 소유할 수 없을 뿐 아니라 그의 사랑에 대하여 아무것도 알지 못한다. 나아가 그 사랑이 얼마나 크고 위대한가 하는 것은 인간들의 종교적인 상상력에 의존하지 않는다. 오직 전적인 하나님의 은혜로 말미암아 그 놀라운 사랑을 깨달을 수 있게 되며 그것을 통해 지상 교회 가운데 하나님의 모든 충만함이 넘쳐나게 된다. 지상에 존재하는 모든 교회들은 항상 그에 대한 신령한 깨달음을 소유하지 않으면 안 된다.

제5장

세상의 철학과 세례 받은 성도
(골 2:8-15)

1. 세상의 철학(골 2:8)

세상에 퍼져 있는 모든 철학은 타락한 인간들로부터 발생한 것이며 세속적인 인간화 작업의 일환이다. 제한적인 상황을 벗어날 수 없는 인간들은 형이상학적인 다양한 질문들을 끊임없이 쏟아낸다. 시대에 따른 지식층에 속한 자들은 세상에서 형성된 지혜에 따라 인간 사회에서 그 답변을 찾거나 구하게 된다.

세상에서 조성되는 철학은 진리와 아무런 상관이 없을지라도 보통 인간들이 받아들이기에 훨씬 용이하다. 그것은 사회적인 전통을 배경으로 삼고 있으므로 타락한 인간들과 체질적으로 잘 맞기 때문이다. 이에 반해 하나님의 진리는 인간들의 사상이나 주장을 배경으로 하지 않는다. 따라서 인간들이 받아들이기 어렵다. 성령 하나님의 적극적인 도우심이 없이는 결코 받아들일 수 없는 것이다.

사도 바울은 본문 가운데서 철학과 더불어 제기되는 헛된 속임수(deception)를 경계하라는 말을 하고 있다(골 2:8). 그것을 방치하게 되면 세상의 잘못된 풍조에 사로잡혀 넘어가게 된다. 성경 본문에서 언급된 속임수란 일반적으로 생각하는 그럴듯한 거짓말과는 상당한 차이가 난다.

세상의 이성과 경험적인 측면에서 본다면, 그것은 의도적인 속임수가 아닐 뿐더러 사람들의 눈에 틀리게 보이지도 않는다. 그것은 도리어 매우 합리적인 것으로 비쳐질 수 있으며 장려할 만한 것으로 간주될 수도 있다. 다시 말해 그 속임수는 다수의 사람들에게 보편타당성이 있는 주장으로 인식될 수 있는 것이다. 하지만 세상의 철학을 배경으로 한 그와 같은 것들은 세상의 유치한 초등학문에 지나지 않는다.

그러므로 우리가 여기서 반드시 기억해야 할 바는, 타락한 세상에서 형성된 모든 속된 가치관들은 속임수 역할을 하게 될 우려가 따른다는 사실이다. 설령 모든 사람들이 부러워하고 자랑삼을 만하다고 할지라도 성경은 결코 그렇게 보지 않는다. 그럼에도 불구하고 그런 것들은 세상으로부터 돌아선 성도들에게 조차 잘못된 충동질을 쉬지 않는다.

2. 그리스도와 그가 소유한 충만한 신성(골 2:9,10)

사도는 예수 그리스도 안에 신성의 모든 충만함이 완벽하게 존재하고 있다는 사실을 밝혔다: "그 안에는 신성의 모든 충만이 육체로 거하시고(For in Him all the fullness of Deity dwells in bodily form)" (골 2:9). 이는 하나님의 신성이 그리스도의 육체 가운데 거한다는 실체적 형편을 말해 준다. 즉 인성을 가진 그리스도 안에는 하나님의 완전한 신성이 내재되어 있는 것이다. 여기서 우리는 그리스도의 신성과 인성에 대한 올바른 이해를 할 수 있어야 한다.

이것은 전문적인 신학자들만 이해해야 할 문제가 아니라 교회에 속한 모든 성도들이 말씀을 통해 깨달아 알아야 할 내용이다. 그리스도는 완벽한 신성과 완벽한 인성을 지니신 분이다. 그의 신성은 인성에 얽매이지 않을 뿐더러 인성과 구별된다.

다시 말하자면 예수 그리스도의 신성과 인성은 한 위격(persona) 안에서 분리되지 않으면서도 서로 혼합되거나 뒤섞이지 않는다. 그것은 피조물인 인간의 논리를 초월한 신비의 영역에 속한다. 예수님께서 이 세상에 계실 때도 그의 신성과 인성이 그러했지만 부활 승천하여 천상에 계시는 지금도 여전히 그렇다.

우리는 근본적으로 하나님의 본체이신(빌 2:6) 예수 그리스도의 신성은 편재해 존재한다는 사실을 기억할 필요가 있다.[32] 이에 반해 그의 인성은 편재하지 않는다. 즉 예수님께서 가지신 인성은 그의 육체 가운데 존재한다. 따라서 부활 승천하신 후 천상의 하나님 우편에 앉아계시는 예수 그리스도는 지금도 여전히 인성을 지니고 계신다. 우리는 매주 성찬을 통해 그의 몸에 직접 참여하게 되는 것이다.

우리가 온전한 심정으로 반드시 받아야 할 내용은 그리스도의 신성과 인성은 구별되지만 분리되지 않으며 혼합되지 않는다는 사실이다. 나아가 그가 지닌 두 본성은 상호 혼합하거나 속성이 교류(Communicatio idiomatum)되지 않는다. 그리스도의 신성과 인성은 각각 삼위일체 하나님의 한 위位이신 성자의 위격(persona)을 향해 교통이 일어나게 된다. 이것이 개혁주의 신학자들이 일반적으로 이해하는 그리스도의 두 본성에 연관된 중요한 교리이다.

그러므로 오늘날 참된 교회에 속하여 하나님의 자녀가 된 성도들은 영적으로 편재해 계시는 그리스도 안에 거하고 있으며 육체적으로는 천상의 그리스도께 밀접하게 연결되어 있다. 지상 교회에 속한 참된 성도들도 그리스도 안에서 충만하여짐으로써 그것을 통해 하나님의 아들이신 예수 그리스도의 신비한 존재에 참여하게 되는 것이다.

---

32) 이 말은 하나님의 전지전능하심과 밀접하게 연관되어 있다. 이는 예수 그리스도의 신성이 영적인 몸체(body)를 가지고 여기저기 산재해 있다는 의미와 다르다. 즉 피조세계인 우주만물 어느 곳일지라도 신성을 지닌 그리스도의 눈길을 피하지 못한다는 사실과 더불어 이해해야 한다.

또한 골로새서는 이와 더불어 예수 그리스도가 모든 통치자와 권세의 머리가 된다는 사실을 선포하고 있다. 여기서 말하는 통치자와 권세는 가시적인 세상의 모든 세력들과 육안으로 보이지 않는 영물들을 포함하여 가리키고 있는 것으로 이해할 수 있다. 세상과 우주 가운데 존재하는 모든 것들은 인간의 몸을 입고 구속 사역을 완성하신 예수 그리스도의 통치와 권세를 벗어나지 못하는 것이다.

3. 할례와 세례(골 2:11,12)

이 세상에 살아가는 참된 성도들은 예수 그리스도 안에서 진정한 '할례' 를 받게 된다. 이는 세례를 받는다는 의미와 약간의 차이가 나는 것으로서, 엄밀한 의미에서 말하자면 그 할례는 반드시 받아야만 할 성질을 지니고 있다. 여기서 할례를 받는다는 것은 육신의 몸을 벗어버림으로써 더러운 세상을 잘라내는 의미를 지니고 있다. 하나님의 자녀들은 어두운 세상에 빠져 있으면서 그 악한 영역을 벗어나지 않으면 안 된다.

또한 이와 동일한 의미에서 모든 성도들은 세례를 받아야 한다. 이는 가시적인 세례를 받을 수 없는 형편에 놓인 성도들이라 할지라도 의미상 그에 참여하지 않으면 안 된다는 사실을 말해 주고 있다. 즉 지상 교회에서 공적으로 베풀어지는 세례가 타락한 세상과 뚜렷이 구별되는 표식이 되는 것이다.

하나님으로부터 구원의 은혜를 입은 성도들은 그것을 통해 예수 그리스도와 함께 죽어 장사되고 그와 함께 다시 살아나게 된다. 사도 바울은 로마에 있는 교회에 편지하면서 그에 관한 사실을 언급했다. 그것은 교회론적인 의미를 지니고 있을 뿐 아니라 성도로서의 기본적인 삶에 직접 연관되어 있다.

> "무릇 그리스도 예수와 합하여 세례를 받은 우리는 그의 죽으심과 합하여 세례 받은 줄을 알지 못하느뇨 그러므로 우리가 그의 죽으심과 합하여 세례를 받음으로 그와 함께 장사되었나니 이는 아버지의 영광으로 말미암아 그리스도를 죽은 자 가운데서 살리심과 같이 우리로 또한 새 생명 가운데서 행하게 하려 함이니라 만일 우리가 그의 죽으심을 본받아 연합한 자가 되었으면 또한 그의 부활을 본받아 연합한 자가 되리라" (롬 6:3-5)

사도 바울은 위의 본문 가운데서 예수 그리스도와 합하여 세례를 받은 성도들의 삶에 관하여 확실하게 선포하고 있다. 그것은 예수 그리스도의 십자가 사역과 직접 연관되어 있는 것이다. 즉 세례는 교회 역사 가운데 제정된 종교적인 전통이 아니라 그리스도께서 친히 그 본을 보이시고 가르치신 거룩한 의례인 것이다.

이 세상에서 태어나 살아가는 성도들에게 특별히 허락된 새로운 삶은 결코 그냥 주어지지 않는다. 나아가 종교 윤리적인 훈련을 통해 학습되거나 드러나는 현상도 아니다. 그것은 예수 그리스도의 십자가 사역과 더불어 그와 함께 장사되는 죽음에 밀접하게 관련되어 있다. 즉 그리스도의 신령한 죽음이 전제되어야만 그의 백성들에게 영원한 참 생명이 허락될 수 있는 것이다.

그것은 인간의 몸을 입은 예수 그리스도께서 당하신 모든 고통과 더불어 발생하는 하나님의 영광을 향한 구속사적인 사건이다. 이는 성도들에게 타락한 세상에 연관된 삶에 종언終焉을 고하게 하고 과거와는 전혀 다른 새 생명 가운데 행하는 삶을 전제한다. 그것을 통해 영원한 부활이 보장되는 것이다. 이는 예수 그리스도의 죽음에 참여한 성도들에게만 허락된 것으로서 그의 부활에 참여할 수 있는 권리를 말해 주고 있다.

또한 우리가 분명히 기억해야 할 바는, 그것이 미래적 사건이 아니라 이미 과거로부터 완성되어 현재에 이르고 있다는 점이다. 즉 골로새서에서 언급하고 있는 것처럼 성도들은 장차 죽음에서 일으킴을 받는 것이 아니라 이미 그 안에서 일으킴을 받았다는 것이다(골 2:12). 이는 로마제국 시대 유대 땅에서 일어난 십자가 사건을 통한 우리의 현재적인 삶에 나타나는 의미를 잘 말해 주고 있다. 하나님의 자녀들은 이를 통해 삶의 진정한 의미를 파악하는 가운데 험한 세상을 살아가게 되는 것이다.

4. 십자가 사역의 결과(골 2:13-15)

(1) 죄의 용서

죄에 빠진 인간은 진정한 생명과 완전히 분리되어 있으므로 이미 죽은 존재와 마찬가지다. 외형적으로는 살아있지만 내적으로는 죽은 상태에 놓여 있다. 즉 이 세상에서 현상적으로는 살아 움직이지만 실상은 죽음에 밀착되어 그에 얽매여 있기 때문이다.

본문 가운데서 무할례無割禮로 인해 죽은 인간들에 대한 언급을 한 것은, 자연인의 상태로서는 그 자체로서 죽은 것이란 사실을 말해 준다(골 2:13). 타락한 아담의 자손인 모든 인간들에게는 영원한 참 생명이 존재하지 않는다. 자연적인 인간은 죄의 문제를 스스로 해결하지 못하며 세상에 속한 표인 무할례로 말미암아 죽은 상태에 놓여 있기 때문이다.

인간이 그 죽음의 상태에서 벗어나기 위해서는 반드시 성경이 말하는 할례에 참여해야 한다. 이는 물론 구약시대의 할례를 직접적으로 일컫는 것이 아니다. 즉 실제로 남성의 생식기 표피 일부를 잘라내야 한다는 말과는 직접적인 관계가 없다. 하지만 그에 연관된 중요한 상징적인 의미를 그대로 받아들이지 않으면 안 된다.

하나님께서는 죽음에 빠진 자기 백성들을 구원하여 살리시는 분이다(마 1:21, 참조). 그는 성자 하나님이신 예수 그리스도를 통해 자기 백성들의 모든 죄를 용서하심으로써 다시금 살리시고 저들에게 영원한 생명을 부여하시게 된다. 이는 세상에 대해서는 죽게 됨으로써 새롭게 얻게 되는 참된 생명이다.

하나님께서는 십자가에 달려 돌아가신 예수 그리스도를 살리시면서 그와 더불어 죄로 말미암아 죽게 된 그의 자녀들도 함께 살리셨다. 그것은 하나님의 선택을 받은 성도들의 모든 죄를 용서해 주셨다는 사실을 의미하고 있다. 이는 하나님의 창세전 언약에 기초해 있으며 지상 교회에 속한 성도들에게는 그것이 최고의 은혜가 된다.

우리는 이 말이 단순히 하나님의 일반적인 판단만으로 우리를 그냥 용서해 주신 것이 아니라는 사실을 기억해야 한다. 즉 하나님의 언어적 선포만으로 영원한 구원이 이루어진 것이 아니다. 하나님께서는 죄에 물든 인간들을 용서하시기 위해 인간으로서는 상상조차 할 수 없는 엄청난 죄 값을 치르고 우리를 용서해 주셨다. 즉 우리가 용서받은 것은 그냥 된 것이 아니라 독생자 예수 그리스도를 죽음에 내어주심으로써 이룩된 하나님의 구속 사역과 직접 관련되어 있는 것이다.

(2) 구약의 율법과 십자가

구약시대 하나님의 작정에 따라 특별히 형성된 언약의 자손인 이스라엘 백성에게 주어진 율법은 거룩한 하나님의 속성을 잘 드러내 보여주고 있다. 그것을 통해 하나님의 구체적인 의지를 나타내셨던 것이다. 그 법은 이 세상에서 인간들에 의해 형성된 것과는 근본적으로 다른 성격을 지니고 있다.

그러므로 언약의 백성들은 타락한 세상에서 제정된 법이 아니라 하나님의 법에 따라야만 한다. 성경에 기록된 하나님의 율법에 온전히 순종하지 않는 것은 하나님께 저항하는 사악한 행위와 동일하다. 그렇게 되면 인간은 죄 가운데 존재함으로써 영원한 죽음에 처해지는 형벌을 면할 수 없게 된다.

우리가 여기서 반드시 기억해야 할 바는, 그 율법이 타락한 인간들을 거룩한 하나님께 고발하는 성격을 지니고 있다는 사실이다. 즉 모세의 율법이 그것을 다 지키지 못하는 죄인들의 악한 속성을 고발하게 되는 것이다. 이는 하나님의 법정에 고발된 상태에 놓인 처참한 인간의 모습을 보여주고 있다.

예수님께서는 복음서에서, 배도에 빠진 유대인들을 향해 그에 연관된 분명한 교훈을 주셨다. 그 내용은 모세를 통해 계시하신 율법 조항들이 죄에 물든 인간들을 하나님께 고발한다는 사실에 관련되어 있다. 즉 하나님의 율법이 인간들의 죄악상을 낱낱이 고발하는 고발자 역할을 하게 된다. 이는 곧 더러운 죄와 조화되거나 공존할 수 없는 진리의 말씀이 죄에 대한 직접적인 고발자라는 사실을 말해 주고 있다.

> "내가 너희를 아버지께 고발할까 생각하지 말라 너희를 고발하는 이가 있으니 곧 너희가 바라는 자 모세니라"(요 5:45)

예수님께서 교훈하신 이 말씀은 매우 중요한 의미를 담고 있다. 그는 자기가 죄인들에 대한 직접적인 고발자가 아니란 사실을 말씀하셨다. 즉 배도에 빠진 사악한 유대인들은 거룩한 하나님의 아들이신 예수님을 고발하는 악한 자리에 서 있지만, 예수님은 저들을 고발하는 자리에 서게 되지 않는다는 것이었다. 즉 고발에 연관된 그 법적인 과정은 이미 하나님의 율법에 의해 진행되고 있었던 것이다.

구약성경에 기록된 율법의 모든 조문들은 타락한 인간들을 거스르고 불리하게 하는 기능을 감당한다. 즉 천상으로부터 계시된 율법은 모든 인간들을 죄인으로 규정하여 묶어두는 역할을 하게 된다. 이는 창세전부터 하나님의 자녀로 확정된 사람들에게도 동일한 작용을 한다. 즉 하나님의 율법은 악한 세상과 더불어 살아가는 교회에 속한 성도들마저도 형식상 하나님께 고발하고 있다.

하나님의 아들로서 인간의 몸을 입으신 예수 그리스도께서 친히 감당하신 십자가 사역의 결과는 성도들을 고발하는 기능의 끈을 완전히 끊어버리는 것이었다. 구약의 율법은 여전히 악한 자들을 고발하고 있지만, 예수 그리스도의 구원 사역으로 인해 그 율법은 더이상 하나님의 자녀들을 궁극적으로 고발할 수 없게 되었다. 이는 죄 없는 예수님께서 자기 자녀들을 위해 율법이 요구하는 모든 것을 이룩하셨기 때문이다.

(3) 그리스도의 궁극적인 승리

예수 그리스도의 십자가 사역은 하나님께 저항하는 사탄에게 속한 모든 악한 세력을 짓누르고 무력화無力化시키게 되었다. 아담을 유혹함으로써 세상과 공중 권세를 장악한 사탄은 두 번째 아담의 사역으로 말미암아 하나님의 자녀들을 멸망에 빠뜨릴 수 있는 힘을 완전히 상실당하게 된 것이다.

사탄에게 속하여 기고만장했던 자들은 오히려 힘을 잃고 사람들의 구경거리가 될 수밖에 없었다(골 2:15). 그것은 전적으로 하나님으로 말미암은 것으로서 예수 그리스도의 십자가 사역이 악한 세력을 완전히 물리쳤기 때문이다. 그것을 통해 세상에 군림하는 모든 통치자들과 권세자들은 하나님의 심판을 받아 완전히 무장 해제된 상태에 놓이게 되었다.

그런데 우리는 그 광경을 조롱하며 구경하는 자들이 교회에 속한 하나님의 자녀들이라는 사실을 기억해야 한다. 세상에서 심한 핍박을 당하던 성도들은 이제 저들의 비참한 모습을 목격하게 된다. 아직 최종 심판이 이르지 않아 모든 것이 완벽하게 성취되지는 않았지만, 그와 같은 상황이 도래하는 것은 단지 때만 남겨두고 있을 따름이다. 그러므로 교회에 속한 하나님의 자녀들은 장차 도래하게 될 그 역사적 사실을 기다리는 가운데 악한 세상을 의연하게 대처하며 살아가게 되는 것이다.

제6장

율법과 복음: 그림자와 실체

(골 2:16-23)

1. 구약의 절기와 신약시대의 성도들(골 2:16)

예수 그리스도로 인해 구원을 받은 성도들은 더이상 구약시대의 율법과 규례에 얽매여 살아갈 필요가 없다. 따라서 신약의 교회에 속한 자들이 구약의 율법을 지킴으로써 자기의 신앙을 확인하려고 해서는 안 된다. 만일 그런 식으로 율법을 준수하며 신앙생활을 하려고 한다면 그것은 그리스도의 공로를 무시하는 행위로서 도리어 비판을 받아야 한다.

그럼에도 불구하고 사도교회 시대에는 예수님을 믿으면서 동시에 구약의 율법을 지켜야 한다는 생각을 가진 자들이 많이 있었다. 특히 예수님께서 부활 승천하신 후 이십(20)년 가까이 흘러 시기상 신약성경의 초기에 해당되는 바울 서신들이 계시되기 전에는 예수 그리스도의 복음에 관하여 문서로 기록된 하나님의 말씀이 존재하지 않았다.[33] 따라서 당시 신앙이 어린 성도들에게는 자연스럽게 구약성경의 기록에 더욱 의존하려는 종교적인 심성이 존재했던 것이 틀림없다.

---

33) 신약성경 27권 가운데 가장 미리 하나님으로부터 계시를 받아 기록된 책은 갈라디아서이다(AD 48-49년). 갈라디아서보다 데살로니가전서가 먼저 기록된 것으로 보는 학자들도 있지만 기록 순서 자체가 절대적으로 중요한 것은 아니다.

그러므로 사도 바울은 그와 같은 자세가 얼마나 잘못된 것인지에 대하여 명확하게 지적하고 있다. 먹고 마시는 식생활 문제에 있어서 구약의 음식 규례에 얽매이는 것과 각종 절기 및 월삭과 안식일을 율법적으로 지키는 것은 올바른 신앙인의 태도가 아니었기 때문이다(딤전 4:1-5, 참조). 따라서 그런 것들을 지킴으로써 비판을 받지 않도록 주의하라는 요구를 했다. 바울은 갈라디아 교회에 편지하면서도 그에 연관된 교훈을 하고 있다.

> "너희가 날과 달과 절기와 해를 삼가 지키니 내가 너희를 위하여 수고한 것이 헛될까 두려워 하노라" (갈 4:10,11)

구약의 율법에 대하여 신약시대의 성도들이 가져야 할 입장은 매우 분명하다. 바울은 골로새 교회의 성도들을 향해 구약의 절기를 지킴으로 말미암아 다른 사람들로부터 비판을 받지 말아야 한다는 강한 어조의 당부를 하고 있다(골 2:16). 그런 바울이, 갈라디아 교회 성도들에게 편지를 쓰면서는 구약의 절기를 율법적으로 지키면 자기가 전한 모든 교훈들이 허사가 되고 만다는 강력한 언어를 사용하고 있다. 그런 식으로 구약의 율법을 지키는 것은 예수 그리스도로 말미암아 성취된 구원 사역을 멸시하거나 약화시키는 의미를 지니게 된다는 것이었다.

2. 그림자와 실체(골 2:17)

사도 바울은 구약의 음식 규례와 시기와 날에 연관된 각종 절기들을 언급하며 그것은 장래 일의 그림자였다는 표현을 하고 있다. 이는 시간적으로 보아 구약의 율법은 과거에 지나간 사건들에 직접 연관된다는 것이었다. 우리는 이 말의 전체적인 의미를 주의 깊게 생각하며 받아들일 수 있어야 한다. 그림자와 본체의 의미를 올바르게 이해하는 것은 하나님의 구속사(Redemptive History)를 깨닫는 데 매우 중요한 역할을 하기 때문이다.

우선 그림자(shadow)가 있다는 것은 그 자체로서 실체가 존재한다는 사실을 전제하고 있다. 즉 실체가 없는 상태에서 그림자만 존재하는 것은 불가능한 일이다. 바울은 구약시대의 모든 율법에 연관된 내용과 장차 오시게 될 예수 그리스도를 설명하면서 그림자와 실체로 설명하며 규명하고 있다.

우리가 여기서 이와 더불어 생각해 볼 수 있는 것은, 구약의 율법들이 그림자라면 장래뿐 아니라 구약시대 당시에도 실체인 그리스도가 존재했었다는 입체적인 사실에 연관된 의미이다. 즉 구약의 율법은 장차 오실 그리스도에 대한 그림자였을 뿐 아니라, 눈에 보이지 않지만 당시에 이미 존재하고 있던 그리스도와 천상의 그림자라는 것이다. 히브리서에는 그와 연관된 내용이 잘 기록되어 있다.

> "저희가 섬기는 것은 하늘에 있는 것의 모형과 그림자라 모세가 장막을 지으려 할 때에 지시하심을 얻음과 같으니 가라사대 삼가 모든 것을 산에서 네게 보이던 본을 좇아 지으라 하셨느니라 그러나 이제 그가 더 아름다운 직분을 얻으셨으니 이는 더 좋은 약속으로 세우신 더 좋은 언약의 중보시라"(히 8:5,6)

히브리서 본문 가운데는 장차 오실 그리스도를 설명하기 전에 공간적으로 하늘에 존재하는 것에 대한 설명을 하고 있다. 우리는 구약시대의 성막 혹은 성전과 그 가운데 존재하는 모든 성물들과 규례들이 천상의 나라에 존재하는 것에 대한 그림자적인 역할을 하고 있다는 사실을 기억해야 한다. 성막에서 여호와 하나님을 섬기는 제사장과 제사제도에 연관된 모든 규례들 역시 마찬가지다.

이는 물론 구약시대의 절기를 비롯한 모든 제도들과 언약 백성들의 일상적인 삶에 직접 연관된 율법도 그 가운데서 설명되어야 한다. 그 모든 것들은 구약시대 당시에도 천상의 실체를 반영하는 그림자 역할을 하고 있었기 때문이다. 그러므로 원칙적인 측면에서 볼 때, 언약의 백성들은 지상에서 요구된 하나님의 말씀을 통해 영원한 천상의 나라를 바라보며 체험할 수 있어야만 했던 것이다.

또한 구약의 모든 율법들은 그림자와 실체에 대한 공간적이며 영적인 존재와 더불어 시간적으로 장래에 대한 그림자 역할을 감당했다. 즉 장차 이땅에 오시게 될 하나님의 어린 양이자 영원한 제사장인 예수 그리스도가 그 가운데 반영되어 있었던 것이다. 따라서 참된 신앙을 가진 이스라엘 백성들이라면 여호와 하나님께서 약속하신 구세주 메시아를 진정으로 소망할 수 있어야만 했다.

우리가 여기서 반드시 기억해야 할 바는, 구약시대의 참된 언약의 백성들은 율법에 연관된 모든 현실 가운데 살아가면서 공간적 실체인 천상의 나라와 시간적으로 장차 오실 그리스도에 대한 소망을 동시에 가지고 있었다는 사실이다. 만일 그것이 없다면 올바른 신앙인이라 말할 수 없었다. 참 하나님의 자녀들은 성막을 비롯한 모든 율법 제도와 더불어 영원한 천상의 나라를 바라볼 수 있어야 했으며, 장차 오시게 될 메시아를 바라보며 그에게만 진정한 소망을 두고 살아갈 수 있어야 했던 것이다.

이에 대해서는 오늘날 우리 역시 또 다른 개념에서 실체를 반영하는 그림자와 더불어 살아가고 있다. 그것은 신약시대 교회 역시 공간적으로 영원한 천상의 나라를 반영하고 있다는 사실과 시간적으로 세상의 종말인 예수 그리스도의 재림을 반영하고 있다는 차원에서 그렇다. 지상 교회에 속한 성도들은 항상 실체의 그림자를 인식하는 가운데 영원한 소망을 구체적으로 바라볼 수 있어야 한다.

3. 그리스도로 말미암은 참된 자유(골 2:18,19)

구약성경에 기록된 그리스도가 인간의 몸을 입고 이 세상에 오신 것은 그동안 예언되어 온 실체가 드러난 것을 의미한다. 인간이 되신 하나님의 아들은 이제 자신의 구원 목적을 이룩하시기 위해 구체적인 사역을 실행하시게 된다. 그러므로 약속에 따른 그림자의 실체가 도래하여 모든 약속을 성취하게 되었을 때 하나님의 백성들은 더이상 그림자에 얽매여 살 필요가 없었다.

그림자인 구약시대의 모든 율법은 신약시대의 성도들에게 하나님의 약속과 그것을 통한 하나님의 영원한 사랑을 보여주고 있다. 약속된 그림자가 형체를 드러내고 현실 가운데 존재하는데도 그림자에만 몰두한다면 올바른 신앙자세가 아니다. 엄밀한 의미에서 본다면 그것은 실체에 대한 불신으로 인한 것이라 말할 수 있다.

따라서 사도 바울은 골로새 교회 성도들에게 더이상 율법에 얽매이지 않도록 경계심을 가지라는 요구를 하고 있다. 당시 저들의 주변에는 구약에 기록된 율법을 장려하며 그것을 통해 자기의 신앙을 드러내려고 하는 자들이 많이 있었기 때문이다.

그런 사람들은 자신의 종교심과 열정을 드러내기를 좋아했을 뿐 아니라 겉보기에 겸비한 태도마저 보이기도 한다.[34] 하지만 그것은 자기를 위한 이기적인 잘못된 태도일 뿐 진정한 겸손이라 말할 수 없다. 저들의 그와 같은 행동은 비록 적극적으로 의도한 것은 아니라 할지라도 종교적인 모양새로 자기를 위해 꾸며 장식한 것에 지나지 않는다.

그와 같이 올바르지 않은 사고를 가진 자들은 결국 자기가 얼마나 종교

---

34) 여기에 언급된 '겸손' 이란 일반적인 개념을 넘어 자기 비하(卑下)와 금욕(禁慾)에 연관된 성격을 지니고 있는 것으로 이해할 수도 있다.

성을 가지고 열정적으로 살아가는가 하는 점을 다른 사람들에게 드러내 보여주고 싶어 한다. 그들은 천사에 연관된 것들을 끌어들여 숭배하면서 신비주의에 빠진 자신의 영성이 더욱 두드러지고 큰 것인 양 자랑하게 되는 것이다.[35] 그 사람들은 자신의 율법주의적인 기준으로 다른 사람들을 평가하는 데 익숙해져 있다. 즉 그들은, 율법적인 종교행위를 하는 것을 중요하게 여기지 않고 눈에 보이지 않는 신비주의적인 것들에 대한 이야기를 즐겨하지 않는 성도들을 자기보다 신앙이 못한 것으로 간주하는 것이다.

그런 사람들은 불건전한 환상에 의존하기도 하며 이 세상에서 외부적으로 나타나는 것에만 정신을 팔고 종교를 핑계댄 세속적인 생각으로 가득 차 있다. 그들은 계시된 하나님의 말씀과 예수 그리스도를 통한 영원한 천국을 사모하지 않는다. 그대신 타락한 세상에서 종교인들 앞에 자신을 그럴듯하게 내세우려는 헛된 교만에 부풀어 있다.

신앙이 어린 교인들은 저들의 그와 같은 두드러진 종교적인 행위를 보고 자기도 그렇게 되고자 하는 욕망을 가지기 쉽다. 즉 그런 식으로 더 적극적이고 자랑할 만한 거리를 많이 만들고자 하는 마음이 생겨나게 될 것이기 때문이다. 그와 같은 상황에 노출되면 저들의 율법주의적인 행동을 따라하거나 신비주의에 가득 찬 엉뚱한 세계를 기웃거리며 그에 빠질 우려가 생기게 된다.

그러나 그것은 결코 올바른 신앙인의 자세라 말할 수 없다. 사도 바울은 그렇게 되면 장차 하나님으로부터 받게 될 진정한 상을 빼앗기게 되리라는 사실을 언급하고 있다(골 2:18). 이는 교회에 속한 성도들은 하나님께서 주신 영광의 약속을 가장 소중한 것으로 여겨야만 한다는 사실을 말하고

---

35) 한글개역성경에 기록된 '천사숭배' 는 '천사들의 예배' (the worship of angels)에 참여하려고 하는 행위로 이해할 수도 있다. 여기서 언급된 '천사' 란 '영물' (靈物)이나 '영적인 존재들' 과 연관되어 있다.

있는 것이다. 즉 누구든지 하나님의 몸된 교회에 속해 있다고 주장하면서 머리이신 예수 그리스도를 온전히 붙들지 않으면 안 된다.

4. 몸과 지체(골 2:19)

일반 원리적인 측면에서 볼 때 모든 지체들은 반드시 본체에 붙어 있어야만 한다. 나뭇가지들은 원 둥치와 뿌리에 붙어 있어야 하며, 인간들의 사지四肢와 내장들은 몸과 머리에 튼튼히 붙어 있어야만 한다. 그로부터 분리되게 되면 더이상 본체의 성격을 지니지 못한다. 즉 나무뿌리와 둥치에서 떨어진 나뭇가지는 더이상 나무가 아니며 사람의 몸에서 분리된 지체는 더이상 사람의 일부분이 아니다.

이와 같이 지상 교회에 속한 모든 성도들은 각 지체가 되어 거룩한 몸체에 연결되어 있으며 그 머리인 그리스도께 붙어 있다. 이는 몸의 각 지체들 전부가 마디와 힘줄로 연결되어 하나가 되어 있듯이 하나님의 보편교회에 속한 개체 교회와 성도들도 하나로 연결되어 연합된 상태로 존재한다는 사실을 의미한다. 그 거룩한 몸은 머리인 예수 그리스도께 연결되어 하나님께서 친히 자라나게 하신다.

이 말은 식물의 모든 가지들이 원 둥치에 붙어 있음으로 말미암아 뿌리로부터 모든 영양소를 전달받아 자라가는 것과 동일한 원리 속에 존재함을 의미하고 있다. 또한 인간의 다양한 지체들과 장기들이 몸과 머리에 붙어 있어 생명을 유지해 가는 것과 같다. 세상에 존재하는 모든 유기체는 예외 없이 그와 같은 원리 가운데 존재한다.

이처럼 지상에 존재하는 모든 참된 교회들은 예수 그리스도의 몸에 굳건히 붙어 있어 지속적으로 성장해 가게 된다. 이는 하나님께서 자신이 공급하시는 신령한 양식을 통해 자라나게 하시기 때문에 나타나는 양상이다. 즉 지상 교회는 종교인들의 인위적인 방법에 의해 스스로 성장해 가는 것이 아니라, 하나님께서 영적인 양식을 공급하심으로써 성장시켜 나가시는 것이다.

이는 전 세계에 흩어진 여러 참된 개체 교회들뿐 아니라, 하나인 전체 보편교회 가운데 동시에 적용되어야 한다. 각 지교회 가운데서도, 교회에 속한 모든 지체들은 그 원리 가운데 있으며 지상에 존재하는 보편교회 역시 그와 동일한 원리를 가지고 있다. 이를 통해 예수 그리스도의 신부가 된 교회가 주님의 재림 때까지 온전히 성장해 가게 되며 우리는 그 가운데 존재하고 있는 것이다.

5. 세상을 등진 성도의 삶(골 2:20-22)

하나님의 자녀들은 이 세상에서 살아 움직이고 있지만 타락한 세상에 대해서는 죽은 자들이다. 예수 그리스도께서 십자가에 달려 돌아가실 때 그와 함께 죽은 바 되었기 때문이다. 따라서 하나님께서 피로 값 주고 사신 교회에 속한 모든 성도들은 더이상 타락한 세상의 원리와 법칙에 따라 살아가는 자들이 아니다.

사도 바울은 그것을 두고, 예수 그리스도와 함께 죽은 성도들은 세상의 초등학문에 대해서 이미 죽었다는 사실과 연관지어 언급하고 있다. 이는 하나님의 자녀들은 율법주의와 금욕주의뿐 아니라 세상에서 발생한 철학과 원리에 따라 순응하며 살아가는 존재가 아니라는 사실을 의미하고 있다.

여기서 말하고자 하는 일차적인 의미는 역시 구약의 율법과 밀접하게 관련되어 있다. 성경에 기록된 율법의 진정한 의미와 그 기능을 올바르게 알지 못한 채 세속적 율법주의자가 되는 것은 하나님의 은혜를 멀리하고 스스로 자기의 인생을 왜곡되게 꾸려나가겠다고 주장하는 것과 다르지 않다. 그것은 결국 하나님께서 베푸시는 영원한 은혜가 아니어도 인간들의 종교적인 판단과 행동에 따라 자기가 원하는 바를 쟁취할 수 있는 것처럼 여기는 오만한 사고를 가지도록 한다.

예수 그리스도의 십자가 사역에 의해 진정한 구원에 참여한 자들은 구약의 율법과 규례에 순종함으로써 자기의 구원을 스스로 보완해 가려는 어리석은 사고를 완전히 버려야만 한다. 예수 그리스도와 함께 살아가는 자들은 그와 더불어 거듭 태어난 새 사람이 되었기 때문이다. 그러므로 사도 바울은 갈라디아 교회에 편지하면서 타락한 아담의 본성을 지닌 자연인으로서 자기 자신은 십자가에 못박혀 죽고 이제는 그리스도 안에서 다시 살게 되었다는 사실을 고백하고 있다.

> "내가 그리스도와 함께 십자가에 못 박혔나니 그런즉 이제는 내가 산 것이 아니요 오직 내 안에 그리스도께서 사신 것이라 이제 내가 육체 가운데 사는 것은 나를 사랑하사 나를 위하여 자기 몸을 버리신 하나님의 아들을 믿는 믿음 안에서 사는 것이라" (갈 2:20)

바울은 이 본문 가운데서 그리스도와 함께 십자가에 못박혀 죽은 자기는 그 전에 가졌던 모든 것들을 완전히 버렸다는 사실을 고백하고 있다. 이는 타락한 세상에서 배워 익힌 가치관과 자신의 경험에 따른 삶을 포기했다는 것을 의미한다. 따라서 바울은 이제 예수 그리스도 안에서 하나님께서 요구하시는 삶을 살아가지 않으면 안 되었다.

사도 바울은, 자기가 이 세상에 살아가는 유일한 의미 있는 목적은 친히 거룩한 피로 값 주고 자신을 구원해 주신 예수 그리스도에 연관되어 있다는 사실을 고백적으로 말했다. 그런 신앙적인 삶은 순전히 하나님의 아들을 믿는 믿음에 근거한다. 이는 더이상 이 세상에서 형성된 욕망에 따른 개인적인 목적을 추구하지 않겠다는 그의 신령한 다짐을 드러내 보여주고 있다.

이와 같은 신앙은 비록 바울뿐 아니라 당시의 여러 사도들을 비롯한 모든 믿음의 선배들이 동일하게 소유했던 삶의 원리였다. 이 세상에 살아가는 모든 성도들은 그 삶의 원리를 그대로 배워 받아들여야만 한다. 따라서 오늘날 우리 시대의 성도들도 그와 동일한 삶을 살아가지 않으면 안 된다. 물론 그 경지에 온전히 도달하기란 결코 쉽지 않겠지만 적어도 그와 같은 자세를 유지하는 것은 매우 중요하다.

하나님의 백성들은 자기 의를 드러내거나 자기만족을 위해 억지로 구약의 율법과 계명을 지키려고 애씀으로써, 이땅에서 형성된 특별한 율법주의적인 행위들에 대하여 지나친 의미를 두어서는 안 된다. 사도 바울은 골로새 교회 성도들에게 올바른 신앙 정신을 소유하여 그와 같은 것들은 붙잡지도 말고 맛보지도 말고 만지지도 말라는 엄중한 경고를 하고 있다. 그것은 단순히 멀리하라는 의미를 넘어 아예 가까이 하지도 말라는 것이었다.

바울이 이처럼 강한 어조로 골로새 교회 성도들에게 경고를 하는 까닭은 구약의 율법에 얽매이거나 율법주의에 빠지는 것은 도리어 모든 것을 부패하게 만들기 때문이다(골 2:22). 이 말은 구약시대와 율법적인 행위의 단절성과 더불어 세상과 교회의 단절성을 동시에 언급하고 있는 것으로 받아들여야 한다.[36] 우리는 바울이 전하는 교훈의 의미를 올바르게 받아들이지 않으면 안 된다.

6. 하나님의 명령과 사람의 교훈(골 2:22,23)

구약성경에 기록된 모든 율법들은 예수 그리스도께서 이땅에 오시기 전 한 때 신령한 도구 역할을 감당했다. 그것은 결코 무용하거나 무익한 것들

---

36) 물론 우리는 '구약과 신약의 연속성' 과 '교회와 세상의 연속성' 에 대한 개념을 염두에 두고 있다.

이 아니라 언약의 자손들에게 절대적으로 유익한 것들이었다. 하지만 그것들이 가지는 분명한 시대적인 의미와 목적이 있었으며, 그로 말미암아 모든 것이 성취된 후에는 율법주의적인 행위에 따른 그 이상의 의미를 가지고 있지 않았던 것이다.

구약의 율법이 가졌던 의미가 예수 그리스도를 통해 완성되었음에도 불구하고 여전히 그것을 추구하며 그에 모든 의미를 둔다면, 그것은 하나님의 뜻에 순종하는 것이 아니라 도리어 그리스도의 공로를 무시한 인간들의 종교성에 집착하는 것이 된다. 복음을 알지 못하는 어리석은 사람들은 그렇게 하는 것이 당연한 듯이 여기며 주장하고 있다. 그렇지만 하나님의 자녀들은 잘못된 사고를 가진 자들의 명령과 어리석은 가르침을 배제하고 그에 따르지 말아야 한다.

우리는 그와 같은 것들이 외형상 아무리 그럴듯한 종교적인 모습을 띠고 있다고 할지라도 자의적인 숭배에 지나지 않는다는 사실을 기억해야 한다. 그것을 추구하는 자들은 겉보기에 매우 겸비한 종교인의 모습을 보이기도 한다. 나아가 자신의 몸을 괴롭히며 쾌락을 멀리함으로써 극도로 절제하는 것 같이 보일 수도 있다.

따라서 어리석은 사람들의 눈에는 저들의 그런 모습이 진지하게 보일 뿐 아니라 지혜롭고 헌신적인 행위처럼 비쳐지기도 한다. 하지만 그것은 인본적인 판단에 따른 것으로서 육체적인 욕망을 추구하는 것을 절제하거나 금지하는 데는 아무런 도움이 되지 않는다. 그렇게 하는 행위는 자신의 종교적인 만족을 추구하는 것에 지나지 않기 때문이다.

위기에 처한 현대를 살아가는 우리는 그와 같은 행위에 대한 올바른 분별력을 소유하지 않으면 안 된다. 지금도 배도에 빠진 악하고 어리석은 자들이 구약의 율법주의적인 행위들을 가져오는가 하면 성경의 요구와 아무런 상관이 없는 것들을 교회 내부로 도입하기를 지속하고 있다. 언젠가부터 우리 시대 교회에 도입되어 유행하는 '맥추절' 이라든지 '사순절' 같은 것들은 그에 연관된 대표적인 예라고 할 수 있다.

신약시대 교회 가운데 그와 같은 절기성 형식들에 대한 도입을 주장하고 행사화 하는 종교 지도자들은, 그것을 따르고 거기에 모든 힘을 기울이는 것이 마치 더 나은 신앙인으로 발돋움하는 조건이라도 되는 양 선전한다. 하지만 그것들은 도리어 성도들로 하여금 참 신앙으로부터 멀어지게 만드는 부정적인 기능을 하게 될 따름이다. 우리는 아무리 종교적으로 큰 영향력이 있는 인물이나 기독교 종교단체라 할지라도 성경의 교훈에서 벗어난 주장을 하는 것에 대해서는 완강하게 거절할 수 있어야 하며 그러한 용기 있는 신앙 자세를 가져야만 하는 것이다.

제7장

"천상의 것들을 추구하라"
(골 3:1-11)

1. "위의 것을 찾으라" (골 3:1)

지상 교회에 속한 성도들은 육신이 태어난 이땅에서 살아가고 있지만 세상에 속한 자들이 아니다. 이는 저들이 하나님의 아들이신 예수 그리스도의 십자가 사역을 통해 죽고 그와 함께 다시 살리심을 받았기 때문이다. 즉 하나님의 자녀들은 자력自力으로 살아난 것이 아니라 새로운 생명으로 살리심을 받은 것이다.

그러므로 천상의 능력으로 다시 태어난 사람들은 더이상 이 세상의 것들을 추구하지 않는다. 성경은, 천상의 나라에는 예수 그리스도께서 하나님 우편에 앉아 계신다는 사실을 증거하고 있다. 십자가 사역을 마치고 부활 승천하신 예수님께서는 천상의 보좌에 계시면서 우주만물을 통치하시는 가운데 영광을 받고 계시는 것이다.

> "저는 하늘에 오르사 하나님 우편에 계시니 천사들과 권세들과 능력들이 저에게 순복하느니라" (벧전 3:22); "내가 또 들으니 하늘 위에와 땅 위에와 땅 아래와 바다 위에와 또 그 가운데 모든 만물이 가로되 보좌에 앉으신 이와 어린 양에게 찬송과 존귀와 영광과 능력을 세세토록 돌릴찌어다 하니 네

생물이 가로되 아멘 하고 장로들은 엎드려 경배하더라" (계 5:13,14)

위의 본문 가운데서 사도 베드로는 천상의 상황을 직접 설명하고 있다. 그리고 요한계시록에서도 그에 관한 구체적인 내용이 기록되어 있다. 성경 말씀 중에 예수 그리스도께서 '하나님 우편에 앉아 계신다' 고 한 표현은 인간들의 상태를 빗대어 비유적으로 드러낸 것으로서 성부와 함께 계시는 영존하시는 성자 하나님에 대한 실재적인 언급이다.

이와 마찬가지로 바울은 골로새 교회 성도들에게 예수 그리스도에 의해 다시 살리심을 받은 자들은 천상에 계시는 그리스도와 연관된 상태에서 살아가야 한다는 사실을 강조하고 있다. 인간의 몸을 입고 지상에 있으면서 십자가 사역을 완성하신 예수 그리스도께서 지금은 천상의 나라에 계시는 것이다. 따라서 그의 은혜를 받은 성도들은 영원한 천상에 소망을 둘 수밖에 없다.

골로새서 본문 가운데서 '위의 것을 찾으라' (골 3:1)고 요구한 바울의 명령은 '천상의 것들을 추구하라' (keep seeking the things above)는 의미를 지니고 있다. 이는 곧 삶의 근본적인 방향성과 더불어 궁극적으로 값어치 있는 것들을 소유하도록 애쓰라는 말과 연관되어 있다. 즉 거듭난 새 생명을 소유한 성도들의 실체적인 삶은 이 세상이 아니라 천상을 향하고 있어야 하며 의미상 항상 그와 연관된 상태에서 사고하며 살아가야 한다.

2. "위의 것들을 생각하고 땅의 것들을 생각지 말라" (골 3:2)

사도 바울이 명령한 이 말씀은 성도들에게 타락한 세상에 대한 포기와 더불어 그와 단절하라는 요구를 하고 있는 것과 같다. 이는 세상에 살아가는 자연인으로서 모든 것을 버리라는 의미를 지니고 있다. 즉 천상의 나라가 소유한 참된 가치와 이땅에 존재하는 오염된 것들 사이에는 궁극적인 측면에서 볼 때 상호간 가치의 동질성이 존재하지 않는다.

이 세상에 태어나 살아가는 보통 사람들은 결코 천상의 것들을 생각할 수 없다. 그것은 원천적으로 불가능한 일이다. 그들은 여호와 하나님을 알 수 없으며 삼위일체 하나님에 대한 참된 개념을 가지지 못한다. 성경으로 계시된 하나님의 말씀이 없는 상태에서는 그에 대한 어떤 것도 알 수 없는 것이다.

이에 반해 하나님의 백성들은 성경을 통해 여호와 하나님과 그의 나라에 대한 온전한 지식을 소유할 수 있게 된다. 그것은 물론 하나님의 특별한 은혜로 말미암는 것이다. 히브리서 기자는 그에 연관하여 천상의 나라의 실체에 관한 기록을 남기고 있다.

> "저희가 이제는 더 나은 본향을 사모하니 곧 하늘에 있는 것이라 그러므로 하나님이 저희 하나님이라 일컬음 받으심을 부끄러워 아니하시고 저희를 위하여 한 성을 예비하셨느니라" (히 11:16)

지상 교회에 속한 성도들에게 있어서 이보다 더 중요한 것은 존재하지 않는다. 하나님의 자녀가 된 자들은 성경의 교훈 없이 타락한 세상에서 체득했던 모든 것들이 얼마나 허망하고 무의미한가 하는 점을 잘 알게 된다. 따라서 그들은 참 하나님과 영원한 천상의 나라에 근원적인 관심을 기울일 수밖에 없다. 그것이 인간들에게 허락된 가장 안정되고 완벽한 길이기 때문이다.

그럼에도 불구하고 신앙이 어린 교인들은 여전히 타락한 세상의 속성과 경향성을 버리지 못하고 있다. 나아가 형식과 입술로만 기독교인일 뿐 실상은 세상에 빠져 있는 자들도 많다. 그런 사람들은 세상의 것들과 천상의 것을 동시에 소유하려 하며 양쪽의 가치를 함께 공유하려 한다. 그와 같은 사고를 가지고 살아가는 어린 교인들은 천상의 것을 형식상 이 세상의 것으로 변환시켜 누리고자 하는 어리석음에 빠지게 된다.

분명한 점은 세상 사람들에게는 오로지 오염된 세상의 가치만 존재하고 있다는 사실이다. 그런 가치관을 가진 자들은 천상의 나라에 대해서 진정한 관심을 가질 수 없을 뿐더러 그에 대하여 본질적인 인식을 하지 못한다. 따라서 그들은 썩어 없어질 땅의 것들만 생각할 수밖에 없다. 이 말은, 타락한 세상은 천상의 나라에 대한 사고와 완전히 격리되어 있음을 말해 준다.

한편 하나님의 자녀들에게는 오직 천상의 가치만 삶의 중심에 남아 있어야 한다. 이 세상의 것들은 예외 없이 하나님의 심판의 대상이 되며, 거기에는 거룩한 하나님의 속성에 조화되는 참된 가치가 아예 존재하지 않는다. 그 사실을 깨달아 아는 성도들이라면 당연히 천상의 참된 가치에만 관심을 기울일 수밖에 없게 된다. 따라서 그들은 항상 천상에 속한 것들을 마음에 담아 두게 되는 것이다.

3. 교회와 성도들의 '생명' (골 3:3,4)

사도 바울은 골로새 교회를 향해 분명한 어조로 '너희는 죽었다' 는 사실을 말하고 있다. 하나님의 자녀들은 더이상 이 세상의 생명을 가지고 살아가는 자들이 아니라는 것이다. 세상에서 죽은 자들이라면 타락한 세상에 대한 욕망을 가지지 않는다. 만일 기독교인이라고 주장하면서 여전히 이땅의 것들을 추구하며 그것을 본질적인 측면에서 유의미화하려는 자들이 있다면 성숙한 하나님의 자녀들이라 말하기 어렵다.

따라서 지상 교회에 속한 성도들은 타락한 세상에서 인생을 누리며 특별한 대우를 받으려 해서는 안 된다. 성숙한 신앙인이라면 세상에서 성공하고 출세하는 것을 자랑거리로 삼을 일이 전혀 없다. 자기가 처한 일상적인 형편에서 최선을 다해 살아갈 뿐 굳이 세상의 것들을 쟁취하기 위해 안

간힘을 쓰지 않는다. 도리어 세상의 것을 더 많이 움켜쥐려고 노력하는 것은 사도 바울이 교훈하는 것과는 정반대적인 성격을 지니고 있다 .

예수 그리스도의 십자가 사역과 더불어 죽은 성도들은 세상에서는 죽게 된 반면 새로운 생명을 얻은 것이 분명하다. 그것은 타락한 인간들로서는 접근 조차할 수 없을 뿐더러 전혀 인식할 수 없는 영역이다. 그와 같은 사실은 하나님께 속한 비밀로서 그의 자녀들에게만 허락되어 깨달을 수 있는 내용이다.

사도 바울은 성도들의 생명은 하나님 안에 감추어져 있다는 사실을 언급하고 있다. 나아가 그 생명은 예수 그리스도와 함께 하나님 안에 숨겨져 있는 것이다(골 3:3). 우리는 그것이 그냥 감추어진 것이 아니라 그리스도와 함께 하나님 안에 감추어져 있다는 사실을 분명히 기억하지 않으면 안 된다.

지상 교회에 속한 성도들의 생명은 거룩하신 하나님 안에 감추어져 있으므로 불신자들은 그 참 생명을 볼 수 없다. 나아가 하나님의 자녀들은 자신의 생명을 현상적으로 보아서는 안 된다. 즉 교회에 속한 성도들이 자신의 생명을 겉으로 드러난 현상적인 관점에서 보게 된다면 다른 보통 사람들의 생명과 전혀 다를 바가 없다.

하지만 예수 그리스도와 함께 하나님 안에 감추어진 영원한 생명의 비밀을 깨닫게 되면, 그것이 하나님을 모르는 자들과 얼마나 극명한 차이를 이루는지 금방 깨달을 수 있게 된다. 예수 그리스도로 말미암아 하나님 안에 감추어진 그 생명이 진정한 참 생명이기 때문이다. 그것은 성도들이 소유하고 있는 새 생명의 본질에 직접 연관되어 있다.

그러므로 지상 교회에 속한 모든 성도들은 항상 그리스도와 함께 하나님 안에 감추어진 자신의 영원한 생명에 대한 인식을 분명히 하고 있어야만 한다. 그것이 참 생명의 값어치를 겉으로 드러나게 하기 때문이다. 이는 여호와 하나님께 속한 자와 그렇지 않은 자들을 명확하게 구분짓는 역할을 하게 된다.

예수 그리스도와 함께 하나님 안에 감추어진 생명은 장차 때가 이르면 세상을 향해 선포하는 의미로 드러나게 된다. 이는 예수님의 재림에 직접 연관되어 있다. 그 때가 이르면 하나님 안에 감추어진 생명이 만천하에 그 모습을 드러낸다. 즉 그리스도께서 영광중에 나타나실 때 그에게 속한 모든 백성들도 그와 함께 무궁한 영광에 참여하게 되는 것이다. 이 의미 가운데는, 거듭난 성도들은 약속된 언약과 더불어 이미 그의 영광에 참여하고 있음이 암시되고 있다.

또한 그와 동시에 이 말은, 주님의 재림이 이루어지기 전의 이 세상에서는 하나님의 자녀들이 환난과 핍박 가운데 살아가게 되리라는 사실을 함의하고 있다. 즉 그 영광의 날이 장차 도래하게 되겠지만 세상에 살아가는 동안 근본적인 가치관이 다른 세상으로부터 부당한 차별을 받을 수밖에 없는 것이다. 성숙한 교회와 성도들은 항상 이에 대한 분명한 깨달음을 가지고 있어야만 한다.

그렇지 않을 경우 신앙이 어린 교인들은 세상의 가치관을 수용하거나 그와 쉽게 타협하고자 한다. 그들은 세상에서의 성공과 출세를 자랑거리로 여기며 그것을 추구하게 된다. 나아가 그런 것들이 마치 하나님의 복이라도 되는 양 자기를 내세우기도 한다. 그러나 그것은 근본적으로 잘못된 태도라 말하지 않을 수 없다.

4. 땅에 있는 지체를 죽여야 할 성도들(골 3:5,6)

예수 그리스도의 십자가 사역으로 인해 완벽한 하나님의 자녀가 된 성도라고 할지라도 이 세상에서 완벽한 삶을 살아갈 수 있는 것은 아니다. 타락한 아담의 후손으로서 여전히 죄의 속성을 그대로 지니고 있기 때문이다. 이는 주님의 재림을 통해 하나님의 나라가 완성되어야만 모든 죄악을 떨쳐낼 수 있게 된다는 사실을 말해 준다.

하나님의 복음을 깨달아 그의 자녀가 된 성도들이라 할지라도 다른 사람들보다 월등한 윤리성을 지닌 인물로 전환되는 것으로 말하기 어렵다. 악한 사탄이 하나님의 자녀들을 유혹하기를 쉬지 않기 때문이다. 물론 하나님을 진정으로 알고 고백하는 성도라면 타락한 인간들처럼 아무런 개념없이 살아가지 않는다. 그럼에도 불구하고 하나님의 자녀들에 대하여 윤리적인 기준으로 모든 것을 평가하려고 해서는 안 된다.

세상에는 지상 교회에 속한 성도들보다 훨씬 더 윤리적인 사람들이 얼마든지 많이 있을 수 있다. 이방의 헛된 종교들을 믿는 자들 가운데도 저들의 거짓된 신령에 대한 두려움으로 인해 윤리적인 삶을 살아가는 자들이 많다. 그리고 특정한 종교인이 아닌 사람들 가운데서도 본성적인 양심에 따라 살거나 도덕적인 연마와 훈련을 통해 상당한 윤리적인 수준에 도달할 수 있다.

우리가 여기서 생각해 볼 수 있는 점은 하나님의 자녀들 역시 타락한 세상에 살면서 세상의 유혹에 그대로 노출되어 있다는 사실이다. 그래서 바울은 하나님을 믿는 성도들에게 땅에 있는 지체를 죽이고 세상의 것들에 기웃거리지 말라는 요구를 하고 있다. 그가 세상의 악한 것들을 강하게 경계하라고 명령한 이유는 그렇게 하지 않으면 그에 쉽게 넘어갈 우려가 있기 때문이다.

'땅에 있는 지체를 죽인다' 는 말은 음란과 부정과 사욕과 악한 정욕과 탐심을 버리는 것과 밀접하게 연관되어 있다. 그와 같은 것들은 하나님의 속성과 정반대적인 성격을 지니고 있다. 따라서 하나님의 은혜를 입은 성도들이 그 더러운 것들을 제거하기 위해 최선의 노력을 기울이는 것은 지극히 당연한 일이다.

음란한 생각이나 행동, 세상에 대한 개인적인 욕망, 더러운 정욕, 세상의 유무형적인 것들에 대한 탐심 등은 거룩한 하나님의 자녀들에게는 결코 어울릴 수 없는 것들이다. 사도 바울은 에베소 교회에 편지하면서 더욱 분명한 어조로 그에 대한 교훈을 하고 있다. 세상의 더러운 것들은 행동 뿐 아니라 입술에조차 올리지 말라고 했던 것이다.

> "음행과 온갖 더러운 것과 탐욕은 너희 중에서 그 이름이라도 부르지 말라 이는 성도의 마땅한 바니라 누추함과 어리석은 말이나 희롱의 말이 마땅치 아니하니 돌이켜 감사하는 말을 하라" (엡 5:3,4)

음행과 더러운 것과 탐욕을 비롯한 모든 부정한 것들은 교회와 성도들 가운데서 입술에 떠올리거나 흉내조차 내서도 안 된다. 그와 같은 것들은 하나님의 저주의 대상이다. 하나님을 믿는 성도로서 하나님께서 경멸하시는 것들을 가까이 두고 사랑한다는 것은 결코 있어서는 안 될 일이다. 그것은 곧 우상을 숭배하는 행위와 동일하기 때문이다.

지상 교회에 속한 모든 성도들은 이에 대한 분명한 깨달음을 가져야만 한다. 그래서 바울은, 그와 같은 것들로 말미암아 인간들에게 하나님의 진노가 임하게 된다는 사실을 강조해 말했다. 성경은 '여호와 하나님은 질투하시는 하나님으로서 소멸하는 불' 이라는 사실을 분명히 밝히고 있다(신 4:24). 이 말은 하나님께서는 자기 이외에 세상의 것들에 관심을 가지고 그것을 추구하거나 그에 의존하는 것을 결코 용납하시지 않는다는 사실을 말해 준다.

그럼에도 불구하고 어리석은 인간들은 그런 것을 통해 인생의 만족감을 얻으려 하며 그것들을 추구하고 있다. 그런 사람들은 하나님과 그의 심판이 얼마나 두렵고 무서운지 잘 모르고 있는 것이다. 문제는 형식상 교회 안에 들어온 자들 가운데도 그에 대해 둔감한 자들이 많이 있다는 사실이다.

5. 새로운 존재의 새로운 거처(골 3:7-9)

타락한 세상에 속한 자들이 음란과 부정과 사욕과 악한 정욕과 탐심을 가지는 것은 그다지 이상한 일이 아니다. 과거에도 인간 사회에는 전반적으로 그와 같은 분위기가 깊이 내재되어 있었다. 현대라고 일컬어지는 우리 시대의 환경 가운데는 그 악한 것들이 노골화되어 있는 실정이다. 악에 빠진 인간들은 그와 같은 것들을 크게 문제 삼는 경우가 거의 없다고 해도 과언이 아니다.

현대의 언론매체와 각종 미디어에서는 '표현의 자유'를 앞세워 음란한 것들을 자연스럽게 드러낼 뿐 아니라 더욱 부추기고 있다. 일반 세상에 속한 자들은 더러운 부정을 저지르며 사리사욕을 채우는 것에 대하여 아무렇지도 않게 여기는 것이 대세이다. 정치, 경제, 사회, 문화 등 거의 모든 면에서 그와 같은 양상이 나타나고 있다.

따라서 현대인들에게 있어서, 세상에 존재하는 것들에 대한 욕망과 그에 따른 탐심은 이제 당연하게 되어 버렸다. 오히려 자라나는 세대에게는 그것을 장려하는 분위기가 되어 있다. 경쟁사회 가운데서는 개인적인 능력과 힘을 길러 다른 사람들보다 더 큰 욕심을 내고 더 많이 소유하는 것이 인생의 목적처럼 되어버린 것이다.

교회에 속한 기독교인들도 과거 하나님을 알기 전에는 그와 동일한 사고에 물들어 있었다. 세속적인 것들을 누리며 그렇게 살아가는 것을 삶의 목표로 두고 살아가면서도 전혀 불편해 하지 않았다. 도리어 세상에서 이루어지는 다양한 경쟁에서 우위를 차지하기 위해 최선의 노력들을 기울여 왔었다. 하나님을 모르던 과거에는 우리 모두가 타락한 세상을 탐하며 그렇게 살았던 것이다.

그러나 하나님의 자녀가 된 성도들은 이제 더이상 그렇게 살아서는 안 된다. 따라서 사도 바울은 과거에 소유하고 있던 왜곡된 가치관과 그로 말미암아 생겨난 행태들을 벗어버리라는 요구를 하고 있다. 자기를 위한 이기심에서 발생하는 분노와 성냄, 악의와 비방, 그리고 그것을 위해 자기주장을 펼치며 사람들을 설득하려고 하는 모든 언행은 부끄러운 것들이기 때문이다.

그러므로 하나님의 백성들은 하나님 앞에서 항상 성실하고 정직한 자세를 갖추고 있어야만 한다. 바울이 골로새 교회 성도들에게 서로 거짓말을 하지 말라고 명한 것은 천상에 소망을 둔 자로서의 온전한 삶을 요구하는 것과 같다. 성숙한 성도로 자라가기 위해서는 과거의 옛 사람과 그때 가졌던 잘못된 가치관과 행위들을 벗어버리지 않으면 안 된다. 지상 교회에 속한 모든 성도들은 그것을 위하여 최선의 힘을 기울여야만 하는 것이다.

6. 새사람과 하나님의 형상(골 3:10)

골로새서 본문에서는 예수 그리스도가 '눈에 보이지 않는 하나님의 형상' (the image of the invisible God)이라는 사실을 언급하고 있다(골 1:15). 그가 하나님의 형상이라는 사실은 신약성경 전체에서 증거되고 있다(고후 4:4; 히 1:3). 타락한 아담으로 인해 그의 자손으로 태어난 모든 인간들은 원래 가졌던 하나님의 형상(창 1:27)을 상실하고 타락한 아담의 형상만 지니게 되었다.

따라서 하나님의 형상이 온전히 회복되지 않은 상태에서는 거룩하신 하나님을 경배하며 섬길 수 없다. 타락한 인간의 모습을 벗어버리고 새 사람이 된다는 것은 하나님의 형상을 덧입는 것과 연관된다. 아담은 흙에 속한 자로서 그의 모든 자손들은 흙의 형상을 입고 있다. 그에 반해 예수 그리스도는 하늘에 속한 자로서 그에게 속한 성도들은 하나님의 형상을 덧입게 된다.

> "무릇 흙에 속한 자는 저 흙에 속한 자들과 같고 무릇 하늘에 속한 자는 저 하늘에 속한 자들과 같으니 우리가 흙에 속한 자의 형상을 입은 것 같이 또한 하늘에 속한 자의 형상을 입으리라" (고전 15:48,49)

사도 바울은 하나님의 형상을 회복하게 된 성도들에 대하여 분명한 언급을 하고 있다. 이는 물론 단순한 상태변화에 머무르지 않고 그 이상의 의미를 지니고 있다. 우리는 성경 본문 가운데, 하나님의 은혜를 입은 성도들에게 지속적인 변화가 일어나야 한다는 사실이 내포되어 있다는 사실을 기억해야 한다(골 3:10, 참조).

하지만 그것은 결코 쉬운 일이 아니다. 타락한 아담의 형상을 입고 흙에 속한 자로 태어나 그 상태를 완전히 벗어버리기 위해서는 엄청난 수고를 감당하지 않으면 안 된다. 그러나 그 일은 인간의 종교적인 노력과 능력으로 되는 것이 아니다. 그것을 위해서는 반드시 사도들의 적극적인 도움이 있어야만 한다.

> "나의 자녀들아 너희 속에 그리스도의 형상이 이루기까지 다시 너희를 위하여 해산하는 수고를 하노니" (갈 4:19)

거듭난 성도들에게는 오직 예수 그리스도를 통해 하나님의 형상이 회복된다. 그것은 단회적으로 일어나는 은혜의 사건이라 말할 수 있지만, 그 형상이 성도의 삶 가운데 온전히 작용하게 되는 것은 점진적으로 완성되어 가는 성질을 지니는 것으로서 결코 쉬운 일이 아니다. 그것을 위해서는 사도들의 적극적인 도움을 통해 지식에까지 새롭게 되어야만 한다.

이 말은 지상 교회에 속한 성도들은 예수 그리스도의 십자가 사역으로 말미암아 새 사람이 됨으로써, 과거의 잘못된 습성을 버리고 그 가운데 전인적인 변화가 일어나야 한다는 사실에 밀접하게 연관되어 있다. 그것은 사도들이 기록한 성경을 통해 머리와 가슴속에 깊이 뿌리박혀 있는 오염된 지식을 긁어내고 천상의 새로운 지식을 소유해야 한다는 사실을 의미한다. 그렇게 될 때 거듭난 새 사람으로서 하나님의 자녀의 모습을 기꺼이 드러낼 수 있는 것이다.

7. 만유 안에 존재하는 예수 그리스도와 하나님의 자녀들 (골 3:11)

아담의 자손으로서 이 세상에 출생한 모든 인간들은 예외 없이 완전히 부패하고 무능한 존재이다. 하나님의 구원의 은혜가 아니고서는 결코 완전한 생명을 얻을 수 없으며 영원히 멸망당할 수밖에 없는 것이다. 이는 자기가 소유한 구원으로 인해 스스로 자랑스럽게 여길 자는 존재하지 않는다는 사실을 말해 준다.

또한 하나님의 부르심을 입어 직분과 더불어 복음 사역에 참여하는 성도들 역시 이와 마찬가지다. 저들이 예수 그리스도의 구원 사역에 참여한 것은 전적으로 하나님의 부르심에 따른 것이다. 다시 말해 인간들의 능력 여부나 개인적인 자원에 따라 그렇게 할 수 있었던 것이 아니다.

그러므로 아무리 많은 일을 한 것처럼 보이는 사람들이라 할지라도 그 자신에게 돌아갈 만한 절대적인 명예는 존재하지 않는다. 오히려 하나님의 은혜에 따라 모든 성도들에게 각각 최상의 상급이 주어지게 된다. 따라서 하나님의 자녀들 사이에는 성별, 종족, 신분 등에 따른 아무런 차별이 존재할 수 없다.

사도 바울은 골로새 교회 성도들에게, 헬라인과 유대인, 할례당과 무할례당, 야만인과 스구디아인, 종과 자유인 사이에 어떤 차별도 있을 수 없다는 사실을 분명히 밝혔다. 그는 또한 로마에 있는 교회와 갈라디아 교회, 그리고 고린도 교회에 편지하면서도 동일한 취지의 언급을 하고 있다. 예수 그리스도 안에서 모든 성도들이 한 성령으로 세례를 받아 차별 없이

한 몸이 되어 있다는 것이다.

> "유대인이나 헬라인이나 차별이 없음이라 한 주께서 모든 사람의 주가 되사 저를 부르는 모든 사람에게 부요하시도다"(롬 10:12); "너희는 유대인이나 헬라인이나 종이나 자주자나 남자나 여자 없이 다 그리스도 예수 안에서 하나이니라"(갈 3:28); "우리가 유대인이나 헬라인이나 종이나 자유자나 다 한 성령으로 세례를 받아 한 몸이 되었고 또 다 한 성령을 마시게 하셨느니라"(고전 12:13)

하나님의 몸된 교회에 속한 성도들은, 세상의 것들로 인해 자랑할 만한 것이 아예 존재하지 않는다는 사실을 기억해야 한다. 종족에 연관되는 것이든지 개별적인 신분에 연관되는 것이든지 혹은 세상에서의 성공과 실패에 연관되는 것이든지 모두 마찬가지다. 우리에게 중요한 점은 타락한 세상에서 발생하는 그런 것들이 아니라 예수 그리스도 안에서 성령으로 세례를 받아 한 몸을 이루고 있다는 사실이다.

이와 더불어 바울은 예수 그리스도께서 만유萬有이자 만유 안에 계신다는 사실을 언급했다. 이 말은 우주만물 가운데 그를 벗어난 존재가 없다는 사실에 대한 선언적 의미를 지닌다. 즉 이는 예수 그리스도의 무소부재無所不在에 연관된 사실을 증거하고 있다. 하지만 이 표현이 범신론(Pantheism)[37]이나 범재신론(panentheism)[38]적인 개념으로 이해되어서는 안 된다.

---

37) '범신론'에서는 자연과 신을 동일시한다. 그런 종교관을 가진 자들은 우주와 세상에 존재하는 일체의 모든 자연은 곧 신이며, 또한 신이 곧 자연이라고 생각하며 믿고 있다.

38) '범재신론'에서는 신이 이 세상 모든 곳과 모든 것에 존재하는 것으로 믿는다. 즉 인간의 몸 내부와 주변에는 어디든지 신이 있으며, 하늘의 별들과 나무 한 그루에도 신이 존재하며, 심지어는 기쁨과 슬픔 안에도 신이 존재한다고 인식하고 있다.

제8장

성도의 온전한 교회적 삶

(골 3:12-17)

1. 변화된 삶 (골 3:12)

아담의 자손인 모든 인간들은 일반 속성적인 측면에서 외모와 품성이 상이하지 않음에도 불구하고 하나님을 알지 못하는 자들과 하나님의 자녀들은 전혀 다르다. 외관상 차별이 없고 일상적인 삶에서 크게 차이를 보이지 않는다 할지라도 본질적인 측면에서는 완전히 단절된 상태가 되어 있다. 이는 일상생활의 공유에 관한 것을 의미하는 것이 아니라 근원적인 문제에 연관되어 있다.

하나님으로부터 부름받은 성도들은 타락한 세상을 등지고 하나님의 편에 선 자들이다. 창세전에 선택된 자들은 복음을 깨달아 하나님의 속성에 조화되는 거룩한 삶을 살아야 한다. 그것은 거룩하신 하나님께서 자기 백성들에게 요구하시는 삶이다. 신구약 성경에는 그에 대한 분명한 기록을 하고 있다.

> "나는 너희의 하나님이 되려고 너희를 애굽 땅에서 인도하여 낸 여호와라 내가 거룩하니 너희도 거룩할지어다"(레 11:45); "오직 너희를 부르신 거룩한 자처럼 너희도 모든 행실에 거룩한 자가 되라 기록하였으되 내가 거룩

하니 너희도 거룩할찌어다 하셨느니라" (벧전 1:15,16)

위의 본문에서 언급한 거룩성에 연관된 내용은 하나님께 속한 성도들의 기본적인 삶의 바탕이 되어야 한다. 이는 하나님의 백성들이 형편에 따라 선택할 수 있는 문제가 아니라 지극히 당연한 일이다. 우리가 여기서 주의 깊게 생각해 보아야 할 점은 이 말이 인간적인 판단이나 행동에 기초하는 것이 아니라 하나님의 성품 자체에 연관되어 있다는 점이다. 즉 인간의 기본적인 본질에 변화가 일어나 그에 조화되는 삶이 자연스럽게 따라오게 된다.

나아가 하나님의 은혜를 입은 자들은 그의 사랑을 받게 됨으로써 과거와는 전혀 다른 삶의 모습을 보여야 한다. 그러므로 바울은 교회에 속한 성도들이 긍휼과 자비와 겸손과 오래 참음으로 옷 입어야 한다는 사실을 말했다. 그것은 하나님의 부르심을 입은 성도들의 결과론적인 삶을 의미한다. 즉 그렇게 살아야만 하나님의 자녀가 된다는 것이 아니라 하나님의 자녀라면 그렇게 살아야 한다는 사실을 말해 주고 있는 것이다.

2. "서로 용납하고 용서하라" (골 3:13)

인간들이 이 세상에 살아가면서 불만이 전혀 없을 수는 없다. 태생적으로 이기적인 본성을 지닌 타락한 인간은 욕망으로 가득 차 있다. 그들에게 어떤 문제가 발생하면 항상 자기가 아닌 타인을 지목하여 탓하며, 주변 환경에 모든 책임과 이유를 떠넘기려는 태도로 살아가게 된다. 이에 대해서는 하나님의 자녀가 된 성도들 역시 그와 같은 속성을 완전히 버리지 못하고 있다.

그러나 지상 교회에 속한 성도들은 비록 부족할지라도 그에 대한 반응이 불신자들과 완전히 달라야 한다는 사실을 깨달아 알고 있어야 한다.

하나님을 알지 못하는 자들은 자신의 주관적인 입장에서 모든 것을 판단하여 상대방에게 그 원인을 돌려 용서를 받아내려 하는 것이 일반적이다. 이에 반해 하나님의 백성들은, 성도들 가운데 자기에게 잘못을 저지른 이웃이 있을 때 넓은 아량으로 용납하여 용서할 수 있어야 한다. 즉 상대방에게 사과를 요구하기 전에 자신이 먼저 손을 내밀 수 있어야만 하는 것이다.

우리는 여기서 모든 성도들이 소유해야 할 매우 중요한 삶의 원리를 이해하고 받아들이지 않으면 안 된다. 그것은 '서로' 용납하고 용서해야 한다는 사실이다. 다시 말해 한쪽편에서 일방적으로 그렇게 할 수 있는 성질이 아니다. 설령 한쪽에서 그렇게 한다고 해도 상대방이 그에 대한 올바른 반응을 보이지 않는다면 아무런 의미가 없게 된다. 즉 한쪽에서는 그렇게 하려고 하는데 상대방이 그것을 거부한다면 성경이 언급한 그 내용이 이루어질 수 없는 것이다.

그러므로 사도 바울은, 모든 성도들이 그와 같은 삶을 살아야 하는 근거가 예수 그리스도의 전인적인 사역에 연관되어 있음을 말하고 있다. 예수님께서 참된 교회에 속한 모든 성도들을 용서하셨기 때문에 우리도 그렇게 하는 것이 마땅하다는 것이다. 즉 이웃에 대한 상호 용납과 용서는 인간들의 관용이 아니라 그리스도의 십자가 사역에 밀접하게 연관되어 있다.

타락한 세상에 살아가면서 죄에 익숙하게 된 인간들은 어떤 경우에도 하나님으로부터 용서받을 만한 조건을 갖추고 있지 않다. 따라서 모든 인간들은 자기의 죄로 말미암아 죽어야 하는 것이 마땅하다. 타락한 아담의 자손들은 스스로 인간들이 범한 죄 값을 치룰 수 없었기 때문이다. 즉 인간들에게는, 아무리 작은 죄라 할지라도 그것을 완전히 소멸시킬 능력이 존재하지 않는다.

그러므로 인간들이 죄를 용서받을 만한 아무런 조건을 갖추지 않은 상태에서, 하나님께서 먼저 저들을 용서하셨다. 엄밀한 의미에서 본다면, 인간들이 하나님의 무서운 진노를 누그러뜨릴 만한 조건을 전혀 갖추고 있지 않았을 때 하나님께서 먼저 죄인들을 불러 용서하셨던 것이다. 물론 그것은 십자가 위에서 행해진 예수 그리스도의 희생 사역을 통해 이루어진 일이다. 죄인인 상태에서 용서를 위한 아무런 조건을 충족시키지 않았음에도 불구하고 하나님의 용서를 받았다는 것은 이웃에 대한 우리의 삶이 어떠해야 하는지 잘 말해 주고 있다.

우리가 자신에게 잘못한 이웃을 용서해야 하는 까닭은 저에게 용서를 받을 만한 조건이 갖추어졌기 때문이 아니다. 나아가 그것은 개인적인 훌륭한 성품이나 인격에 근거하는 것도 아니다. 그것은 지상 교회에 속한 성도들 상호간에 지속적으로 발생해야 할 성격을 지니고 있다.

예수 그리스도께서 피로 값 주고 사신 교회를 이루고 있는 성도들의 삶이 그러해야 하는 것은 각 성도들이 선택적으로 행할 사항이 아니라 필히 순종해야만 할 공동의 원리이다. 주기도문 가운데 "우리가 우리에게 죄지은 자를 사하여 준 것 같이 우리 죄를 사하여 주옵시고"(마 6:12)라고 언급한 것은 예수 그리스도를 통한 하나님의 용서와 교회에 속한 성도들의 용서가 항상 상호간에 드러나고 있어야 한다는 사실을 보여주고 있는 것이다.

3. '사랑의 띠' (골 3:14)

지상 교회는 사람들의 눈에 보이지 않은 특별한 띠로 동여 매인 상태로 존재하는 것으로 말할 수 있다. 위에 언급된 대로, 성도들이 긍휼과 자비와 겸손과 온유와 오래 참음을 옷 입어야 하며 동시에 서로간 용납하고 용서해야 한다. 그 모든 것들 위에 하나님의 사랑을 더해야 한다. 물론 그 사랑은 인간들의 감정적인 사랑이기에 앞서 예수 그리스도로 말미암은 온전한 사랑이다.

그러므로 사도 바울은 그 사랑이 성도들을 하나로 '매는 띠' 라고 표현했다. 이는 우리에게 매우 중요한 의미를 지니고 있다. 즉 이 말은 교회 안에 일반적인 사랑이 풍부해서 감정적으로 서로간 좋은 관계를 유지해야 한다는 사실을 뜻하지 않는다. 이는 하나님의 사랑으로 말미암아 교회가 그리스도 안에서 하나의 끈으로 강하게 엮어져 있어야 함을 강조하고 있는 것이다.

사도 요한은 그의 서신에서 '사랑' 에 대하여 크게 강조하고 있다. 그 사랑은 인간들의 특별한 형편이나 감정에서 나오는 것이 아니다. 오히려 인간들에게는 그와 같은 지고한 사랑을 가지거나 드러낼 만한 능력이 존재하지 않는다. 따라서 요한은 하나님으로 말미암는 진정한 사랑에 대해 말하고 있는 것이다.

> "사랑하는 자들아 우리가 서로 사랑하자 사랑은 하나님께 속한 것이니 사랑하는 자마다 하나님께로 나서 하나님을 알고 ... 하나님의 사랑이 우리에게 이렇게 나타난바 되었으니 하나님이 자기의 독생자를 세상에 보내심은 저로 말미암아 우리를 살리려 하심이니라 사랑은 여기 있으니 우리가 하나님을 사랑한 것이 아니요 오직 하나님이 우리를 사랑하사 우리 죄를 위하여 화목제로 그 아들을 보내셨음이니라 사랑하는 자들아 하나님이 이같이 우리를 사랑하셨은즉 우리도 서로 사랑하는 것이 마땅하도다" (요일 4:7-11)

사도 요한의 이 말은 지상에 존재하는 교회들을 향해 주어진 것이다. 그는 '서로 사랑하자' 는 말을 함으로써 그것이 일차적으로 개개인이 아니라 공동체적인 성격을 지니고 있음을 강조하고 있다. 우리는 여기서 지상 교회에 속한 성도들이 서로 사랑해야 하는 이유가 즐거운 삶을 살도록 하기 위한 것이 아니라 하나님을 올바르게 알아가기 위한 조건이 된다는 사실을 기억해야 한다.

성경이 말하는 진정한 사랑은 타락한 속성을 지닌 인간들에게서 발생하지 않는다. 세상에서 존재하는 일반적인 사랑은 엄밀한 의미에서 말한다면 이기심의 발현일 수 있다. 단지 사람들의 눈에 '고상한 이기심'으로 비쳐지기 때문에 그 본질이 명확하게 드러나지 않을 따름이다. 요한은 그에 연관된 언급을 하고 있는 것이다.

참된 사랑은 오직 하나님으로부터 교회에 속한 자기 자녀들에게 주어진다. 그가 자기의 독생자 예수 그리스도를 세상에 보내 처참한 죽음에 내어주신 것은 죄에 빠진 약속의 자녀들 곧 우리를 영원한 죽음으로부터 살려내기 위해서였다. 거기에는 인간들의 상상을 초월한 엄청난 사랑이 존재하고 있다. 본성적으로 악한 인간들을 구원하시기 위해 거룩하고 귀한 자기의 독생자를 비참한 죽음에 내어 주신 것은 인간들로서는 그 사랑의 크기를 가늠조차 할 수 없다.

하나님의 자녀들은 그 놀라운 사랑을 입은 자들이며, 지상 교회는 그런 성도들이 모여 하나의 거룩한 공동체를 이루고 있다. 그러므로 교회에 속한 모든 성도들은 먼저 하나님의 엄청난 사랑을 입은 자들로서 그리스도의 몸을 이루고 있는 다른 형제들 가운데서 서로 그 사랑을 실현해야 하는 것이다.

사도 바울이 골로새 교회 성도들을 향해 언급한 사랑은 사도 요한이 기록한 사랑과 동일한 의미를 지니고 있다. 이는 우리 시대의 교회와 성도들 가운데서도 그대로 존재하고 드러나도록 해야 한다. 세상에는 존재하지 않고 세상이 도저히 알 수 없는 그 놀라운 사랑의 내용이 교회 가운데 충분히 일어나지 않은 상태에서는 하나님의 진정한 사랑이 외부로 드러날 수 없기 때문이다.

4. 그리스도의 평강(골 3:15)

인간들은 누구나 예외 없이 평안한 마음으로 살아가기를 원한다. 따라서 그들은 스스로 자기가 생각하고 바라는 대로 평안(평강, 평화, peace)한 삶을 추구한다. 그것은 매우 자연스런 기대치라 말할 수 있다. 하지만 그와 같은 방식으로 얻어지는 평안이라면 아무런 보장성이 없다. 언제 그것을 상실하게 될지 전혀 예측할 수 없을 뿐더러 지극히 한시적인 성격을 지니고 있기 때문이다.

하나님의 자녀들 역시 이 세상에 살아가면서 평안한 삶을 이어가고자 원한다. 하지만 그 내용과 방법은 보통 사람들이 생각하는 것과 전혀 다르다. 교회에 속한 성도들은 스스로 그것을 쟁취하고자 하는 것이 아니라 하나님의 은혜로 말미암아 평안을 소유하게 된다.

이는 자신의 삶을 하나님께 온전히 맡기는 것에서부터 출발한다. 즉 하나님의 자녀들은 예수 그리스도의 평강이 자신을 주장하도록 해야 한다. 이는 평안한 마음을 가지기 위한 환경을 조성하거나 그렇게 되도록 애쓰는 것이 아니라 예수 그리스도의 평안이 자신의 삶을 주관하도록 맡겨야 한다는 것을 의미한다.

지상 교회에 속한 참된 성도들은 하나님께서 유기적 공동체인 자신의 교회로 불러 모으신 자들이다. 그 교회 가운데는 세상과는 전혀 다른 속성을 지닌 하나님의 평강이 존재하고 있다. 따라서 거기에 속한 자들이 소유한 하나님의 평강은 개별 인간의 삶과 마음에서 자발적으로 생성된 것이 아니라 온전한 교회를 통해 공급된 것이어야 한다.

하나님께서 제공하시는 평안은 진정한 보장성을 지니게 된다. 그것은 세상 어느 누구도 박탈하지 못한다. 설령 죽음이라 할지라도 그것을 건드릴 수 없다. 이는 우리에게 매우 중요한 사실을 시사하고 있다. 이 세상에서는 결코 진정한 평안이 생성될 수 없으며 오직 하나님으로 말미암은 평안이어야만 진정성을 지니고 있기 때문이다.

우리는, 참된 평안이 인간 사회에 의해서가 아니라 오직 예수 그리스도를 통해 제공된다는 사실을 명확하게 깨닫지 않으면 안 된다. 각 성도들의 개인적인 환경 조건이 아니라 주님의 몸된 교회를 통해 그 평안이 선물로 주어지게 되는 것이다. 그러므로 예수님께서는 제자들에게 그 사실을 분명히 말씀하셨다.

> "평안을 너희에게 끼치노니 곧 나의 평안을 너희에게 주노라 내가 너희에게 주는 것은 세상이 주는 것 같지 아니하니라 너희는 마음에 근심도 말고 두려워하지도 말라" (요 14:27)

하나님의 자녀들은 타락한 이 세상의 고통 가운데서도 진정한 평안을 누리는 자들이다. 그 평안은 세상 사람들은 결코 알 수도 없고 누릴 수 없는 고유한 성격을 지니고 있다. 따라서 성숙한 성도들은 이 세상에 존재하는 어떤 것들도 부러움의 대상으로 삼지 않는다. 그럼에도 불구하고 아직 신앙이 어린 교인들은 하나님을 핑계대어 세상의 평안을 소유하고 누리고자 애쓴다.

우리는 그렇게 해서 일시적으로 얻게 되는 평안이 오래가지 못한다는 사실을 기억해야 한다. 도리어 그와 같은 평안은 주변의 환경에 따른 평안의 감정이 고갈되면 도리어 더 심각한 고통스런 형편에 처하게 될 따름이다. 따라서 예수님께서는 자신이 허락한 평안은 세상에서 경험하는 것과 전혀 다르다는 사실을 제자들에게 강조하여 말씀하셨던 것이다.

예수님께서 자기 자녀들에게 특별히 허락하시는 평안은 이땅이 아니라 영원한 천상에 연결되어 있다. 성도들이 항상 천상의 나라를 바라보게 되는 것은 그와 밀접하게 연관되어 있기 때문이다. 이러한 진정한 평안을 깨달음으로서 그것을 삶속에 받아들이게 될 때 비로소 진정으로 감사하는 마음을 가질 수 있다. 즉 하나님을 향한 진정한 감사는 교회 공동체를 통한 참된 평안에 기인하는 것이다.

5. 하나님의 말씀과 성도의 교제를 통한 예배(골 3:16)

하나님의 몸된 교회 가운데는 항상 예수 그리스도의 말씀이 풍성히 거해야만 한다. 성경으로서 계시된 진리가 존재하지 않는 교회를 참된 교회라 말할 수 없다. 여기서 언급하고 있는 말씀과 진리란 구약성경과 신약성경의 기록 계시를 의미하고 있다.

물론 사도 바울이 골로새서를 기록할 당시에는 교회 가운데 구약성경 39권이 있었으며, 아직 신약성경 27권의 기록 계시가 완성되기 전이었다. 따라서 당시는 기록 계시로서 구약성경과 시간적으로 먼저 기록된 신약성경의 일부와 특별한 은사들을 통해 드러난 계시들을 하나님의 말씀으로 받아들였다. 이에 반해 오늘날 우리는, 그 의미를 미래적인 관점에서 완성된 성경으로 받아들이는 것이 바람직하다.

바울은 하나님의 말씀이 교회 가운데 가득할 때 저들에게 마땅히 있어야 할 하나님에 대한 경배와 더불어 성도들간의 교제가 발생하게 된다는 사실을 언급하고 있다. 그는 또한 지상 교회에서는 성도들이 모든 지혜로 서로 가르치며 권면할 수 있어야 한다는 사실을 말했다. 이 가운데는 교회에서 가르치거나 권면할 때 특정인의 주관적이거나 일방적인 태도를 지양해야 한다는 의미가 내포되어 있다.

즉 참된 교회라면 그 안에서 하나님의 말씀과 믿는 바를 가르쳐야 하며, 권징사역을 시행할 때 개인적인 사사로운 지식이나 감정으로 그렇게 하려고 해서는 안 된다. 성령 하나님의 인도하심에 따라 진리를 가르치고 성도들을 권면해야 하는 것이다. 이 말씀은 교회에 의해 세움을 받은 직분자들의 공적인 가르침과 권면에 연관되는 것으로 받아들이는 것이 가장 자연스럽다.

이와 같은 공적인 모임에서는 하나님께서 베푸신 은혜 가운데, 그에게 감사하는 마음으로 시(psalms)와 찬송(hymns)과 신령한 노래(spiritual songs)가

돌려지게 된다. 그것은 하나님을 향한 성도들의 심장으로 드려져야 한다. 여기서 언급된 시편들은 성경에 기록된 시편을 의미하며 찬송과 신령한 노래란 그것에 의해 반영된 노래를 의미한다. 즉 이 모든 것들은 성경의 교훈과 그에 온전히 따른 성도들의 공적인 반응에 연관되어 있다.

하나님을 경배하며 찬송하는 것은 인간들이 종교적인 즐거움을 누리기 위한 방편이 되어서는 안 된다. 죄인인 인간들이 개별적인 취향에 따라 임의로 자기가 원하는 노래를 만들어 낼 수 없다. 그 모든 것은 하나님의 요구에 대한 성도들의 순종행위여야 한다. 이 말씀은 다른 성경의 기록들과 더불어 신약시대 교회가 매 주일 공적으로 모여 하나님을 경배하는 의례 절차의 근거가 되기도 한다.

6. '예수의 이름' 과 성도의 감사(골 3:17)

사도 바울은 골로새 교회의 성도들에게, 무엇을 하든지 '예수 그리스도의 이름' 으로 하라는 요구를 하고 있다. 이 말은 매우 의미심장한 의미를 담고 있다. 우리는 여기서 '예수 그리스도' 와 '예수 그리스도의 이름' 사이에는 그 사용되는 방법상 상당한 차이가 난다는 사실을 기억해야 한다. '이름' 에는 언약적인 의미가 담겨 있기 때문이다.

이에 대한 이해를 돕기 위해 우리는 인간들의 일상적인 형편을 들어 생각해 볼 수 있다. 우리는 '나' 와 '나의 이름' 의 차이를 주의 깊게 구별하여 이해할 수 있어야 한다. 내가 만일 다른 사람과 어떤 약속을 한다면 그것은 일반적인 약속이다. 약속의 주체는 자신이 되며 그것은 입술을 통한 구두 약속이 되는 것이 보통이다. 그때는 그에 대한 직접적인 문서상의 보증이 존재하지 않는다.

이에 반해 '자신의 이름' 으로 다른 사람과 약속한다는 것은 객관적인 증거 의미를 지니는 것으로서 상호 계약이 성립되는 의미를 지니고 있다.

만일 내가 기록된 문서 위에 '나의 이름' 을 쓰고 그 이름 밑에 사인을 하거나 도장을 찍으면 그것은 계약의 성격을 지니게 되는 것이다. 다소 미묘하기는 하지만, 그것의 주체는 자신의 존재가 아니라 '자신의 이름' 이다. 어떤 의미에서 볼 때 그것은 자신의 구두 약속에 비해 훨씬 장기적이며 강한 객관적인 효력을 지닐 수 있다.[39)]

물론 예수님께서 자기 자녀들을 대상으로 하신 모든 약속은 그것 자체로서 완벽한 효력을 지닌다. 그런데 바울은 골로새 교회 성도들에게 무엇이든지 '예수 그리스도의 이름' 으로 행하라는 요구를 하고 있다. 이는 앞서 예를 든 것처럼 한층 큰 의미를 가진 것으로서 그리스도의 이름을 사용한 계약적인 성격을 드러내고 있다. 이처럼 하나님의 자녀가 된 성도들은 '그리스도의 이름' 을 사용하도록 요구받고 있는 것이다.

사도 바울은 골로새 교회 성도들에게 말이나 일 등 무엇을 하든지 전부 주 '예수 그리스도의 이름' 으로 하지 않으면 안 된다는 점을 선포하고 있다. 여기에는 그의 이름이 소유한 권위가 절대적이라는 의미가 드러난다. 그러므로 바울은 그것을 통해 그를 힘입어 하나님께 감사하라는 요구를 하고 있는 것이다. 우리는 하나님의 자녀들이 소유한 궁극적인 지위가 그로 말미암아 확증된다는 사실을 분명히 깨달아야만 한다.

---

39) 일반적인 경우, 개인의 약속은 그 사람이 죽게 되면 모든 것이 무효화 된다. 하지만 그의 이름으로 된 계약이라면 당사자가 죽은 후에도 여전히 그 효력이 발생한다.

제9장

가정과 사회에서의 성도의 삶

(골 3:18-25; 4:1)

1. 남편에 대한 아내의 자세(골 3:18)

우리 시대의 사악한 풍조와 함께 들어온 위태로운 문제 가운데 하나는 가정질서가 흔들리고 있다는 점이다. 이는 모든 것의 기초가 되는 부부관계마저 위협하고 있다. 지난 세기 후반부터 발흥하기 시작한 여권주의(feminism)가 가정에서의 남편의 권위까지도 빼앗아 갔기 때문이다.

가정에서 남편이 가장家長의 지위를 온전히 지키지 못한다는 것은 여간 심각한 문제가 아니다. 가장인 남편의 위상이 약화되면 가정 전체가 흔들릴 수밖에 없다. 어리석은 여성들은 남편의 권위를 흔드는 것이 자기에게 어떤 악영향이 미치게 되는지 전혀 파악하지 못하고 있다.

사도 바울은 골로새 교회에 편지하면서 아내들로 하여금 남편에게 복종하도록 명령하고 있다. 그렇게 하는 것이 '주 안에서' 마땅하다는 것이다. 남편에게 복종한다는 것은 아내의 기분 여하에 달려 있지 않다. 즉 아내가 된 여성들은 자기의 기분에 따라 남편에게 복종할 수도 있고 불복종할 수 있는 것이 아니다.

우리는 여기서 아내가 남편에게 복종하는 것이 '주 안에서 마땅하다' 고 한 바울의 말을 올바르게 잘 이해하지 않으면 안 된다. 이는 아내가 남편에게 복종하는 것이 시대와 지역적인 상황에 따라 변하는 것이 아니라는 사실을 말해 주고 있기 때문이다. 이를 보건데 만일 남편에게 복종하지 않는 아내가 있다면, 그 여성은 남편을 멸시하는 것일 뿐 아니라 하나님의 명령에 저항하는 행위가 된다.

사도 베드로 역시 그에 연관된 중요한 교훈을 주고 있다. 그는 아내가 남편에게 복종해야 한다는 언급과 더불어 그로부터 나타나는 복음의 효과에 관한 설명을 하고 있다. 그리고 아내로서의 온전한 몸가짐에 관한 내용을 기록하고 있다.

> "아내 된 자들아 이와 같이 자기 남편에게 순복하라 이는 혹 도를 순종치 않는 자라도 말로 말미암지 않고 그 아내의 행위로 말미암아 구원을 얻게 하려 함이니 너희의 두려워하며 정결한 행위를 봄이라 너희 단장은 머리를 꾸미고 금을 차고 아름다운 옷을 입는 외모로 하지 말고 오직 마음에 숨은 사람을 온유하고 안정한 심령의 썩지 아니할 것으로 하라 이는 하나님 앞에 값진 것이니라" (벧전 3:1-4)

베드로는 바울과 마찬가지로, 아내들에게 남편에게 순복하라는 요구를 하고 있다. 그것은 아내나 남편만을 위한 것이 아니라 자녀들을 포함한 온 가족을 위한 것이다. 나아가 그렇게 하는 것은 단순히 일반 윤리적인 수준에 머물지 않고 하나님의 복음 사역에도 밀접하게 연관될 수 있다는 사실이 증거되고 있다.

하나님을 진정으로 경외하는 아내의 경건한 삶과 정결한 행위는 남편들에게 복음을 위하여 긍정적인 영향을 미치게 된다. 따라서 하나님을 멀리하던 남편들 중에 아내의 겸손한 삶을 보면서 저가 두려워하는 하나님에 대하여 관심을 가지고 그를 믿어 구원에 이르는 자들이 있다는 것이다. 이는 아내가 남편에게 복종하는 것이 남편을 위해서 뿐 아니라 자신과 주의 몸된 교회를 위한 것이라는 사실을 잘 말해 준다.

나아가 베드로는 아내들의 일반적인 생활에 연관된 정숙한 몸 자세에 대한 언급을 하고 있다. 그것은 머리를 화려하게 꾸미고 각종 금붙이로 몸을 장식하고 화려한 옷을 입음으로써 외모를 돋보이게 하는 것에 지나친 관심을 가지지 말라는 것에 연관된다. 그런 것들은 주변의 사람들에게 자기를 나타내는 허세가 될 뿐이며 하나님의 진리를 붙잡은 겸손한 성도의 본질적인 삶과는 거리가 멀기 때문이다.

그대신 눈에 보이지 않는 속사람을 단장하라는 요구를 하고 있다. 그것은 마음이 온유하고 안정된 삶을 살아감으로써 심령이 부패하지 말아야 한다는 것에 연관된다. 여호와 하나님 앞에서 진정으로 값어치 있고 소중한 것은 그와 같은 삶이라는 것이다.

물론 그렇다고 해서 외모에 대해서 아무런 신경을 쓰지 말라는 것은 결코 아니다. 하나님의 자녀들은 겉보기에 화려한 치장을 하지 않는 대신 항상 단정하고 정결한 모습을 유지해야 한다. 외모를 지나치게 소홀히 함으로써 다른 이웃들에게 불쾌감을 주는 것은 성숙한 성도들이 가질 자세가 될 수 없다.

오늘날 우리 시대의 교회에 속한 모든 아내들 역시 하나님께서 성경을 통해 계시하신 이 원리를 올바르게 깨달아 순종해야만 한다. 현대적인 잘못된 사조에 물든 어리석은 자들의 눈에는, 화려하게 꾸미는 것을 좋아하지 않고 겸손하게 살아가는 삶이 어리석고 바보스럽게 보일런지도 모른다. 하지만 우리는 사도들을 통해 알려주신 규범에 따라 살아가는 것이 최선의 삶이라는 사실을 기억하지 않으면 안 된다. 우리는 이 말씀에 순종하지 않으면 하나님께 저항하는 행위가 된다는 사실을 마음속 깊이 새겨야만 한다.

2. 아내에 대한 남편의 자세(골 3:19)

성경은 남편들이 아내 위에 군림하는 것을 허락하지 않는다. 앞의 본문 가운데서, 아내로 하여금 남편에게 복종하도록 한 것은 가정의 거룩한 질서와 밀접하게 연관되어 있으며 가정 안에서 남편의 개인적인 권력을 허용하는 것과 다르다. 만일 그렇게 하는 자가 있다면 그것은 하나님의 명령을 이기적인 목적으로 남용하는 것에 지나지 않는다.

따라서 바울은 골로새 교회 성도들에게 편지하면서 남편들이 아내를 괴롭히지 못하도록 단호하게 명령하고 있다. 이는 당시 신앙이 어린 교인들 가운데는 마치 남편에게 모든 권력이 주어진 것처럼 착각하는 자들이 상당수 있었음을 말해 주고 있다. 그런 자들은 아내를 괴롭힐 뿐 아니라 사실상 자신의 가정을 파괴하고자 하는 위태로운 성향을 지닌 자들이다. 그러므로 사도 베드로는 그에 대하여 더욱 명확한 기록을 하고 있다.

> "남편 된 자들아 이와 같이 지식을 따라 너희 아내와 동거하고 저는 더 연약한 그릇이요 또 생명의 은혜를 유업으로 함께 받을 자로 알아 귀히 여기라 이는 너희 기도가 막히지 아니하게 하려 함이라" (벧전 3:7)

베드로는 남편된 자들에게 아내와 함께 동거하면서 '지식을 따라' 함께 살아가라는 명령을 하고 있다. 이는 하나님의 자녀로서 성경의 교훈에 따른 상식대로 저를 존중하는 삶을 살라는 것을 의미한다. 즉 아내는 남편에 비해 더 연약한 그릇이므로 남편은 인간적인 판단으로 인해 힘을 통해 그 위에 군림하려 해서는 안 된다는 것이다.

그리고 바울은, 아내가 '남편과 함께 생명의 은혜를 유업으로 받을 자'라는 사실을 언급하고 있다. 이 말은 하나님의 은혜에 참여하는 동반자일 뿐 아니라 자녀 생산과 연관되는 것으로 이해할 수 있다. 즉 위의 본문 가운데 언급된 '생명의 은혜를 함께 유업으로 받는다' 는 말 가운데는 참 생명을 상속받은 동반자로서 언약의 자손을 생산하는 것과 연관지어 받아들일 만한 의미를 내포하고 있는 것이다.

그러므로 남편은 하나님께서 허락하신 자신의 아내를 귀하고 소중하게 여겨야만 한다. 이 말씀은 하나님과 관련하여 언급된 내용이라는 사실을 우리가 기억하지 않으면 안 된다. 따라서 아내를 귀하게 여기는 성도들이어야만 교회와 더불어 하나님과 원만한 교제를 유지할 수 있게 된다. 즉 그렇게 해야만 참된 기도가 막히지 않게 되는 것이다.

이를 위해서는 부부간의 상호 협력이 필수적이다. 남편이나 아내 가운데 어느 한쪽이 하나님의 명령을 가볍게 여겨 멀리한다면 결코 부부관계가 원만하게 이루어질 수 없다. 남편은 절대로 아내를 괴롭히지 말아야 하며, 아내는 남편으로부터 언어와 힘 등 어떠한 형태의 폭력도 부르지 않도록 항상 지혜로운 주의를 기울여야 한다.

3. 부모에 대한 자녀의 자세(골 3:20)

하나님의 자녀들은 부모에게 순종하는 자세를 가져야 한다. 자기를 낳아준 부모에게 아무렇게나 대하는 것은 결코 바람직한 태도가 아니다. 자녀로서 부모의 말에 순종하는 것은 선택할 수 있는 사항이 아니라 필수적인 삶이다. 그것은 모든 자녀들이 취해야만 할 마땅한 자세라 하지 않을 수 없다.

사도 바울은 본문 가운데서 '모든 일에 부모에게 순종하라' 는 요구를 하고 있다. 여기서 말하고 있는 바는 자녀의 일방적인 판단에 따라 부모에 대한 순종 여부를 결정지어서는 안 된다는 사실을 말해 준다. 바울은 또한 그렇게 하는 것이 주님을 기쁘시게 하는 것이라는 사실을 말하고 있다. 즉 그것은 단순히 부모를 즐겁게 하기 위한 것이기에 앞서 주님의 말씀에 순

종하는 삶이라는 것이다,

그렇지만 우리는 사도 바울의 요구를 부모의 모든 말과 행동에 대해 무조건 순종하라는 말로 받아들여서는 안 된다. 만일 부모가 하나님을 섬기지 못하도록 강요한다거나 나쁜 일을 시킨다면 결코 그에 순종할 수 없다. 도리어 그에 대해 강력하게 저항하는 것이 하나님을 경외하는 성도의 자세이다. 그러므로 바울은 에베소 교회에 편지하면서 그에 대한 분명한 교훈을 주고 있다.

> "자녀들아 너희 부모를 주 안에서 순종하라 이것이 옳으니라 네 아버지와 어머니를 공경하라 이것이 약속 있는 첫 계명이니 이는 네가 잘 되고 땅에서 장수하리라" (엡 6:1-3)

바울은 이 말씀 가운데서, 자녀들이 부모에게 순종하되 '주 안에서 순종하라' 는 요구를 하고 있다. 그렇게 하는 것이 옳고 바람직하다는 것이다. 이 말씀은 하나님의 뜻을 벗어난 문제에 대해서는 절대로 순종하지 말아야 한다는 점을 시사하고 있다. 물론 이럴 경우에도 자녀들은 지혜로운 처신을 해야 할 필요가 있다.

만일 부모가 사악한 의도를 지닌 언사와 행동을 하며 부당한 요구를 한다면, 그에 대한 자녀들의 처신이 어려워질 수밖에 없다. 그렇지만 하나님의 자녀들은 말씀에 비추어 보아 가장 적절한 대응을 하도록 애써야만 한다. 아무리 부모의 말이라 할지라도 신앙적인 상식에 어긋난 잘못된 요구에 대하여 무조건 인정하고 따르게 된다면, 그것은 도리어 부모를 더욱 어려운 궁지로 몰아갈 우려가 없지 않기 때문이다.

또한 사도 바울은 위의 본문에서 부모를 공경하는 것이 '약속 있는 첫 계명' 이라고 말했다. 모든 성도들은 성경의 요구에 따라야만 한다. 바울은 그렇게 하는 것이 자녀들이 땅에서 잘되고 장수하는 비결이라는 말을 하고 있다. 이는 자녀가 부모를 공경하는 것은 인간 사회에서 형성된 일반적인 윤리 문제가 아니라 하나님의 직접적인 요구라는 사실을 말해 주고 있다. 따라서 하나님의 그 계명에 순종하는 것이 땅에서 장수한다는 것이다.

우리는 이 말씀의 의미를 올바르게 이해하지 않으면 안 된다. 우선 앞의 분문에서 언급하고 있는 부모란 육신의 부모를 넘어 교회의 어른들을 중심에 두어야 한다. 그 뒤에 따라 나오는, 부모를 공경하는 자가 땅에서 잘되고 장수한다는 말은 개인이 세상에서 복락을 누리고 오래 살게 된다는 의미라기보다, 이땅에서 교회를 통해 하나님의 복음이 지속적으로 상속되어 가는 것과 연관되어 있는 것이다.

그러므로 교회에 속한 모든 어른들은 언약의 자녀들에 대한 공동의 부모가 되며, 교회의 모든 자녀들은 어른들의 공동 자녀들이 된다. 우리는 항상 공적인 이 사실을 기억하며 하나님의 말씀에 순종하는 삶을 살아가야 한다. 그렇게 하는 것이 하나님의 뜻 가운데 살아가는 중요한 방편이 되며 하나님을 기쁘게 하는 삶이 된다.

4. 자녀에 대한 부모의 자세(골 3:21)

가정을 인도하며 지도하는 위치에 있는 부모들은 항상 자식에게 온당한 자세를 취하지 않으면 안 된다. 어리석은 부모는 자식이 마치 자신의 소유물인양 여긴다. 나아가 자식이 마치 자신이 원하는 바를 대행해 주는 도구인 양 생각하기도 한다.

그런 사람들은 외형상 자식을 위하는 것 같이 말하고 행동하지만, 실상은 자식을 통해 자기 자신의 세속적인 욕망을 채우기 위하여 모든 노력을 기울인다. 엄밀한 의미에서 볼 때 그것은 자식을 진정으로 위하는 것이 아니라 자식을 핑계대어 자신의 욕심을 추구하는 것에 지나지 않는다.

그러므로 신앙이 성숙한 부모는 하나님을 경외하는 가운데 저들에게 맡겨진 자녀들을 교회와 더불어 신앙으로 양육해야 한다. 즉 이 세상에서 자신의 취향에 맞는 자식으로 키우려는 이기적인 태도를 버려야 한다. 만일 그런 식으로 한다면 그것은 자녀들을 해롭게 하는 것이 된다. 따라서 사도 바울은 에베소 교회에 편지하면서도 자녀들을 노엽게 하지 말고 주님의 말씀을 통해 하나님께서 원하시는 성도로 양육하라는 교훈을 주고 있다.

> "또 아비들아 너희 자녀를 노엽게 하지 말고 오직 주의 교양과 훈계로 양육하라" (엡 6:4)

바울이 위의 본문에서 요구하고 있는 것처럼, 성도들은 개인적인 욕망이 아니라 하나님의 뜻에 따라 자식을 양육할 수 있어야 한다. 저들에게 이 세상에 살아가면서 하나님을 경외하며 순종하는 방법을 가르쳐야 하는 것이다. 부모는 참된 교회 가운데서 자신이 먼저 신앙적인 삶의 본을 보이며 그것을 지속적으로 상속해 나가야만 한다.

그러므로 지상 교회와 복음을 소유한 성도들은 항상 자녀들이 하나님께서 저들에게 맡긴 백성이라는 사실을 기억하고 있어야만 한다. 교회에 속한 언약의 자녀들은 곧 하나님의 자녀들이기 때문이다. 따라서 시편기자는 "자식은 여호와의 주신 기업이요 태의 열매는 그의 상급이로다"(시 127:3)라고 노래한다. 모든 성도들은 이에 대한 분명한 이해를 하지 않으면 안 된다.

5. 상전에 대한 종의 자세(골 3:22-25)

사도 바울은, 종들은 모든 일에 육신의 상전들에게 순종해야 한다는 사실을 언급하고 있다. 사도교회 시대에는 이 말이 주인과 노예 혹은 하인 사이의 관계에서 설명되었을 것이 틀림없다. 그러나 우리는 그와 같이 고대 사회의 통념대로 예속된 관계가 아닌 일반적인 경우를 염두에 두고 이 말씀을 생각해 볼 수 있다.

따라서 이를 우리 시대에 맞추어 적용한다면 고용인과 피고용인의 관계를 두고 이해할 수 있을 것이다. 성경 본문에서 종들에게 요구하는 내용은 피고용인들에게 적용되어야 하는 말로 볼 수 있다. 이와 같은 관점에서 본다면, 피고용인들에게는 자기를 고용한 자의 요구에 순종해야 할 의무가 따른다. 물론 이 말은 원리적인 차원에서 받아들여야 할 필요가 있다.

사도 바울은 교회에 속한 성도들을 향해 육신의 상전들에게 순종하되 겉보기에 사람을 기쁘게 하는 자들과 같이 눈가림으로 하지 말라고 당부했다. 이는 진심으로 상전에게 순종하라는 의미를 지니고 있다. 이에 대해서는 에베소 교회에 편지하면서도 동일한 내용을 전하고 있다.

> "종들아 두려워하고 떨며 성실한 마음으로 육체의 상전에게 순종하기를 그리스도께 하듯하여 눈가림만 하여 사람을 기쁘게 하는 자처럼 하지 말고 그리스도의 종들처럼 마음으로 하나님의 뜻을 행하여 단 마음으로 섬기기를 주께 하듯 하고 사람들에게 하듯하지 말라" (엡 6:5-7)

이처럼 바울은 무슨 일을 하든지 상전에게 '단 마음' (good will)으로 주님께 하듯 하고 사람에게 하듯 하지 말라고 당부했다. 성도들 가운데 종의 신분을 가진 자들이 그렇게 해야 하는 근본적인 까닭은, 하나님의 질서에 참여함으로써[40] 하나님으로부터 보상을 받게 되고 그것이 결국 그리스도를 섬기는 방편이 되기 때문이다. 우리가 여기서 특별히 주의를 기울여야 할 내용은, 종들은 하나님을 두려워하기 때문에 주인의 말에 성실한 마음으로 순종해야 한다는 사실이다(골 3:22).

---

40) 이는 당시의 '노예제도' 라는 비인격적인 질서에 관한 의미를 말하는 것이 아니라 사회를 지탱하는 질서에 연관된 의미와 더불어 생각해 보아야 한다.

바울은 그와 더불어, 불의를 행하는 자는 하나님으로부터 불의의 보응을 받는다고 말했다. 그와 동시에 하나님은 외모를 보고 사람을 취하시는 분이 아니라는 사실을 언급했다. 이 말은 하나님을 경외하는 종이라면 자신의 신분으로 인해 상전 앞에서 지나치게 위축될 필요가 없다는 점에 연관되어 있다.

그리고 잘못된 상전은 종을 자기 마음대로 취급하며 부리려 하지만, 하나님은 결코 저들에게 그렇게 하지 않는다는 사실을 언급하고 있다. 상전들은 대개 자기가 세상에서 유능하고 잘난 것으로 생각하며 종들을 자기보다 못하다고 여길 것이다. 그러나 하나님께서는 전혀 그런 분이 아니기 때문에 세상적인 신분을 보고 사람을 판단하지 않는다. 하나님이 그러하시다면 그의 백성인 우리는 마땅히 그와 같은 자세를 가져야만 한다.

6. 상전의 자세(골 4:1)

본문에서 말하는 상전이란 노예나 종 혹은 하인을 거느리고 있는 주인을 의미하고 있다. 이는 우리 시대의 사회에 적용할 때 앞에서와 마찬가지로 고용인과 피고용인의 관계와 연관지어 생각해 볼 수 있다. 따라서 상전이란 오늘날의 고용주에게 해당되는 말이기도 하다.

바울은 상전들을 향해 종들에게 '의와 공평'을 베풀도록 요구했다. 이 말은 종이라고 해서 함부로 비하하거나 자기 마음대로 부리려 하지 말아야 한다는 의미를 지니고 있다. 하나님의 백성으로서 고용주가 되어 자기의 수하에 사람을 두고 있다면 불의한 자세를 취해서는 안 된다. 그대신 하나님을 경외하는 자로서 객관성 있는 공평한 마음으로 저들을 대해야 한다.

하나님의 자녀라면 항상 천상에 계시는 하나님을 기억하며 살아가게 된다. 모든 성도들은 하나님의 종이 되어 있기 때문이다. 그러므로 성도들은 항상 하나님과 예수 그리스도를 '주님'(the Lord)이라 부르고 있다. 이는 우리가 하나님께 속하여 그의 뜻에 온전히 순종해야 할 존재라는 사실을 드러내 보여준다. 바울은 에베소 교회에 보내는 편지에서 이에 대해 더욱 분명한 언급을 하고 있다.

> "상전들아 너희도 저희에게 이와 같이 하고 공갈을 그치라 이는 저희와 너희의 상전이 하늘에 계시고 그에게는 외모로 사람을 취하는 일이 없는 줄 너희가 앎이니라"(엡 6:9)

바울은 위의 본문에서 상전들에게 온당한 자세로 종들을 대하라는 요구를 하고 있다. 즉 주인 행세를 하며 강압적으로 저들을 대하려는 태도를 가져서는 안 된다는 것이다. 즉 상전이라 하여 무소불위無所不爲의 힘을 가진 것처럼 생각하고 종들에게 폭언을 하거나 난폭한 태도를 보여서는 안 된다.

그러므로 바울은 상전들에게 공갈을 그치라는 말을 하고 있다. 당시에도 하나님을 알지 못하는 자들 가운데는 그런 자들이 많이 있었다. 일반적으로 본다면 그렇지 않은 자들이 거의 없었을지도 모른다. 따라서 그와 같은 당시의 잘못된 사회적인 풍조가 하나님의 자녀들에게도 여전히 남아 있었던 것이다. 그러나 하나님을 경외하는 성도라면 결코 그런 자세를 취해서는 안 된다.

따라서 다른 사람을 고용하여 일을 시키는 성도들은 항상 여호와 하나님을 기억해야만 한다. 그가 자기를 통치하며 다스리고 계시기 때문이다. 인간 사회에서는 세속적인 신분과 지위의 높고 낮음이나 빈부의 차이가 크게 나며 개인마다의 능력에 차이가 많이 날 수 있지만 하나님 앞에서는 전혀 그렇지 않다. 인간들이 차등을 두고 있는 모든 것들은 하나님 보시기에 별다른 의미가 없기 때문이다.

하나님께서 아무런 차등을 두시지 않는 것을 인간들 스스로 차등을 두어 한쪽이 다른 한쪽을 비인격적으로 대한다는 것은 결코 있을 수 없는 일이다. 이에 대해서는 오늘날 우리 시대에도 동일하게 적용되어야 한다. 높은 지위에 있고 재물이 많고 유능하다고 하여 그렇지 못한 사람들을 함부로 멸시해서는 안 된다. 특히 하나님의 몸된 교회 가운데서는 결코 하나님께서 금하시는 그런 일이 발생하지 말아야 한다.

그러므로 세상에서 기득권층에 속한 사람들은 그렇지 않은 자들에 대하여 아무렇게 대해서는 안 된다. 세상에는 일반 사회제도 가운데서 상대적으로 더 중요한 직책을 맡은 사람들이 존재한다. 하지만 그들은 자기 자신이 아니라 다른 사람들을 위해 그 자리에 앉은 자들이다. 따라서 높은 지위에 있는 사람들은 수하의 사람들에 대한 소유권자가 아니라 정의로운 관리자라는 사실을 잊어서는 안 된다. 교회에 속한 모든 성도들은 이에 대한 분명한 깨달음을 가져야만 한다.

제10장

중요한 마무리 당부

(골 4:2-6)

1. "기도를 항상 힘쓰고 감사함으로 깨어 있으라" (골 4:2)

사도 바울은 골로새서의 마지막 부분에서 성도들의 실제적인 삶에 연관된 몇가지 중요한 당부를 하고 있다. 편지의 말미에 기록한 당부는 대개 매우 중요한 의미를 지닌다. 바울은 먼저 기도에 대한 언급을 하고 있다. 그는 모든 성도들은 항상 기도에 힘쓰고 감사함으로 깨어 있어야 한다는 사실을 강조했다.

우리는 하나님의 자녀로서 기도에 대한 올바른 이해를 하지 않으면 안된다. 기도를 얼마나 많이 하느냐 하는 양量과 얼마나 오래 동안의 기도 시간을 가지느냐 하는 것보다 올바른 기도가 무엇인가에 대한 깨달음을 먼저 가져야만 한다. 참된 기도가 아니라면 그 양과 시간의 길이는 아무런 의미가 없으며, 기도의 진정한 역할과 그에 대한 성도의 올바른 자세를 확립하지 않으면 안 되기 때문이다.

성경에는 기도에 관한 많은 교훈들이 기록되어 있다. 우리는 그 가운데서 가장 기본적인 내용을 살펴보며 그에 대한 올바른 깨달음을 가지는 것이 매우 중요하다. 이는 지상 교회와 성도들이 행하는 모든 기도의 기본적인 지침을 말해 주고 있기 때문이다.

(1) 참된 기도

하나님의 자녀들은 기도할 때 계시된 성경 말씀을 좇아 기도해야 하며 이방인과 같이 중언부언하지 말아야 한다. 이방인들은 열정적인 말을 많이 하여야 저들의 신이 들어 줄 것으로 생각하고 있다(마 6:7). 그러나 여호와 하나님께서는 그런 식으로 성도의 기도를 들으시는 분이 아니다.

그러므로 성숙한 성도들은 하나님께 기도하면서 성경에 기록된 말씀에 온전히 귀를 기울여야 한다. 이는 자기가 원하는 바를 되풀이하여 말하는 것보다 하나님의 말씀에 귀를 기울이는 것이 기본이 되어야 한다는 사실을 말해 주고 있다. 잠언서 기자는 잘못된 기도라면 하나님께서 기뻐하시는 것이 아니라 도리어 가증스러운 것이라는 사실을 말했다.

> "사람이 귀를 돌이키고 율법을 듣지 아니하면 그의 기도도 가증하니라"(잠 28:9)

우리는 이 말씀을 마음속 깊이 새겨야만 한다. 기도하는 자들은 자신의 기도가 가증한 기도가 되지 않도록 항상 신경을 쓰지 않으면 안 된다. 아무리 열정적으로 기도하고 밤을 지새워 기도한다고 할지라도 성경 말씀에 벗어나 있다면 그 기도는 하나님이 기뻐하시는 것이 아니라 도리어 가증한 종교행위에 지나지 않는다.

(2) 하나님의 기쁨의 제사가 되는 기도

기도란 세상에 살아가면서 뭔가 답답한 문제를 가진 사람이 하나님께 간구하는 것에 국한하여 말하지 않는다. 성도들의 기도는 개인의 문제해결에 대한 관심에 앞서 하나님의 기쁨이 되어야 한다. 그러나 하나님께서는 올바르지 않은 자의 기도와 순수하지 못한 기도는 받으시지 않는다.

인간들이 온갖 미사여구美辭麗句를 섞은 유창한 말로 그럴듯한 형식을 동원해 기도한다고 해도 하나님 앞에서는 철저히 걸러진다. 하나님은 그런 기도를 받으시지 않는 것이다. 그러나 하나님은 자기 앞에서 신실한 믿음의 자세를 가진 성도들의 기도를 기쁘게 받으신다. 잠언서에는 그와 연관된 기록이 나타나고 있다.

> "악인의 제사는 여호와께서 미워하셔도 정직한 자의 기도는 그가 기뻐하시느니라" (잠 15:8)

위의 말씀에서 잠언서 기자는 하나님을 올바르게 알지 못하는 악한 자들의 제사는 여호와 하나님께서 미워하신다는 사실을 언급하고 있다. 아무리 아름답게 보이는 좋고 값비싼 제물이라 할지라도 하나님은 그것을 받으시지 않는다. 나아가 설령 매우 정결한 제물을 골라서 바친다고 할지라도 그 바치는 사람이 하나님을 떠난 상태라면 그것은 아무런 의미가 없다.

기도에 있어서 가장 중요한 것은 제사를 바치는 사람이 누구인가 하는 점이다. 우리는 창세기 4장에 기록된 가인과 아벨의 제사를 잘 기억하고 있다. 그들은 똑 같이 하나님께 제물을 바쳤지만 하나는 하나님의 기쁨의 대상이 된 반면 다른 하나는 열납되지 않았다. 하나님께서 가인이 바치는 제물을 받지 않으셨던 것은 그 제물이 불결했기 때문이 아니라 그것을 바치는 가인이 마귀에게 속해 있었기 때문이다(요일 3:12, 참조).

또한 위의 잠언서 본문 말씀에서는 하나님께서 정직한 자의 기도를 기뻐하신다는 사실을 기록하고 있다. 여기서 언급된 '정직하다' 는 말의 의미는 일반 윤리적인 관점에서 해석되어서는 안 된다. 이는 하나님 안에서 올바른(upright) 신앙을 소유한 인간을 의미하고 있다. 설령 그들이 유창한 말로 기도하지 못한다고 할지라도 하나님은 저들의 중심을 보고 그 기도를 받으시는 것이다.

이와 더불어 우리가 반드시 기억해야 할 사실은, 성도들의 참된 기도는 천상의 나라에 도달하게 된다는 점이다. 그 기도는 하나님을 위한 거룩한 향이 되어 하나님을 기쁘시게 한다. 이는 참된 기도는 예수 그리스도 안에서 거룩하게 되어야 한다는 사실을 시사해 주고 있다. 우리가 기도할 때 항상 '예수님의 이름으로' (in the Name of Jesus) 기도하는 것은 그와 밀접하게 연관되어 있다.

하나님의 자녀가 된 성도들의 순전한 기도는 향기로운 향으로서 천상에 계시는 하나님께 바쳐지게 된다. 성경에는 그와 연관된 내용들이 많이 나타난다. 특히 요한계시록에는 그 구체적인 정황이 소상하게 기록되어 나타나고 있다.

> "책을 취하시매 네 생물과 이십 사 장로들이 어린 양 앞에 엎드려 각각 거문고와 향이 가득한 금 대접을 가졌으니 이 향은 성도의 기도들이라" (계 5:8);
> "또 다른 천사가 와서 제단 곁에 서서 금 향로를 가지고 많은 향을 받았으니 이는 모든 성도의 기도들과 합하여 보좌 앞 금단에 드리고자 함이라 향연이 성도의 기도와 함께 천사의 손으로부터 하나님 앞으로 올라가는지라" (계 8:3,4)

우리는 여기서 성도들의 기도가 금향로에 담겨 하나님께 바쳐지게 된다는 사실을 보게 된다. 그것은 예수 그리스도 안에서 허락된 거룩한 영적인 예물의 기능을 감당한다. 즉 교인들이 제공하는 다양한 형태의 물질들이 하나님께 바쳐지는 것이 아니라 성도들의 기도가 그에게 예물로 바쳐지게 된다.

여기서 우리는 매우 중요한 몇가지 사항을 생각해 볼 수 있어야 한다. 그것은 우선 기도가 단순히 성도들의 의사意思를 하나님께 도달되게 하는 전달 매체에 그치는 것이 아니라는 사실이다. 즉 인간들이 기도하는 소리를 듣고 하나님은 그에 응답하시는 것 이상의 의미가 거기에 담겨 있다는 것이다.

그와 더불어 생각해 보아야 할 또 하나 중요한 것은, 그 기도는 성도 자신의 속사람을 겉으로 드러내 표현하는 방편이 되고 있다는 사실이다. 성도들의 신앙과 삶은 기도를 통해 그 동질성을 외부로 드러내게 된다. 성도들의 신앙적인 삶의 내용과 기도로 드러나 표현되는 성도의 심령은 상호 분리되어 존재하지 않는다.

따라서 하나님께서, 예수 그리스도 안에서 행해지는 성도들의 기도를 향으로 받으신다는 것은 그리스도 안에서 성도들 자신을 받는 것과 동일한 의미를 지니고 있다. 이는 사도 바울이 로마의 교회를 향해 "너희 몸을 하나님이 기뻐하시는 거룩한 산제사로 드리라 이는 너희의 드릴 영적 예배니라"(롬 12:1)고 한 말과 밀접하게 조화된다. 우리는 기도에 관한 이 의미를 주의 깊게 이해하지 않으면 안 된다.

(3) 평생에 해야 할 기도

하나님의 자녀들은 이 세상에 살아가는 동안 쉼 없이 기도해야 한다. 그것은 종교적인 특별한 행동을 요구하는 것이기에 앞서 자연스럽게 그런 삶으로 이어지는 것을 의미하고 있다. 이런 관점에서 볼 때 모든 성도들은 예외 없이 '기도의 사람' 이어야 한다.

이 말은 각 교인들이 얼마나 많이 기도하느냐 하는 것과 하루에 몇시간씩 기도하느냐 하는 문제와는 아무런 연관성을 지니지 않는다. 그것은 천상에 계시는 하나님을 향한 본질적인 의미에 밀접하게 연결되어 있기 때문이다. 우리가 여기서 반드시 기억해야 할 점은 하나님의 은혜를 입어 그의 보호 아래 존재하는 성도들은 결코 기도에서 벗어날 수 없는 신분을 지니고 있다는 사실이다.

시편기자는 고백하기를, 자기는 하나님의 뜻에 따라 항상 그렇게 살아가리라는 사실을 노래하고 있다. 하나님은 귀를 기울여 자신의 음성과 간구를 들으시는 분이므로 그 하나님을 사랑하게 된다는 것이었다. 이처럼 하나님께서는 항상 자신의 귀를 자기 자녀들을 향해 열어두고 계시므로 평생에 기도하리라는 고백을 했다. 따라서 사도 바울은 데살로니가 교회에 편지하면서 기도를 쉬지 말아야 한다는 사실을 말하고 있다.

> "여호와께서 내 음성과 내 간구를 들으시므로 내가 저를 사랑하는도다 그 귀를 내게 기울이셨으므로 내가 평생에 기도하리로다"(시 116:1,2); "쉬지 말고 기도하라"(살전 5:17)

성숙한 모든 성도들은 이에 대한 깊은 깨달음을 가져야만 한다. '평생에 기도한다'는 말과 '쉬지 않고 기도한다'는 것은 시간을 많이 투자함으로써 기도하는 시간을 늘린다는 의미라기보다 항상 기도 가운데 살아가야할 성도들의 근본적인 삶을 보여주고 있다. 설령 잠을 자거나 기도에 대한 인식을 하지 못할 때조차도 우리의 영혼은 하나님을 향해 영적인 호흡을 지속하고 있다. 성경은 이처럼 성도들에게 그와 같은 신앙인의 삶을 요구하며 항상 기도에 힘쓰며 감사함으로 깨어 있으라는 요구를 하고 있는 것이다.

2. '전도의 문'과 '그리스도의 비밀 선포'(골 4:3,4)

(1) '전도를 위한 문'(a door for our message)과 복음전파 사역

골로새서 본문에서 말하는 '전도' 즉 '전파'란 복음선포(preaching)와 연관되어 있다. 그것은 종교적인 설득이 아니라 하나님의 말씀을 선포하는 성격을 지니고 있다. 거기에는 세상을 향한 심판의 선포와 더불어 하나님의 자녀들에 대한 구원의 선포가 포함되어 있다.

하나님께서는 구약시대부터 이스라엘 민족 가운데서 줄곧 그에 대한 예언을 해오셨다. 때가 되어 그것은 예수 그리스도가 인간의 몸을 입고 이땅에 오심으로써 세상에 선포되어 나타나게 되었다. 그것을 위한 사역은 먼저 사도들에게 맡겨졌으며, 나중에는 지상에 존재하는 교회들에 맡겨졌다. 신약성경에는 사도들을 통해 그에 관한 사실이 기록되어 있다.

> "자기 때에 자기의 말씀을 전도로 나타내셨으니 이 전도는 우리 구주 하나님의 명대로 내게 맡기신 것이라"(딛 1:3); "저희가 날마다 성전에 있든지 집에 있든지 예수는 그리스도라 가르치기와 전도하기를 쉬지 아니하니라"(행 5:42); "너는 말씀을 전파하라 때를 얻든지 못 얻든지 항상 힘쓰라 범사에 오래 참음과 가르침으로 경책하며 경계하며 권하라"(딤후 4:2)

인간의 옷을 입고 구원 사역을 감당하신 예수님께서는 이스라엘 민족 가운데서 먼저 하나님의 복음을 선포하셨으며, 그에 대한 지속적인 사명은 제자들과 그의 몸된 교회에 상속되었다. 따라서 지상 교회에 속한 성도들은 성령께서 허락하시는 기회를 잡아 하나님의 말씀을 통해 세상에 예수 그리스도를 선포하게 된다. 그것은 결코 타락한 세상이 반기는 일이 아니지만 교회는 흔들림 없이 항상 그에 힘써야 한다.

(2) '그리스도의 비밀(mystery, secret) 선포'

이 세상에는 처음부터 매우 특별한 하나님의 비밀이 감추어진 채 존재해 왔다. 그것은 인간 역사 가운데서 지속적으로 상속되어 왔지만 언약의 바깥에 존재하는 타락한 인간들은 그에 대해 전혀 알지 못했다. 그 비밀은 때가 되어 예수 그리스도와 그의 몸된 교회를 통해 타락한 세상에 드러나 선포되기에 이르렀다.

그 비밀은 먼저 예수님께서 복음선포를 위해 부르신 사도들에게 맡겨졌다. 그후 점차적으로는 역사 가운데서 지상 교회에 맡겨졌다. 그리하여 바울은 하나님께서 특별히 선택하신 사도들이 예수 그리스도의 일군으로서 하나님의 비밀을 맡은 자라는 사실을 말하고 있다.

> "사람이 마땅히 우리를 그리스도의 일군이요 하나님의 비밀을 맡은 자로 여길찌어다"(고전 4:1)

예수 그리스도로 말미암은 이 비밀은 하나님의 놀라운 경륜에 따라 전체 역사 가운데서 점차적으로 드러나게 되었다. 그 비밀의 경륜이 하나님의 뜻에 따라 온 세상에 드러나게 된 것이다. 그것은 곧 그리스도의 피로써 세워진 교회를 통해 타락한 세상에 끊임없이 선포된다. 사도 바울은 그 비밀이 창세전 즉 영원부터 성자이신 예수 그리스도 안에서 예정된 것이라고 말했다. 에베소서에는 그에 대한 구체적인 내용이 기록되어 있다.

> "영원부터 만물을 창조하신 하나님 속에 감취었던 비밀의 경륜이 어떠한 것을 드러내게 하려 하심이라 이는 이제 교회로 말미암아 하늘에서 정사와 권세들에게 하나님의 각종 지혜를 알게 하려 하심이니 곧 영원부터 우리 주 그리스도 예수 안에서 예정하신 뜻대로 하신 것이라"(엡 3:9-11)

이 모든 것은 인간들의 의도와 상관없이 전적인 하나님의 작정과 경륜에 따른 것이었다. 우리가 여기서 특별히 유념해야 할 바는, 지상에 존재하는 참된 교회들은 실질적인 의미상 타락한 세상과 단절된 상태에 놓여 있다는 사실이다. 즉 세상은 교회와 성도들이 소유한 그리스도의 비밀에 대하여 스스로 접근할 수 없다. 예수님께서는 그 비밀이 교회와 그에 속한 성도들에게는 알려져 있지만 그밖의 사람들에게는 감추어져 있음을 말씀하셨다.

따라서 그 비밀은 신약성경에서, 예수 그리스도와 상관이 없는 자들에게는 알려지지 않도록 비유를 통해 제시된 사실이 증거되었다. 그래서 보통 사람들은 그 의미를 전혀 깨달을 수 없는 상태에 놓여 있다. 예수님께서는 열두 제자들에게 그에 대한 사실을 말씀해 주셨다.

> "예수께서 홀로 계실 때에 함께한 사람들이 열 두 제자로 더불어 그 비유들을 묻자오니 이르시되 하나님 나라의 비밀을 너희에게는 주었으나 외인에게는 모든 것을 비유로 하나니 이는 저희로 보기는 보아도 알지 못하며 듣기는 들어도 깨닫지 못하게 하여 돌이켜 죄 사함을 얻지 못하게 하려 함이니라 하시고" (막 4:10-12)

지상에 존재하는 모든 참된 교회들은 하나님의 비밀을 담고 있는 소중한 그릇과도 같다. 그것은 타락한 세상과 구별되는 교회가 소유한 특별한 의미를 보여준다. 지상 교회는 그 비밀을 맡아 소중히 지키는 가운데 세상을 향해 그것을 선포하는 사명을 감당하게 된다. 즉 그 비밀은 마땅히 지상 교회 안에 보존되어야 하며 적법한 절차에 따라 세상을 향해 선포되어야만 하는 것이다.

3. "지혜롭게 행하여 세월을 아끼라" (골 4:5)

사도 바울은 골로새 교회 성도들을 향하여 외인外人에 대해서는 지혜롭게 행하여 세월을 아끼라는 말을 하고 있다. 이는 악한 자들이 일으키는 불필요한 논쟁에 휩싸이지 말라는 의미와 연관되는 것으로 보인다. 하나님의 진리를 지키고 선포하기 위한 정당한 싸움이 아니라면 피하는 것이 옳다. 자칫 잘못하면 하나님 앞에서 감사한 삶을 살아야 할 성도들이 부당한 삶에 휘말릴 수 있다. 바울은 에베소 교회에 편지하면서도 그와 동일한 성격의 교훈을 주고 있다.

"그런즉 너희가 어떻게 행할 것을 자세히 주의하여 지혜 없는 자 같이 말고 오직 지혜 있는 자 같이 하여 세월을 아끼라 때가 악하니라 그러므로 어리석은 자가 되지 말고 오직 주의 뜻이 무엇인가 이해하라" (엡 5:15-17)

바울은 위의 본문 가운데서 '때가 악하다'는 현실을 말하고 있다. 이는 특정 시대를 지칭한다기보다 사탄에게 속한 세상 자체가 악하며, 예수 그리스도가 선포되는 곳에서는 세상의 악한 모습이 더욱 두드러지게 나타난다는 사실과 연관된다. 따라서 악한 사탄은 하나님의 자녀들을 유혹하여 혼란과 고통에 빠뜨리고자 온갖 힘을 기울이게 되는 것이다.

하나님의 자녀들은 이에 대한 상황을 정확하게 파악하여 지혜롭게 대처해야만 한다. 그렇게 하기 위해서는 주님의 뜻을 온전히 깨달아 그에 순종하는 것이 최선의 방법이다. 성숙한 성도들은 자기가 행할 바를 계시된 성경 말씀을 좇아 자세히 주의하여 지혜롭게 대처함으로써 세월을 아껴야만 한다.

오늘날 모든 것이 최첨단화 되어 있는 우리 시대에는 그와 같은 상황이 더욱 강한 극성을 부리고 있다. 사탄으로 말미암은 외부 세력의 공격을 올바르게 인식하지 못하면 스스로 자기의 꾀에 넘어가기 쉽다. 따라서 지상에 존재하는 모든 참된 교회들과 그에 속한 성도들은 정신을 바짝 차려 하나님의 뜻을 분별하는 가운데 세상을 능히 이겨 승리할 수 있어야 하는 것이다.

4. "소금으로 맛을 냄과 같이 말을 하라" (골 4:6)

(1) 성도의 혀와 말

모든 인간들은 언제 어디서든지 말을 조심해야만 한다. 그것은 개인적인 유익뿐 아니라 사회적인 유익에 밀접하게 연관되어 있기 때문이다. 어리석은 사람들은 자신의 일시적인 유익을 꾀하기 위하여 주관적인 말을 무책임하게 내뱉기 쉽다. 물론 성숙한 성도들은 저들의 주관적인 말에 쉽게 동요되거나 동의하는 일이 없어야 한다.

나아가 하나님을 경외하는 성도들은 성경이 요구하는 바 그에 연관된 의미를 마음속 깊이 새겨야만 한다. 그렇지 않으면 자기 자신뿐 아니라 언약의 가족과 교회 전체에 좋지 않은 악영향을 끼칠 우려가 따르게 된다. 입술을 통해 부지중에 범죄하는 일은 하나님 보시기에 심히 두려운 일이 아닐 수 없다. 따라서 야고보 선생은 하나님의 자녀로서 말을 조심하는 것이 얼마나 중요한가 하는 점을 교훈하고 있다.

> "우리가 다 실수가 많으니 만일 말에 실수가 없는 자면 곧 온전한 사람이라 능히 온 몸도 굴레 씌우리라 ... 혀는 곧 불이요 불의의 세계라 혀는 우리 지체 중에서 온 몸을 더럽히고 생의 바퀴를 불사르나니 그 사르는 것이 지옥 불에서 나느니라 .... 혀는 능히 길들일 사람이 없나니 쉬지 아니하는 악이요 죽이는 독이 가득한 것이라 이것으로 우리가 주 아버지를 찬송하고 또 이것으로 하나님의 형상대로 지음을 받은 사람을 저주하나니 한 입으로 찬송과 저주가 나는도다 내 형제들아 이것이 마땅치 아니하니라" (약 3:2-10)

야고보는 이 말씀 가운데서 모든 인간들은 다 실수가 많다는 사실을 먼저 언급하고 있다. 또한 하나님의 자녀가 되어 지상 교회에 속한 성도들이라고 할지라도 예외가 될 수 없다는 사실을 말했다. 그러면서 그는 특히 말로 인한 실수를 하지 말아야 하는 것이 얼마나 중요한가에 대한 언급을 하고 있다. 만일 말에 실수를 하지 않는다면 온전한 신앙인이라고 칭할 만하다는 것이었다.

사도는 사람의 혀는 곧 불과 같다는 사실을 비유적으로 말했다. 인체 가운데 지극히 작은 부위에 지나지 않는 그것이 온몸을 더럽힐 수 있으며, 인생의 수레바퀴를 불살라 버릴 만큼 강력한 힘이 그로부터 작용한다는 사실을 강조했다. 그리고 잘못된 혀에는 악독이 가득하다는 표현을 사용하고 있다. 따라서 사람이 자신의 혀를 조심해서 사용하지 않으면 전체적인 위기를 맞게 될 수도 있다.

특히 하나님을 경외하는 성도들은 이에 대하여 깊은 주의를 기울이지 않으면 안 된다. 하나님의 자녀들은 매주일 교회로 모여 공적으로 여호와 하나님을 찬송하며 경배하는 자들이다. 그런 자들이 하나님의 형상을 입은 다른 형제들을 미워하거나 저주하는 자리에 앉게 된다면 그보다 더 불행한 일은 없다. 성숙한 신앙인들에게는 찬송과 저주를 한 입으로 동시에 말하는 것이 가능하지 않다. 우리는 자신과 언약의 가정과 교회를 위해 그에 연관된 이해를 분명히 하지 않으면 안 된다.

(2) 성도들의 입조심

성도들의 입조심에 대해서는 구약시대부터 강조되어 왔으며 신약시대 역시 마찬가지였다. 이는 모든 하나님의 자녀들이 일상생활 가운데 극히 신경을 써야 할 부분이다. 그러므로 시편기자는 자신을 위해 하나님께 그에 관한 간구를 했으며, 야고보 선생은 그에 대한 성도들의 근본적인 자세에 연관된 내용을 언급하고 있다.

> "여호와여 내 입 앞에 파숫군을 세우시고 내 입술의 문을 지키소서" (시 141:3); "누구든지 스스로 경건하다 생각하며 자기 혀를 재갈 먹이지 아니하고 자기 마음을 속이면 이 사람의 경건은 헛것이라" (약 1:26)

위의 기록된 시편기자의 간구는 모든 성도들의 간구가 되어야 하며 오늘날 우리의 간구가 되어야 한다. 여호와께서 우리의 입 앞에 파숫군을 세우시고 입술의 문을 지켜주시도록 간구해야 하는 것이다. 우리는 항상 그 점을 마음속 깊이 새기지 않으면 안 된다.

우리는 또한 여기서 더욱 중요한 점을 고려해야 할 필요가 있다. 그것은, 여호와 하나님께서 이미 각 성도들의 입술문에 파숫군을 세워두고 계심에도 불구하고, 인간들은 그 파숫군을 의도적으로 무시하거나 그의 영역을 침범한다는 점이다. 이는 하나님의 요구를 떠나 입술을 아무렇게나 사용하는 것은 하나님을 멸시하는 것이며 그의 뜻에 저항하는 죄악을 저지르는 것이 된다는 사실을 의미한다.

그러므로 야고보는 누구든지 자기 스스로 경건하다고 여기는 자들은 자신의 혀에 재갈을 먹여야 한다는 사실을 강조해 말하고 있다. 그렇게 하지 않고 자기의 마음을 속인다면 겉으로 드러나 보이는 저들의 경건은 아무런 의미 없는 헛것에 지나지 않는다는 것이다. 따라서 교회에 속한 모든 성도들은 여러 사도들을 통해 계시하신 하나님의 뜻을 올바르게 깨달아 순종하지 않으면 안 된다.

(3) 미련한 자의 입술

하나님을 안다고 주장하는 사람들 가운데 어리석은 자들은 저들의 말과 달리 하나님의 뜻을 쉽게 무시한다. 그들은 하나님께서 원하시는 것보다 자신의 개인적인 욕망을 앞세워 말하게 된다. 그것은 때로 일반적인 예측을 넘어서는 매우 심각한 문제를 유발하게 될 가능성이 크다. 그런 자들은 자기의 주관적인 말을 듣고 그에 동조해줄 사람들을 끊임없이 찾아 나설 것이기 때문이다.

그와 같은 미숙한 행동은 일시적으로 그 사람에게 어떤 평안을 가져다 줄지도 모른다. 하지만 실상은 저에게 엄청난 영적인 손실을 가져오게 될 따름이다. 그것은 결국 자신을 단단히 옭아매는 역할을 할 것이 분명하기 때문이다. 잠언서 기자는 그에 연관된 매우 중요한 교훈을 주고 있다.

"미련한 자의 입술은 다툼을 일으키고 그 입은 매를 자청하느니라 미련한

> 자의 입은 그의 멸망이 되고 그 입술은 그의 영혼의 그물이 되느니라 남의 말하기를 좋아하는 자의 말은 별식과 같아서 뱃속 깊은데로 내려가느니라"(잠 18:6-8)

잠언에 기록된 것처럼, 미련한 자의 입술은 다른 사람들을 이간질시켜 다툼을 일으키게 한다. 우리는, 그것이 비록 의도된 것은 아니라 할지라도 그렇게 될 가능성을 열어두고 있다는 사실을 기억하지 않으면 안 된다. 그런 어리석은 자들은 결국 스스로 그 매를 자초하는 결과를 가져오게 된다. 교회 안에서 지혜로운 자가 되기 위해서는 그에 대한 분명한 깨달음을 가져야 할 필요가 있다.

만일 교인이라 하면서 그 사실을 온전히 깨닫지 못한다면 저에게 멸망에 이르는 고통이 따르게 되고, 그런 입술은 영혼의 그물이 되어 교회에 위협을 가할 우려가 따른다. 그러므로 잠언서 기자는 위 본문의 뒷부분에서 다른 사람의 말을 하는 것에 대한 경고를 보내고 있다. 남의 말을 하기를 좋아하는 자의 말은 마치 맛있는 음식과도 같아서 어리석은 사람들은 그에 대한 분별이나 경계심 없이 그대로 삼키기를 좋아한다는 것이다.

이에 대해서는 모든 성도들이 여간 깊은 주의를 기울이지 않으면 안 된다. 그것은 개인과 개별 성도의 가정을 위한 것이기도 하지만 궁극적으로는 지상에 존재하는 주님의 몸된 교회에 연관된 것이기 때문이다. 하나님의 자녀들이 말을 극히 조심해야 할 이유는 지상에 세워진 하나님의 몸된 교회를 보존하는 일에 밀접하게 관련되어 있기 때문이다.

(4) 지혜로운 자의 입술

참으로 지혜로운 자들은 하나님을 진정으로 경외하는 성도들이다. 이는 세상에서 얻게 되는 꾀나 대처 능력과 아무런 상관이 없다. 참된 지혜를 가진 성도들은 개인의 사사로운 의도에 따라 함부로 말하지 않는다. 교회를 올바르게 세우기 위한 목적이 아니라면 뒤에서 남을 험담하는 행위는 절대로 용납되어서는 안 된다.

하나님을 두려워하는 성도들은 자신의 개인적인 욕망에 얽매이지 않고 입술로 하나님의 진리를 말하기를 좋아한다. 이와 달리 미련한 자들은 자신의 세속적인 취향과 욕망에 이끌려 마음 내키는 대로 자신의 입술을 사용한다. 잠언서 기자는 그에 연관된 매우 중요한 교훈을 주고 있다.

> "지혜로운 자의 입술은 지식을 전파하여도 미련한 자의 마음은 정함이 없느니라" (잠 15:7); "말을 아끼는 자는 지식이 있고 성품이 안존한 자는 명철하니라 미련한 자라도 잠잠하면 지혜로운 자로 여기우고 그 입술을 닫히면 슬기로운 자로 여기우느니라" (잠 17:27,28)

잠언서 기자는, 성도들이 말을 아껴야 한다는 사실과 그런 자들이 참된 지식을 가진 명철한 사람이란 사실을 언급하고 있다. 아직 신앙이 성숙하지 못해 지혜가 부족한 교인이라 할지라도 말을 아끼고 잠잠하기만 해도 다른 사람들로부터 어느 정도 인정받을 수 있다. 입술을 조심하면 교회 가운데서 슬기로운 자로 인식되어 믿음의 사람들을 좋은 이웃으로 얻을 수 있게 되는 것이다.

지상에 존재하는 모든 교회와 그에 속한 성도들은 이에 대한 분명한 깨달음을 가져야만 한다. 첨단 과학 문명과 더불어 다양한 방법으로 언어가 표출되고 있는 우리 시대에는 더욱 그렇다. 모든 것이 개방된 상황에 살아가는 성도들은 자신의 언어생활을 극히 조심하지 않으면 안 된다.

사도 바울이 골로새서 본문 가운데서, "너희 말을 항상 은혜 가운데서 소금으로 고루게 함 같이 하라"(골 4:6)고 기록한 것은 '음식에 소금을 뿌려 그 맛을 내듯이 은혜가 넘치는 말을 하라' 는 의미를 지니고 있다. 성숙한 성도들은 그렇게 하는 것이 지상에 존재하는 주님의 교회를 진정으로 사랑하는 중요한 방편이 된다는 사실을 항상 기억하고 있어야만 한다.

제11장

마지막 문안과 보편교회의 원리

(골 4:7-18)

1. 바울과 보편교회 : 여러 친구들

사도 바울은 당시 로마제국 전 지역에 많은 믿음의 친구들을 두고 있었다. 여러 교회들에 보낸 그의 서신들 가운데는 수많은 이름들이 등장한다. 그들은 한결같이 하나님을 경외하는 성도들로서 교회를 위한 성실한 일군들이었다. 서신들에 나타나는 바울의 친구들은 여러 곳에 흩어져 살면서 지상의 교회를 섬기고 있다.

교회와 형제들에 대한 바울의 사랑은 매우 실제적이며 구체적이었다. 즉 추상적이거나 관념적인 사랑이 아니라 그리스도 안에서 성도의 삶을 나누는 관계가 형성되어 있었다. 따라서 형제들이 어려움을 당하게 되면 항상 고통을 분담할 준비가 되어 있었으며 감사한 일이 있으면 그것을 함께 공유할 수 있었다.

우리가 여기서 주의를 기울여야 할 점은 그의 관심이 개인적인 친분관계에 국한되지 않는다는 사실이다. 바울과 골로새 교회 사이에서도 그와 같은 양상이 드러나 보인다. 이는 하나님의 자녀들이 소유한 신앙정신이 보편교회 가운데서 전체적으로 엮어져 있다는 사실을 말해 주고 있다.

바울은 골로새 교회에 편지하면서도 여러 사람들의 이름을 언급하고 있다. 물론 서신의 맨 앞부분에서는 디모데를 언급했으며 마지막 부분에서는 여러 형제자매들의 이름들이 거명되고 있다. 우리가 분명히 알 수 있는 사실은, 바울이 항상 하나님을 경외하는 성도들에 대한 실제적인 관심을 유지하고 있었다는 점이다.

이에 대해서는 오늘날 우리 역시 그와 동일한 자세를 취해야만 한다. 지상에 존재하는 참된 교회와 성숙한 성도들은 참 믿음을 소유한 사람들과 폭넓은 사귐과 교제를 나누어야 할 필요가 있다. 물론 각 개인 성도들이 처한 환경이 다르지만 각자의 형편에 따라 보편교회에 대한 올바른 인식을 하지 않으면 안 된다. 그것은 결코 막연한 관념이 아니라 매우 현실적인 상황이어야 한다. 우리는 성숙한 성도로서 개 교회를 넘어 보편교회에 대한 올바른 자세를 유지해야만 하는 것이다.

2. 바울은 몇몇 형제들을 골로새로 보내기로 작정함(골 4:7-9)

(1) 두기고(Tychicus)

사도 바울은 자기와 함께 있던 형제들 가운데 몇명을 골로새 지역으로 보낼 생각을 하고 있었다. 그들 중에 가장 먼저 거명된 인물은 두기고였다. 그는 아시아 지역 출신의 인물(행 20:4, 참조)로서 바울의 전폭적인 신뢰를 받고 있었다.

그러므로 바울은 두기고를 여러 차례 교회를 위한 심부름꾼으로 보냈었다. 바울은 그를 에베소 교회에 보내기도 했으며(엡 6:21; 딤후 4:12) 특별한 임무를 맡겨 디도에게 보내기도 했다(딛 3:12). 이번에도 바울은 사랑을 받는 형제이자 신실한 일군이며 주 안에서 함께 종된 자인 그를 골로새로 보내고자 마음을 먹고 있었다.

두기고는 골로새에 가서 로마에 있는 교회들의 형편과 바울을 비롯한 여러 형제들의 사정을 저들에게 알릴 것이었다. 그것은 골로새 지역에 살고 있는 형제들에게 커다란 위로가 될 것이며, 저들의 기도제목이 될 것이 분명했다. 바울이 그를 골로새의 형제들에게 보내고자 하는 가장 중요한 목적 가운데 하나는 바로 그점이었다.

그리고 우리가 여기서 쉽게 알 수 있는 사실은 바울이 쓴 골로새서를 두기고의 손에 들려 보냈을 것이란 점이다. 그 편지는 필사되어 예루살렘 교회와 다른 사도들에게도 보내졌을 것이다.[41] 사도들이 계시받은 하나님의 말씀은 일차 수신자인 개교회뿐만 아니라 전체 보편교회를 위한 천상의 메시지이기 때문이다.

(2) 오네시모(Onesimus)

바울은 또한 편지 가운데서 두기고와 함께 오네시모를 골로새로 보내겠다는 말을 했다. 그는 탈출노예로서 이제 자기가 도망쳐 나왔던 원래의 지역으로 되돌아가야 할 형편에 놓였다. 그것은 그에게 상당한 부담을 주지 않을 수 없었다. 일반적인 관점에서 볼 때, 어쩌면 그의 마음이 매우 불안했을지도 모른다.

바울을 비롯한 성숙한 신앙인들이 저의 모든 잘못을 용서했다고 할지라도 여전히 신앙이 어린 자들은 그의 행동을 용납하기 쉽지 않았을 것이다. 나아가 그 지역에 살고 있던 불신자들 가운데는 도망친 노예에게 아무런 죄를 묻지 않는 것은 결코 있을 수 없다고 주장하는 자들이 상당수 있었을 것으로 짐작된다. 또한 당시의 로마법도 그것을 매우 중한 죄로 규정하고 있었다.

---

41) 하나님의 계시를 받아 기록한 모든 서신은 개인과 개 교회 사이의 편지일 뿐 아니라 사도와 보편교회 사이에 연관된 것이므로 공적인 의미를 지니고 있었다. 따라서 그의 서신은 처음부터 따로 필사되어 예루살렘 교회에 보내졌으리라는 것은 매우 자연스럽다.

그런 상황 가운데서 바울은 오네시모를 골로새로 돌려보내고자 했다. 본문의 문맥을 살펴보면 오네시모가 자발적으로 그곳으로 돌아가려고 했다기보다 바울이 그렇게 권면했던 것으로 보인다. 어쩌면 상당한 위험부담이 따를지도 모르는 형편에서 바울이 그렇게 한 것은 그 자체로서 중요한 메시지가 되리라 여겼기 때문이었을 것이다.

바울은 본문 가운데서 오네시모를 갇힌 중에 낳은 아들이라고 말했다(몬 1:10). 아마도 로마의 감옥에 갇혀 있는 동안 그를 만나 복음을 전하고 말씀으로 양육했던 것으로 보인다. 바울이, 단순한 노예일 뿐 아니라 탈출노예였던 오네시모를 자기의 '아들' 이라고 표현한 것은 실제적인 신분철폐를 시행한 사실을 보여주고 있다.

즉 당시 사도들은 노예제도를 철폐하자는 직접적인 사회운동(social movement)을 펼치지는 않았지만 실제적으로 신분을 철폐했다. 바울은 갈라디아 교회에 편지하면서 처음부터, "너희는 유대인이나 헬라인이나 종이나 자유인이나 남자나 여자나 다 그리스도 예수 안에서 하나이니라"(갈 3:28; 고전 12:13; 엡 6:8, 참조)고 선언했다. 이제 그는 그에 대한 사실을 성도들 가운데 실천적으로 보여주고자 했다.

오네시모가 이제 골로새 교회에 돌아가게 되면 더이상 노예의 신분에 얽매여 살아가야 할 인물이 아니었다. 일상적인 생활에 있어서는 다른 사람의 수하에서 자기의 외적인 노예의 신분을 유지한다 할지라도 그는 주님의 교회에 속한 거룩한 성도들 가운데 한 사람이 되어야 한다. 따라서 바울은 그가 골로새로 돌아가서 바울이 처한 사정과 로마의 여러 정황을 저들에게 전하게 될 것이라 말했다. 이는 노예 신분을 가진 그가 다른 성도들과 아무런 차이가 없이 주님 안에서 동등한 형제가 되었다는 사실을 말해주고 있다.

3. 함께 있는 성도들의 문안(골 4:10-14)

(1) 아리스다고(Aristarchus)

아리스다고는 사도 바울과 함께 감옥에 갇혀 지내던 인물이었다. 그는 데살로니가 출신이었던 것으로 여겨진다(행 20:4; 27:2). 바울은 본문 가운데서 그를 자신의 동료 수감자(my fellow-prisoner)라고 언급했다(골 4:10). 그는 과거에도 복음을 위해 악한 자들과 맞서 싸우기를 게을리하지 않는 믿음의 사람이었다.

에베소에 머물고 있을 때도 아리스다고는 바울과 함께 하나님의 복음으로 인해 체포되는 위기에 처했다(행 19:29). 이는 바울과 아리스다고가 힘든 일을 함께 겪은 동료 사이였다는 사실을 보여주고 있다. 그들은 어렵고 힘들 때 서로간 말씀으로 격려하며 위로하는 가운데 세상을 이겨나갔을 것이 틀림없다. 그는 지금도 바울과 함께 감옥에 갇혀 있는 몸이었다. 따라서 바울은 골로새 교회 성도들에게 특별히 그의 문안을 전하고 있다.

(2) 바나바의 조카 마가(Mark)

본문에 언급된 마가는 과거 전력이 매우 특이한 인물로서, 바울의 보냄에 따라 골로새에 가기로 계획되어 있었다. 이는 당시 바울이 그를 매우 신뢰하고 있었다는 사실을 보여주고 있다. 그는 바나바의 조카로서 온전한 신앙을 소유한 인물이었다. 마가는 처음 안디옥에 있을 때 삼촌인 바나바로 인해 바울과 좋은 관계를 가졌을 것이 분명하다.

그러나 바울의 첫 번째 전도여행 중 밤빌리아(Pamphylia) 지역에서 있었던 돌발 행동으로 말미암아 마가는 바울로부터 신임을 받지 못하게 되었다. 바울은 그 사건 때문에 마가를 그다지 달갑게 여기지 않았던 것이다. 따라서 그는 마가가 하나님의 복음을 전파하기에 적합하지 않다는 판단을 했었다.

바울과 바나바는 맨 처음 예루살렘에서 만나 서로 교제하게 되었으며 안디옥에 있을 때와 첫 번째 전도여행 중에도 서로간 매우 신뢰하는 관계를 유지했다. 뿐만 아니라 바울과 바나바뿐 아니라 베드로와도 동역자의 관계를 유지하고 있었다. 사도행전에는 베드로가 감옥에 갇혔다가 기적적인 방법으로 풀려났을 때(행 12:7-10) 곧바로 마가의 어머니이자 바나바의 누이였던 마리아의 집으로 간 사실이 기록되어 있다.

> "이에 베드로가 정신이 나서 가로되 내가 이제야 참으로 주께서 그의 천사를 보내어 나를 헤롯의 손과 유대 백성의 모든 기대에서 벗어나게 하신줄 알겠노라 하여 깨닫고 마가라 하는 요한의 어머니 마리아의 집에 가니 여러 사람이 모여 기도하더라" (행 12:11,12)

우리는 이 말씀 가운데서 베드로와 마가의 관계를 엿볼 수 있으며 바나바와의 관계도 미루어 짐작할 수 있다. 마가는 바나바의 조카였으며 바나바와 마가의 어머니 마리아는 남매지간이었다.[42] 사실 예루살렘 교회가 믿음이 성숙한 형제인 바나바를 안디옥 교회를 위해 파송할 때도 베드로가 적극 지지했을 것이 틀림없다. 나중 바울과 바나바가 다시금 예루살렘을 방문하여 부조를 전달하고 안디옥 지역으로 되돌아가는 길에 그들은 바나바의 조카 마가를 함께 데리고 갔다.

> "바나바와 사울이 부조의 일을 마치고 마가라 하는 요한을 데리고 예루살렘에서 돌아오니라" (행 12:25)

그후 바울과 바나바는 안디옥 교회의 파송을 받아 전도여행을 떠나면서

---

42) 한글개역과 개역개정, 현대인의 성경, 그리고 영어성경 KJV는 마가를 바나바의 조카로 기록하고 있다. 이에 반해 새번역과 공동번역, 영어성경 NIV, NASB는 마가를 바나바의 사촌으로 말하고 있다. 우리는 성경 사본들을 통해 그에 대한 명확한 사실을 알기는 어려우나 그들이 한 가족이었다는 사실은 분명하다.

마가를 데리고 구브로 섬을 지나 밤빌리아 지역으로 가게 되었지만, 마가는 어떤 이유인지 분명히 알 수는 없지만 밤빌리아에서 저들을 떠나게 되었다. 어떤 이유라 할지라도 복음전파 사역을 중단한다는 것은 바울이 보기에 매우 못마땅한 일이었다. 하지만 바나바는 조카인 마가의 판단과 행동에 나름대로 이유가 있었음을 인정하고 있었다.

당시 마가의 행동은 나중에 큰 문제의 발단이 되었다. 바울과 바나바가 두 번째 전도여행을 떠나면서 마가로 인해 서로간 부딪치는 일이 발생했기 때문이다. 바울은 전도여행에 그를 데리고 가기를 싫어했으며 바나바는 그와 함께 가기를 원했다. 그에 대한 기록이 사도행전에 소상하게 나타나고 있다.

> "바울과 바나바는 안디옥에서 유하며 다수한 다른 사람들과 함께 주의 말씀을 가르치며 전파하니라 수일 후에 바울이 바나바더러 말하되 우리가 주의 말씀을 전한 각 성으로 다시 가서 형제들이 어떠한가 방문하자 하니 바나바는 마가라 하는 요한도 데리고 가고자 하나 바울은 밤빌리아에서 자기들을 떠나 한가지로 일하러 가지 아니한 자를 데리고 가는 것이 옳지 않다 하여 서로 심히 다투어 피차 갈라서니 바나바는 마가를 데리고 배 타고 구브로로 가고 바울은 실라를 택한 후에 형제들에게 주의 은혜에 부탁함을 받고 떠나 수리아와 길리기아로 다녀가며 교회들을 굳게 하니라"(행 15:35-41)

결국 바울과 바나바는 마가 때문에 심하게 다툰 뒤 서로 갈라서는 고통을 맛보게 되었다. 이는 서로간 복음에 대한 이해가 달랐다는 의미가 아니라 동역을 하지 못하고 헤어지게 되었음을 말해 준다. 그리하여 바울은 실라를 데리고 수리아 지역을 지나 길리기아로 갔으며 그후 마게도니아 지역을 향해 나아갔다.

한편 바나바는 자기의 조카 마가를 데리고 배를 이용해 구브로 섬으로 건너갔다. 거기서 하나님의 말씀을 선포하며 지난번 여행 때 세워진 교회를 강하게 했을 것이 분명하다. 그러나 그후 그들이 어느 지역으로 갔는지에 대해서는 잘 알려지지 않았다.

이를 통해 바울과 바나바뿐 아니라 바울과 마가 사이에도 관계가 서먹하게 되었을 것이 분명하다. 하지만 마가는 그후 신앙이 점차 성숙해 갔던 것이 틀림없다. 그는 나중 베드로의 직속 제자가 되어 복음 사역을 감당했다. 베드로는 자신의 서신에서 마가를 언급하며 자기의 아들이라는 표현을 사용하고 있다.

> "함께 택하심을 받은 바벨론에 있는 교회가 너희에게 문안하고 내 아들 마가도 그리하느니라" (벧전 5:13)

마가는 베드로와 함께 하나님의 복음을 전파하며 교회를 세워나가기 위해 최선을 다했을 것이 틀림없다. 그는 아마도 베드로와 함께 로마에 머물고 있었을 것이며, 바울이 감옥에 갇힌 몸이 되어 있었을 때 그를 도왔던 것으로 보인다. 어쩌면 베드로가 감옥에 갇혀 고생하는 바울을 도와주기 위해 마가를 그곳으로 보냈을 수도 있다. 하여튼 바울은 골로새 교회에 편지를 보내면서 그가 자기와 함께 있다는 사실을 말하고 있다.

우리는 여기서 앞서 언급한 대로 바울과 마가의 특별한 관계를 보게 된다. 바울은 디모데에게 편지하면서도 나중에 그가 자기에게 올 때 마가를 함께 데리고 오라는 요구를 했다(딤후 4:11). 그들은 서로 마음이 맞지 않아 오래 전 직간접적으로 크게 갈등한 적이 있었지만 하나님의 복음으로 인해 그 관계가 완전히 회복되었다.

이에 대해서는 오늘날 우리도 그들의 관계를 통해 중요한 교훈을 배워야 한다. 하나님의 자녀들은 누군가와 다투거나 문제가 발생했을 때 화해할 준비를 갖추어야 한다. 그렇게 되기 위해서는 자신의 잘못을 돌이켜보며 주님 안에서 겸손한 마음을 가지지 않으면 안 된다. 상호간 그것이 전제될 때 은혜 가운데 관계 회복이 가능하게 되는 것이다.

(3) '유스도(Justus)라 하는 예수(Jesus)'

바울이 골로새서에 언급한 '유스도라 하는 예수'의 이름은 성경의 다른 곳에 나타나지 않는다. 유스도라는 이름이 몇군데 언급되고 있지만 그들은 그와 다른 인물들이다(행 1:23; 18:7, 참조). 따라서 골로새서에 기록된 유스도가 구체적으로 어떤 사역을 했는지에 대해서는 잘 알 수 없다.

단지 바울은 본문 가운데서 그를 '할례당'이라는 사실을 언급하고 있다. 그 사람이 할례당이라고 한 말은 지금도 그렇다는 의미라기보다 과거에 그랬다는 뜻으로 받아들여야 할 것이다. 여기서 그가 할례당이었다는 것은 과거에 유대 민족주의자로서, 육체의 할례를 받아야만 하나님의 백성이 될 수 있다는 신앙을 가진 자였음을 의미한다. 그와 같은 사고를 가진 자들은 할례를 받지 않은 이방인들을 멸시하는 것이 일반적이었다.

과거에 그와 같은 사고를 가졌던 유스도라 하는 예수가 이제 이방인들에 대한 하나님의 구원 계획을 깨닫게 되었다. 복음을 영접한 그는 바울의 사역에 참여하며 하나님 나라를 위한 적극적인 삶을 살았다. 바울은 그런 사람들이 자신에게 진정한 위로가 된다는 사실을 말하면서 골로새 교회 성도들에게 그로부터의 문안을 전하고 있다.

(4) 에바브라(Epaphras)

바울은 또한 에바브라에 대한 언급을 하는데 그 사람 역시 아리스다고와 마찬가지로 사도 바울과 함께 감옥에 갇혀 있었던 것으로 보인다(몬 1:23). 그는 원래 골로새 교회의 교사로 사역하던 인물로서 바울에게로 간 자였다(골 1:7). 에바브라는 오래전 골로새에서부터 앞서 언급한 오네시모와 잘 알고 있었던 사이였을 것이 틀림없다. 어쩌면 그를 통해 오네시모가 사도 바울을 만나 하나님의 복음을 들었을지도 모른다. 우리는 그럴 가능성이 매우 큰 것으로 이해할 수 있다.

바울은 골로새 교회에 에바브라의 문안을 전하면서 그가 항상 골로새 교회 성도들을 위해 기도하며 그들이 하나님의 모든 뜻 가운데 완전하고 확신 있게 서게 되기를 간구한다는 사실을 전했다. 그는 비록 육체적으로 멀리 떨어져 있었지만 골로새 지역의 교회뿐 아니라 인근의 라오디게아(Laodicea)와 히에라볼리(Hierapolis)에 있는 성도들을 위해서도 많은 애를 쓰며 수고를 아끼지 않았다. 바울은 그에 대한 사실을 증거한다는 말을 함으로써 골로새 교회 성도들을 독려하고 있다.

(5) 누가(Luke)

바울은 편지 말미에서 누가가 많은 사람들의 신임을 받는다는 사실을 특별히 언급했다. 그는 오래 전부터 바울과 함께 여행을 하면서 다양한 기적들과 더불어 하나님의 놀라운 사역들을 볼 수 있었다. 누가는 질병을 치료하는 의사로서 사람들의 육체적인 건강을 돌볼 수 있는 사람이었다. 그는 또한 누가복음과 사도행전을 하나님으로부터 계시받아 기록한 인물이었다. 바울은 골로새 교회 성도들에게 그의 문안을 전했던 것이다.

(6) 데마(Demas)

데마에 대해서는 우리에게 알려진 바가 거의 없다. 골로새서에는, 그가 바울을 따르며 수종드는 매우 신실한 성도로 소개되어 있다. 그러므로 바울은 골로새 교회 성도들에게 그의 형편에 대한 문안을 전해 주고 있다. 이는 바울이 그를 진심으로 신뢰하고 있었다는 사실을 입증해 준다.

데마라는 이름은 바울이 기록한 디모데후서에 한 번 더 나타나는데 그 때는 부정적으로 기록되어 있다. 그가 세상을 사랑하여 바울 자신을 버렸다는 사실을 언급하고 있기 때문이다(딤후 4:10). 이는 그가 하나님에 대한 신앙을 저버린 사실을 시사해 주고 있다. 하지만 우리는 디모데후서에 기록된 데마와 골로새서에 기록된 데마가 동일한 인물인가에 대한 확증을 하기는 어렵다.

그럼에도 불구하고 신약성경의 두 곳에 언급된 데마가 동일인물일 가능성을 완전히 배제할 수 없다. 만일 골로새서와 디모데후서에 기록된 데마가 동일한 자라면 지상 교회의 한계를 잘 보여주는 것으로 이해할 수 있다. 바울조차도 개인의 신앙적인 본심을 정확하게 알아볼 수 없었던 것은 우리에게 매우 중요한 교훈을 준다. 마음속 깊이 존재하는 신앙의 본질을 속이고 교회에 접근하는 자들에 대해서는 누구든지 속아 넘어갈 수밖에 없다는 사실을 말해 주고 있기 때문이다.

4. 골로새 주변 지역의 교회들에 문안함(골 4:15-18)

(1) 라오디게아의 형제들과 눔바(Nymphas)[43]와 저의 집에 있는 교회에 대한 바울의 문안

사도 바울은 골로새에서 그리 멀지 않은 지역에 위치한 교회와 성도들에게도 문안을 전했다. 이는 그들이 서로간 긴밀한 신앙의 교제를 나누고 있었다는 사실을 입증해 주고 있다. 골로새와 라오디게아와 히에라볼리는 크게 보아 같은 지역에 속해 있었으므로 서로간 교제하며 왕래하고 있었던 것이다.

본문의 전체적인 문맥에 비추어 볼 때 바울이 특별히 언급한 눔바는 라오디게아에 살고 있었던 것으로 여겨진다. 그 사람의 집에 교회로서 회집하여 하나님을 경배하는 무리가 있었다. 따라서 바울은 라오디게아에 있

43) 신학자들은 일반적으로 '눔바'(Nymphas)를 여성으로 보고 있다. 그렇지만 일부 번역본들에서는 그를 남성으로 생각하기도 한다(KJV, 한글새번역, 공동번역, 참조). 이는 사본학적인 문제와 연관되어 있기 때문에 우리가 단정적으로 판단하기는 어렵다. 하지만 그것 자체로서 전체적인 해석에 어떤 문제가 생기는 것은 아니다.

는 형제들과 눔바와 그 여자의 집에 있는 교회에 문안을 전했던 것이다.

여기서 '눔바의 집에서 모인 교회' 라는 말은, 오늘날 일부 기독교인들이 사용하는 '가정교회' 라는 용어와 아무런 상관이 없다. 그런 자들은 교회 안에 '가정교회' 라는 소규모 단위의 조직을 만들어 두어 교회의 종교적인 활성화를 도모하는 것을 목적으로 삼고 있다.[44] 사도교회와 초대교회 시대에는 성도들을 위한 독자적인 예배당 건물이 존재하지 않았으며 성도들의 개인 집에서 주일 공 예배모임을 가졌다. 즉 교회 공동체가 매주일 성도의 가정에서 모여 하나님을 경배하며 교제를 나누었던 것이다.

사도행전 앞부분에는, 오순절 날 성령께서 강림하신 후 성도들이 집집마다 돌아가면서 모여 떡을 떼며 성찬을 나눈 사실이 기록되어 있다(행 2:46). 그와 같은 교회의 모임이 사도교회 시대에는 전 세계에 흩어진 모든 교회들의 본이 되었다. 골로새와 라오디게아 지역의 성도들도 그 본을 따라 매주일 모여 떡을 떼며 성찬을 나누었다. 바울은 바로 그 교회에 자신의 문안을 전했던 것이다.

(2) 계시받은 성경인 서신을 회람하도록 요구함

사도 바울은 골로새 교회 성도들에게 저들이 받게 될 편지를 읽은 후에 라오디게아 교회의 성도들에게도 읽도록 하라는 요구를 하고 있다. 이는 자신의 서신이 골로새 교회에 보내졌지만 그 교회뿐 아니라 지상의 모든 교회를 위해 기록된 책이란 사실을 말해 준다. 이 말은 하나님으로부터 계시된 모든 성경은 시대와 장소에 얽매이는 것이 아니라 지상의 모든 교회들에 공적으로 주어진 것이란 점을 의미한다.

또한 골로새 교회 성도들에게는 라오디게아에서 오는 편지도 읽도록 했

---

44) 그들은 지교회 안에 소수의 교인들을 따로 엮어 '가정교회' 라는 여러 그룹을 만들어 두고 있다. 거기서는 직분을 중심으로 한 교회의 유지 및 상속을 근간으로 하는 대신 소규모의 모임을 통해 어느 정도 독자적인 활동을 하도록 한다. 이는 외적인 교회 성장을 염두에 둔 사고의 목적지향적인 종교운동이라 할 수 있다.

다. 당시에는 하나님으로부터 계시된 신약성경 말씀이 여러 교회들 가운데 전달되어 가는 과정 중에 있었다. 참된 교회라면 여러 사도들을 통해 다양한 지역에서 기록된 하나님의 말씀을 읽고 그에 온전히 순종해야만 했다.

우리는 여기서 매우 중요한 문제 하나를 만나게 된다. 그것은 '라오디게아서' (book of Laodicea)라고 칭할 만한 다른 책이 있었던가 하는 점 때문이다.[45] 이는 사도 바울이 언급한 라오디게아에서 오게 될 그 편지가 어떤 책인가 하는 점과 밀접하게 연관되어 있다. 분명한 사실은 바울이 말한 그 서책은 하나님으로부터 계시된 신약성경의 여러 책들 가운데 하나였으리라는 사실이다.

우리가 여기서 분명히 기억해야 할 바는 그 편지가 바울이 라오디게아 교회를 향해 써 보낸 또 다른 하나의 특별한 편지가 아니라는 점이다. 그것은 아마도 바울이 다른 지역에 보낸 편지들 가운데 일부이거나 다른 사도들이 쓴 책일 수도 있다. 당시에는 흩어진 교회의 성도들이 이미 기록된 신약성경의 여러 서책들을 가지고 있었음을 말해 준다.

그러므로 사도 바울이 라오디게아에서 오게 될 편지를 읽으라고 요구한 것은 그에 대한 사실을 입증하고 있다. 앞에서 잠시 언급한 것처럼 하나님으로부터 계시된 성경은 처음부터 한 부 이상으로 필사되었을 것으로 보인다. 물론 천상에서 계시된 하나님의 말씀으로 확증된 서책들은 그 후부터 더 많은 필사본을 만들어 여러 교회들에 배포되어 돌려 보게 했을 것이 분명하다.

---

45) 하나님께서 사도들을 통해 계시하신 신약성경은 우리가 가지고 있는 27권밖에 없다. 사도들이 쓴 글들이라 해서 전부 하나님의 계시였던 것은 아니다. 즉 바울이 쓴 모든 글들이 성경이 될 수 있지는 않았다. 사도들이 계시를 통해 받아 기록된 책들 가운데 사도적인 권위를 가진 예루살렘 공의회의 확증을 받은 책들은 교회 가운데 진리를 드러내는 성경으로서 기능을 하게 되었던 것이다; 이광호, 『구약신학의 구속사적 이해』, 서울: 도서출판 깔뱅, 2006, pp.27-32, 참조.

(3) 아킵보(Archippus)와 '직분 수행'에 대한 강조

사도 바울이 골로새서를 쓸 당시 아킵보는 그 지역에서 하나님의 복음을 전파하는 사역을 감당했을 것으로 보인다. 바울은 아킵보를 '자기와 함께 군사 된 자'(몬 1:2)라는 표현을 했다. 그는 하나님을 경외하는 신실한 믿음의 사람이었던 것이다.

바울은 아킵보에게 특별히 '주님으로부터 받은 직분을 성실히 수행하라'는 요구를 하고 있다. 이는 그에게 맡겨진 직분이 매우 중요하다는 사실을 시사하고 있다. 어쩌면 그는 자기에게 맡겨진 직분을 수행하는 데 상당한 어려움이 있었을지도 모를 일이다. 만일 그렇다면 이는 바울이 그에게 격려의 말을 전하는 것으로 받아들일 수 있다.

(4) 바울의 친필문안

사도 바울은 골로새서의 맨 마지막 부분에서 친필親筆로 문안을 전한다는 언급을 했다. 이 말은 앞의 모든 내용들을 자기가 직접 쓴 것이 아니라 다른 형제가 대필代筆했다는 사실을 말해 주고 있다. 이는 편지의 맨 앞부분(골 1:1)에서 바울이 형제 디모데와 함께 편지를 쓴다는 말에 직접 연관되어 있다. 이는 하나님께서 바울에게 계시의 말씀을 주시고 그것을 바울이 입으로 구술하면 디모데가 받아 적었던 것으로 이해할 수 있다.

바울은 마지막으로 저들에게 자기가 감옥에 갇힌 사실을 기억하라는 말을 남겼다. 이는 자기가 로마제국에 의해 구금된 상태에 놓여 있어서 자유롭지 않다는 사실에 대한 언급이다. 그럼에도 불구하고 그는 감옥에서도 여러 성도들과 교제하며 하나님께 감사하는 마음을 가지고 있었다. 이처럼 천상에 소망을 둔 성도는 어떤 어려운 형편 가운데서도 하나님에 대한 신앙으로 인해 그와 같은 진정한 기쁨을 누릴 수 있는 것이다.

하물며 감옥에 갇히지 않은 상태에서 자유롭게 살아가고 있는 골로새 교회 성도들이라면 더욱 그러해야 한다. 저들에게는 성실한 신앙 자세로 하나님을 적극적으로 섬기며 신앙생활을 영위할 수 있는 기본적인 여건이 마련되어 있었다. 그들은 자유로운 상태로 여러 성도들과 거룩한 교제와 사귐을 나눌 수 있었다. 바울은 그런 가운데 살아가는 성도들에게 하나님의 은혜가 임하기를 원했던 것이다.

빌레몬서

차 례

〈빌레몬서〉

387

〈서론〉

사도 바울과 빌레몬서가 주는 교훈

성경은 각 시대에 따라 여러 사람들을 통해 다양한 방법으로 계시되었다. 어떤 서책들은 분량과 내용이 매우 두텁고 많은가 하면 또 다른 어떤 책들은 전혀 그렇지 않다. 신앙이 어린 교인들 가운데는 그 분량의 정도에 따라 성경에 차등적인 권위를 부여하려는 자들이 없지 않지만 사실은 전혀 그렇지 않다.

바울 서신을 예로 든다면, 많은 내용들이 담긴 로마서나 갈라디아서가 간단한 서신인 빌레몬서보다 권위가 더 큰 것처럼 말해서는 안 된다. 모든 성경의 권위는 차등 없이 동등하며 하나님께서는 각 교회의 형편에 따라 다양한 교훈들을 주셨을 따름이다. 이처럼 빌레몬서는 사도 바울이 개인인 빌레몬을 비롯한 소수의 성도들에게 쓴 서신이지만 전체 교회를 위한 공적인 의미를 지니고 있다. 이는 디모데전후서나 디도서가 개인에게 보낸 편지이지만 공적인 서신인 것과 마찬가지다.

우리가 여기서 특히 주의를 기울여 생각해 볼 수 있는 점은 '빌레몬서'와 같이 짧고 개인적인 것으로 보이는 글이 하나님의 계시로 확증된 사실에 관해서이다. 어떤 사람들의 눈에는, 그 가운데 그다지 중요한 내용이 담겨있는 것처럼 보이지 않을 수도 있다. 그렇지만 하나님께서 계시하신 진리의 말씀이기 때문에 그 분량이 많지 않고 두드러진 교리적인 내용이 들어있지 않을지라도 그것은 영원한 진리의 말씀이다. 이는 인간의 관점에서 성경을 가늠하려 할 것이 아니라 하나님의 의도에 따라 성경을 보아야 한다는 사실을 잘 말해 주고 있다.

빌레몬서는 로마의 감옥에 갇혀 있던 사도 바울과 디모데가 골로새에서 탈출한 노예인 오네시모와 연관하여 빌레몬을 비롯한 여러 성도들에게 쓴 편지이다. 그 서신은 겉으로 드러난 형식과는 달리 단순히 개인적인 사신에 머물지 않는다. 우리는 그 내용 가운데 언급된 사회적으로 정착된 노예제도를 염두에 두지 않을 수 없다. 이는 당시의 사회상과 교회상을 동시에 생각하도록 한다.

우리가 염두에 두어야 할 근본적인 사실은, 빌레몬서의 중심 교훈 가운데 지상 교회가 굳건하게 서가야 한다는 사실이 자리잡고 있다는 점이다. 그리고 국가와 사회 제도가 교회 내에서 어떤 역할을 해야 하며, 교회는 그것을 어떻게 해석하여 받아들여야 하는지 생각해 보아야 한다. 물론 지상 교회와 그에 속한 모든 성도들은 그에 대한 명확한 입장을 정리하지 않으면 안 된다.

어떤 사람들은 사도시대의 교회와 성도들이 노예제도 철폐에 무관심했다고 주장하기도 한다. 그러나 그것은 전체적인 상황을 올바르게 이해하지 못한 잘못된 생각이다. 사도교회 시대에 속한 믿음의 선배들은 노예제도를 타파하자는 사회적인 운동을 전개하지 않은 것은 사실이다. 하지만 그들은 겉으로 드러나는 형식보다 훨씬 중요한 본질적인 측면에서 그에 연관된 개념을 소유하고 있었다.

그것은 하나님의 교회 안에서는 세상의 제도에 따른 계층적 신분이 아무런 의미가 없다는 것을 선언하고 있는 사실과 직접 관련된다. 즉 사도시대 교회의 그와 같은 입장은 노예라는 신분 자체를 원천 무효화시키는 의미를 지니고 있다. 이는 노예제도를 철폐하자는 운동을 전개하는 것보다 훨씬 강력한 입장이다. 따라서 바울은 흩어진 여러 교회들에 편지하면서 그에 대한 원리를 되풀이하여 언급하고 있다.

물론 지상 교회가 국가나 사회의 부당한 제도에 대한 변혁을 꾀하기 위하여 행동으로 옮기지 않은 것은 국가와 교회의 현실적인 질서문제가 더욱 중요하기 때문이었다. 이는 잘못된 제도를 인정하는 것이라기보다 그것을 변혁하는 과정에서 따라오게 될 부작용과 그로 인해 발생하게 될 역기능을 염두에 두었던 것으로 보인다.

다시 말해 당시의 교회들은 사회적인 저항운동으로 인해 성도들 사이에서 발생하게 될 부작용을 생각하지 않을 수 없었다. 따라서 노예제도 타파를 외치며 행위적인 운동을 전개하는 대신 그보다 훨씬 더 실제적인 교회의 역할을 염두에 두고 있었다. 이는 지상 교회가 국가와 사회에 기반을 둔 그 악한 제도를 사실상 거부하고 있음을 말해 주고 있다.

오늘날 우리는 빌레몬서를 통해 지상 교회가 세상에 대하여 취해야 할 중요한 교훈을 배우게 된다. 성도들은 국가와 사회 가운데 존재하는 악한 제도와 폐습에 대하여 실제적인 폐지를 선언하면서도, 교회가 그에 대한 저항운동의 주체가 되어 물리적으로 맞서 싸우지는 않는다. 즉 언어적인 표현을 통해 실제적으로는 거부하지만 행동과 물리적인 대응에 대해서는 달리 생각하게 되는 것이다.

이는 순수한 참 교회가 타락하고 부패한 기독교에 대해 강력하게 맞서 싸우는 것과 크게 대조적이다. 예수님과 그의 모든 제자들은 타락한 유대인들과 배도에 빠진 기독교에 대해서는 단호한 자세를 취했으며 언어적인 표현과 더불어 직접 맞서 싸우기를 주저하지 않았다. 그럼에도 불구하고 로마제국의 악한 제도에 대해서는 행위적인 대응을 하지 않았다. 그들은 부패한 세속 정권에 저항하여 물리적인 행동을 하지는 않았던 것이다.

21세기에 존재하는 건전한 교회에 속해 살아가고 있는 우리는 빌레몬서를 통해 그에 연관된 중요한 교훈을 배워야 한다. 매우 짧은 분량일 뿐 아니라 일반적인 관점에서 볼 때 특별한 신학적 내용을 담고 있는 것 같아 보이지 않는 그 편지를 하나님께서 지상 교회에 보낸 이유를 잘 생각해 보지 않으면 안 된다. 빌레몬서는 비록 짧은 편지이자 형식상 개인적인 서신 같아 보이지만 다른 두꺼운 서책들과 동등하게 중요한 하나님의 계시를 담고 있다. 현대에 살아가는 우리는 그에 대한 의미를 더욱 분명히 깨닫고 있어야만 한다.

제1장

빌레몬을 비롯한 성도들에 대한 문안과 바울의 신뢰
(몬 1:1-7)

1. 골로새 지역의 교회에 문안하는 바울과 디모데(몬 1:1-3)

사도 바울은 편지의 서두에서 자기가 감옥에 갇히게 된 것은 예수 그리스도 때문이라는 사실을 먼저 언급하고 있다. 그는 자기의 개인적인 목적을 도모하다가 수감된 것이 아니라는 사실을 교회 앞에 밝힌 것이다. 이는 자기가 그리스도를 위해 감옥에 갇혀 고생하는 것은 결코 부끄러운 일이 아니라 도리어 자랑스러운 일이라는 사실을 말해 주고 있다.

바울은 또한 편지의 앞부분에서 형제인 디모데와 함께 빌레몬서를 쓰고 있다는 사실을 언급했다.[46] 여기서 우리는 그 편지가 사적인 내용을 담고 있을지라도 개인의 사정에 머무는 것이 아니라는 점을 알 수 있다. 하나님께서는 바울을 통해 사적인 형편들에 관한 교훈을 주심으로써 교회의 공적인 유익을 도모하고자 하셨던 것이다.

바울은 본문 가운데서 편지의 일차적인 수신자로 빌레몬과 자매 압비아와 아킵보[47](골 4:17)와 그 집에 있는 교회를 언급했다. 그 가운데 빌레몬은

46) 이는 앞서 '골로새서'를 디모데가 바울이 하나님으로부터 계시받아 입으로 구술한 내용을 대필했던 사실과 동일한 맥락에서 이해할 수 있다(골 1:1; 4:18, 참조).

47) 압비아와 아킵보가 빌레몬의 가족이었을 것으로 보는 학자들이 상당수 있다. 그들은 빌레몬과 압비아가 부부사이이며 아킵보를 저들의 자식으로 생각한다. 이는 어느 정도 일반적인 견해이기도 하다. 하지만 그에 대한 가능성을 충분히 인정한다고 할지라도 확정적으로 말할 수 있는 것은 아니다. 골로새서 4:17에는 교회의 직분자로서 아킵보의 이름이 독자적으로 기록되어 있다. 분명한 점은 저들이 신앙적으로 서로간 매우 가까운 사이였다는 사실이다.

사랑과 신뢰를 받는 바울의 동역자인 것으로 묘사되고 있다. 이는 그가 하나님을 진정으로 경외하는 교회의 지도자라는 사실을 증거해 주고 있다.

또한 사도 바울은 아킵보를 '자기와 함께 군사된 자'(fellow-soldier)라는 표현을 사용하고 있다. 용맹한 군인은 피 흘리기를 두려워하지 않고 적군과 맞서 싸운다. 바울은, 자기를 비롯한 하나님의 사역자들은 생명을 내놓고 적과 싸우는 자들이라 말했던 것이다. 이에 대해서는 오늘날 우리 역시 그와 마찬가지다.

한편, 사탄은 항상 지상 교회 가운데 자중지란自中之亂이 일어나도록 획책한다. 우리는 이에 대하여 여간 민감하지 않으면 안 된다. 즉 전쟁에 나선 군인인 성도들은 항상 깨어 있어서 사탄에게 속한 적군의 존재와 그 동태動態를 살펴 견제하게 될 때 궁극적인 승리를 이룰 수 있을 것이기 때문이다.

바울은 또한 편지를 시작하는 부분에서 먼저 저들에게 성부 하나님과 주 예수 그리스도로부터 은혜와 평강이 임하기를 기원했다. 그는 하나님과 예수 그리스도를 나란히 언급함으로써 삼위일체 하나님에 대한 진리를 간접적으로 드러내 선포하고 있다. 삼위일체 하나님으로 말미암아 교회와 성도들에게 허락된 은혜와 평강이어야만 진정한 보장성을 지닐 수 있었다. 즉 타락한 인간 세상 가운데서 발생하는 그와 같은 것들은 겉보기에 아무리 좋아 보인다 할지라도 일시적인 현상에 지나지 않는다.

2. 빌레몬에 대한 신뢰와 사랑(몬 1:4,5)

사도 바울은 비록 멀리 떨어져 생활하고 있었지만 골로새 교회의 지도자들 가운데 한 사람인 빌레몬을 전폭적으로 신뢰하고 있었던 것이 틀림없다. 따라서 그는 하나님께 기도할 때 항상 빌레몬을 기억하고 있었다는 사실을 공적으로 언급했다. 이는 그가 주 예수 그리스도를 진실로 사랑한다는 점과 모든 성도들 곧 교회에 대한 그의 사랑, 그리고 저의 온전한 믿음에 관한 이야기를 들었기 때문이라는 것이다. 바울은 그동안 다양한 경로를 통해 빌레몬의 형편에 대해 익히 들어온 바였다.

우리가 여기서 당시의 여러 정황을 염두에 둔다면, 빌레몬이 처한 상황이 그리 편하지 않았을 것이란 사실을 쉽게 짐작할 수 있다. 로마 제국의 일반적인 관점에서 말하자면 그는 성실하게 살아가는 신실한 양민이었다. 나아가 그는 나름대로 상당한 재력을 가진 지도계층의 인물이었음을 알 수 있다.

그러므로 그에게 속해 일하던 노예 오네시모가 몰래 탈출했을 때 그는 깊은 상심에 빠졌을 것이 분명하다. 당시 노예 신분을 가진 자는 노동력을 가진 다른 동물과 마찬가지로 주인의 소유물과도 같았다. 이는 그에 대한 재산상의 처분권이 저의 주인에게 있었던 것으로 말할 수 있다.

하지만 당시의 전반적인 상황을 고려해 볼 때, 하나님을 경외하는 빌레몬이 자신의 노예였던 오네시모에게 가혹 행위를 한 것으로 보이지 않는다. 또한 하나님의 자녀로서 그에게 비인격적인 악행을 저지른 것 같지도 않다. 빌레몬이 비록 로마제국 안에 살면서 사회적인 부당한 제도 가운데 사고하며 행동했을지라도 성경을 통한 하나님의 교훈을 그대로 받아들였던 것은 분명하다.

교회의 교사인 빌레몬은 기득권층에 속한 사람이라 할 수 있지만, 이미 바울을 비롯한 사도들의 글을 통해 성도들 사이에는 신분적인 차별이 있을 수 없다는 하나님의 가르침을 잘 알고 있었다. 즉 사회에서 노예라 할지라도 교회 안에서는 그와 같은 신분이 더 이상 특별한 기능을 하지 못한다. 바울은 골로새서에서도 그에 관한 언급을 했으며(골 3:11), 갈라디아와 고린도 지역 등 여러 교회를 향해 하나님 앞에서는 주인과 노예의 신분이 아무런 의미가 없다는 사실을 분명히 말하고 있다.

> "너희는 유대인이나 헬라인이나 종이나 자주자나 남자나 여자 없이 다 그리스도 예수 안에서 하나이니라" (갈 3:28); "우리가 유대인이나 헬라인이나 종이나 자유자나 다 한 성령으로 세례를 받아 한 몸이 되었고 또 다 한 성령을 마시게 하셨느니라" (고전 12:13)

빌레몬은 예수 그리스도를 구주로 믿는 신실한 성도로서 시기적으로 보아 먼저 기록된 신약성경책들을 읽었을 것이며 그것을 통해 노예 신분에 관한 주님의 뜻을 알고 있었을 것이 틀림없다. 그런 와중에 자신의 노예였던 오네시모가 탈출하는 사건이 발생하게 되었다. 그것은 빌레몬이 미처 예기치 못한 사건이었을 것으로 보인다.

하지만 우리는 골로새에서 노예생활을 하던 오네시모에게 구체적으로 어떤 일이 있었는지에 대하여는 알 수 없다. 그러나 분명한 사실은 우리에게 밝혀지지 않은 어떤 사유로 인해 그가 주인의 관할로부터 탈출했다는 점이다. 견딜 수 없는 특별한 사건이나 주인이었던 빌레몬의 가혹행위가 없었을지라도 오네시모는 노예라는 사회적인 신분 자체를 받아들이기 어려웠을 수도 있다. 어쨌거나 그는 알려지지 않은 어떤 사정으로 말미암아 심한 상심에 빠져 있었을 것이다.

사도 바울이 빌레몬의 사랑과 믿음에 대하여 익히 들어 알고 있다고 말한 사실은 일반적인 의미를 넘어 오네시모와 연관된 것으로 보인다. 빌레몬의 입장에서는 자기 집안에 '노예 탈출' 이란 중요한 사건이 발생했을 때 사회적인 기준에 따라 그 문제를 해결하고자 하는 마음이 생겼을 수도 있다. 즉 세상의 법정에 호소하여 자신의 권리를 찾고자 하는 행동을 할 수도 있었던 것이다.

오늘날 우리의 관행으로 말하자면, 당국에 신고하여 탈출한 노예를 체포해 처벌해 줄 것을 요구할 수도 있었다. 당시 모든 사람들이 노예를 개인의 사유 재산처럼 인식하고 있던 때 그렇게 하는 것은 전혀 이상한 일이 아니었다. 하지만 그는 그런 보통 사람들의 판단에 따른 성급한 행동을 하지 않고 주님의 교회에 속한 지도자로서 경건한 삶의 자세를 잃지 않았던 것으로 보인다. 그는 성경을 통해 '노예'와 연관된 하나님의 뜻을 잘 알고 있었으므로 말씀에 순종하고자 했던 것이다.

이와 같은 빌레몬의 성숙한 자세는 하나님을 경외하는 저의 신앙을 잘 보여주고 있다. 골로새 교회의 지도자들 가운데 한 사람인 그의 행동 하나하나는 많은 사람들에게 중요한 영향을 끼치지 않을 수 없었다. 성경의 교훈보다 사회적인 제도와 관습에 익숙해 있던 어린 성도들이 그 모든 상황을 목격할 것이었기 때문이다. 이처럼 그의 성숙한 신앙 자세가 골로새 교회의 안정과 성숙을 도모했던 것이다.

현대에 살아가고 있는 우리는 이에 대한 의미를 분명히 깨달아야 할 필요가 있다. 즉 성숙한 성도들이 소유해야 할 가장 중요한 삶의 자세는 개체 교회의 성장과 성숙을 위해 안정을 해치지 않는 생활이다. 설령 사회가 인정하는 자신의 이득에 어느 정도 손실이 가더라도 주님의 교회를 먼저 생각할 수 있어야 한다. 모든 성도들은 하나님과 교회 앞에서 그와 같은 교훈을 기억하며 신실한 신앙인의 삶을 살아가지 않으면 안 된다.

3. 보편교회와 연관된 바울의 진술(몬 1:6)

사도 바울은 본문 가운데서 '믿음의 교제'(the communication of faith)에 관한 언급을 하고 있다. 예수 그리스도 안에서 이루어지는 그 특별한 교제를 통해 성도들 가운데 존재하는 진정한 '선'善을 깨달아 알 수 있다는 것이다. 이는 지상 교회의 존재와 밀접하게 연관되는 것으로서 하나님으로부터 말미암는 선한 것들이 지상 교회를 통해 세상에 드러나게 된다는 사실을 말해 준다.

우리가 여기서 분명히 알 수 있는 중요한 사실은, '믿음의 교제'가 성도들로 하여금 교회 가운데 존재하는 선을 알게 하는 구체적인 역할을 한다는 점이다. 즉 그것은 상징적이거나 관념적인 이론에 머물지 않는다. 그렇다면 '믿음의 교제' 란 과연 무엇을 의미하고 있는 것일까? 이는 하나님과 성도들의 신앙에 연관된 거룩한 교제를 의미하는 것이 틀림없다. 그 말은 개체 교회에서뿐 아니라 전체 보편교회에 실제적으로 적용되어야 하는 의미로 받아들이는 것이 자연스럽다.

하나님의 자녀들은 언제 어디서 무엇을 하며 살아가든지 천상의 나라에 직접 연결된 특별한 신분을 소유한 자들이다. 즉 하나님을 믿는 우리의 신분은 더러운 세상에 속하지 않고 영원한 천상에 속해 있다. 그것은 세상에서의 외형적인 사정과는 아무런 상관이 없다. 바울은 빌립보 교회에 편지하면서 그에 관한 교훈을 주고 있다.

> "오직 우리의 시민권은 하늘에 있는지라 거기로부터 구원하는 자 곧 주 예수 그리스도를 기다리노니" (빌 3:20)

이처럼 지상 교회에 속한 성도들은 천상의 나라에 속한 시민이다. 이는 곧 믿음의 교제는 타락한 인간의 이성과 경험에 따른 세속적 논리를 기초로 한 교제가 아니라는 사실을 의미하고 있는 것이기도 하다. 따라서 지상 교회 안에서 이루어지는 성도들의 교제는 단순한 친목이나 친교를 의미하지 않는다.

성도의 교제는 성자 하나님이신 예수 그리스도 안에서 이루어지며 공 예배 시간에 나누어지는 성찬을 통해 구체적으로 드러나게 된다. 사도 바울이 말하고자 했던 본질 가운데는 그 의미가 분명하게 내포되어 있다. 즉 믿음의 형제들이 공 예배를 중심으로 하여 나누어지는 성찬을 통해 그리스도의 몸된 교회 가운데 존재하는 진정한 선을 알게 되는 것이다.

또한 우리는 그것을 통해 성도들이 예수 그리스도 앞으로 나아갈 수 있게 된다는 사실을 기억해야 한다. 그것은 인간 역사 가운데 진행되는 하나님의 특별한 사역에 의해 점진적으로 이루어져 간다. 따라서 사도 바울이 '우리 가운데 있는 선을 알게 한다' 고 말한 것은, 예수 그리스도께서 피로 값주고 사신 지상 교회를 통해 하나님의 거룩한 뜻이 드러나게 된다는 의미를 지니고 있다. 즉 이는 보편교회와 그에 속한 개체 교회들 가운데 존재하는 '선' 을, 계시된 말씀과 성찬을 기초로 한 믿음의 교제를 통해 성도들이 깨닫게 되기를 바란다는 염원에 연관되어 있다.

4. 교회와 성도들의 기쁨(몬 1:7)

골로새 지역으로 돌아가고자 하는 오네시모의 계획은 그의 개인적인 판단에 의한 것으로 보이지 않는다. 즉 그가 자발적으로 자신이 노예 생활을 하다가 탈출한 원래의 지역으로 가고자 한 것이 아니라 사도 바울이 그를 의도적으로 그곳으로 돌려보내고자 했던 것이다. 따라서 바울은 빌레몬에게 자기와 함께 있는 모든 성도들이 저로 말미암아 평안함을 얻었다는 사실을 말하고 있다. 그는 오네시모를 골로새로 보내면서 일시적인 판단에 따라 그냥 보내려고 한 것이 아니라 사전에 원래 주인이었던 빌레몬의 생각을 잘 알고 그와 같은 결정을 내렸던 것이 틀림없다.

사도 바울은 아마도 빌레몬을 비롯한 여러 형제들의 그에 대한 생각을 골로새 지역으로부터 온 다른 성도들을 통해 들었을 것으로 보인다. 그러므로 바울은 빌레몬의 생각을 알고 기쁨과 위로를 받았다는 말을 했다. 즉 그는 자기의 개인적인 형편 때문이 아니라 오네시모를 포함한 성도들에 대한 빌레몬의 사랑으로 말미암아 근심을 덜고 마음속에 평안함을 얻을 수 있었다. 그것은 곧 천상에 소망을 둔 교회에 연관된 진정한 평안을 의미하고 있다.

우리는 여기서 멀리 떨어진 교회와 교회 사이, 성도들과 성도들 사이에는 서로간 진정한 기쁨과 위로의 대상이 되어야 한다는 사실을 깨달을 수 있어야 한다. 그렇게 됨으로써 교회와 성도들은 참된 평안을 공유하게 되는 것이다. 이에 대해서는 직접 얼굴을 대면한 적이 없는 성도들 사이에서도 그 의미가 발생해야만 한다.

이 말은 또한 하나님에 대한 사랑과 밀접하게 연관되어 있다. 대다수 교인들은 자기가 하나님을 사랑하고 있다는 생각을 한다. 그런데 그와 같은 생각이 곧 그 실제적 사실을 확정짓지는 못한다. 하나님을 사랑하는 중요한 방편은 오직 그의 몸된 교회를 사랑하는 것을 통해 사실로 드러나기 때문이다.

즉 참된 교회와 그에 속한 성도들을 사랑하면 그것으로써 하나님을 사랑하는 것이지만, 만일 그렇지 않다면 관념적으로만 하나님을 사랑한다고 생각할 뿐 진정으로 하나님을 사랑하는 것이 될 수 없다. 예수님 당시의 바리새인과 서기관들은 관념적으로는 스스로 하나님을 사랑한다고 생각했지만 그의 몸된 교회에 대한 사랑이 없었으므로 실제로는 하나님을 전혀 사랑하지 않았던 것이다.

이는 오늘날 우리 역시 매우 중요하게 받아들여 실천해야 할 내용이다. 참된 교회와 그에 속한 성숙한 성도들이라면 당연히 진정한 사랑과 더불어 서로간 기쁨과 위로를 주고받아야 하며 그것을 통해 평안한 마음을 공유할 수 있어야 한다. 이는 지상 교회에 속한 모든 성도들에게 항상 기억하고 적용되어야만 할 매우 중요한 신앙의 덕목이다.

제2장

오네시모에 대한 특별한 당부와 마무리 인사
(몬 1:8-25)

1. 오네시모를 위한 당부(몬 1:8-10)

바울은 빌레몬에게 자신이 가진 사도적 권위에 대한 언급을 하고 있다. 그는 '예수 그리스도 안에서' 엄격한 말로 그에게 명령을 내릴 수 있는 위치에 있었다. 이는 사도 직분을 가진 자로서 성도들에게 내리는 명령은 전혀 거리낄 것이 없는 당연한 영적인 권한에 연관되어 있음을 말해 준다.

모든 성도들은 사도로서 바울의 권위를 전적으로 받아들여야 한다. 사실 바울을 비롯한 신약시대의 사도들은 지금도 교회에 속한 성도들에게 계시된 말씀을 통해 다양한 명령을 내리고 있다. 누구든지 그 명령을 듣고 복종하지 않는다면 불복 행위가 된다. 나아가 그것은 하나님께 대한 항명抗命이 될 수 있다.

그런 특별한 사도적 권위를 지닌 바울이 빌레몬에게 편지하면서 노예 신분의 오네시모를 자신의 '아들'로 표현하며 '형제'로 묘사하고 있다(몬 1:8; 골 4:9). 바울은 또한 노년에 예수 그리스도 때문에 감옥에 갇혀 있다는 사실을 언급하면서 오네시모를 갇힌 중에 낳은 아들이라는 설명을 덧붙였다. 이 말은 빌레몬에게 오네시모를 더이상 노예가 아니라 자기의 아들로 대우해 달라는 간절한 요구를 하고 있는 것과 같다.

하지만 바울은, 그가 자신의 명령에 따라 복종하기보다는 성숙한 신앙인으로서 자발적으로 하나님의 뜻에 따르기를 원했다. 마지못해 억지로 그렇게 하는 것은 결코 바람직하지 않으며 사랑에 의한 자발적인 순종이 진정한 값어치가 있기 때문이다. 즉 바울은 빌레몬이, 자기가 계시받은 하나님의 말씀에 기록된 '노예 신분' 에 연관된 모든 교훈에 온전히 순종하기를 원했던 것이다.

2. 오네시모의 새로운 신분(몬 1:11-14)

사도 바울은 본문 가운데서 오네시모를 절대로 없어서는 안 될 자기의 심복心腹 즉 심장(heart)이라는 표현을 사용하고 있다. 그전에는 오네시모가 탈출한 노예로서 빌레몬에게 무익한 사람이었다. 자신의 관할로부터 탈출하여 도망친 그 노예는 자신에게 깊은 상처만 남겼을 뿐 결코 유익한 존재가 될 수 없었다. 하지만 바울은 이제 그가 자신뿐 아니라 빌레몬에게도 유익한 자가 되었다고 했다. 이는 그가 교회를 위해 유익한 성도가 되었음을 말해 주고 있다.

그러므로 바울은 오네시모를 자기 옆에 머물러 두게 하여 자기를 섬기도록 하고 싶다는 심정을 밝혔다. 하지만 탈출한 노예인 그를 사회적인 관점에서 볼 때 여전히 저의 주인인 빌레몬의 승낙이 없이는 결코 그렇게 하지 않기로 작정했다는 사실을 언급했다. 그것은 빌레몬이 성숙한 신앙인으로서 기쁨으로 오네시모에 연관된 문제를 해결하기를 원했으며, 그의 선한 일이 억지처럼 비쳐지기를 원하지 않았기 때문이다.

여기서 우리의 주의를 끄는 대목은 바울이 '자기를 섬기는 자' 로서 오네시모를 특별히 언급한 점이다. 이것은 복음 사역을 위해 이루어지는 주 안에서의 협력을 의미하고 있다. 즉 그 말은 바울이 자신의 목적을 위해 오네시모를 마치 노예처럼 부리겠다고 말한 것이 아니다. 물론 우리는 사도인 바울이 자신의 사역을 위하여 협력자를 필요로 한다고 말한 것은 특별한 관점에서 이해해야 한다.

이를 통해 우리가 분명히 알 수 있는 사실은 모든 성도들은 사도들의 복음 사역을 위한 협력자가 되어야 한다는 점이다. 지상 교회에 속한 하나님의 자녀들은 사도들이 시작한 복음 사역에 참여하는 적극적인 협력자가 되지 않으면 안 된다. 특히 하나님의 말씀을 증거하며 가르치는 교사인 목사들은 더욱 그렇다. 사도들의 사역에 협력하지 않고 자신의 독단적인 사역을 꾀한다면 그것은 복음과 아무런 상관이 없는 사적인 종교활동에 지나지 않는다.

3. 하나님의 특별한 경륜(몬 1:15,16)

오네시모는 알려지지 않은 어떤 사유로 말미암아 자신의 노예 신분을 거부하고 주인인 빌레몬의 감시를 피해 탈출했다. 하지만 오네시모가 개인적인 판단에 따라 탈출했지만 그것은 인간적인 생각에 따라 일시적으로 주인을 떠난 것에 지나지 않았다. 탈출한 노예는 영구히 주인을 떠나 자유인으로 살아가고자 했지만 그것은 그의 단순한 염원이었을 따름이다.

성경이 말하고 있는 바는, 어느 누구도 상상할 수 없었으나 하나님께서는 오네시모와 빌레몬을 위한 다른 특별한 계획을 세워두고 계셨다는 사실이다. 그것은 믿음의 사람인 빌레몬 가까이 그를 다시금 불러들여 그의 옆에 영원히 두고자 하는 하나님의 뜻에 관련되어 있었다. 바울은 빌레몬에게 저가 미처 인식하지 못하고 있던 그에 연관된 사실을 언급하고 있다.

우리는 이와 같은 특이한 사실을 보면서 주변에서 발생하는 사건들을 통해 모든 것을 멀리 볼 수 있는 영적인 안목을 가져야 한다. 인간들의 일시적인 감정이나 성급한 판단은 전체적인 것을 보지 못하게 만드는 경향이 있다. 교회에 속한 성도들이 소유해야 할 지혜는 하나님의 경륜 가운데서 상황을 여유롭게 돌아볼 수 있는 신앙자세이다.

이는 우리에게 모든 것에 대하여 조급한 감성적 판단을 내리지 말아야 할 이유를 제공한다. 일시적인 갈등이나 불편함이 나중에 더 크고 온전한 것을 허락하고자 하는 하나님의 뜻에 의한 것이 될 수 있기 때문이다. 따라서 신앙이 성숙한 성도들은 감정에 의한 조급한 마음을 버리고 하나님의 뜻을 기억하는 가운데 더 멀리 바라보는 안목을 가지지 않으면 안 된다.

바울은 빌레몬에게, 이제부터 오네시모는 노예로 대할 자가 아니라 주안에서 사랑받는 형제로 대우해야 할 자라는 사실을 말했다. 그것은 오네시모에게 세속적인 혜택이나 은덕을 베풀도록 요구하는 것이 아니다. 바울이 그런 요구를 하고 있는 것은 오네시모뿐 아니라 바울 자신과 빌레몬뿐 아니라 전체 교회를 위한 유익이 되었기 때문이다.

그러므로 빌레몬은 당연히 오네시모를 믿음의 형제로 받아들여야만 한다. 사도인 바울 자신도 그렇게 하고 있는데 일반적인 관계뿐 아니라 주안에서 상관이 있게 된 빌레몬에게는 더욱 그렇다는 것이다. 따라서 모든 성도들은 당시 많은 사람들이 멸시하던 노예 오네시모를 형제로 받아들이지 않을 수 없었다. 이는 천상에 소망을 두고 이땅에 함께 살아가는 성도로서 마땅히 가져야 할 실천적인 신앙자세인 것이다.

4. 금전과 부채에 관한 문제(몬 1:17-19)

사도 바울은 자기와 빌레몬과 오네시모 사이에 존재하는 매우 특별한 관계에 대한 설명을 하고 있다. 그는 먼저 빌레몬에게 이제 자기의 아들이자 형제일 뿐 아니라 동역자가 된 오네시모를 대할 때 자기에게 대하듯이 해달라는 당부를 했다. 여기서 우리의 눈길을 끄는 대목은 금전 관계에 연관된 문제이다.

바울은, 만일 오네시모가 빌레몬에게 잘못한 것이나 빚을 진 것이 있다면 자기 앞으로 계산해 두라는 말을 했다. 나중에 자기가 오네시모 대신 그 모든 것을 갚겠다는 것이었다. 다른 사람에게 진 빚을 갚으려면 재산을 소유하고 있어야만 가능하다. 우리가 여기서 조심스럽게 생각해 보아야 할 점은 바울이 사유재산을 가지고 있었을까 하는 점이다.

우리가 어렵지 않게 짐작해 볼 수 있는 것은 그에게 어느 정도의 사유재산이 있었으리라는 사실이다. 그것은 부동산이 될 수도 있고 귀중품이나 현금일 수도 있다. 물론 우리는 그가 얼마나 많은 물질을 소유하고 있었는지에 대해서는 전혀 알 길이 없다. 단지 그가 남에게 의지하지 않고 다른 이웃을 적절히 도우며 살아갈 만한 정도의 재물을 소유하지 않았을까 하는 정도로 생각해 볼 수 있다.

우리는, 사도시대의 성도들이 재산을 소유할 때 자기만의 부유한 삶을 누리기 위해 물질을 추구하거나 축적한 것은 아니었다는 사실을 알고 있다. 사도행전에는 성도들의 재산 소유에 대한 기본적인 개념이 잘 나타나 있다. 당시의 성도들은 재물을 자기 자신만을 위해서가 아니라 다른 이웃들을 위해 소유하며 관리해야 한다는 사실을 잘 알고 있었다.

> "믿는 사람이 다 함께 있어 모든 물건을 서로 통용하고 또 재산과 소유를 팔아 각 사람의 필요에 따라 나눠주고"(행 2:44,45); "믿는 무리가 한마음과 한뜻이 되어 모든 물건을 서로 통용하고 제 재물을 조금이라도 제 것이라 하는 이가 하나도 없더라"(행 4:32)

사도시대 교회의 성도들은 자기가 소유한 재산을 성실하게 관리했지만 개인적인 욕망을 위해 사용하는 것을 목적으로 삼지 않았다. 그들은 이웃 특히 믿는 형제들이 궁핍한 상황에 처할 때 자기의 것을 함께 나누며 살아가는 방법을 알고 있었다. 그것은 가난하고 어려운 이웃을 위한 선행이라기보다 성도로서 마땅히 행해야 할 삶의 기본적인 방편이었다.

우리가 위의 본문과 더불어 주의 깊게 생각해 보아야 할 점은 당시의 성도들이 모든 재산을 한꺼번에 다 팔아 다른 사람들에게 나누어주었다는 것이 아니라는 사실이다. 만일 그렇게 한다면 재산을 소유했던 원래의 사람은 즉시 빈털터리가 되어 오갈 데 없는 처지가 된다는 것을 의미한다. 그러나 성경이 말하고 있는 바는 그런 의미가 아니라 재산을 가진 자들이 가난으로 인해 고통당하는 이웃을 외면하지 않았다는 뜻이다.

그러므로 사도 바울 역시 재산에 대하여 그와 같은 사고를 가졌을 것이 틀림없다. 즉 바울은 무소유를 권장하거나 가난을 자랑으로 삼는 인물이 아니었다. 재산을 소유하되 선한 관리인으로서 항상 주변의 이웃을 기억하고 있었던 것이다. 바울은 자기가 소유한 재물로 어려운 형편에 처한 다른 이웃을 도와주었던 경우가 많이 있었다.

그런데 우리가 여기서 눈여겨 봐야 할 점은, 바울이 이웃을 도울 때 그냥 물질을 건네준 것이 아니라 어느 정도 빌려주는 성격을 지니고 있었을 것이란 사실이다. 즉 우리의 관행에 따라 말하자면 경제적인 어려움에 처한 이웃에게 이자를 받을 생각을 하지 않고 형편이 될 때까지 장기간 돈을 빌려준 것으로 보인다. 그래서 적당한 기간이 지나 경제적인 형편이 나아지게 되면 그 돈을 되갚는 것이 원칙이었다.

바울은 과거에, 정확한 액수는 알 수 없으나 일정 액수의 돈을 빌레몬에게 융통해 주었던 것이 틀림없다.[48] 따라서 그는 빌레몬에게 편지하면서 그전에 자기에게 진 빚에 대해서는 지금 당장 갚으라는 요구를 하지 않겠다는 언급을 했다. 이 말이 시사하고 있는 바에 대해서는 우리가 잘 생각해 볼 필요가 있다. 바울이 본문 가운데서, 빌레몬이 자기에게 진 빚에 대해

48) 다수의 학자들은 빌레몬서 1:19을 영적인 면에서 빌레몬이 바울에게 빚진 것으로 설명하지만 금전적인 빚으로 이해하는 것이 더 타당하다.

서 말하지 않겠노라고 언급한 것은 그가 과거에 빌레몬에게 금전적인 도움을 주었다는 사실을 분명히 보여주고 있기 때문이다.

이 말에 비추어 보건데 빌레몬은 어떤 이유에서인지 모르지만 과거에 절박한 형편에 처한 적이 있었던 것으로 짐작된다. 절박하지 않은 형편에서 바울이 빌레몬과 금전적인 거래를 했으리라 보이지는 않는다. 빌레몬이 어려운 형편에 처한 것을 알게 된 바울은 그에게 어느 정도의 금전을 사랑의 마음으로 빌려주었다.

물론 우리는 바울이 빌레몬을 도울 당시 서로간 개인적으로 친분이 두터운 사이였는지, 아니면 다른 동료들을 통해 믿음의 형제인 저의 안타까운 사정을 듣고 그렇게 했는지에 대해서는 확실히 알 수 없다. 우리는 그 두 가지 경우 모두에 대하여 가능성을 열어둘 수 있다. 어쨌든 바울이 빌레몬에게 금전적인 힘이 되어준 것은 사실이다.

하여튼 바울과 빌레몬 사이에 과거부터 그와 같은 금전적인 관계가 있었기에 바울은 그 사실을 언급하며 빌레몬 역시 오네시모에게 그와 같은 사랑을 베풀어 줄 것을 요구하고 있다. 바울은 또한 그점에 대해서는 자기가 친필로 쓴다는 언급을 했다. 이것은 바울이 친필 보증을 하는 의미를 지니고 있으며 그와 동시에 빌레몬서도 대필代筆한 편지라는 사실을 시사하고 있다.

우리는 이를 통해, 지상 교회에 속한 하나님의 자녀로서 서로간 물질적인 도움을 주고받는 문제에 대하여 신중한 생각을 해 보지 않을 수 없다. 교회에 속한 성도들은 서로간 금전 관계에 대한 올바른 이해와 더불어 실천적인 삶을 살아가야 한다. 물론 교회 내부에서 일반적인 금전거래는 여간 조심하지 않으면 안 된다. 개인적인 금전거래로 인해 문제가 발생하게 되면 예기치 못한 불행한 결과를 초래할 수 있기 때문이다.

성경은 성도들 사이에 돈을 빌려주고 받는 문제에 대하여 직접적인 교훈을 주고 있지는 않다. 하지만 성도들의 물질에 연관된 기본적인 원리에 대해서는 분명히 말하고 있다. 우리는 앞에서 언급한 사도행전의 기록에서 이미 그에 연관된 충분한 의미를 알 수 있다. 사도 바울은 고린도 교회에 보내는 두 번째 편지에서 성도들의 물질관에 관한 매우 중요한 교훈을 주고 있다.

> "이제 너희의 유여한 것으로 저희 부족한 것을 보충함은 후에 저희 유여한 것으로 너희 부족한 것을 보충하여 평균하게 하려 함이라 기록한 것 같이 많이 거둔 자도 남지 아니하였고 적게 거둔 자도 모자라지 아니하였느니라" (고후 8:14,15)

바울은 여기서 성도들의 '평균케 하는 삶의 원리' 에 대한 의미를 설명하고 있다. 이 세상에 살아가는 하나님의 자녀들 중에 누구는 배불리 먹으며 살아가고 다른 누구는 먹을 음식이 없어 배고픔의 고통을 당하는 경우가 있다는 것은 심각한 문제가 된다. 특히 동일한 개체 교회에 속해 있으면서 그와 같은 일이 발생해서는 안 된다.

따라서 교회공동체 내부에서 극심한 가난을 겪는 자들이 있다면 그렇지 않은 성도들이 마땅히 저들을 거두어야 할 의무를 지니게 된다. 이는 단순한 구제차원에서 언급될 사안이 아니다. 하나님의 자녀들은 마땅히 그렇게 해야 하며 선택의 여지가 전혀 없다.

하나님의 자녀로서 그 원리를 실천적으로 받아들이지 않으면 성경의 교훈을 멸시하는 처사라 할 수밖에 없다. 이는 마치 가정에서 가족 상호간에 취해야 할 삶의 원리와도 같다. 가족 가운데 어느 누구는 굶주리고 있는데 다른 일부 가족은 배불리 먹고 살아간다는 것은 결코 있을 수 없는 일이다.

우리는, 각 성도들이 소유한 물질에 대해서 각자가 그에 대한 선한 관리자가 되어야 한다는 사실을 깨닫지 않으면 안 된다. 그래야만 주변의 형제가 극단적인 궁핍에 처할 때 마땅히 자기의 것들을 그와 나눌 수 있게 된다. 모든 성도들은 그렇게 하는 것이 일반적인 선행이 아니라 만일 그렇게 하지 않는다면 하나님의 말씀에 불순종하는 악행이 된다는 사실을 기억해야만 한다.

5. 바울의 특별한 권면(몬 1:20-22)

사도 바울은 빌레몬에게 저로 말미암아 주안에서 기쁨을 얻고 평안하게 되기를 원한다는 말을 하고 있다. 그 일을 위해 빌레몬에게 적극적인 협조를 요구하고 있는 것이다. 이는 자기의 진심어린 당부를 물리치지 말고 순종하라는 의미를 내포하고 있다.

바울은 본문 가운데서, 빌레몬이 자기의 요구에 순종하여 잘 따르리라는 사실을 확신하기 때문에 그와 같은 말을 하고 있다는 점을 말했다. 실상은 바울이 요구하는 것 이상으로 그가 실천에 옮기게 될 것을 믿는다는 사실도 언급했다. 하나님을 진정으로 경외하는 성도로서 그와 같은 삶을 살아가는 것은 지극히 기본적인 신앙의 원리에 속하기 때문이었다.

또한 바울은 자기가 나중 골로새 지역을 직접 방문하고자 마음먹고 있다는 사실을 언급했다. 그래서 일정기간 머물 수 있는 숙소를 자기를 위해 그곳에 마련해 달라는 부탁을 했다. 이는 당시 감옥에 갇혀 있던 바울이었지만 머지 않아 무죄로 석방되리라는 사실을 감지하고 있었음을 말해 준다. 그래서 기회가 되면 골로새 지역을 방문하고자 한다는 사실을 말했던 것이다. 그는 이미 나이가 많은 노인이었지만 먼 여행길을 감수하며 빌레몬과 골로새 교회 성도들을 보고자 하는 소망을 가지고 있었던 것이다(몬 1:9, 참조).

그런데 바울은 자기가 빌레몬을 비롯한 골로새 교회를 방문하는 일이 저들의 기도를 통해 이루어지기를 바란다는 사실을 강조하여 말했다. 이는 단순히 개인적인 차원의 일이 아님을 언급하는 것이다. 우리는 여기서 하나님께서 교회를 위한 자기의 소원을 들어주시기를 간절히 원하는 바울의 마음을 엿볼 수 있다. 바울은 이를 통해 골로새 교회 성도들과 자기를 비롯하여 함께 거하는 교회와 형제들이 하나님께 속해 있음을 말했던 것이다.

우리는 여기서 보편교회와 그에 속한 성도들의 공동체에 대한 의미를 잘 이해해야만 한다. 일반적인 경우라 할지라도 공동체에 속한 자들은 항상 서로간 부대끼며 살아가게 된다. 이는 친목단체나 특별한 목적을 추구하기 위해 설립된 단체와는 그 성격을 달리한다. 친목단체는 서로간 즐거운 일을 만들기 위해 끊임없이 애쓴다. 그리고 목적단체는 저들이 의도하는 바를 성취하기 위해 최선의 노력을 다하게 된다.

이에 비해 공동체에 속한 구성원들의 삶은 그렇지 않다. 그 가운데는 항상 다양한 문제들이 발생하게 된다. 모든 인간들이 속한 가정은 가장 기초적인 공동체이다. 즉 가정은 친목단체나 목적단체가 아닌 것이다. 따라서 가정에서는 끊임없는 부대낌 속에 다양한 갈등이 발생하며 그것을 해결하는 과정에서도 많은 일들을 겪게 된다.

지상의 교회 공동체 역시 이와 동일하다. 교회는 세상과 대치하는 신앙공동체이므로 사탄이 끊임없는 방해 공작을 하고 있다. 따라서 지상 교회 가운데는 다양한 문제들이 지속적으로 생겨날 수밖에 없다. 그때마다 교회는 당면한 문제를 해결하기 위해 최선의 노력을 기울이게 된다.

신앙이 성숙한 성도들은 그에 대한 분명한 깨달음을 소유하고 있어야 한다. 그것은 변화 가운데 발생하는 갈등과 밀접하게 연관되어 있다. 일반적인 가정에서는 부부가 서로 갈등하거나 다투기도 하지만 곧 회복이 된다. 이에 대해서는 지상 교회에 속한 성도들 역시 마찬가지여야 한다. 만일 교회 내에서 발생한 갈등 요소가 쉽사리 해결되지 않고 회복되지 않는다면 그것은 공동체에 대한 상호 신뢰의식이 결여되어 있기 때문이다. 따라서 교회는 항상 예수 그리스도의 보혈을 통한 영적인 신뢰관계를 유지하지 않으면 안 된다.

6. 마지막 문안(몬 1:23-25)

바울은 빌레몬서의 마지막 부분의 문안 인사에서 여러 성도들의 이름을 기록하고 있다. 그 사람들은 골로새서의 마지막에 언급된 사람들과 거의 동일하다. 그 가운데는 에바브라, 마가, 아리스다고, 데마, 누가 등이 포함되어 있다. 바울은 그 사람들을 언급하며 주안에서의 문안을 전했다. 골로새서에 거명된 인물은 다음과 같다:

> "나와 함께 갇힌 아리스다고와 바나바의 생질 마가와 ... 그리스도 예수의 종인 너희에게서 온 에바브라가 너희에게 문안하느니라 ... 사랑을 받는 의사 누가와 또 데마가 너희에게 문안하느니라" (골 4:10-14)

빌레몬서와 골로새서 사이의 약간의 차이가 있다면 그것은 골로새서에는 아리스다고가 자기와 함께 갇힌 자라고 언급한데 반해 빌레몬서에는 에바브라가 자기와 함께 갇혀 있다고 말한 점이다(몬 1:23). 전체적인 상황을 볼 때 두 사람 모두 바울과 함께 감옥에 갇혀 있었던 것이 틀림없다. 하지만 바울이 편지를 쓰면서 자기와 함께 갇힌 사람들의 형편을 모두 이야기해야 할 이유는 없었다.

바울은 짧은 편지를 마무리 지으면서 빌레몬과 그와 함께 있는 모든 성도들에게 축원했다. "우리 주 예수 그리스도의 은혜가 너의 심령과 함께 있을지어다." 지상 교회에 속한 성도들은 하나님의 은혜로 말미암아 살아가는 자들이다. 이 세상의 것들로써 인생을 추구하며 살아가고자 하는 것은 가장 어리석은 일이다. 따라서 사도 바울은 예수 그리스도의 신령한 은혜가 저들에게 임하도록 기원했던 것이다.

성구색인

〈에베소서〉

〈빌립보서〉

〈골로새서〉

〈빌레몬서〉